国家文化产业资金支持媒体融合重大项目

21世纪高职高专精品教材·金融类

互联网金融

HULIANWANG JINRONG

（第四版）

邓雪莉 崔泽园 主编

东北财经大学出版社

Dongbei University of Finance & Economics Press

大连

图书在版编目（CIP）数据

互联网金融 / 邓雪莉，崔泽园主编. —4版. —大连：东北财经大学出版社，2020.9（2022.11重印）
（21世纪高职高专精品教材·金融类）
ISBN 978-7-5654-3835-6

Ⅰ. 互… Ⅱ. ①邓… ②崔… Ⅲ. 互联网络-应用-金融-高等职业教育-教材 Ⅳ. F830.49

中国版本图书馆CIP数据核字（2020）第054665号

东北财经大学出版社出版
（大连市黑石礁尖山街217号 邮政编码 116025）
网 址：http://www.dufep.cn
读者信箱：dufep@dufe.edu.cn
大连雪莲彩印有限公司印刷 东北财经大学出版社发行
幅面尺寸：185mm×260mm 字数：381千字 印张：16.25
2020年9月第4版 2022年11月第2次印刷
责任编辑：李丽娟 韩敌非 责任校对：齐 力
封面设计：张智波 版式设计：钟福建
定价：36.00元

教学支持 售后服务 联系电话：（0411）84710309

如有印装质量问题，请联系营销部：（0411）84710711

第四版前言

为了充分落实党的十九大对职业教育的要求，实现中国高等职业教育两个“提升计划”所制定的目标，提高学生走向社会所应具备的基本职业素养和再学习的能力，精准对接职业标准和岗位要求，结合近几年来互联网金融的新发展，我们对《网络金融》（第三版）教材从结构到内容进行了修订。

本次修订情况及特色如下：

第一，遵循项目引领、任务驱动，重新梳理并调整了全书的结构。各项目均由学习目标（分为知识目标、技能目标）、案例导入、任务、项目小结、关键概念、综合训练等六部分组成。各任务在原有拓展思考、知识链接、案例分析等栏目的基础上，增加了在线阅读、在线视频、体验探究和网络课堂四个二维码栏目，学生通过手机扫描二维码就可以阅读相关知识或者同老师一起体验互联网金融的业务办理、听老师在线讲解知识点，增强学生自主学习和情景学习的效果。

第二，紧跟互联网金融发展趋势，大量更新已经过时的知识点、数据、案例，在内容上及时和充分体现行业发展的新事物、新动向。根据教育部高等职业院校互联网金融专业教学标准，将原教材“网络金融”规范更名为“互联网金融”，并对原教材中的相关提法及内容进行修改。将原“第3章　网上支付结算”改为“项目三　网络支付”，补充了关于“第三方支付”“移动支付”的内容。将原“第4章　网上银行实务”改为“项目四　电子银行”，新增加了“互联网银行”和“手机银行”两种目前常见的业务形态。根据互联网保险的发展现状，删除了“项目六　互联网保险”中过时的内容，调整了“互联网保险商业模式”的内容。根据当前国家对P2P网络借贷的政策，更新了“项目七　P2P网络借贷”的发展现状和相关监管要求。“项目九　互联网金融的法律问题”删除了关于“互联网保险”已废除的法律条文，增加了“网络支付”“电子银行”“互联网保险”“网络借贷”的现行法律规定。

第三，根据习近平总书记在学校思想政治理论课教师座谈会上的重要讲话精神，本次教材修订特别增设了“思政教育专题”栏目，通过相关有针对性的思政教育专题，引导和教育学生自觉成为遵纪守法的合格社会主义金融从业人员，共同维护国家金融秩序。

本书第四版由山西省财政税务专科学校邓雪莉、山西省委党校崔泽园担任主编，并邀请互联网金融企业专家共同参与修订。本次修订工作的具体分工为：山西省财政税务专科学校李毅修订项目一、项目二，拉卡拉支付股份有限公司清结算部总经理林文荣和邓雪莉共同修订项目三，邓雪莉修订项目四、项目九，山西省财政税务专科学校荆睿峡修订项目五、项目六，山西省财政税务专科学校张吉平修订项目七，崔泽园修订项目八。全书由邓雪莉负责统稿并定稿。本书在编写过程中，参考和吸收了国内外许多专家、学者的研究成果，并得到了东北财经大学出版社相关编辑的鼎力支持和帮助，在此一并表示衷心的感谢。

由于编者水平有限，加之互联网金融的发展日新月异，所以书中难免有疏漏和不足之处，敬请广大读者提出宝贵意见和建议（编辑邮箱：792329342@qq.com），以便日后我们不断地修改和完善。

编　者

2020年9月

目　录

项目一　互联网金融概述

知识目标

1.了解互联网金融的产生背景及其在国内外的发展概况。

2.明确互联网金融对传统金融的挑战及其自身面临的不足。

3.熟知互联网金融的概念和特征；掌握互联网金融的六大模式。

技能目标

1.能够比较互联网金融运行规则与传统金融的区别。

2.掌握互联网金融网站的检索与浏览，能够根据所学知识判断主流互联网金融网站的业态类别。

案例导入　　**中国互联网金融的发展脉络**

自互联网金融在中国兴起以来，从诞生、野蛮生长到如今的转折，已经历了约20年的发展历程。2014年到2018年，互联网金融连续五年被写入政府工作报告，从2014年首次提出“促进互联网金融发展”到2016年的“规范发展”，再到2017年的“高度警惕互联网金融风险”，直到2018年的“健全互联网金融监管”，从措辞上我们可以看出政府对行业发展态度的转变，也反映了互联网金融行业几年来从高速发展到规范整治的历程。

十载风雨砥砺，十载春华秋实，纵观互联网金融在中国的发展历程，大致可以分为以下5个阶段：

（一）2005年之前：初始阶段

在2005年之前，互联网金融主要体现在为金融机构提供互联网技术服务，如建立网上银行等。

（二）2005年至2012年：萌芽阶段

随着支付宝等第三方支付平台的诞生，互联网金融逐渐从技术领域深入到业务领域，第三方支付、网贷平台、众筹等互联网新兴形态相继出现。

（三）2013年至2015年上半年：高速发展阶段

2013年被称为“互联网金融元年”，在2013—2015年，第三方支付发展逐渐成熟，P2P网贷平台呈爆发式增长，众筹平台逐渐被运用到不同领域，首家互联网保险公司、首家互联网银行相继获批成立；同时，信托公司、券商、基金公司等金融机构也开始布局互联网金融，为客户提供更便捷的一站式金融服务。我国互联网开启了高速发展模式。

（四）2015年下半年至2016年：发展、风险与监管并存阶段

2015年是互联网进入爆发式增长的一年，同时是行业风险集体暴露最为集中的一年；从2015年下半年开始，互联网金融监管进入密集期，整个互联网金融行业的大洗牌即将开始。

（五）2017年至今：监管重拳下行业出清

从2016年10月起，一行三会等多个监管部门相继对第三方支付、P2P网络借贷、地方交易所、股权众筹、互联网保险、虚拟货币、互联网资管、现金贷、网络小贷等平台及其业务模式展开风险专项整治。一波又一波的监管重拳频频落地，开启了金融严监管的新里程。

资料来源：佚名. 中国互联网金融的编年史［EB/OL］.（2019-02-18）.http：baijiahao.baidu.com/s?id=1625611755898416078&wfr=spider&for=pc.

这一案例表明：中国互联网金融行业自兴起以来，目前已进入规范整治的发展阶段。监管部门重锤出击的意图在于行业出清，为中国经济发展建立一道安全的防火墙。对于互联网金融行业来说，不能让跑路或资金断裂等负面消息掩盖了其积极意义。风雨过后，在健康的竞争环境和发展空间下互联网金融行业才能平稳前行，大浪淘沙之后，行业内真正优秀的企业方能顺势起航。

任务一　认识互联网金融

一、互联网金融的概念

互联网金融也叫网络金融，是利用互联网技术和移动通信技术等一系列现代信息科学技术实现资金融通的新兴金融服务模式。互联网“开放、平等、协作、分享”的精神渗透到传统金融业态，对原有的金融模式产生重大影响，并衍生出诸多创新性金融服务方式，因此，凡是具备互联网理念和精神的金融业态及金融服务模式都可统称为互联网金融。

网络课堂1-1

互联网金融的概念与特征

虽然互联网金融是互联网与金融相结合的产物，但它不是二者的简单相加，而是现代经济进入互联网时代后，在金融行业所表现出来的新特征、新技术、新平台、新模式。互联网技术在第三次工业革命中诞生，它的最大价值并非来源于自身，而是对已有行业潜力的再次挖掘，用互联网思维提升传统行业。金融的最基本功能是投资、融资、支付，即货币资金的聚集、运用、支付。而依托于移动支付、云计算、大数据、社交网络和搜索引擎等高速发展的信息网络技术，金融在实现其基本功能的过程中产生了新模式和新业态，此即为互联网金融或者网络金融。

从参与主体看，国内参与互联网金融的主体，基本可分为以下三类：一是传统金融机构以互联网为渠道开展金融业务，即金融互联网化，如传统金融机构开展的网上银行、网上证券、网上保险以及电商平台等业务形式；二是掌握一定客户和数据的互联网企业向金融领域扩展，即互联网金融化，典型的有阿里金融、京东金融等；三是第三方利用互联网平台介入金融服务业，如第三方支付、P2P网贷。

二、互联网金融的模式

网络课堂1-2

互联网金融模式

从20世纪末部分金融机构敏锐地推出电子化金融业务开始，到2013年余额宝的横空出世，再到目前互联网金融领域风起云涌、波澜壮阔的发展景象，互联网金融逐渐形成较为清晰的六种模式。互联网金融六大模式如图1-1所示。

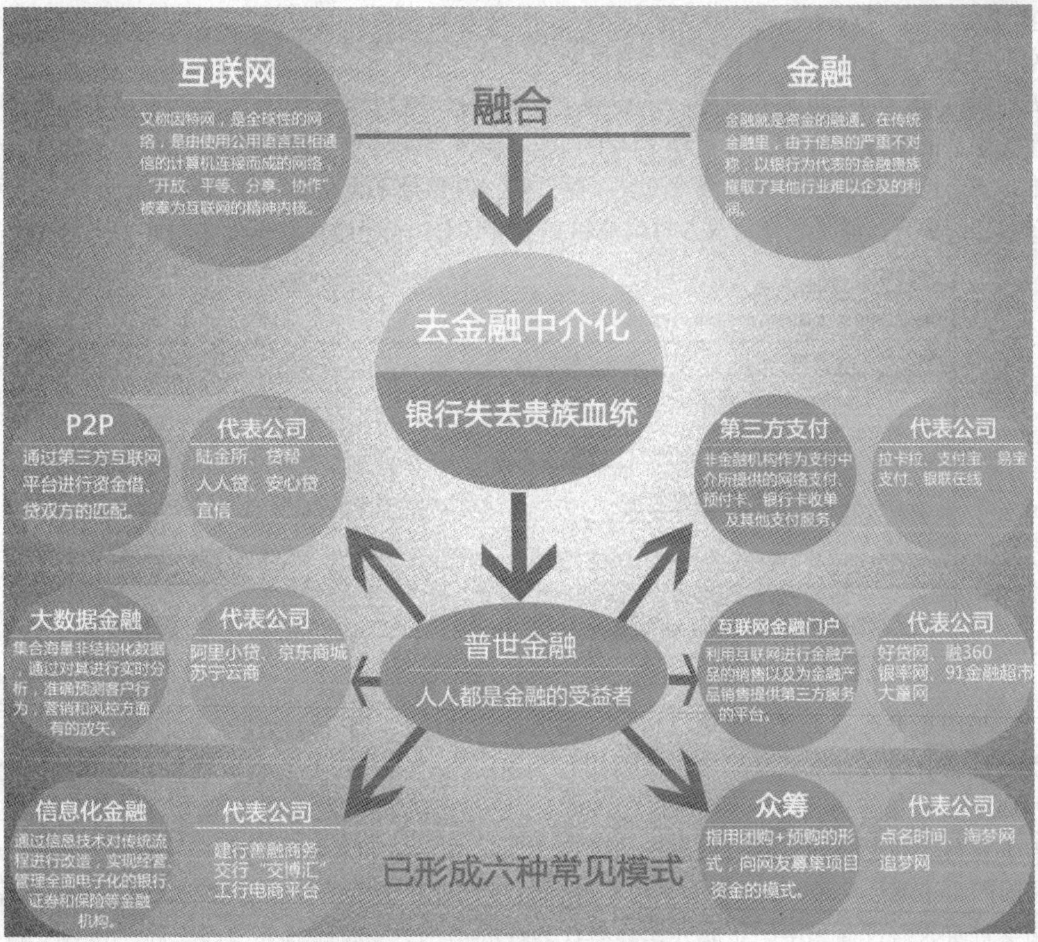

图1-1 互联网金融六大模式

（一）第三方支付

根据中国人民银行2010年发布的《非金融机构支付服务管理办法》中给出的非金融机构支付服务的定义，第三方支付是指非金融机构作为收、付款人的支付中介所提供的网络支付、预付卡、银行卡收单以及中国人民银行确定的其他支付服务。这里提到的非金融机构也就是第三方支付机构，是指和各大银行签约，独立于商户和银行，具备一定实力和信誉保证的，为商户和消费者提供支付结算服务的第三方机构。发展到现在，第三方支付不仅仅局限于最初的互联网支付，而是成为线上线下全面覆盖、应用场景更为丰富的综合支付工具。

第三方支付作为目前主要的网络交易手段和信用中介，最重要的功能是在商家、消费者和银行之间建立起连接，发挥第三方监管和技术保障的作用。首先，第三方支付平台与各大电子商务网站以及银行建立合作关系，为交易双方提供便捷的支付服务。消费者在电子商务网站进行支付活动时，第三方支付平台会提供统一的支付界面，无论消费者拥有哪个银行的账户，都可以在这个界面上进行支付，不需要在各家银行的网上银行界面中来回切换操作，也无需去银行或邮局办理烦琐的汇款业务。对于商家而言，第三方支付的即时到账服务可以加快资金流动，提高资金使用效率。其次，第三方支付平台独立于交易双方，起着资金托管代付的作用，其天然的公正性与便捷性使得交易双方可以安全、放心地进行网上交易。由于电子商务中商家与消费者之间的交易不是面对面进行的，而且物流与资金流在时间和空间上也是分离的，这使网上交易因信誉和安全等问题而存在许多不确定性。作为中立的第三方机构，第三方支付平台能够保留商家和消费者的有效交易信息，从而为维护双方的合法权益提供有力保障。可见，第三方支付平台是建立在商家与消费者之间可以信任的中介，满足了交易双方对信誉和安全的要求。支付宝付款页面如图1-2所示。

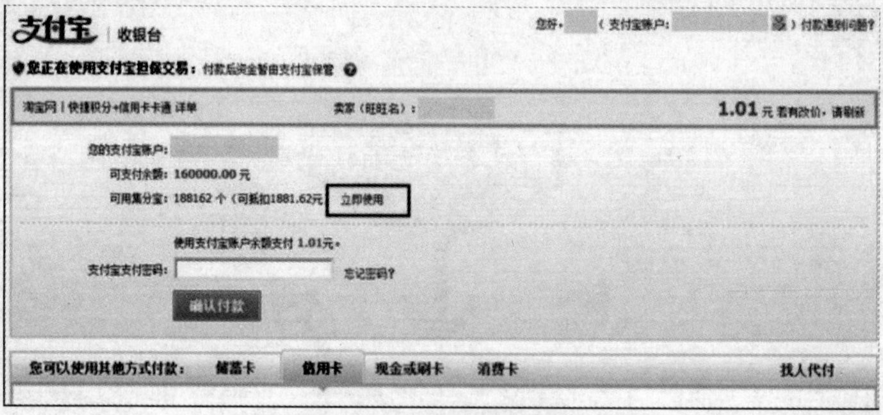

图1-2 支付宝付款页面

2010年央行颁布《非金融机构支付服务管理办法》，通过发放支付牌照的方式把第三方支付企业纳入监管框架。中国人民银行为第三方在支付牌照的发放机构，自2011年到2015年发放第三方支付牌照10批共271张，之后没有再新发牌照。截至2019年5月底，由于业务变动、公司合并、续展不通过等原因，有33家机构的支付牌照被注销，其中20家因严重违规被注销，2家主动注销，另有11家因业务合并而注销。目前，除了大众熟知的支付宝、财付通和中国银联外，具有代表性的第三方支付机构还有拉卡拉、快钱支付、易宝支付、汇付天下等。从发展路径和用户积累途径来看，市场上第三方支付公司的运营模式可以归为两大类：一类是以支付宝、财付通为首的依托于自有电子商务网站，提供担保功能的第三方支付模式；另一类是以拉卡拉、快钱为代表的独立第三方支付模式。

（二）P2P网贷

P2P网贷，其英文为Peer-to-Peer Lending，即点对点信贷，或称个人对个人信贷，是指借贷双方通过独立的第三方网络平台完成借贷的行为，即由P2P网贷平台作为中介，借款人在平台发布借款标，投资者通过竞标向借款人放贷。作为互联网应用的一个创新模式，P2P网贷脱离了银行等传统的融资媒介，在借贷双方之间充当服务中介的角色，通过安排多位出借人共同分担一笔借款来分散风险，同时帮助借款人以较为优惠的利率获得融资。

P2P网贷包括三个核心主体：网贷平台、借款人和出借人，此外还涉及第三方支付、征信系统等。在P2P网贷过程中，借款人和出借人需要在网贷平台上进行注册，并提供身份证、手机号码、电子邮箱等用于核实身份，绑定银行账号用于资金划拨。网贷平台对上述信息进行审核后，借款人和出借人才有资格进行借贷。借款人首先发布自己的借款需求（包括金额、利率、期限、用途等），网贷平台审核后予以发布（即发标），出借人可以自行判断，并进行投标。资金募集完成后，该借款标募集结束，资金从各出借人账户转出，然后借款人将资金从平台提出，同时生成电子的借贷合同。之后，借款人按照约定的时间进行还本付息。P2P网贷典型交易流程如图1-3所示。

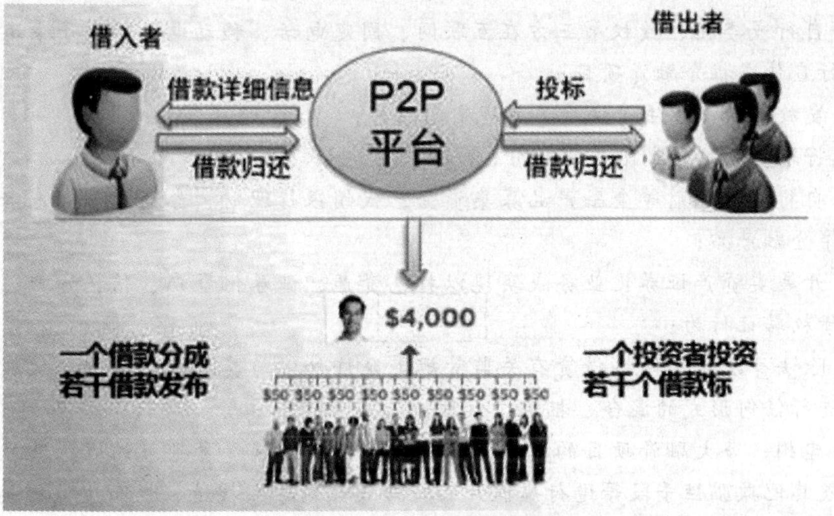

图1-3　P2P网贷典型交易流程

依靠互联网的力量，P2P网贷平台有效地将出借人和借款人联系到一起，为借贷双方创造价值。过去十多年间，P2P借贷服务行业已经在世界各地蓬勃发展起来。2005年，四位年轻的英国人理查·德杜瓦、詹姆斯·亚历山大、萨拉·马休斯和大卫·尼克尔森共同创办了全球第一家P2P网贷平台Zopa，如今Zopa的业务已经拓展至意大利、美国和日本，平均每天线上投资额达200多万英镑。目前，国外比较大的网贷平台有Lending Club、Prosper、Zopa、Kiva等。

中国第一家P2P网贷平台是2007年成立的拍拍贷，之后几年，国内的网贷平台还是凤毛麟角，直到2011年，随着平安投资4亿元成立陆金所，P2P网贷平台进入快速发展期。进入2013年，网贷平台更是蓬勃发展，以每天1～2家上线的速度快速增长。但同时P2P网贷模式的风险开始逐渐暴露，整个P2P网贷行业显现出相关法律法规缺失、政府监管空白、商家资质良莠不齐等现象，P2P网贷行业危机四伏，互联网金融生态环境亟待改善。《2018中国P2P网贷行业年报》显示，截至2018年12月31日，中国P2P网贷行业累计借贷总额约为7.69万亿元，P2P网络借贷平台共6 063家，其中正常运营的平台数量为1 185家（占比19.5%）同比减少46.8%，异常平台（不含转型、争议和良性退出的平台）数量为4 672家（占比77.1%）。2018年全年度上线的平台数量仅为55家，同比减少85.8%，

知识链接 1-1 **四部委联**

2016年8月24日，银监会、公安部、工信部、互联网信息办公室四部委联合发布《网络借贷信息中介机构业务活动管理暂行办法》，全文包含八章，共计四十七条。其中，第十条明确规定，网络借贷信息中介机构不得从事或者接受委托从事下列活动：

（一）为自身或变相为自身融资；

（二）直接或间接接受、归集出借人的资金；

（三）直接或变相向出借人提供担保或者承诺保本保息；

（四）自行或委托、授权第三方在互联网、固定电话、移动电话等电子渠道以外的物理场所进行宣传或推介融资项目；

（五）发放贷款，但法律法规另有规定的除外；

（六）将融资项目的期限进行拆分；

（七）自行发售理财等金融产品募集资金，代销银行理财、券商资管、基金、保险或信托产品等金融产品；

（八）开展类资产证券化业务或实现以打包资产、证券化资产、信托资产、基金份额等形式的债权转让行为；

（九）除法律法规和网络借贷有关监管规定允许外，与其他机构投资、代理销售、经纪等业务进行任何形式的混合、捆绑、代理；

（十）虚构、夸大融资项目的真实性、收益前景，隐瞒融资项目的瑕疵及风险，以歧义性语言或其他欺骗性手段等进行虚假片面宣传或促销等，捏造、散布虚假信息或不完整信息损害他人商业信誉，误导出借人或借款人；

（十一）向借款用途为投资股票、场外配资、期货合约、结构化产品及其他衍生品等高风险的融资提供信息中介服务；

（十二）从事股权众筹等业务；

（十三）法律法规、网络借贷有关监管规定禁止的其他活动。

资料来源：根据银监会网站资料整理。

（三）大数据金融

大数据（Big Data），又称巨量数据、海量数据，是指所涉及的数据量规模巨大，无法通过目前主流数据处理工具在合理的时间内截取、管理和处理，并整理成为帮助企业经营决策的资讯。近几年来，随着计算机和信息技术的迅猛发展和普及应用，行业应用系统的规模迅速扩大，行业应用所产生的数据呈爆炸性增长。例如，百度目前的总数据量已超过1 000PB，每天需要处理的网页数据达到10PB～100PB；淘宝累计的交易数据量高达100PB；Twitter每天发布超过2亿条消息，新浪微博每天发帖量达到8 000万条；中国移动一个省的电话通联记录数据每月可达0.5PB～1PB；一个省会城市公安局道路车辆监控数据3年可达200亿条、总量可达120TB。可见，动辄数百TB甚至数百PB规模的行业/企业大数据已远远超出了现有的传统计算技术和信息系统的处理能力，因此寻求有效的大数据处理技术、方法和手段已经成为人们的迫切需求。

知识链接1-2

大数据的四个典型特征

业界通常用四个V（即Volume、Variety、Value、Velocity）来概括大数据的特征。

一是数据体量巨大（Volume）。大数据的特征首先就体现为“数量大”，存储单位从过去的GB到TB，直至PB、EB。随着信息技术的高速发展，数据开始爆发式增长。社交网络（如微博、推特、脸书）、移动网络、各种智能终端等都成为数据的来源。淘宝网的近4亿名会员每天产生的商品交易数据约20TB；脸书约10亿名用户每天产生的日志数据超过300TB。

二是数据类型繁多（Variety）。广泛的数据来源，决定了大数据形式的多样性。大数据大体可分为3类：第一类是结构化数据，如财务系统数据、信息管理系统数据、医疗系统数据等，其特点是数据间因果关系强；第二类是非结构化的数据，如视频、图片、音频等，其特点是数据间没有因果关系；第三类是半结构化数据，如HTML文档、邮件、网页等，其特点是数据间的因果关系弱。

三是价值密度低（Value）。这也是大数据的核心特征。现实世界所产生的数据中，有价值的数据所占比例很小。相比于传统的小数据，大数据最大的意义在于从大量不相关的各种类型的数据中，挖掘出对未来趋势与模式预测分析有价值的数据，并通过机器学习法、人工智能法或数据挖掘法进行深度分析，发现新规律和新知识，并运用于农业、金融、医疗等各个领域。

四是处理速度快（Velocity）。这是大数据区分于传统数据挖掘的最显著特征。与以往的档案、广播、报纸等传统数据载体不同，大数据的交换和传播是通过互联网、云计算等方式实现的，远比传统媒介信息交换和传播的速度快捷。数据的增长速度和处理速度是大数据高速性的重要体现。

资料来源：佚名．搞懂大数据的四V特征［EB/OL］．（2016-05-31）．http：//www.sohu.com/a/78778007_425850.

大数据的应用影响了很多传统行业，特别是金融业。金融业是大数据的重要生产者，交易、报价、业绩报告、消费者研究报告、官方统计数据、调查、新闻报道无一不是数据来源。依托这些海量、非结构化的数据，通过互联网、云计算等信息化方式对数据进行专业化的挖掘和分析，并与传统金融服务相结合，创新性地开展相关资金融通工作，这就是大数据金融。

借助大数据金融，传统金融机构可以通过分析和挖掘客户的交易与消费信息来掌握客户的消费习惯，准确预测客户行为，使其在客户营销方面做到有的放矢。大数据在风险控制方面也有着得天独厚的优势，互联网可以在法律和道德所允许的范围内捕捉信用评估所需要的个人或群体的行为信息，并将这些繁杂的信息提供给大数据作业系统进行处理，完成对个人或群体的信用价值的评估分析。有了互联网、云计算和大数据技术，金融机构在各类风险的量化分析、建立标准化的数据分析模型和提高审批效率方面，都将获益匪浅。Equifax公司是美国三大征信所之一，其存储的财务数据覆盖了所有美国成年人，包括全球5亿名消费者和8 100万家企业，在它的数据库中与财务有关的记录包括贷款申请、租赁、房地产、购买零售商品、纳税申报、费用缴付、报纸与杂志订阅等。这些看似杂乱无章的数据，经过交叉分享和索引处理，能够计算出消费者的个人信用评分，从而判断客户支付意愿与支付能力，发现潜在的欺诈行为。

在海量的数据资产驱动下，以互联网企业为代表，来自不同行业的企业向传统金融业渗透，发起冲击。拥有大量用户行为数据的公司，都在整合自己掌握的数据，力图侵入传统金融业的势力范围。首先登场的是拥有庞大数据库并有意进军金融领域的阿里巴巴，继2008年马云发出“如果银行不改变，那我们就改变银行”的豪言壮语后，阿里巴巴完成了一系列调整，从B2B私有化到小贷崛起，从“三马合作”到收购雅虎，阿里巴巴的“平台金融”模式实现了资金流、信息流、物流的“三流合一”，实现了金融创新。京东紧随其后，自建金融平台，为供应链上下游企业提供金融服务，目前，电子商务、物流平台、技术平台和互联网金融业务已成为拉动京东前进的“四驾马车”。

案例分析 1-1　　沃尔玛经典营销：啤酒与尿布

“啤酒与尿布”的故事产生于20世纪90年代的美国沃尔玛超市中，沃尔玛的超市管理人员分析销售数据时发现了一个令人难以理解的现象：在某些特定的情况下，“啤酒”与“尿布”两件看上去毫无关系的商品会经常出现在同一个购物篮中。这种独特的销售现象引起了管理人员的注意，经过后续调查发现，这种现象出现在年轻的父亲身上。

在美国有婴儿的家庭中，一般是母亲在家中照看婴儿，年轻的父亲去超市购买尿布。父亲在购买尿布的同时，往往会顺便为自己购买啤酒，这样就会出现啤酒与尿布这两件看上去不相干的商品经常会出现在同一个购物篮的现象。如果这个年轻的父亲在卖场只能买到两件商品之一，则他很有可能会放弃购物而到另一家商店，直到可以同时买到啤酒与尿布为止。沃尔玛发现了这一独特的现象，并开始在卖场尝试将啤酒与尿布摆放在相邻的区域，让年轻的父亲可以同时找到这两件商品，并很快地完成购物；而沃尔玛超市通过让客户一次购买两件商品，获得了很好的商品销售收入，这就是“啤酒与尿布”故事的由来。

当然，“啤酒与尿布”的故事必须具有技术方面的支持。1993年美国学者Agrawal提出，通过分析购物篮中的商品集合，找出商品之间关联关系的关联算法，并根据商品之间的关系，分析客户的购买行为。艾格拉沃从数学及计算机算法角度提出了商品关联关系的计算方法——Aprior算法。沃尔玛从20世纪90年代开始尝试将Aprior算法引入POS机数据分析中，并获得了成功，从而发现了“啤酒与尿布”的故事。

资料来源：佚名. 大数据经典案例［EB/OL］.（2016-05-11）.http：//www.sohu.com/a/74792271_116235.

分析提示：大数据技术是企业深入挖掘既有数据、明确资源配置方向、找准市场定位、推动业务创新的重要工具。通过大数据应用和分析，企业能够改进业务，加强管理，进而降低管理和运营成本。

（四）众筹

众筹（Crowd Funding），是指项目发起者利用互联网和社会性网络服务（Social Networking Services，SNS），发动众人的力量，集中大家的资金、能力和渠道，为小企业、艺术家或个人开展某项活动、某个项目或创办企业提供必要的资金援助的一种融资方式。众筹项目的运行通常需要三方面的参与：发起者、支持者和平台。发起者，即筹资者，是指那些有创造能力但是缺乏资金的个人或团体，也就是融资过程中需要资金的一方；支持者，即出资者，是对发起者的创意或回报感兴趣并且愿意给予帮助和支持的个人或团体，也就是融资过程中提供资金的一方；平台则是连接发起者和支持者的媒介，目前以互联网网站平台为主。

众筹活动最初起源于国外的乐队在网站上征集支持者从而发行唱片，后来发展成为初创企业和个人为自己的项目争取资金的一个渠道。众筹平台的兴起源于2009年4月在美国建立的Kickstarter网站，该网站搭建了网络平台面向公众筹资，让有创造力的人可以向陌生人筹集资金，消除了传统投资者和机构融资的障碍。众筹概念传入中国后，曾先后被翻译为“云募资”“密集型筹资”，后来“众筹”以其简单清晰且易于传播的效果得到大众的认可，成为固定的译法。

和传统的融资方式相比，众筹的精髓在于小额和大量，融资门槛低且不再以是否拥有商业价值作为唯一的评判标准。这为新型创业公司的融资开辟了一条新的路径，从此，其融资渠道不再局限于银行、PE（私人股权投资）和VC（风险投资）。对于项目的支持者而言，众筹模式是对闲置资金的有效利用。对单独的个体而言，闲置资金的数额较小，资金持有者也大都不具备职业投资能力，很难进行大规模的投资活动，但是“众人拾柴火焰高”，每个单独个体的小额资金汇聚起来所形成的资金规模不容小觑。对于项目发起者而言，众筹成功解决了资金问题，众多参与者的投资使项目得以成功进行。此外，众筹可以通过平台和支持者的筛选对项目进行评判；通过支持者的监督对项目进行保障；通过项目发起人和支持者的沟通对项目进行改进；甚至可以通过众筹直接提取消费者需求，并更便捷地介入生产过程；通过项目对产品或品牌进行口碑宣传等。有些众筹项目发起人可以通过众筹进行市场调查，得到支持者（往往也就是目标客户）的反馈信息和改进意见。在基于互联网的众筹模式中，借款方与投资者可以借助互联网进行高效的信息交换，有效地建立信任机制，融资成本也更为低廉。在国外，众筹发起人可以将拥护者、粉丝、Twitter关注者转变为投资者和资金，而在国内，基于微博、微信朋友圈等网络体系的众筹活动已经进行了很多成功的尝试。

众筹项目种类繁多，不只包括新产品研发、新公司成立等商业项目，还包括科学研究项目、民生工程项目、赈灾项目、艺术设计、政治运动等。目前，众筹已发展出奖励制众筹、股份制众筹、募捐制众筹和借贷制众筹等多种运营模式，典型平台有点名时间、大家投、积木网等。

案例分析1-2 **《西游记之大圣归来》众筹：你也可以成为电影投资人**

2015年上映的国产动画片《西游记之大圣归来》（以下简称《大圣归来》），创下近10亿元人民币票房。除了“自来水”“次周票房不降反升”“众筹周边首日卖千万破纪录”等现象，这部电影背后的众筹模式也获得业内关注。该片的出品人路伟透露，参与《大圣归来》投资的89位众筹投资人，合计投入780万元，届时预计可以获得本息约3 000万元。

2014年年底，路伟曾经发过为《大圣归来》众筹宣发经费的朋友圈。最终参与的投资人，有的是企业法人，有的是投资人，投资金额少则一两万元，多则数十万元。除了最终累积的700多万投资，部分投资人还在北京、上海等一线城市为该片提供了长时间的免费户外广告。电影众筹已经逐渐成为时下最为流行的投资手段，阿里巴巴和百度两大互联网巨擘也推出电影众筹平台——阿里的娱乐宝和百度的百发有戏。《大圣归来》的众筹行为在国产动画界并非先例。早在2013年，《大鱼·海棠》就在网络上筹得150万元投资，参与人数达数千人。2014年年底上映的《十万个冷笑话》，也曾在5个月的时间内，融得137万元资金。

资料来源：佚名.《大圣归来》众筹：780万元投资翻了近四倍 [EB/OL].（2015-07-25）. http://ent.sina.com.cn/m/c/2015-07-25/doc-ifxfikka1442247.shtml.

分析提示：众筹在电影中的作用非常明显，其主要作用有以下几个方面：第一，为电影新人提供融资渠道，比如为拍电影找不到资金的新导演解决燃眉之急；第二，为草根投资者提供机会；第三，利益最大化，让投资者参与到电影制作和广告营销中，此外企业投资者还可以在影片中植入广告，共享资源。

（五）信息化金融

信息化金融，是指在互联网金融时代，银行、证券、保险等金融机构通过广泛运用以互联网为代表的信息技术，对传统运营流程、服务产品进行改造或重构，实现经营、管理全面信息化。金融信息化的实质，是新兴的信息技术对传统金融业的一场经济革新，主旨在于把金融业变成典型的基于信息化技术的企业，信息系统成为金融机构战略决策、经营管理和业务操作的基本方式。

改革开放以来，我国金融机构信息化建设从无到有，从小到大，从单项业务到综合业务，取得了令人瞩目的成就，其中银行业的信息化建设一直处于业内领先水平。具体而言，从最初电子设备在银行业的使用和普及到银行网络化的建设和运用，我国银行业信息化建设大体经历了四个发展阶段（见表1-1）。银行业信息化的发展已从根本上改变了传统金融业务的处理模式，建立在计算机和通信网络基础上的电子资金清算系统、柜台业务服务系统和金融管理信息系统表明，一个多功能的、开放的银行业信息化体系已初步形成。

表1-1 **我国银行业信息化发展进程**

阶段	时间	进程	特征
第一阶段	20世纪70年代末到80年代末	自动化建设阶段	以计算机处理代替手工操作，实现后台业务和前台兑换业务处理自动化
第二阶段	20世纪90年代初到21世纪初	电子化建设阶段	建成由自助银行、电话银行、手机银行、网上银行构成的电子银行服务体系
第三阶段	21世纪初到2013年	网络化建设阶段	实现全国范围的计算机处理联网、互联互通和支付清算
第四阶段	2013年至今	信息化建设阶段	基于云计算、大数据、移动与智能设备以及社交网络等平台开展金融业务

资料来源：陈勇. 中国互联网金融研究报告 [M]. 北京：中国经济出版社，2015.

我国证券行业信息化起步较晚，但发展较快。证券业最早应用信息技术的是证券交易所。1990年，上海证券交易所通过计算机进行了第一笔交易。30多年来，证券市场的高速发展客观上推动了证券行业信息化的突飞猛进。目前证券交易所的信息化主要从交易系统、信息平台系统、通信系统和监管系统四个方面展开。证券公司作为证券业的主体，也是证券信息化的主体。目前国内所有的证券公司都建立了网上交易系统，通过互联网实现了全公司互联和集中交易。在管理、决策和风险控制方面，包括稽核系统、财务系统和统计分析系统等也基本实现了信息化,。

我国保险业信息化的范围包括办公系统信息化、保单电子化、保险业务流程化和网络化。2000年以后，保险业加大信息化建设力度，各种形式、各种组合的保险新产品如雨后春笋般不断涌现，保险精算的效率与保费计算的科学性不断提升，保险产品设计更趋科学化、标准化，金融工程在保险产品设计中的作用越来越突出。

在近几年互联网金融蓬勃发展的环境下，金融业的信息化迈上了一个新的台阶，体现在运营模式上的一个最大特色就是金融电商化，传统金融机构或者自己建立电商平台，或者与其他拥有海量客户信息和渠道的互联网企业合作建设电商平台，以应对互联网金融的浪潮和挑战。2012年6月28日，建设银行名为“善融商务”的电子商城低调问世，运营一年取得80亿元的交易规模；几乎与此同时，交通银行也上线了名为“交博汇”的网上商城业务，中国银行推出“云购物”电商业务。在2017年掀起的“银行电商热”的影响下，各大行和股份制银行都开展了相应的电商业务。随着金融机构与互联网企业实现融合，并且不断创新发展，与互联网企业合作共赢成为未来的发展趋势。

金融信息化使得金融服务变得更加高效便捷，操作标准化和业务在线化，使得传统金融机构的业务流程得以简化，过去很多需要用户去金融机构网点办理的业务，可以直接简化为用户的自助行为。这种自助行为借助金融机构广泛建设的智能硬件或者网络终端得以实现。例如，通过手机银行、网上银行，人们只需要点击屏幕或者敲动键盘就可以很便捷地完成转账、投资理财等业务。对于股民来说，一直以来办理开户业务必须由用户本人亲自到营业网点办理，而现在很多券商推出了在线开户功能，只需要输入个人信息，手握身份证拍照取样，就可以完成开户过程。此外，金融机构信息化建设极大地提高了金融创新能力，金融机构不断推出新型金融产品，更多平民理财产品的出现，改变了金融行业理财产品给人们的高门槛印象。金融行业线上线下业务的创新组合，也给人们的生活带来了便利，同时拓展了金融机构的服务空间。

（六）互联网金融门户

互联网金融门户是指利用互联网提供金融产品和金融服务信息，集金融产品汇聚、搜索、比较三大功能为一体，并为金融产品销售提供相关服务的第三方网络平台。互联网金融门户的核心是“搜索+比价”功能，即通过金融产品垂直比价的方式，将各家金融机构的产品放在平台上供用户对比挑选。

知识链接1-3　　**门户网站的发展与变迁**

门户（Portal），原意是指正门、入口，现多用于表示互联网的门户网站和企业应用系统的门户系统。所谓门户网站，是指通向某类综合性互联网信息资源并提供有关信息服务的应用系统。在互联网发展初期，雅虎凭借其著名的搜索引擎、丰富的内容以及独特的营销策略，迅速成为网民进入网络世界搜索信息的重要途径，开创了互联网发展史上的“门户时代”纪元。雅虎的成功使得门户模式被国内众多网站争相效仿，其中，以新浪、网易和搜狐最为典型，这三大综合门户在成立之初便吸引了大量的用户。

随着互联网浪潮的涌起，网民数量急剧增多，网络信息也呈现出几何级数的增长趋势，具有特定需求的网民想在信息极度过剩的互联网上找到符合自身兴趣爱好的信息需要耗费大量的时间，过程十分烦琐。此时，面对特定群体的特定搜索需求，综合门户网站已经不能胜任，因此，一批能够满足特定群体信息检索需求的垂直门户网站便应运而生。随着网络技术的不断精进，垂直搜索引擎的出现推动了门户网站的进一步发展。在垂直门户网站的基础上，衍生出了许多依托于垂直搜索技术的垂直搜索平台。

垂直搜索平台是相对通用搜索引擎信息量大、查询不准确、深度不够等特点而开发的新的搜索引擎服务模式，是通用搜索平台的细分和延伸，对网页数据库中的某类专门的信息进行整合，其搜索结果更加专注于某一特定行业，搜索相关性要高于通用搜索平台，因此，其最显著的特点就是搜索结果的专业、精准和深入。此外，垂直搜索平台往往为某一特定领域中的特定人群服务，客户可以在平台上进行信息反馈，因此，垂直搜索平台还带有浓厚的社区化特点。

资料来源：罗明雄. 互联网金融门户初探究［EB/OL］.（2014-08-05）.http: //stock.sohu.com/20140805/n403143414.

根据服务内容和服务方式的不同，互联网金融门户大体可以分为第三方资讯平台、垂直搜索平台以及在线金融超市三大类。第三方资讯平台是为客户提供全面、权威的金融行业数据及行业资讯的门户网站，它们大多是由以前的财经资讯网站衍生和分化而来，本身具有较高的行业知名度和从业经验，典型代表有和讯网、金融界、网贷之家等。垂直搜索平台是聚焦于相关金融产品的垂直搜索门户，所谓垂直搜索是针对某一特定行业的专业化搜索，在对某类专业信息进行提取、整合以及处理后反馈给客户。垂直搜索平台可以提供丰富的资金供求信息，满足双向自由选择，有效地降低互联网金融交易的搜索和匹配成本，典型代表有融360、好贷网等。在线金融超市汇聚了大量的金融产品，并提供在线导购及购买匹配，在利用互联网进行金融产品销售的基础上，提供与之相关的第三方专业中介服务。该类门户在一定程度上充当了金融中介的角色，通过提供导购及中介服务，解决信息不对称的问题，典型代表有大童网、91金融超市等。

以上三类互联网金融门户网站在金融服务中所起的作用各不相同：第三方资讯平台充当的是外围服务提供商角色，垂直搜索平台扮演的是媒介角色，二者在产业链中所处的位置相同，前者提供的是行业资讯和相关数据，后者提供的是产品信息。在线金融超市居于二者之上，在产业链中扮演的是代理商角色。三者均为产业链下游客户服务，而处于三者上游的企业是金融机构。互联网金融门户的产业链如图1-4所示。

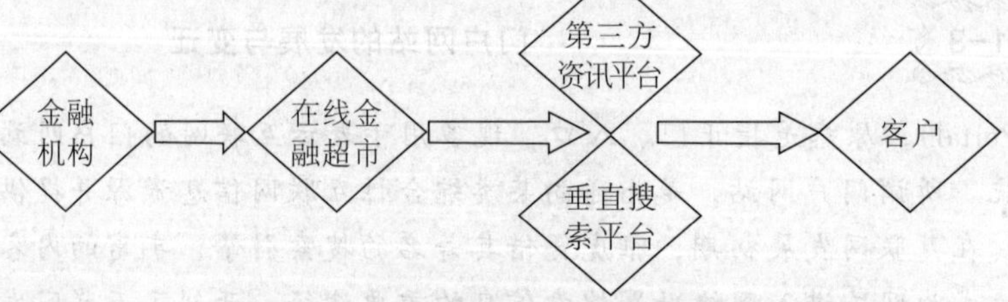

图1-4　互联网金融门户的产业链

互联网金融门户的核心价值主要集中在搜索层，即对海量金融产品信息进行甄别、加工和挖掘，对金融产品信息的原始数据进行筛选和提炼，建立符合其经营产品类别的金融产品数据库，以便客户对金融产品进行快速、精准的搜索比价。客户在互联网金融门户网站上不需要逐一地浏览信息，而是根据其特定需求进行有针对性的搜索比较，极大地节省了客户选购金融产品的时间，降低了交易成本。

三、互联网金融的特征

互联网金融自诞生起，历经野蛮生长的洪荒开拓、各领风骚的模式分化以及暗流涌动的风险激荡，正逐步迈向政策包容、市场成熟、用户依赖、秩序井然的阳光地带。同时，在其发展过程中也显现出一些共性特征。

（一）经济性与高效性

互联网金融在大数据、云计算和移动互联网的支撑下，成功实现了交易的网络化、脱媒化，打破了信息的不对称性，弱化了交易中介的作用，摆脱了对专业人员和物理网点的依赖，从而极大地降低了交易成本，提高了资源配置效率。

首先，互联网金融模式下，交易方式通过互联网和移动通信网络进行。对信息化的金融机构来说，既降低了网点建设成本、人员开支成本、日常运营成本以及签约成本等，又可以实现一对多的服务，显著提高交易效率，降低资源浪费；对客户来说，不必跑网点、排队，可以随时随地交易，节省了开支和时间成本。

其次，互联网金融模式下，大数据和云计算技术用于信息处理，打破了信息壁垒，降低了信息的不对称性。一方面，金融机构可以以极低的成本，快速收集海量的客户信息，并进行精准的筛选分析，增加信用评级的可信度，降低信用评级的成本，加强数据管理的灵活性，降低交易维护成本，提高风险的准确度和敏感度，降低交易的风险管理成本；另一方面，客户不必四处奔波寻找交易渠道和对象，而且交易信息沟通充分、交易透明，定价完全市场化，可以实现最优交易，从而降低信息不对称带来的额外成本。例如，作为阿里金融的重要组成部分，阿里小贷以大数据为基石，在小微金融领域风生水起。通过与阿里巴巴的淘宝网、天猫、一淘等电商平台数据贯通，借助阿里云这一专业化的数据分析系统，阿里小贷单笔信贷操作成本为2.3元，而一般银行的成本在2 000元左右；根据客户的数据（包括个人信息、征信信息、历史表现、交易信息、经营状况等）来预测未来一段时间发生违约风险的概率，可以判断客户质量，确定准入客户，细化客户授信，实现贷前风控；通过支付宝和阿里云实时监控商户的交易状况和现金流，可以有效预警风险，使阿里小贷不良率维持在1%左右。

最后，互联网金融弱化了金融中介的作用，在一定程度上降低了交易成本。例如，第三方支付模式使交易各方的结算成本大幅度降低；互联网金融门户可以使客户以更低的成本搜索到更加优质的金融产品；P2P网贷平台在借贷双方之间充当服务中介的角色，可以帮助借款人以较为优惠的利率获得融资；基于互联网的众筹模式中，借款方与投资者借助互联网可以高效地进行信息交换，融资成本更为低廉。

（二）方便性与快捷性

互联网打破了时空隔阂。方便快捷成为电子商务的最基本特征，也同样成为互联网金融的基本属性。具体而言，互联网金融优化了传统金融的三大功能。一是支付结算功能：互联网使这个过程变得更加便利、快捷。例如，曾经费时费力、麻烦较多的水电燃气等各种公共事业缴费以及各类名目的汇款、还款，如今通过广泛连接和方便快捷的第三方支付网络，可以随时随地轻松完成。二是融资功能："大数据"为融资提供了技术支撑与保障，更多资金得以集中，与企业的对接也更为紧密。例如，只要是阿里巴巴诚信通会员和淘宝卖家，无须担保，从申请贷款到贷前调查、审核、发放，全流程采用网络化、无纸化操作，客户足不出户，只需在电脑前简单操作即可轻松获得贷款，整个过程最短只需3分钟。三是平台与通道功能：线上平台的增加，为客户提供了更加方便快捷的操作体验。互联网金融门户使对金融产品的搜索变得更加容易；P2P网贷平台采用自助式借贷，与苛刻的银行贷款申请条件、繁杂的材料准备以及漫长的等待过程相比，借贷平台的审批手续简便很多，审批速度也快很多，只要借款人信用级别达标，且发布的借款申请有足够吸引力，一两天之内就能募集到所需资金。与此同时，P2P网贷使投资者的理财行为也变得更加简便快捷，只需要一部连上互联网的电脑或手机，拥有一个开通网上支付功能的银行账户，7×24小时随时随地都可以进行投资。

（三）开放性与共享性

基于互联网技术本身带来的开放性社会资源共享精神，所有使用网络的人都能不受限制地获得互联网提供的资源，因此基于互联网技术发展起来的互联网金融，兼具互联网资源的开放性和共享性两个主要特点。资源开放化的互联网金融使用户获取资源信息的方式更加自由，同时拓展了互联网金融受众的有效边界。

开放和共享是互联网精神的重要属性，也是互联网金融最显著的特征。互联网的特质决定了它既没有时间界限也没有空间界限，它无时不在、无处不在，无论是信息的传播，还是服务的提供，都显示出极强的开放性和生命力。一个传统金融行业物理服务网点的辐射范围可能是3千米~5千米，但通过互联网，服务范围则远超这一界限。可以说，在互联网开放的平台上，用户高度的参与和交互，使得这个虚拟平台的传播、交流、监督、影响力与现实相比得到了更充分的彰显。正是遵循开放、共享的理念，互联网金融能够以客户为中心，尊重客户体验、强调交互往复、主张平台开放，借助信息技术不断创新，推出符合客户需求的跨界产品和服务。

（四）普惠性与济世性

普惠金融是指有效地、全方位地为社会所有阶层和群体提供金融服务，使所有人都能平等地享受金融服务。在传统金融体系中，大型金融机构多服务于大型客户，中小企业贷款难、民营企业受歧视等问题得不到解决，这使得很多群体不能平等地参与到金融活动中，而互联网金融由于其覆盖面广、成本低、可获得性强等特点，成为实现普惠金融的最佳路径。以前由于各种原因无法得到有效金融服务的群体，借助互联网方式享受到了福利，这一点在小微企业金融服务领域表现明显：一方面，互联网技术边际成本极低，因此大大降低了金融服务的沟通成本和交易成本，小微企业这些过去未得到银行充分服务的客户逐渐成为银行的重点对象；另一方面，大数据、云计算等技术使银行能够及时掌握客户的交易数据和行为信息，提升了风险控制水平，融资难的瓶颈正在逐步突破。大数据金融、P2P网贷、众筹等互联网金融在一定程度上解决了小微企业及个体工商户的融资需求，也满足了普通大众的投资理财需求，使原本专业性较强的金融业务走进千家万户，惠及广大百姓。

总之，互联网金融以其平民化、大众化的特点，拓展了传统金融市场的边界。互联网超越了实体经济的发达程度和边远地区乃至山区的物理交通阻隔，将无差别的普惠金融服务传播到不同的空间和所有的人群。秉持“普惠金融”理念的互联网金融，能够让更多的普通百姓获得更高的理财收益并且更加幸福地生活，同时让更多的小微企业能够融到资，最终让社会更好地发展，让每个人都能成为金融的参与者和受益者。

拓展思考 1–1

互联网金融和传统金融有什么区别？又有什么联系？

答：互联网金融与传统金融的本质区别在于实现方式上，包括支付方式、信息处理和资源配置。其一，传统金融的支付方式是人们通过各商业银行的物理网点分散支付，需要更多的人力、物力和场地设施等；在互联网金融模式下，人们以移动支付为基础，通过移动互联网进行证券、现金等资产的支付和转移。其二，在传统金融模式下，信息以非标准化、碎片化和静态化的形式存在，信息处理难度非常大，通过人工处理又会降低信息处理的速度及精准度；互联网金融中的信息处理通过网络方式进行，在大数据和云计算的保障下，资金供需双方信息通过社交网络展示和传播，通过搜索引擎组织，最终形成时间连续、动态变化的信息序列。其三，在资源配置方面，传统金融以银行、券商为中介匹配资金借入方和借出方；而互联网金融的资金供需信息直接在网上发布并匹配，供需双方直接联系和交易。

形形色色的互联网金融模式，除去互联网的“包装”，其本质仍然是金融业务，金融业的本质是跨时空的资金、信用和风险的交换，是风险的识别、分散和控制，在这一点上二者是统一的。

任务二　互联网金融的产生与发展

一、互联网金融的产生背景

互联网金融起源于20世纪60年代，至今已有半个多世纪的历史。作为现代信息技术与金融相结合的产物，它的产生和发展有着深刻的历史背景。

（一）互联网特别是移动互联网的发展和普及为互联网金融的产生提供了基础和前提

互联网金融是以互联网为平台来提供金融服务的，因此，互联网是互联网金融产生的基础和前提，互联网的产生和发展使互联网金融的产生成为可能。互联网是利用通信设备和线路将不同地点的、功能相对独立的计算机系统互连起来，以功能完善的网络软件实现网络资源共享和信息交换的数据通信网。随着宽带无线接入技术和移动终端技术的飞速发展，人们迫切希望随时随地乃至在移动过程中都能方便地从互联网获取信息和服务，于是移动互联网应运而生并迅猛发展。根据中国互联网络信息中心发布的《第42次中国互联网发展状况统计报告》，截至2018年6月，我国网民规模达到8.02亿人，互联网普及率为57.7%（如图1–5所示）。其中，手机网民规模达7.88亿人，网民中使用手机上网的比例由2015年年底的90.1%提升至98.3%（如图1–6所示），手机在上网设备中占据主导地位。以移动互联网为首的互联网，普及范围越来越广，为互联网金融的发展奠定了用户基础。

单位：万人

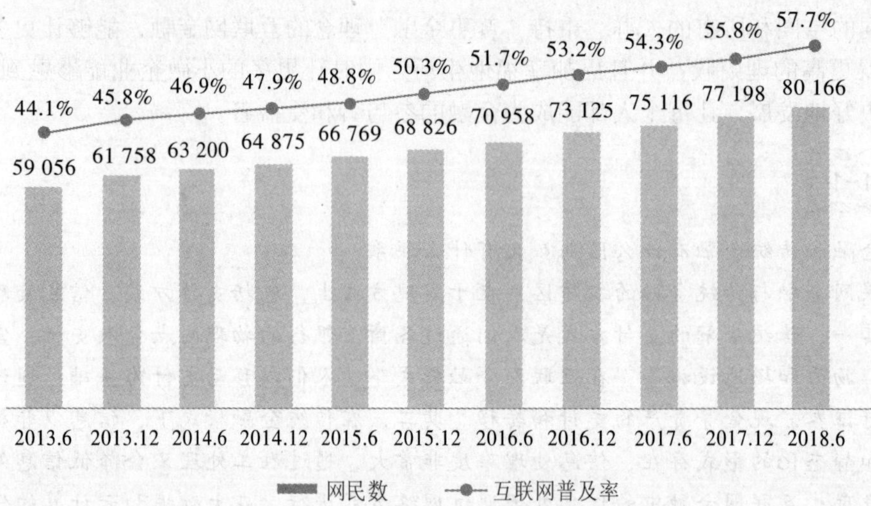

图1-5　中国网民规模及互联网普及率

资料来源：中国互联网信息中心．第42次中国互联网发展状况统计报告［EB/OL］．(2018-08-20) http: //www.cac.gov.cn/2018-08/20/c_1123296882.htm.

单位：万人

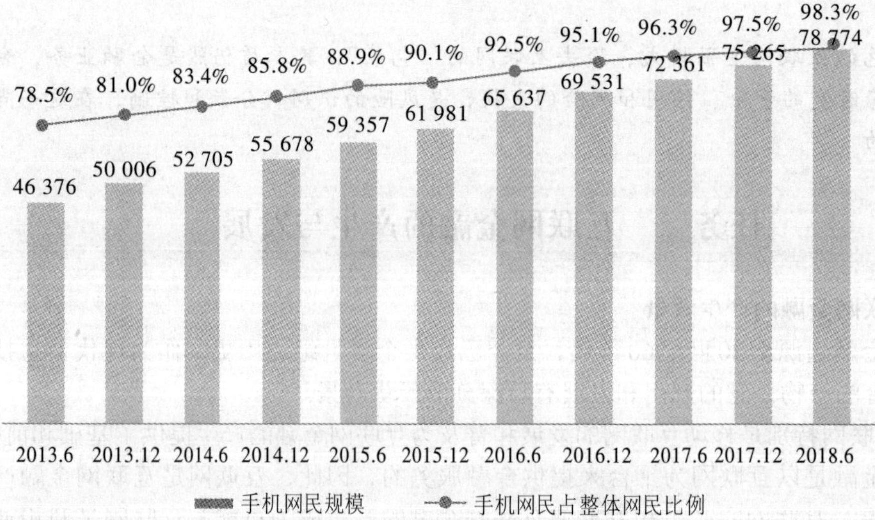

图1-6　中国手机网民规模及占网民比例

资料来源：中国互联网信息中心．第42次中国互联网发展状况统计报告［EB/OL］．(2018-08-20) http: //www.cac.gov.cn/2018-08/20/c_1123296882.htm.

互联网在金融领域的应用，打开了互联网金融的大门，带动了金融领域的“革命”。利用互联网发布和获取各种信息，处理金融业务，正成为现代金融电子化建设的一个重要方向。互联网金融的产生和发展，是由互联网中包含的网络信息浏览、电子邮件、新闻资源、文件传输、远程登录、BBS及其他服务等基本功能来实现的。在金融机构的网站或网页上，网络信息浏览为客户推介金融产品和金融机构；电子邮件为供给与需求双方互动、沟通提供方便；新闻资源可以为金融管理与服务者、金融业务供求双方提供信息；文件传输为网上证券交易、网上投保、网上外汇交易等指令提供安全性通道；远程登录是金融机构提供不受时间、空间限制的互联网金融服务的技术要求；BBS功能为互联网金融市场的各方提供公共信息。

（二）互联网技术的日益成熟为互联网金融的产生提供了支撑和保障

互联网天生所具有的开放性、自由性、全球性等特点，既是互联网吸引社会公众参与的基础，又威胁到网上交易的安全性、完整性和保密性。目前，开展网上交易有两个比较成熟的安全技术，即安全电子交易（SET）协议和安全套接层（SSL）协议，为互联网金融的产生提供了足够的安全保障，消除了客户的疑虑。针对用户开发的“综合服务数字网”（ISDN）和“非对称数字用户环线”（ADSL）为接入互联网提供了更可靠的服务；日益完善的数字交换“宽带网”为综合商务化业务处理提供了更广阔的空间，正被迅速使用和推广；卫星接收与传播技术也在不断更新和提高。总之，这些互联网高速接入设施和技术为互联网金融的产生和发展铺平了道路。

随着互联网的普及，互联网技术也在不断发展，社交网络、搜索引擎等把人类社会带入了一个庞大的结构化与非结构数据信息的新时代。搜索引擎和云计算解决了互联网金融必须面对的信息处理问题，使互联网金融企业能够准确、高效、经济地处理海量数据，从中找到有价值的决策信息，并使很多金融创新成为可能；社交网络平台的兴起，使得互联网金融能够通过验证和分析平台上客户积累的信用数据及行为数据，形成客户评价体系，并据此做出决策。

拓展思考 1-2

大数据与云计算有什么不同？二者又有什么联系？

答：从概念和目标受众上来说，大数据和云计算存在根本的不同，云计算改变了IT，是一种技术；而大数据改变了企业，是业务层面的产品。二者就像硬币的两面，云计算是大数据的基础架构，是大数据的IT基础。大数据由24小时不间断的数据流组成，其中必然存在大量冗余数据和不相关数据，存在价值密度低的问题，以云计算作为基础的信息存储、分享和挖掘手段，可以有效地分析和计算庞大多变的数据集，释放出更多的隐藏信息。大数据同样包含着市场信息、通路信息、企业竞争对手信息，对这些非结构化信息的分析，需要云计算的帮助。

（三）新兴商业模式的兴起对互联网金融的产生起到刺激和推动作用

从最初简单的信息浏览、电子邮件，到信息搜索、远程办公、视频会议、电子银行、影音娱乐、购物、社交等，用户的行为习惯越来越“互联网化”。在生产生活中，越来越多的信息流和资金流通过互联网应用来完成。放眼全球，以Amazon、eBay、阿里巴巴为代表的全球电子商务的快速发展，带来了大量互联网支付、跨境支付以及第三方支付；以Facebook为代表的社交网络的发展，催生相应的融资需求；移动商务的快速发展使得手机支付、二维码支付等移动支付需求爆发。这些新兴商业模式带来了基于互联网的新的金融服务需求，并且引领着全球互联网应用和商务活动的发展。用户习惯的“互联网化”促使传统金融业必须运用互联网技术，更好地满足客户需求。

（四）传统金融领域的金融压抑和资源垄断为互联网金融的产生提供了机调与空间

长期以来，政府部门对于金融领域采取了极为严格的管制政策，从而产生了严重的金融压抑和金融资源垄断现象。金融资源成为只有少数人才能触及的东西，其覆盖的企业或人群多处于经济结构的中上层，而处于金字塔底端的广大中小企业能享受的金融资源极为有限，大量的理财需求、投资需求无法得到满足。面对互联网浪潮带来的新兴商业模式的冲击，在传统金融体系中没有得到满足的金融需求在互联网中爆发。在互联网金融模式下，搜索引擎和社交网络降低了信息处理成本，资金供需双方直接交易，可达到与资本市场直接融资和银行间接融资一样的资源配置效率，并在促进经济增长的同时，用更加便捷的支付方式大幅减少交易成本。

二、国外互联网金融发展现状

互联网诞生于西方国家，西方国家的金融体系也比较完善、成熟。因此，其传统金融体系与互联网的融合较世界其他国家时间更早、程度更高。特别是美国，其传统金融体系经过长期发展，产品和服务较为完善，而且金融机构自互联网诞生之初就进行了自发的信息化升级，金融的互联网化整体上巩固了传统金融机构的地位。

网上银行最早兴起于美国。1995年5月，美国富国银行（Wells Fargo）成为世界上第一个提供WEB通道的银行；同年，美国安全第一网络银行（SFNB）成立，宣告了全球第一家网络银行诞生，其所有业务都通过互联网处理；1999年，纯网络银行（NetBank）宣布实现盈利，并多次被评为“最佳网络银行”。尽管纯网络银行发展到一定阶段后被传统银行所并购，但这也促使传统银行加快信息化改造步伐。进入21世纪以来，美国网上银行业务迅速增加，新兴在线金融服务层出不穷，通过网上银行进行转账、查询、支付的客户比例大幅增加。安全第一网络银行的主页如图1-7所示。

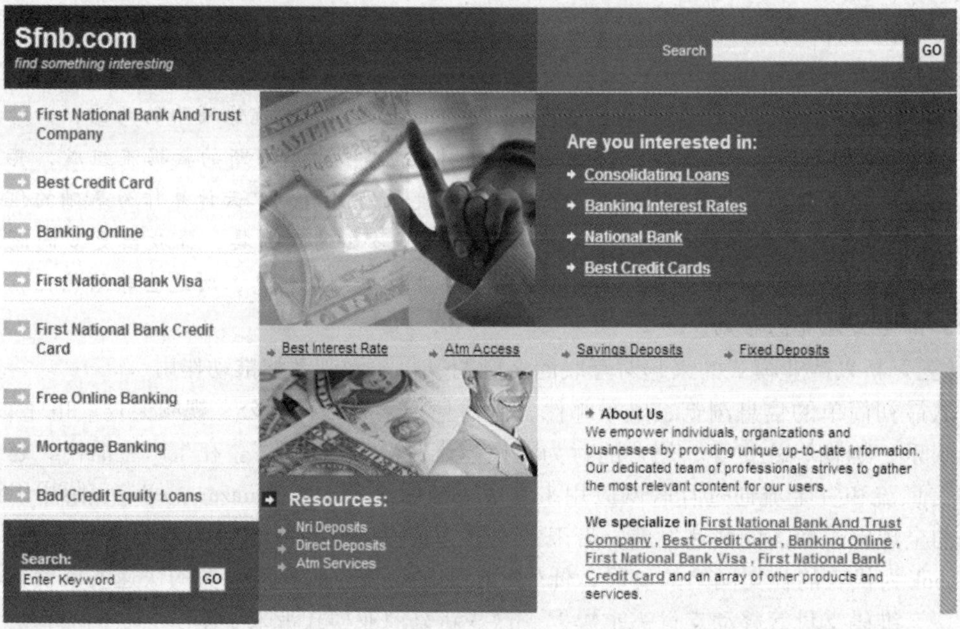

图1-7 安全第一网络银行的主页

美国是最早开展互联网证券交易的国家，也是互联网证券交易经纪业务最发达的国家。1995年，嘉信理财（Charles Schwab）推出eSchwab软件，使投资者可以在网上交易，成为第一家开展证券电子商务的经纪商；亿创理财（E-Trade）在1996年重组成一家纯互联网经纪公司，成为美国首家无传统经营场所的新型经纪公司；1999年，以美林为代表的传统券商全面开展互联网业务。时至今日，这三家经纪商针对不同客户形成了有差别的盈利模式，它们各自有着互不相同的、个性鲜明的经营模式。纯互联网经纪商通过极低的交易佣金吸引客户，尤其是个人投资者；嘉信等则在提供经纪通道服务的同时，附加咨询服务；而美林等则针对机构投资者提供全套金融服务，收取高额佣金。

由于在互联网技术方面的领先地位和优越的市场经济环境，美国还是最早发展互联网保险的国家，其互联网保险业务主要包括代理模式和网上直销模式。代理模式主要通过和保险公司形成紧密的合作关系，实现互联网保险交易并获得规模经济效应，其中最典型的是美国的InsWeb公司，它是全球最大的保险超市网站之一。网上直销模式是传统保险公司的延伸，为其开拓新的销售渠道和客户服务方式，美国几乎所有的保险公司都建立了自己的网站。

1998年12月建立的PayPal网络服务商是目前最大的网上支付公司，总部位于美国加利福尼亚州圣荷西市。PayPal使个人或企业可以通过电子邮件，安全、简单、便捷地实现在线付款和收款，避免邮寄支票或汇款等传统支付方式的不便。截至2012年年底，在跨国交易中超过90%的卖家和超过85%的买家认可并使用PayPal电子支付业务。值得注意的是，早在1999年，也就是PayPal在成立不到一年的时候，便推出了货币市场基金，与我国的余额宝类似，用户只需要开通货币基金账户，就可以每月获得收益，此举获得了很多用户的欢迎，PayPal货币基金的规模在2007年达到了10亿美元。近几年，随着移动互联网和智能手机的技术革新，以及移动社交平台爆炸式的增长，美国人也开始认识到，基于移动社交平台的移动支付系统存在巨大的发展空间，移动支付应运而生。作为互联网支付在媒介上的补充，发达国家完善的网络基础设施为移动支付提供了良好的发展温床，而移动支付本身又能够明显改善用户体验，减少支付成本。

世界上最早建立的众筹网站是同样来自美国的ArtistShare，于2001年开始运营，被称为“众筹金融的先锋”和“为富于创造力的艺术家服务的全新商业模式”，这家最早的众筹平台主要面向音乐界的艺术家及其粉丝。2009年美国众筹网站Kickstarter的上线被许多人认为是互联网众筹融资兴起的标志，目前该平台已成为全球最大的众筹融资平台。近几年，众筹模式在欧美国家迎来了黄金上升期，发展速度不断加快，在欧美以外的国家和地区也迅速传播开来。数据显示，截至2016年，众筹融资的全球交易总额达到1 989.6亿元，同比提高77.2%。

英国则是P2P借贷的发源地，全球第一家提供P2P金融信息服务的公司始于2005年3月创立的英国伦敦一家名为Zopa的网站。Zopa网贷平台为不同风险水平的资金需求者匹配适合的资金借出方，而资金借出方以自身贷款利率参与竞标，利率低者胜出。这一信贷模式凭借其高效便捷的操作方式和个性化的利率定价机制使借贷双方共同获益。此后Zopa得到市场的广泛关注和认可，其模式迅速在世界各国复制和传播。美国市场上占据前两位的P2P网络借贷平台——Prosper和Lending Club——分别于2006年和2007年上线。由于P2P借款方式比银行贷款更加方便灵活，所以在全球范围内受到投资者和融资者的欢迎。

三、国内互联网金融发展现状

传统金融机构的信息化历程主导了国内早期互联网金融的发展，特别是银行业的信息化建设一直处于业内领先水平。早在1996年，中国银行就在互联网上设立网站，开始通过互联网向社会公众提供银行服务。1998年，招商银行推出了“一网通”业务，随即网上银行业务以星火燎原之势在国内推广开来。在早期国内网上银行的业务种类中，账户查询的使用度是最高的，其次是交易付款和个人转账这两项功能。2011年，民生银行针对网上银行专门设计了收益率高于柜台销售的理财产品并获得可观收益，自此互联网逐步成为其低风险理财产品的主要销售渠道。2012年以后，电话银行、手机银行等产品也逐渐成熟，但是这些都只是传统银行将业务转移到互联网上进行，没有实现业务创新。面对互联网金融的冲击，直销银行模式顺势而生。所谓直销银行，是指银行没有营业网点，不需要发放实体银行卡，客户通过电脑、手机等远程渠道即可获取银行产品和服务。2013年9月，北京银行正式推出其与境外战略合作伙伴荷兰ING集团合作研发的直销银行服务。2014年2月，民生银行直销银行正式上线。这些均显示各大传统银行积极应对互联网金融冲击而采取举措。

在线阅读1-1

网商银行：大数据在银行业的经典应用

互联网的普及同样给证券业带来巨大革命。1990年，上海证券交易所通过计算机进行了第一笔交易。1998年，国内网上证券交易开始起步。2000年，证监会颁布《网上证券委托暂行管理办法》，规范了网上证券委托业务。投资者使用证券公司提供的交易终端软件，通过互联网足不出户就可以实现证券买卖。网上证券业务的最大优势是其动态的数据库功能，使用者可以动态地进行历史信息和最新信息的收集和处理，券商也可以借此为客户提供更加优质的服务。2012年，海通证券自主开发“基于数据挖掘算法的证券客户行为特征分析技术”，采用聚类算法，根据客户交易数据进行动态分析。同一年，国泰君安推出“个人投资者投资景气指数”，数据样本来自券商客户的真实交易行为数据。

保险业也在不断加强与互联网的融合。1997年12月，新华人寿公司在互联网上完成了国内首份网上保险业务，标志着互联网保险的探索取得初步成果。随着2005年《电子签名法》的颁布，互联网保险步入快速发展轨道，各大保险公司互联网平台在2008—2013年相继上线，建立起各自的互联网销售平台，依托互联网提供保险产品和服务信息，实现网上投保、承保等业务。保险业在互联网金融创新上的“破冰”之举，当属“三马”合糟，2013年，由阿里巴巴、腾讯、平安保险“三马”联合组建的国内首家互联网保险公司——众安保险获得保监会批复，并宣布正式营业。众安保险突破国内现有保险营销模式，不设分支机构，完全通过互联网进行销售和理赔，从而开启了一个全新的互联网保险时代。众安保险官网首页如图1-8所示。

从2013年开始，国内互联网金融取得突破性进展。云计算、大数据、移动支付等新一代互联网信息技术蓬勃发展；余额宝、P2P、众筹等基于互联网的新型投融资平台大放异彩；支付宝、财付通、银联在线、快钱、汇付天下、易宝支付等第三方支付平台熠熠生辉；融360、91金融超市、好贷网等互联网金融门户快速崛起。各种模式竞相发展，迅速改变金融业面貌，对传统金融的运营模式产生颠覆性影响。

互联网企业纷纷开始“搅局”金融业，阿里巴巴、腾讯、百度、新浪、京东、苏宁等开始利用自身技术及平台优势逐步向金融领域渗透，推出余额宝、百度百发、淘宝基金、京东白条等各种金融产品。与此同时，银行、券商、保险等传统金融机构为了巩固自己的优势地位也积极谋变，它们纷纷借助互联网构建自己的金融电商平台，如工商银行的“融e购”、建设银行的“善融商务”、交通银行的“非常e购”、华夏银行的“电商快线”以及“三马”设立的互联网保险公司“众安在线”。

图1-8　众安保险官网首页

互联网金融的发展得到政府政策的支持。2015年两会上，李克强总理的政府工作报告对互联网新经济寄予厚望，报告中将互联网金融表述为“异军突起”，使互联网金融发展得到国家政策上的支持。2015年7月18日，中国人民银行等十部委联合发布《关于促进互联网金融健康发展的指导意见》，对互联网支付、网络借贷、股权众筹融资、互联网基金销售、互联网保险、互联网信托和互联网消费金融等互联网金融主要业态进行了明确规定，并提出了一系列鼓励创新、支持互联网金融稳步发展的政策措施。2017年6月，中国人民银行等国家十七部门联合印发《关于进一步做好互联网金融风险专项整治清理整顿工作的通知》，要求各省领导小组采取有效措施确保整治期间辖内互联网金融“从业机构数量及业务规模双降”，要求从整体上降低从业机构数量和业务规模。

任务三　互联网金融的挑战与不足

一、互联网金融带来的挑战

互联网金融的发展对传统金融业产生了极其重要的影响，并不断改变着传统金融业的服务方式、管理模式和竞争格局，使传统金融业开始了一场全新的变革。当前，互联网金融的蓬勃发展对传统金融业构成了严峻的挑战，主要表现在以下几个方面：

（一）颠覆传统的银行概念

传统模式下的金融业务，首先需要有经营网点，个人才能参与金融业务，但现在只要有网络和手机，个人就能成为一个参与金融业务的终端；与此同时，传统的银行物理网点面临着营业成本、安保成本的不断攀升，而互联网银行在这方面有着巨大的成本优势，所以未来商业银行的物理网点减少或将是一个趋势，这就对商业银行的经营模式提出巨大的挑战。正如比尔·盖茨先生的预言：“（如果）传统商业银行不能对电子化做出改变，商业银行将成为21世纪灭绝的‘恐龙’。”

（二）挤压银行的生存空间

互联网金融引发的技术脱媒、渠道脱媒、信息脱媒等正在逐步削弱传统银行的中介功能，挤压银行的生存空间。在支付领域，第三方支付的蓬勃发展使得存、贷、汇等服务的渠道多元化，成为银行支付结算体系的一个竞争者。互联网金融巨头依托支付平台衍生出网络生态链、海量交易数据、灵活商业模式，先后推出多种不同形式的新型支付工具，挑战银行在支付结算中的地位。在服务领域，银行传统信贷业务和中间业务都面临新的竞争，以阿里金融为代表的电商参与资金融通业务，是对银行资金媒介地位的挑战，而随着交易规模的扩大，互联网金融对银行利润的影响也将更明显。

（三）突破传统的时空概念

依托全天候覆盖的虚拟网络，互联网金融能突破时间、空间的限制，在任何时间、地点都能灵活地服务于消费者，让消费者动一动手指头，点一点键盘、鼠标就能完成各种金融支付，享受各种金融服务，这是传统银行无法企及的。

（四）冲击现有的金融格局

传统金融体系中，以多样化、分散性、差异性为主要特征的“草根”金融需求被大型金融机构所忽视，使得金融市场上金融产品同质化严重，缺乏竞争性，这也是传统金融体制的弊病。互联网金融开放、平等、合作的模式，促成了新的普惠金融业态。比如，P2P的发展在一定程度上有助于缓解中小企业贷款难的问题，支持了中小企业的发展，满足了个人金融的多元化需求，包括个人投资和财富管理。通过互联网金融的渠道，金融不再是普通人看不懂的专业术语，理财产品、货币基金等业务不再是参与门槛极高的产品，个人投资者可以很方便地参与到金融体系中并获得收益，这就是普惠金融。

（五）影响货币政策有效性

一方面，我国当前货币政策重点监测、分析的指标和调控的中间目标是M2和社会融资总量。M2与货币流通速度呈反向相关，互联网金融必将提高货币流通速度，但现有技术手段无法精确预测其提高幅度，且互联网金融发展进程不断加快，货币流通速度的变化空间较大。在此情况下，很难确定M2理论值，从而直接影响了货币政策取向。另一方面，互联网金融的融资额理应被统计到社会融资总量中，但现实中，有相当一部分互联网融资交易游离于金融统计之外，这就使得社会融资总量不能准确反映金融与经济的关系，以及金融对实体经济的资金支持程度。虽然可以通过对CPI等指标的监测来调整M2和社会融资总量的规模，但这势必会降低货币政策的前瞻性和有效性。此外，从现有的管理体制及货币政策传导机制看，货币政策很难传导至互联网金融，这会使资金逐利流入限制性行业，影响宏观调控效果。

拓展思考1-3

面对互联网金融带来的冲击，传统商业银行是否会逐渐消亡？传统商业银行又将如何应对互联网金融带来的冲击？

答：互联网金融给传统银行业带来巨大挑战的同时，提供了一个使银行业加快变革和发展的契机。通过创新和利用自身优势，传统银行也能够成为未来互联网应用发展过程中的主力军。无论是内部条件，还是外部条件，银行发展互联网金融都具有先天的优势。其一，互联网金融的发展一直受到国家监管限制，而银行业发展互联网金融首先受到现行法律制度的认可和监管；其二，银行天然的特性、历史沉淀使得银行掌握着庞大、优质的客户资源，民众对传统金融的信任度普遍较高，而对于互联网金融安全性的质疑却从来没有停止过；其三，传统商业银行的货币创造功能和在支付结算体系中的重要性，让银行支付结算拥有天然优势；其四，多年累积的客户征信信息，以及对于风险的管理和控制能力，这些都是互联网企业短期无法具备的；其五，实力雄厚的传统商业银行能够投入足够的资金涉足互联网金融的各个领域，尤其是对科技领域进行投资，从而全面发展互联网金融。

因此，面对压力和冲击，传统商业银行需要认清互联网技术的变革方向，抱着更加开放的心态积极拥抱互联网，不断加大创新和变革的力度，充分发挥自身的优势。

二、互联网金融的不足

随着互联网金融的日益壮大，互联网金融企业倒闭、跑路屡见不鲜，有的因经营不善而破产或关门，有的因风控不到位导致资金链断裂，有的涉及非法集资、非法吸储等违法经营被查处。这些均反映出互联网金融作为一种新生事物，其自身仍然存在很多不足。

思政教育专题1-1 **拒绝高利诱惑，远离非法集资**

非法集资是指单位或者个人未依照法定程序经有关部门批准，以发行股票、债券、彩票、投资基金证券或者其他债权凭证的方式向社会公众筹集资金，并承诺在一定期限内以货币、实物以及其他方式向出资人还本付息或给予回报的行为。

非法集资活动具有很大的社会危害性：一是使参与人遭受经济损失；二是严重干扰正常的经济、金融秩序，极易引发社会风险；三是容易引发社会不稳定，严重影响社会和谐。

根据我国相关法律法规的规定，非法集资不受法律保护，参与非法集资风险自担。

一、非法集资常用手段

（一）承诺高额回报。不法分子编造“天上掉馅饼”“一夜成富翁”的神话，许诺投资者高额回报。

（二）编造虚假项目。不法分子大多通过注册合法的公司或企业，打着响应国家产业政策、开展创业创新等幌子，编造各种虚假项目，有的甚至组织免费旅游、考察等，骗取社会公众信任。

（三）以虚假宣传造势。不法分子在宣传上往往一掷千金，聘请明星代言、名人站台，在各大媒体发布广告，进行社会捐赠等，制造虚假声势。

（四）利用亲情诱骗。有些类传销非法集资的参与人，为了完成自己的业绩，编造自己获得高额回报的谎言，拉拢亲朋好友加入，使参与人员迅速蔓延，集资规模不断扩大。

二、防范非法集资，学会“四看三思”法

（一）四看。一看融资合法性，除了看是否取得企业营业执照，还要看是否取得相关金融牌照或经金融管理部门批准。二看宣传内容，看宣传中是否含有或暗示“有担保、无风险、高收益、稳赚不赔”等内容。三看经营模式，有没有实体项目、项目真实性、资金的投向去向、获取利润的方式等。四看参与集资主体，是不是主要面向老年人等特定群体。

（二）三思。一思自己是否真正了解该产品及市场行情。二思产品是否符合市场规律。三思自身经济实力是否具备抗风险能力。

投资者要增强投资风险意识，培养正确投资理念，不贪图“一夜暴富”的捷径，不追求来路不明的“不义之财”，面对诈骗团伙及时检举。纵然不法分子套路多多，守好本心，即可避开“陷阱”。

（一）各种风险不容忽视

第一，互联网金融存在信用风险。客户方面，互联网金融服务方式的虚拟性使交易、支付的双方仅通过网络发生联系，增大了交易者之间在身份确认、信用评价方面的信息不对称。平台在进行交易撮合时，主要是根据借款人提供的身份证明、财产证明、缴费记录、熟人评价等信息评价借款人的信用，客户可能会精心编造虚假信息、提供失真数据，致使基于数据分析进行金融活动的风险大幅增加。在投资者方面，未按照风险适当性原则，对客户进行分类分层管理和风险承受能力评估，以致未将产品卖给合适的客户。

第二，互联网金融本质上也是金融活动，因此其资产与负债期限的不匹配同样可能导致流动性风险。无论是第三方支付还是网贷平台，都极易受到流动性风险的冲击。多数互联网金融企业不能通过同业拆借或金融市场交易来解决期限错配问题，一旦负债到期不能融入新的资金，就只能用自有资金来弥补，如果自有资金不足，就会发生流动性风险。

第三，互联网金融依靠软件、网络等特殊介质开展金融业务，因而其软硬件配置和技术设备的可靠性以及操作人员的专业技能和道德风险成为操作风险高低的主要衡量标准。互联网金融产品普遍存在过度宣传和美化问题，风险披露相对不足，虚假承诺、误导销售等现象较为普遍。

第四，互联网金融企业的高杠杆率，存在洗钱套现等经营风险。金融平台交叉销售、交叉运作和交叉投资越来越具有跨行业、跨市场、跨机构的特征，多方合作的交叉性金融产品在市场上也越来越多。由此带来产品结构过于复杂、合同约定责任不清、变相监管套利、跨行业和市场的风险传递等各类风险。

第五，银行、保险、证券等传统金融机构都在长期发展过程中建立了较为严密的风险控制系统，而互联网金融企业大都是互联网入主金融，其对金融风险的识别、衡量与控制水平相对偏低。加之新兴的互联网金融企业大多没有建立第三方托管机制，会有大量投资者资金沉淀在平台账户里，与经营者的自有资金混在一起，如果没有外部监管，就存在资金被挪用甚至携款跑路的道德风险。

（二）法律定位始终不明

由于互联网金融在我国处于起步阶段，现有法律规则还没有对互联网金融机构的属性做出明确定位，整个行业随时可能越界，触碰政策和法律底线，稍有不慎就可能构成“非法吸收公众存款”或“非法集资”等违法犯罪行为。以P2P网络借贷为例，很多P2P网络借贷平台以小额贷款公司、财务公司、投资咨询公司、有限合伙私募或者咨询中介公司等形式设立，所开展的业务“名不符实”，超越了业务范畴。P2P网络借贷平台和众筹融资平台的一些产品游走于合法与非法之间的灰色区域，甚至涉嫌非法吸收公众存款、非法集资等。现实中也出现了许多假借P2P网络借贷平台进行非法集资的事件，如“天力贷”

案、郑旭东案、“网赢天下”倒闭事件等。

（三）金融监管严重缺失

互联网金融多样化的业务模式和产品种类对法规与监管的规避性较强，商业银行、互联网公司、第三方支付平台等多元化的业务主体也给传统的监管方式和监管政策带来了挑战，其中，尤以互联网信贷监管缺失问题最为严重。由于目前我国对于互联网信贷业务尚未出台明确的法规，因此目前该业务实质上处于法律的灰色地带，而借贷运作模式中让人眼花缭乱的债权运作行为，让法律对其借贷行为的界定极为困难。更加严重的是，由于没有监管机构明确对其的监管职责，使得既无法对从业公司的资格进行审查，也无法对其资金安全进行监督，而该行业中行业自律规范也远远未成形，短短几年间，已经发生了多起互联网信贷平台“非法集资”和“携款潜逃”事件，特别是近几年的“e租宝”“泛亚”“上海申彤大大”“中晋系”等危害巨大的恶性案件集中爆发，给互联网信贷的声誉带来极坏影响。

（四）信息安全面临威胁

互联网金融企业如第三方支付机构不仅掌握了大量客户的真实身份信息，如证件号码、手机号码等，还掌握了客户大量银行卡信息，如银行卡号、卡片验证码、卡片有效期、个人标识码等，但是在客户信息安全保护方面明显薄弱于银行监管体系，存在极大的客户信息暴露隐患，少数企业甚至出售客户信息牟利。另外，互联网金融企业通过数据挖掘与数据分析，获得个人与企业的信息。而对于哪些信息能获取哪些信息不能获取，目前尚无明确规定，这会导致互联网金融企业肆意收集、窃取个人信息，侵犯个人隐私。

（五）技术漏洞仍然存在

互联网金融发展的基础是计算机网络通信系统和互联网金融软硬件系统等互联网信息技术，因此互联网信息技术的完善程度对互联网金融的发展起着至关重要的作用。目前我国的计算机网络通信系统还存在着密钥管理和加密技术不完善、TCP/IP协议安全性较差等缺陷，加之网络通信系统具有的开放式特点造成其易遭受计算机病毒和电脑黑客攻击的问题，这些都使得我国互联网金融在发展过程中面临较大的技术风险。在互联网金融软硬件系统方面，我国的互联网金融软硬件系统大多来自国外，缺乏具有自主知识产权的相关系统，这就使得一部分技术解决方案面临着与客户终端软件的兼容性不佳，可能被技术变革淘汰，乃至威胁整个金融体系安全的问题。

项目小结

互联网金融也叫网络金融，是利用互联网技术和移动通信技术等一系列现代信息科学技术实现资金融通的新兴金融服务模式。与传统金融相比，互联网金融具有经济、高效、方便、快捷、开放、共享、普惠、济世等特性，从而对传统金融体系产生了极其重要的影响，使传统金融业发生革命性的变革。

互联网金融的产生和发展有着深刻的历史背景。互联网，特别是移动互联网的发展和普及为互联网金融的产生提供了基础和前提，新兴商业模式的兴起对互联网金融的产生起到刺激和推动作用；新兴商业模式的兴起对互联网金融的产生起到刺激和推动作用；传统金融领域的金融压抑和资源垄断为互联网金融的产生提供了机遇与空间。时至今日，互联网金融的发展已呈现出第三方支付、P2P网贷、大数据金融、信息化金融、众筹、互联网金融门户六种清晰的模式。

尽管互联网金融的蓬勃发展对传统金融业构成了严峻的挑战，但其自身在风险管理、法律定位、金融监管、信息安全、技术保障等方面也存在一些不足，如何保障互联网金融的健康发展将会是未来互联网金融面临的重大课题。

关键概念

互联网金融　第三方支付　P2P网贷　大数据金融　信息化金融　众筹　互联网金融门户

综合训练

一、不定项选择题

1.互联网的精神理念包括（　　）。

A.开放　B.平等　C.协作　D.分享

2.（　　）属于互联网金融参与主体。

A.中国银行　B.京东　C.人人贷　D.快钱

3.第三方支付平台在商品交易中发挥的作用有（　　）。

A.提供第三方监管和技术保障　B.资金托管代付

C.克服交易双方信息不对称　D.维护交易双方合法权益

4.（　　）不是大数据所具有的典型特征。

A.数据体量巨大　B.数据类型繁多

C.价值密度高　D.处理速度快

5.大数据在金融业的应用场合有（　　）。

A.金融市场开拓　B.金融风险控制

C.信用评估分析　D.客户关系维护

6.能够为新型创业公司的融资开辟新的路径的互联网金融模式有（　　）。

A.P2P网贷　B.网上银行　C.网上证券　D.众筹

7.（　　）模式能够节省客户选购金融产品的时间，降低交易成本。

A.第三方支付　B.互联网金融门户　C.P2P网贷　D.网上银行

8.借助互联网金融，人们可以在任何时间、任何地点，以任何方式获得全方位的金融服务（即3A式金融服务：Anywhere、Anytime、Anyhow），这反映出互联网金融的（　　）特征。

A.开放性　B.经济性　C.高效性　D.普惠性

9.互联网金融面临的风险包括（　　）。

A.信用风险　B.操作风险　C.法律风险　D.流动性风险

10.关于互联网金融的说法正确的有（　　）。

A.互联网金融是互联网技术与传统金融的简单融合

B.互联网，特别是移动互联网的发展和普及为互联网金融的产生提供了基础和前提

C.传统金融机构以互联网为渠道开展金融业务即为互联网金融

D.互联网金融有助于降低交易成本和提高资源配置效率

二、简答题

1.什么是互联网金融？它具有哪些特征？

2.简述互联网金融的产生背景。

3.互联网金融对传统金融的影响有哪些？

4.如何理解互联网金融的普惠性和济世性？

三、案例分析

“变味”的校园贷：裸条借贷与暴力催收

“他们说要把我的裸照印成传单在学校和小区里张贴，我都不想活了，他们告诉我说我死了钱就不要了。”某大学女大学生在网上曝出的一段话引发了“裸条门”。该女生通过借贷宝借钱，不仅周利率高达30%，最后还被迫以手持身份证的裸照为抵押进行借款，逾期无法还款将被威胁公布裸照给家人朋友。该事件距河南大学生赌球欠贷60万元跳楼自杀事件仅3个月。从最初的“恶意注册”“高额罚息”到后面的“跳楼自杀”“暴力催收”，甚至“裸条借贷”，校园贷已然变了味。

为了增加业务量、抢占校园市场，很多贷款平台对于借款学生的信息审核不够严格，部分平台甚至仅凭一张学生证就批下贷款。“只需要学生证，20 000元以内立即下款”等口号充斥着校园每个角落。此外，校园借贷和分期市场如此庞大的原因，除了低门槛外，还有很重要的一点就是学生代理群体的存在，代理通过和社团合作，可以迅速获取很多社团成员的信息，进而批量注册。

至于贷款的用途，“买数码产品、外出旅游……这些都是相对比较正当的用途了，有越来越多的学生会把贷到的钱转手再放出去，还有一些是去赌博的。”有学生用同班同学的信息办理了分期购物，贷款还不上的时候就再办另一个分期，收到物品后再低价变现，还前一个贷款。对于那些急需用钱又不好和家里开口的女大学生来说，她们宁愿铤而走险。按照“裸条”借款女大学生的描述，在一些借款QQ群组内，只要喊一句“谁接女生裸条”，就会有很多人联系。

在“裸条”借贷中，假使借贷双方私下议定的借款利息为10%，还要另外缴纳给借款平台20%的押金和15%的中介费，就相当于其借10 000元到手时只有6 500元，但是还款、罚息时都按照10 000元执行，这时学生也许并没有注意到，平台还有24%的年利率，其实借款利率高达30%～40%，还有还不上钱时产生的高额逾期管理费。

当初冲着“零利息”“零首付”的美好愿景去借款的大学生，结果面临还款的时候才忽然发现其与最初的说法相去甚远。如果学生无法按时还清贷款，一般的平台会通知银行冻结其所登记的银行卡，并且会联系银行留下借贷信用污点。不正规的借贷平台会对欠款人进行恐吓、勒索，比如在学校周边张贴催账单、联系学校扣押毕业证、在网上张贴个人信息等，甚至威胁告诉其父母，无所不用其极。学生挖的这个“坑”最后绝大部分还是父母来填。

资料来源：佚名.“变味”的校园贷：裸条借贷与暴力催收［EB/OL］.（2016-06-20）.http：//tech.sina.com.cn/i/2016-06-20/doc-ifxtfrrc3918976.shtml.

问题：从以上案例中可以看出互联网金融在哪些方面还存在不足？

四、实践训练

实训项目：互联网金融相关网站浏览。

实训目的：认识和了解互联网金融六大模式。

实训步骤：

1. 注册并登录支付宝网站（www.alipay.com），浏览网站内容，体验第三方支付。

2. 注册并登录人人贷网站（www.renrendai.com），浏览网站内容，体验P2P网贷。

3. 注册并登录网商银行网站（www.mybank.cn），浏览网站内容，了解网商银行如何以大数据为基础发放小额贷款。

4. 注册并登录中国工商银行网站（www.icbc.com.cn），了解网上银行的主要业务，列举主要产品。

5. 注册并登录点名时间网站（www.demohour.com），浏览网站内容，体验众筹。

6. 注册并登录91金融（www.91jinrong.com），浏览网站内容，体验互联网金融门户。

项目二　电子货币与应用

技能目标

1. 了解电子货币的产生背景。
2. 明确电子货币的作用和影响。
3. 熟知电子货币的概念和特征。
4. 掌握电子货币的主要形式及应用。

技能目标

1. 能够比较电子货币与传统货币的区别。
2. 能够根据所学知识掌握银行卡的申请流程及功能。

案例导入　　**校园"一卡通"**

所谓校园"一卡通"，就是在学校范围内，凡有现金、票证或需要识别身份的场合均采用一张卡来完成。这种管理模式代替了传统的做法，在校内集学生证、身份证、借书证、医疗证、会员卡、餐卡、钱包、电话卡、存折等于一卡，实现"一卡在手，走遍校园""一卡通用，一卡多用"的目的。

校园"一卡通"的功能和用途主要体现在校园消费、校园管理、金融服务和信息查询几个方面：

◆校园消费

学校赋予校园卡校园内唯一的电子钱包消费结算手段的功能，也是校园内信息管理系统中电子身份识别的唯一介质。消费结算功能是指持卡人可以利用校园卡在安装有POS机的场所进行校内个人消费支出，校园卡系统可以提供消费支出的结算服务。校园卡能设置密码保护卡内信息安全，使用本地销售终端进行脱机消费。因而，收费交易时间大大缩短，交易成本也随之降低。校园卡具有在食堂、超市、书店、图书馆、复印中心、体育中心、水控、电控等各类收费应用场所的脱机消费功能。

◆校园管理

校园管理是指校园卡内储存了持卡人的基本信息，学校各部门的信息系统可以通过校园卡进行身份识别和相关管理。校园卡内记录了持卡人个人身份资料、图书借阅资料、门禁控制信息、计算机房管理信息等内容，可实现考勤、个人身份认证、图书借阅、语音教室使用、计算机上机操作等各项校内管理功能。

◆**金融服务**

学生持有与校园卡同时发放的银行卡，可以享受银行卡的各种服务，包括在所有银行的营业网点及银联的自动柜员机取款，在设有银联标志的商业、饮食、娱乐场所的POS机上消费。学生及其家长可充分利用银行业全国通存通兑的服务，将学生的生活费、学杂费等直接在异地存入校园卡中，免除了学生携带现金、家长每月汇款和学生每月取款的不便。除此之外，学校师生还可通过校园卡的基本存款账户办理水电费、学费、管理费、奖学金、助学金等代收代付业务，为广大教职工、学生及其家长提供方便。

◆**信息查询**

为了使学生随时了解校园卡使用情况，在学校校门口、宿舍区、图书馆等人流量大的场所，放置多媒体自助查询终端，可完成校园卡账户余额、交易明细、奖贷学金、借书等综合信息的自助查询，真正实现一卡在手，即可完成校园内各个场所消费、转账、查询、充值等诸多功能，大大提高学生校园生活的质量。

资料来源：佚名. 校园“一卡通”[EB/OL].（2014-06-15）. http：//baike.baidu.com.

这一案例表明：随着信息技术的发展，电子货币的运用范围越来越广泛，并已经深刻地融入人们的生活，为人们的工作、学习带来极大的便利。校园“一卡通”以智能卡为信息载体，结合了微电子技术、单片机技术、计算机网络技术及数据库技术等诸多高新科技，使其具有电子身份识别和电子钱包等功能，替代校园日常生活所需的各种证件和卡片，真正实现“一卡在手，走遍校园”。

任务一　认识电子货币

一、电子货币的概念和特征

（一）电子货币的概念

网络课堂2-1

电子货币的概念与特点

电子货币（E-money）作为一种新型支付工具，国内外对其概念尚有争议，目前暂无统一的定论。在对电子货币的概念进行界定前，有必要先了解一下国际组织和有关学者对电子货币的定义。

在货币形态的演变过程中，从早期的实物货币到金属货币再到纸币和银行账户上的记录数据，货币形式经历了从价值实体到价值符号的演变，电子货币也随之产生。有关电子货币的定义很多，较为权威的是巴塞尔委员会在1998年给出的定义：在零售支付机制中，通过销售终端、各类电子设备，以及在公开网络（如Internet）上执行支付的储值产品和预付支付机制。所谓储值产品，是指保存在物理介质（硬件或卡介质）中可以用来支付的价值，如Mondex智能卡、电子钱包等；预付支付机制是指存在于特定软件或网络中的一组可以传输并可用于支付的电子数据，通常被称为“数字现金”，由一组二进制数据和数字签名组成，可以直接在网络上使用。1998年欧洲央行发布的《电子货币报告》将电子货币宽泛地定义为：“电子化存储于技术设备中的货币价值，可以广泛地用于向除了发行者之外的其他方进行支付，并且电子货币作为一种无记名的预付工具，在交易中不需要与银行账户相关联。”国际清算银行则把电子货币定义为以电子形式储存于消费者持有的电子设备，依现行货币单位计算的货币价值。

相比较而言，欧洲央行和巴塞尔委员会的定义更加严格，认为贷记卡和借记卡不是电子货币，而国内学者的定义则更加宽泛，包含了各种卡介质的电子货币。从我国货币发展的实践看，由于各种银行卡在支付过程中发挥着重要的作用，因此本书采用相对比较宽泛的定义，即电子货币既包括各种储值卡、网络货币，也包括银行发行的贷记卡、借记卡。因此电子货币可以定义为：以金融电子化网络为基础，以商用电子化机具和各类交易卡为媒介，以电子计算机技术和通信技术为手段，以电子数据（二进制数据）形式存储在银行的计算机系统中，并通过计算机网络系统以电子信息传递形式实现流通和支付功能的货币。

电子货币是一种表示现金的加密序列数，可以用来表示现实中各种金额的币值。目前，国际上流行着四种类型的电子货币：第一种是储值卡型的电子货币，一般以磁卡或IC卡形式出现；第二种是信用卡应用型电子货币，是指商业银行、信用卡公司等发行主体发行的贷记卡或准贷记卡；第三种是存款利用型电子货币，主要有借记卡、电子支票等，用于对银行存款以电子货币方式支取现金、转账结算、划拨资金等；第四种是现金模拟型电子货币，包括基于Internet网络环境使用的且将代表货币价值的二进制数据保管在微机终端硬盘内的电子现金，以及将货币价值保管在IC卡内并可脱离银行支付系统流通的电子钱包。

（二）电子货币的特征

电子货币作为计算机技术、信息技术与金融产业相结合的产物，与纸币等传统货币相比，具有以下特征：

1.货币形式不同。传统纸币以实物的形式存在，而且形式比较单一，而电子货币则不同，它是一种电子符号，其存在形式随处理的媒介不同而不断变化，如在磁盘上存储时是磁介质，在网络中传播时是电磁波或光波，在CPU处理器中是电脉冲等。

2.发行主体不同。传统货币是以国家信誉为担保的法定货币，由中央银行或特定机构垄断发行，被强制接受和广泛使用。由于电子货币的发行缺少法律、法规的约束，商业银行、信用卡公司、电信公司、大型商户和各类俱乐部等均可发行。

3.流通方式不同。传统货币需要持款人随身携带，不需要其他辅助设备就可以完成资金交割；而电子货币利用网络和通信技术进行电子化传递，大多需要通过POS机、IC读卡器等电子设备才能够实现支付功能，其使用范围具有一定的限制。

4.匿名程度不同。传统货币都有印钞号码，而且离不开面对面的交易，这在很大程度上限制了传统货币的匿名性。而电子货币的匿名性要比传统货币强，因为加密技术的采用以及电子货币便利的远距离传输，使交易完全以虚拟的数字流进行，交易双方无须直接接触，因此几乎不可能追踪到使用者的个人信息。

5.安全性能不同。传统货币交易中的防伪主要依赖于物理设备，通过在现钞上加入纤维线和金属线、加印水印和凹凸纹等方法实现；而电子货币防伪主要采取电子技术上的加密算法或者通过认证系统的变更来实现。电子货币的支付行为，需要资金的拥有人持有一定的身份识别证明，比如个人密码、密钥，甚至指纹等来验证交易的合法性，其安全性要远远高于现钞货币的安全防伪措施。

（三）电子货币的职能

电子货币是在传统货币的基础上发展起来的，与传统货币在本质、职能及作用等方面是相同的，本质都是固定充当一般等价物的特殊商品，具有价值尺度、流通手段、贮藏手段、支付手段和世界货币五种职能。

从价值尺度职能看，电子货币以一定的货币单位及其倍数通过电子脉冲显示商品价格。一笔商品价款、一项债权债务等均可简明无误地通过电脑及其他电子设备显示出来。

从流通手段职能看，电子货币通过银行卡的使用，以及电脑网络上发生货币信息的传输，实现商品和货币的交换，为持卡人在特约商户购物服务，这种货币信息的不断传输引起转账划拨活动，体现了货币电子流的无形运动和商品流通领域中商品与货物的交换媒介作用。

从贮藏手段职能看，作为电子货币运行基础的客户电脑账户，反映了一定货币额的储藏和积累，这种储藏和积累不仅表现在持卡客户的保证金、备用金上，也反映在各种结算收款上，当客户信用卡账户同普通存款账户能够实现自动转账时，这种贮藏手段范围将更大。

从支付手段职能看，银行卡（尤其是贷记卡）的支付及透支、赊销的清偿，无不体现出电子货币的支付手段职能。

从世界货币职能看，具有外汇支付功能的银行卡，尤其是跨国联网的电子货币可以便捷地通过计算机实现不同货币的兑换，在国际网络上进行跨国收付和结算。

因此，从本质上说，电子货币仍是商品交换的一般等价物，是真实货币的代表或符号，是传统货币形式的变革，它正以全新的形式完成货币的各项职能。

拓展思考2-1

电子货币是在传统货币的基础上发展起来的，与传统货币在本质、职能及作用等方面存在着许多共同之处，但二者产生的背景不同，如社会背景、经济条件和科技水平等不同，导致了它们在执行货币职能时又产生了差异。电子货币与传统货币在执行货币职能时有哪些差异呢？

答：(1) 金属货币以其自身价值作为货币的价值尺度，纸币通过政府印制并标明价值数学符号的纸质证书发挥价值尺度职能，电子货币是建立在纸币或存款账户基础上，作为更抽象的数字化货币发挥价值尺度职能；(2) 金属货币和纸币在发挥流通手段职能时，有交换行为的买卖双方即可完成，表现为买卖双方钱货两讫，而电子货币发挥流通手段职能时必须依靠银行等中介机构的参与才能完成，表现为买卖双方银行账款上存款余额数字的增减变化；(3) 传统货币的支付手段职能产生于赊买赊卖的商品交换中，是与商业信用联系在一起的，电子货币发挥支付手段职能的一个特点是将消费者信用、商业信用和银行信用三者有效地结合起来；(4) 金属货币和纸币的储存可以独立完成，但电子货币的储存是所有者无法独立完成的，必须依赖中介机构。

（四）电子货币的种类

根据不同的分类标准，电子货币有不同的划分方法：

1.按被接受程度，电子货币可分为“单一用途”电子货币和“多用途”电子货币。

"单一用途"电子货币由特定发行者发行，只能用于购买特定的产品或服务，或被单一商家所接受，如各种电话卡、就餐卡、公交卡等；"多用途"电子货币根据发行者与商家签订协议范围的扩大，而被多家商户所接受，可购买多种产品或服务，并且可以储存、支取货币，如银行信用卡、借记卡等。

2.按使用方式和条件，电子货币可分为"认证"（Identified）或"匿名"（Anonymous）系统，"在线"（On-Line）或"离线"（Off-Line）系统，通过组合可分成四类：在线认证系统、在线匿名系统、离线认证系统、离线匿名系统。

其中，"认证"是指电子货币的持有者在使用电子货币时需要对其身份进行确认，其个人资料被保存在发行者的数据库中，即电子货币进行的交易是可被追踪的；"匿名"是指电子货币的持有者在使用电子货币时不必进行身份认证，其交易不能被追踪；"在线"是指客户使用电子货币支付时需要连接网络，电子货币的接收方通过网络实时验证电子货币是否真实、金额是否相符，然后才能决定是否接受支付请求；"离线"电子货币的使用者在支付时不需连接网络，部分"离线"电子货币甚至不需验证。

3.按依托的计算机网络，电子货币可分为银行卡和网络货币两类。银行卡也称金融交易卡，是由金融机构向社会发行的具有消费、转账结算、存取现金等全部或部分功能的信用支付工具，也是客户用以启动ATM和POS系统等电子银行系统进行交易的必备工具，银行卡包括信用卡和借记卡两种。网络货币指的是以公用信息网为基础，以计算机技术和通信技术为手段，以电子数据形式存储在计算机系统中，并通过开放的网络系统，以电子信息传递形式实现流通和支付功能的货币。这种支付方式突破了原先金融专用的封闭型网络体系，其建立在开放的互联网上，是电子货币发展的高级形式。目前主要形式有电子钱包、数字钱包、电子支票、电子信用卡、智能卡、在线货币、数字货币等。

思政教育专题2-1　　**正确认知比特币　防范代币发行融资风险**

比特币（简称BT币）是2008年由一位日本人提出构想，2009年开始正式发行的一种虚拟货币。

一、比特币的发行

比特币好比是一座由总量为2 100万个金币（它的总量上限被设计为2 100万个）组成的金山，想要得到它，就需要玩家们利用电脑的运算能力，根据设计者的算法计算出一组符合特定规律的数字，就像大家齐心协力或者单独计算一道数学题一样，每得出一组数字，那么就会得到一个BT币，每10分钟全球最多只能产出25个。这个计算过程就被形象地称为"挖矿"。

当然，这些数学题是越来越难的，从2009年到现在，BT币的产量大约为1 040万个，现存量越多，产出就越难。比特币有稀缺性，发行上限是2 100万个，获得的难度呈几何级数增加，据估计需要上百年才能开采完。

二、比特币的使用

目前全球许多国家都接受使用BT币。德国首先承认BT币合法。我国也曾经出现过比特币的交易网站（如BTchina），该网站可以直接把BT币兑换成绝大部分国家的各种现行货币，包括人民币。

由于比特币交易规模的扩大和投机浪潮的加剧，2017年9月4日，《中国人民银行、中央网信办、工业和信息化部、工商总局、银监会、证监会、保监会关于防范代币发行融资风险的公告》要求：禁止从事代币发行融资活动（ICO）；交易平台不得从事法定货币与代币、“虚拟货币”相互之间的兑换业务，不得买卖或作为中央对手方买卖代币或“虚拟货币”，不得为代币或“虚拟货币”提供定价、信息中介等服务。

二、电子货币的产生和发展

（一）电子货币的产生

1.电子货币的产生是货币形式演变的必然结果。货币作为固定地充当一般等价物的特殊商品，是商品交换的产物，其最主要的职能是作为交易的媒介执行流通手段和支付手段。货币形式服从于货币内容并随着时代的发展而不断地进化，“用一种象征性的货币来代替另一种象征性的货币是一个永无止境的过程”。这样，货币可能采取的形式就具有无限多样性。迄今为止，货币形式经历了实物货币、金属货币、代用货币和信用货币等几个阶段。

在线阅读2-1

货币发展史上的三次革命

随着货币的发展和商品劳务交易在数量与范围上的不断扩大，现有的信用货币在流通过程中的缺陷逐步显露，如纸币伪造、现金交易在时间和范围上的局限以及在安全性和流通携带中的局限等。由于这些缺点和局限，传统的货币体系已经越来越不能满足人们的需要。在网络经济和电子商务飞速发展的条件下，一种新的、更便捷、更安全的货币形式和结算方式成为经济发展的客观要求，电子货币应运而生。它的出现彻底改变了银行传统的手工记账、手工算账、邮寄凭证等操作方式，其广泛应用也给普通消费者在购物、饮食、旅游和娱乐等方面的付款带来了更多便利，电子货币还减少了巨额货币印钞、发行、现金流通、物理搬运和点钞等大量的社会劳动和费用支出，极大地降低了交换的时空成本。因此，电子货币是货币发展史上的一次重大变革。

2.计算机信息技术的发展是电子货币产生的必要条件。经济发展对货币形式变革的客观需求要转化为现实的货币离不开科学技术的进步，货币不管以什么形式存在，都需要应用与之相对应的科技成果。金属货币需要冶炼和铸造技术，纸币需要造纸和印刷技术，电子货币需要计算机信息技术。作为当代最高级的货币形式，电子货币的出现与计算机信息技术的发展有着密切的联系，其表现在：电子货币的流通应用需要各种各样的设备和网络支撑，这依赖于计算机网络技术的发展和基础设施建设；电子货币的发展需要在安全性、便捷性上不断完善，这需要计算机安全技术的发展予以支持，可以说，没有计算机信息技术的发展，就不可能产生电子货币。

（二）电子货币的发展

1952年，美国加利福尼亚州富兰克林国民银行率先发行银行信用卡，揭开了电子货币发展的序幕。20世纪70年代起，随着信息网络技术的进步，电子货币特别是银行卡在以美国、日本为首的西方发达国家进入普及应用阶段，银行卡的结算交易额占总销售额的70%以上。这些西方国家还建成了覆盖全国或欧、美、日联通的电子金融结算网络，如FEDWIRE、SWIFT、CHIPS等，为电子货币的运用提供了良好的支撑系统。

我国电子货币的发展相对于发达国家起步较晚，直到20世纪90年代后期，随着金融体制改革的深化，市场经济的竞争意识才迫使中国银行界开始思考银行卡的发展。我国自

1985年发行首张“中银卡”以来，经过30多年的发展，尤其是1993年“金卡工程”实施后，银行卡已成为我国使用最广泛的电子支付工具。目前我国已成为全球银行卡业务增长最快和最有市场发展潜力的国家之一。除银行卡外，储值卡业务的发展也十分迅猛，储值卡发行主体均为非银行机构，小到中小商户，大到电信企业、大型商场、公交公司等，其产品形式为购物卡、电话卡、公交卡等。网络货币发展也比较快，据估计，国内互联网每年的虚拟货币市场规模已经达上百亿元，并以年均15%～20%的速度增长。概括起来，国内网络货币主要有两种形式：一种是第三方支付平台中的电子货币，包括支付宝、快钱、YeePay等；二是各大网络服务提供商发行的电子货币，目前主要有各网站发行的如Q币、U币、百度币等。

案例分析2-1　**Q币**

Q币是腾讯公司于2002年6月开发的在其QQ客户端使用的虚拟货币系统的代表符号。1元人民币能够购买1个单位Q币；用户在付费后通过卡号、密码和QQ号码进行关联“充值”。腾讯公司规定人民币可以单向兑换Q币，Q币不能逆向兑换人民币。实际上Q币与人民币可以双向兑换，如在拍卖网站出售Q币，或使用Q币购买网络游戏设备后出售等。此外，Q币可在QQ用户间无限制流通转让。

Q币的腾讯官方取得方式主要有如下几种：一是通过银行卡充值；二是通过拨打声讯电话充值；三是通过购买Q币卡充值；四是通过Vnet账户充值；五是通过网通宽带充值；六是通过手机获得Q币并充值。

Q币的用途基本是购买腾讯公司所提供的增值服务（包括申请QQ行号码、购买QQ靓号、获得QQ会员服务、进行QQ交友、购买QQ贺卡、购买QQ宠物、成为QQ钻石会员等），还可以购买QQ游戏中的道具。

随着腾讯公司的不断发展壮大，使用Q币所能购买的服务越来越多，甚至已超出了腾讯公司自身所提供的服务，如可以用Q币购买杀毒软件，通过Q币对“超级女声”投票等。由此有人认为Q币已成为通货，并担心其将冲击人民币法定货币的地位，乃至于对金融市场和管理秩序带来冲击。

资料来源：根据互联网资料整理.

问题：Q币的发行流通是否会冲击人民币的法定地位？

分析提示：Q币是由网络服务提供商腾讯发行的一种虚拟电子货币，可以用来购买该网站提供的增值服务。Q币虽然也具有一定的流通性，但它只是在腾讯公司所提供的增值服务的范围内，以及其他一些游戏、交易的领域流通，即使Q币的使用范围一度有所扩大，但仍然相当有限，远不及作为货币所要求达到的流通性，因此，Q币并不会冲击人民币的法定地位。

（三）电子货币发展中存在的主要问题

1.安全问题。在电子商务中使用电子货币进行网络支付时，交易的双方是见不到对方的，甚至不在同一个国家，且是跨时空运作。这些特点给电子货币的运用带来了如下五个主要安全问题：第一，如何判定网络上交易的双方是否真实存在，即主要指付款的对象是否存在；第二，交易双方的真实身份如何验证，以确认不是骗子或黑店；第三，对于买方来讲，使用电子货币即时支付后，卖方能否如约发货，黑客是否会盗窃自己的电子货币或破译相关密码与加密信息；第四，对于卖方来讲，如何保证对方支付的电子货币的真实性，如何保证电子货币资金划转的安全性，自己网上收款的账号是否安全；第五，交易中出现有关电子货币应用问题（如客户隐私问题）如何解决。

2.标准问题。由于电子货币的应用突破了时空界限，因此，要想在世界范围内普及电子货币，就必须对电子货币的概念、运作模式、安全机制等进行标准化的设计，只有电子货币的管理机构、发行单位、商家与客户等各方均按照一定标准使用电子货币，才能降低运作的复杂性与成本。而目前的情况是，虽然世界上出现了多种电子货币，但基本上没有统一的适用于电子商务支付与结算的电子货币应用标准，各个国家或各大公司在很大程度上各自为营。这种状况不但限制了电子货币的大规模应用与推广，降低了电子商务的效率，限制了方便性，而且导致重复开发，资源浪费严重，提高了运作成本。

3.法律问题。目前在电子货币的使用上，国际上没有普遍认可的相关法律来对电子货币的监管与责任进行细分，这就增加了运用电子货币进行网络支付结算的企业或商家甚至个人的商务风险。例如，由于互联网上的一些突发不可抗拒事件，或者Internet上的计算机、路由器、网络通信电缆、数据库系统等出现故障，或者ATM出现故障，这些故障导致的损失应当由谁来负经济、法律责任，必须由法律来明确界定。因此，如何制定相关法律，加强对电子货币的监管，以便在危险特别是不可抗拒的突发事件发生后明确网上交易各方当事人的法律责任，已经成为电子货币发展的当务之急。

在线阅读2-2

凶猛的山寨币

4.审计问题。电子货币的出现突破了时空限制，其交易具有明显的匿名性、数字化等特征。电子货币的应用给社会经济生活带来便利的同时，也给犯罪分子提供了可乘之机。例如，犯罪分子可能会利用电子货币从事各种经济犯罪、以权谋私、贪污、出卖商业机密等活动，企业为了偷税、漏税会利用网络转移资金，不法分子藏匿和转移赃款变得更加容易，识别和发现洗钱活动变得更加困难。这种电子货币审计上的问题是电子货币应用给政府相关管理部门带来的难题之一。

三、电子货币的作用和影响

网络课堂2-2

电子货币的作用和影响

电子货币已成为互联网和信息化社会必不可少的结算工具，随着电子货币的普及和应用环境的逐渐完善，其作用与影响不断扩大。

（一）电子货币的作用

1.降低资金交易成本，提高资金运行效率。任何交易都会包含一个基本环节，即资金的支付和转移。传统的结算依靠的是银行与客户面对面的人工处理，借助邮政、电信部门的委托传递来进行，因而存在资金占用量大、周转慢等问题。电子货币的使用，使客户不必出门，不需开支票，便能经由网络完成款项支付和资金调拨，简化了现行使用传统货币的复杂结算程序，并且其使用不受时间、地点的限制。由此，电子货币有效地缩短了支付指令传递的时间，减少在途资金，显著地提高了资金的运行效率。同时，电子货币还免除了传统货币在印制、储存、运输、安保、点钞等方面巨额的社会劳动和费用支出，而且电子货币具有可任意分割、无面额约束、不同币种之间转换较容易等诸多优点，这些都为降低资金交易成本提供了空间。

2.刺激消费，扩大需求。以无形的数字信号形式存在的电子货币，其在传递和转移上具有传统货币难以比拟的优势。使用电子货币可以在金融网络系统上完成支付或结算。对商家而言，瞬间即可低成本收回资金，因此可以放心地给顾客发送商品。对客户而言，免除了烦琐的支付手续，可以轻松地购物。电子货币的应用有效地拓展了市场交易机会，刺激了人们的消费欲望，扩大了社会需求。同时，由于实施开放式的网络经营，大大加剧了市场竞争，促使企业为市场提供质优价廉的商品和优质高效的服务。

3.繁荣商业，促进电子商务发展。电子货币的应用和发展使网络上的现货、现金交易成为可能，特别是对信息、软件等商品的销售来说，此类商品在收取电子货币的瞬间，即可通过计算机终端直接授信，将商品通过互联网传递给客户，这极大地促进了交易规模的扩大。另外，随着电子货币在日常生活领域的普及和使用范围的不断扩大，互联网上的电子商务也随之蓬勃发展。电子货币的应用极大地拓展了市场交易的时间和空间，商业零售业的经营范围将再无地域限制，以往无法涉足地区的消费者通过网络成为商家的交易对象，互联网为商家提供了巨大的潜在客源。零售商以少量的资金投入，换取了市场大幅扩张的机会。

4.使经济活动更加虚拟化。电子货币的出现，创造了在虚拟空间从事商业活动的金融环境，为在虚拟空间开展经济活动提供了可能。其结果必然是促使社会经济活动虚拟化，使人们目前从事的实体经济活动向虚拟经济活动转移并形成虚拟社会和虚拟经济。

5.加快世界经济一体化和金融全球化进程。电子货币以计算机技术为依托进行存储与流通，无须实体交换，从而有效地突破了物质世界的时空限制，使资金流、信息流的传递变得十分迅速。电子货币与网络技术的结合，将跨越时空的限制，使国际贸易变得非常简单。此外电子货币与互联网金融的发展，也将使金融市场的自然边界日趋模糊，加速了资本的国际流动和全球性资本的形成，为全球金融市场的融合打下坚实基础。显然，电子货币的发展为经济行为的国际化提供了便利，强化了世界各国经济的联系，加快了世界经济一体化和金融全球化进程。

（二）电子货币的影响

1.电子货币使商业银行支付结算的垄断地位受到动摇。首先，随着小额结算方法日趋多样化，以及开放式网络结算服务使用者队伍不断扩大，结算业务的提供者已逐步超出银行范围，电信、交通、旅游等行业发行的名目繁多的储值卡和IC卡，实际上已成为新形式的“结算账户”，客户在使用储值卡的过程中就在逐步地完成结算，因此，银行在结算领域有可能被其他行业夺去业务。其次，以往企业间交易双方的资金结算一般都是通过银行进行的，银行可以从中收取一定的手续费，但是，新的电子支付手段的应用将不断削弱银行在结算方面降低流通费用的比较优势，使银行在分支机构和结算体系方面的优势荡然无存。新的电子结算方式的出现势必导致传统银行在支付结算系统中的垄断地位受到挑战，其结果是银行不仅丧失手续费收入，而且难以掌握企业的资金流向。

2.电子货币使中央银行铸币税收入减少。电子货币的发行和流通，将在相当大的程度上取代实体现金，导致流通中的现金量减少。目前大多数发行和使用电子货币的国家，并没有对电子货币的发行征收与商业银行活期存款相同的准备金，因此，在电子货币取代活期存款的过程中，商业银行在中央银行的准备金将会减少。显然，这样一种新的支付工具将在相当大的程度上影响流通中的现金及中央银行的准备金，从而对中央银行的铸币税收入产生一定的影响。

3.电子货币使中央银行货币政策受到影响。电子货币的出现使得影响货币供给和货币需求的许多因素都发生了变化。传统的对货币供应量M1的定义为：M1=流通中的现金+活期存款。电子货币的出现扩大了可以作为中央银行货币替代物的金融资产的范围，混淆了原有货币总量的定义，使狭义的货币供给与广义的货币供给难以区分，进而给中央银行实施货币政策带来困难。另外，电子货币的发行扩大了货币供给主体，加大了货币乘数和货币流通速度，对现实货币供应量产生影响，使货币供应在一定程度上脱离了中央银行的控制。

4.电子货币对现有的金融监管提出挑战。与传统货币监管不同的是，中央银行对电子货币的监管处于两难境地：一方面，如果中央银行过早介入或事后证明其规则过于严厉，就会阻碍电子货币的发展，造成本国电子货币发展的相对劣势，最终难以抵挡国外电子货币的冲击；另一方面，如果介入过晚，一旦某些风险成为现实，再进行管理的成本会很高。正因为如此，对电子货币进行监管的方式根据各国对这一问题认识的不同而有所区别，主要的措施包括：对电子货币发行主体的限制，对发行者的准备金要求，存款保险和其他保险要求等。

任务二　电子货币的主要形式及应用

一、银行卡

（一）银行卡概述

银行卡是按照一定的技术标准制成，载有发卡单位和持卡人信息，由银行或银行卡公司向信用良好的个人和机构签发的一种信用凭证，卡片持有人可在指定的特约商户购物或获得服务。中国人民银行1999年制定的《银行卡业务管理办法》将银行卡定义为：银行卡是由商业银行（含邮政金融机构）向社会发行的具有消费信用、转账结算、存取现金等全部或部分功能的信用支付工具。

在线阅读2-3

银行卡的起源

银行卡产生于19世纪末20世纪初，当时美国西部的一些酒店老板推出一种只能定点使用的结算卡。持这种卡的客人，可以先用餐，以后定期付款。这种卡的使用使酒店和客人都感到很方便，免除了双方每餐结账的麻烦，这种支付方式很快获得广大公众的欢迎。随后，零售商、石油公司和旅游娱乐业等开始纷纷仿效，为稳定的客户发放早期的信用卡，用于赊购商品、定期付款。到20世纪40年代，信用卡开始由银行统一发行和统一管理，1951年，富兰克林国民银行（Franklin National Bank）成为最早发行信用卡的银行。银行作为买卖之外的第三方发行信用卡，不仅使信用卡的使用范围和使用地区扩大，也使信用卡的信誉得到加强。到20世纪80年代，信用卡在发达国家已经得到普及。美国是信用卡的发源地，无论发行的数量还是发行的种类都一直居于世界前列，堪称“信用卡王国”，早在1990年，其发行量就已经突破了10亿张，按成年人口计算，人均可达9张之多。在发展信用卡的同时，银行又推出借记卡、复合卡等新的金融交易卡，统称银行卡。20世纪80年代初推出集成电路卡（IC卡），其具有较强的运算能力和较大的存储能力，银行卡采用IC卡作为介质，不仅可以完成金融交易，还可以储存持卡人的其他信息，多种系统共用同一张卡，银行卡开始向多功能卡的方向发展。

我国银行卡业务起步于改革开放之后。1978年，中国银行广州分行与中国香港东亚银行签署协议，代理其信用卡业务，这是中国银行业第一次开展银行卡业务；1985年，中国银行珠海分行发行了我国第一张银行卡——“中银卡”，这是我国第一张银行卡，也是我国第一张信用卡。此后，其他银行也纷纷开始发行银行卡。到20世纪90年代初，中行“长城卡”、工行“牡丹卡”、建行“龙卡”、农行“金穗卡”四大银行卡品牌全部诞生。1993年，我国启动金卡工程，银行卡逐步实现联网通用。2002年3月26日，经国务院同意、人民银行批准，我国自己的银行卡组织——中国银联股份有限公司（简称银联）正式宣告成立。银联的成立是我国银行卡产业“继往开来”的一件大事，标志着我国银行卡产业进入新的发展时期。截至2018年年末，银联受理网络已延伸至全球174个国家和地区，覆盖全球逾5 200万商户和260余万台ATM。目前，境外已有50个国家和地区发行银联卡，累计超过1亿张。“一带一路”沿线国家和地区成为银联卡近年来新增发行的主要区域，累计发行银联卡超过3 500万张。其中，60余个沿线市场可以使用银联卡，覆盖超过570万家商户和近70万台ATM。

目前我国已经被公认为是全球银行卡业务增长最快、发展潜力最大的国家。我国主要的银行卡品牌和种类见表2-1。

表2-1 **我国主要的银行卡品牌和种类**

发卡银行	品牌名称	发卡银行	品牌名称
中国工商银行	牡丹卡	招商银行	一卡通
中国农业银行	金穗卡	华夏银行	华夏卡
中国建设银行	龙卡	上海浦东发展银行	东方卡
中国银行	长城卡	广东发展银行	广发卡
交通银行	太平洋卡	平安银行	吉祥卡
中信银行	中信卡	兴业银行	兴动力卡
中国光大银行	阳光卡	北京商业银行	京卡
中国民生银行	民生卡	上海银行	申卡

知识链接2-1 **国际信用卡组织**

通常，发行信用卡的金融机构都必须加入某一地区性的或国际性的信用卡组织，如美国的维萨国际组织和万事达卡国际组织。这些信用卡组织已经建立了信用卡交换中心，可以处理许多有关信用卡的跨行处理事宜。各成员行支付参与费后，就可共享这些组织的资源，发行自己的信用卡。

维萨国际组织是一个联盟组织，是目前世界上最大的信用卡和旅行支票组织，其前身是1900年成立的美洲银行信用卡公司。1974年，美洲银行信用卡公司与其他国家的一些商业银行合作，成立了国际信用卡服务公司，并于1977年正式改为维萨国际组织，成为全球性的信用卡联合组织，拥有全球最具规模的电子支付网络，将持卡人、商户以及21 000家互相竞争的维萨会员金融机构紧密联系在一起，为财务产品和专业服务开拓全新领域，提供多元化选择和方便快捷的服务。据估计，维萨每年产生的交易额达3万亿美元。

万事达卡国际组织是仅次于维萨国际组织的世界第二大信用卡组织，该组织的总部设在美国纽约，总处理中心设在圣路易斯市。1966年，美国加州的一些银行成立了银行卡协会，并于1970年启用Master Charge的名称及标志，统一了各会员银行发行的信用卡名称和设计，1978年再次更名为现在的MasterCard。万事达卡国际组织拥有MasterCard、Maestro、Mondex、Cirrus等品牌商标。万事达卡国际组织本身并不直接发卡，其信用卡是由参加万事达卡国际组织的金融机构会员发行的。目前其会员约有2万个，拥有超过2 100多万家商户及ATM。

中国银联于2002年6月成为维萨、万事达卡两大国际组织的会员。中国银联成员机构从事国际卡业务，可通过中国银联的清算系统同维萨、万事达卡的全球清算网络系统连接，完成交易。

资料来源：佚名. 国际信用卡组织［EB/OL］.（2014-06-15）. http：//baike.baidu.com.

（二）银行卡的种类

根据结算方式、使用权限、使用范围、持卡对象以及所用载体材料的不同，银行卡可以分为多种类型（见表2-2）。

表2-2 银行卡的分类

分类方式	类　型	特　点
使用范围	国际卡	可在全球多个国家和地区使用，如维萨卡和万事达卡等
	地方卡	只局限在某地区使用，如各商业银行发行的仅在境内使用的银行卡
授信额度	普通卡	授信额度较低，如我国大多为1万元人民币以下
	金卡	允许透支额度较高，如我国一般为1万～5万元人民币
持卡对象	个人卡	持有者为有稳定收入来源的社会各界人士，卡中金额属个人款项
	公司卡	持有者为各企事业单位或部门中的指定人员，卡中资金属于公司
合作单位	联名卡	与企事业单位合作，可消费打折的营利性质的银行卡
	认同卡	与公益单位合作的非营利性质的银行卡，一般属公益或宣传性质
	基本卡	不与任何机构合作，如中国银行的长城卡
结算方式	信用卡	先消费再还款，可以透支消费、取现，透支按月计复利
	借记卡	先存款后消费，不可透支
	准贷记卡	先存款后消费，可以透支消费、取现，透支计单利
	现金卡	先存款后消费，不可透支
信息载体	磁卡	卡中磁条内存有客户的数据信息，使用时需要专门的读卡设备
	IC卡	卡片中嵌有芯片，存储数据信息，也可进行数据处理

1.按结算方式划分，银行卡可分为信用卡、借记卡、准贷记卡和现金卡四类。信用卡也叫贷记卡，是银行向金融上可信赖的客户提供无抵押的短期周转信贷的一种手段，也是目前国际上广泛流行的一种支付手段与结算工具。信用卡是发卡银行给予持卡人一定的信用额度，持卡人可在信用额度内先消费、后还款的一种非现金付款交易方式，是简单的信贷服务。贷记卡是真正意义上的信用卡，具有信用消费、转账结算、存取现金等功能。它具有先消费、后还款，享有免息缴款期，设有最低还款额，客户出现透支可自主分期还款等特点。

借记卡是指先存款后消费（或取现）、没有透支功能的银行卡。借记卡的最大特点是客户持卡消费时不能透支。借记卡是一种具有转账结算、存取现金、购物消费等功能的信用工具，还附加了转账、买卖基金、缴费等众多功能，提供了大量增值服务。借记卡也可以通过ATM转账和提款，不能透支，账户内的金额按活期存款计付利息。

体验探究2-1

借记卡和贷记卡的区别

准贷记卡是指持卡人须先按发卡银行的要求交存一定金额的备用金，当备用金账户余额不足支付时，可在发卡银行规定的信用额度内透支的信用卡。现在的准贷记卡已不需要交存备用金。准贷记卡是一种具有中国特色的信用卡，国外没有这种信用卡。20世纪80年代，中国银行业从国外引入信用卡产品。由于当时中国个人信用体制不是很完善，中国银行业对国外的信用卡产品进行了一定的更改，将国外传统的信用卡存款无利息、透支有免息期更改为存款有利息、透支不免息。

信用卡、借记卡和准贷记卡三种银行卡的共同特点是，银行卡内实际并没有现金，这些卡的持卡人所拥有的钱是存在银行的数据库里的，这些银行卡只是证明持卡人的身份以及持卡人在银行里有存款，或者在金融上是可以信赖的客户。现金卡内记录有持卡人卡内持有的现金数，现金卡的持卡人持卡消费后，商户直接从现金卡内扣除消费金额，这样现金卡中的现金数也就相应减少了。因而，现金卡被视为可以离线操作的借记卡，它一般采用IC芯片，能够记录更多的信息，也难以伪造，先将一定的金额存入卡中，消费或提现时卡里金额自行减少，并不与银行账户对应或联系，不允许透支也不对其中的金额计算利息，与现金十分相似。

知识链接2-2

信用卡之王——黑卡到底有多牛

美国运通百夫长黑金卡（American Express Centurion Card）是世界最负盛名、顶级同时是最神秘的卡片之一，卡片材质为钛合金。黑卡由美国运通公司发布，已在美国、加拿大、墨西哥、欧洲、中国、韩国、日本、澳大利亚和中东等31个国家及地区发行。

该卡定位于顶级群体，在理论上是没有额度的，可以刷卡买飞机。中国地区的百夫长黑金卡为合作发行的信用卡，所以存在额度限制，授信额度在200万~1 000万元。拥有这张“卡中之王”的持卡者，可享有顶级尊荣、定制专属服务与无与伦比的全球权益，包括全天“有求必应”的礼宾服务、全球各种盛事的VIP席位与全球主要城市顶级私人会所尊享礼遇等。

持卡人可获得日常客机的私人舱和头等舱升级服务、旅馆套房升级服务、私人旅行顾问服务、重量级演出的入场券、24小时私人银行等服务。黑卡还可以让持卡人轻松晋级上流社交圈，出入各种高档俱乐部，建立和扩大社交圈。

百夫长黑金卡的服务宗旨属于最高等级，即无论持卡人身在何处，其任何要求均会得到即时响应与协助实现。曾经有位持卡人的女儿突然住院，无法参加偶像摇滚乐团红辣椒合唱团（Red Hot Chilli Pep-pers）的演唱会。为完成其心愿，百夫长黑金卡专属生活顾问设法联络了该乐团经纪公司，促成乐团主唱在开演前探望这位小歌迷。

很多时候，手中持有黑卡就意味着拥有让世界各地的人为你服务的权利，广为流传的关于黑卡的故事证明了这一点。只要是地球人能办到的事情，运通公司都会尽可能满足。

资料来源：陆强华，杨志宁. 深度支付［M］. 北京：中国金融出版社，2018.

2.按信息载体划分，银行卡可分为塑料卡、磁卡、集成电路卡、激光卡4类。早期的信用卡是一种塑料卡，这种卡只能用于验证身份，不能保存信息，与计算机无关，是最简单、最落后但成本最低的一种卡。

磁卡诞生于1970年，是在塑料卡上粘贴一条磁条而成的，磁条里有3条磁道，可记录相关信息。磁卡的主要优点是使用方便、技术成熟、造价便宜、用途广泛。但磁卡存在一些严重的缺点：一是磁卡记忆容量小，通常在100字节以下；二是安全性低，保密性差，磁条中的数据易被破译和仿制，而且易受磁场干扰；三是在应用方式上不适合脱机处理，必须通过网络进行实时授权控制，因此磁卡的应用必须配备造价高昂的硬件设备，以提供强大的中央数据库和可靠的网络系统支持。目前，虽然磁卡仍被广泛使用，但IC卡逐渐取代磁卡已是银行卡发展的大势。图2-1显示的是符合ISO/IEC 标准的磁卡。

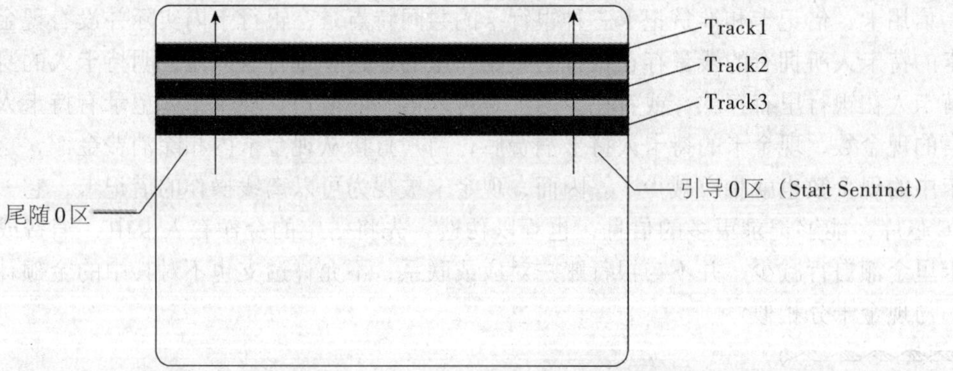

图2-1 符合ISO/IEC 标准的磁卡

IC卡是1970年由法国人Roland Moreno发明的。IC卡是在名片大小的塑料卡上镶嵌一小块集成电路芯片，利用芯片中的EEPROM（数据存储器）来存储更多对用户有用的信息。IC卡克服了磁卡在很多方面的缺陷，因此与磁卡相比，具有以下优点：一是存储容量大。IC卡的存储容量根据型号不同，小的几百个字符，大的上百万个字符。二是安全保密性好，不易被复制，IC卡上的信息能够随意被读取、修改、擦除，但都需要密码。三是IC卡具有数据处理能力。在与读卡器进行数据交换时，可对数据进行加密、解密，以确保交换数据的准确可靠。四是使用寿命长，可以重复充值。IC卡的缺点是制造复杂，成本较高，但随着微电子技术的进步和规模效应，这一缺点正在被克服。现在，世界各国都在推广应用IC卡作为银行卡。

激光卡是在塑料卡片中嵌入激光存储器而成的，同IC卡相比，除了可提供多种服务外，安全性更高，储存量更大。目前激光卡尚在试验阶段，将来可望成为IC卡的劲敌。

拓展思考2-2

磁卡是一种磁记录介质卡片，由高强度、耐高温的塑料或纸质涂覆塑料而制成。磁卡的优点是防潮、耐磨且有一定的柔韧性，携带方便、使用较为稳定可靠；缺点则是易受磁场干扰。那么，在使用磁卡时应注意哪些事项呢？

答：应注意避免以下事项：磁卡在钱包、皮夹中距离磁扣太近或接触；与女士皮包、男士手包磁扣太近或接触；与带磁封条的通信录、笔记本接触；与手机套上的磁扣、汽车钥匙等磁性物体接触；与手机等能够产生电磁辐射的设备长时间放在一起；与电视机、收录机等有较强磁场效应的家用电器距离过近；在超市使用时，与超市中防盗用的消磁设备距离太近甚至接触；多张磁条卡放在一起时，两张卡的磁条互相接触。另外，磁条卡受压、被折、长时间磕碰、曝晒、高温以及磁条划伤弄脏等也会使其无法正常使用。同时，在刷卡器上刷卡交易的过程中，磁头的清洁、老化程度，数据在传输过程中受到干扰，系统错误动作，收银员操作不当等都有可能造成磁卡无法使用。

（三）信用卡

1.信用卡的物理结构。通常，信用卡由特殊塑料制成，卡的大小有统一标准，按国际惯例：卡长为85.60毫米，宽为53.98毫米，厚为1毫米。卡正面印有发卡行名称、防伪暗记、发卡行要求的图案及国际信用卡组织统一标志；发卡行用压卡机将信用卡卡号、发卡行名称及其英文缩写、有效期限、持卡人姓名等内容在信用卡上压印成凸起的字码，持卡人购货结账时，销售商用压卡机将凸起的内容压印在签购单上；信用卡背面记录持卡人的有关资料和密码，以备鉴别真伪；信用卡背面留有持卡人预留的亲笔签名，以便持卡人取款或购货时当面签字核对；信用卡上还印有发卡行的必要说明。图2-2是中国工商银行牡丹学生卡（左图为MC卡，右图为VISA卡）。

图2-2　中国工商银行牡丹学生卡

2.信用卡的功能。通常，信用卡的功能由基本功能与附加功能两大部分构成。信用卡的基本功能包括购物消费、转账结算、储蓄、小额信贷、汇兑结算、分期付款等。当持卡人持卡消费时，若所需支付的费用超过其账户余额，发卡行为其提供规定范围内的少量短期透支，即短期消费信贷。信用卡持卡人持卡消费还款可享受两个优惠条件：一是免息还款期，即一定期限内偿还贷款不收取利息；二是最低还款额，持卡人在到期还款日前偿还全部银行款项有困难时，可按发卡行规定的最低还款额还款，此时不享受免息待遇。

随着信用卡市场的竞争越来越激烈，信用卡除了需要具备基本的信用卡功能外，还衍生出各种各样的高附加值的“特色服务”，以提高其竞争力。各种信用卡的附加功能不尽相同，例如，牡丹学生卡是中国工商银行专为广大高校学生量身打造的一款国际信用卡产品，其特色服务包括：异地存款本地取款，免去携带现金的烦恼，同时免收异地存款和本地取现手续费；免收首年年费，刷卡消费三次或消费满3 000元人民币，即可减免次年年费；工商银行将为信用记录良好的学生卡持卡人出具信用报告；可在工行2万多个营业网点、1.7万台ATM以及数十万台带有银联标识的POS机和其他银行的ATM上使用。

3.信用卡的服务与管理。由于信用卡业务的实质是为客户提供短期信用贷款，具有一定的风险，因此信用卡的服务与管理工作相对比较复杂，通常包括以下几个环节：选择信用卡组织、销售信用卡、签约商户、核准信用、发行信用卡、安全控制、收回贷款、向持卡人提供服务。其中，核准信用是信用卡风险管理中最重要的一环，发卡行必须认真审查信用卡申请人的资信状况（包括职业、财产、收入、社会地位、住址），必要时还要确定是否需要担保及担保方式。根据申请人的信用状况，发卡行要为其规定一个信用限额和信用卡的有效期，一般信用程度越高，则信用限额越高，信用卡有效期越长。信用卡的安全控制措施包括：确保发行的信用卡能到达正确的持卡人手里；确保丢失卡和被盗卡能迅速地被识别和冻结；明确规定不同级别内部人员的授权权限和授权额度；及时更新支付卡表；及时更新持卡人文件中的信用评价信息，定期复查其资信情况，必要时调整其信用额度；经常对保安报告和欺骗性交易进行分析，并采取相应的措施；提供各种安全训练项目，提高商户识别非法卡的能力等；收集违约账户信息，控制违约账户等。

案例分析2-2　恶意透支信用卡，从“卡奴”变成“囚徒”

女子C某原是X省G市某县一农场的普通职工，家里有丈夫和上大学的女儿，生活原本过得还可以。后来因为C某赌博欠下巨额债务，一家人生活开始变得拮据。而随着C某债务的积累，上门讨债的人也越来越多，这让她的丈夫Z某感到很烦恼，经常劝她不要再赌，还为此常常吵架，但C某已嗜赌如命，不再听丈夫的劝，依旧挖空心思四处借钱筹集赌资，奢望有一天能把输掉的钱赢回来。

C某在一个偶然的机会得知某银行去他们单位受理信用卡业务，只要填表交了身份证复印件就可以办理了，C某想办理信用卡过一把“有钱人”的瘾。于是她以农场职工的名义填了一张申请表，并顺利办下了第一张信用卡。信用卡办好后，短短两个月内，C某便套现将信用卡2万元信用额全部套现透支并挥霍一空。尝到甜头的C某便想尽办法到各家银行办理信用卡套现。据卡神小组了解，C某一共在8家不同的银行办理了不同额度的信用卡，其中透支额度最高的信用卡达3万元，最少的也有6千元。后某银行支行到公安机关报案，称C某使用信用卡恶意透支，经银行多次催收拒不还款，涉嫌信用卡诈骗犯罪。X省G市某县警方依法将因信用卡恶意透支涉嫌诈骗的C某抓捕归案。直到被抓获当天，C某办理的8张信用卡所透支的本息金额已高达12万多元。

资料来源：佚名. 剁手党恶意透支信用卡从“卡奴”变成“囚徒”的真实案例！[EB/OL].（2017-04-02）.http：//finance.sina.com.cn/roll/2017-04-02/doc-ifycwyxr9183909.shtml.

问题：银行应怎样规避信用卡业务风险？

分析提示：为了规避信用卡业务风险，银行在办理信用卡的过程中要仔细审核客户的身份证明、征信资料、工作单位等情况。同时，银行也应加强对信用卡业务员的监管，避免出现信用卡业务员在推销过程中伪造申请资料、篡改资料、代签名等情况。

（四）借记卡

尽管信用卡的推出对于银行、持卡人和商户是“三赢”的结果，但是从信用卡的使用情况看，还是存在不少问题的：首先，大部分的持卡人在免息还款期内偿还贷款余额，躲开了利息费用，导致银行利润过低；其次，由于需要核准信用、防止诈骗、避免违约、减少坏账等事项，导致银行管理费用过高，交易成本大；最后，由于要向持卡人和商户提供各种服务，导致银行劳动强度大。以上问题的存在，严重制约了信用卡业务的发展，直接导致信用卡在银行卡业务中的比重有所下降。

针对这种情况，需要研制一种风险较小、成本较低、使用较方便的银行卡，借记卡就是这样一种银行卡。借记卡和信用卡在外形上相似，但它们性质完全不同：信用卡是先消费、后还款，可预支现金，借记卡是先存款、后消费，不允许透支；信用卡的实质是银行向持卡人发放一笔无抵押的短期信用贷款，必然有风险，借记卡是将顾客在存款账户上的资金直接划拨到商户账户上，对银行而言几乎无风险。因此，金融机构越来越多地推广借记卡，并向几乎所有的存款客户提供借记卡服务，而不管其信用级别如何，更多的消费者也开始频繁地使用借记卡。

（五）IC卡

IC卡（Integrated Circuit Card，集成电路卡），也称智能卡（Smart Card）、智慧卡（Intelligent Card）、微电路卡（Microcircuit Card）或微芯片卡等。它是将一个微电子芯片嵌入符合ISO 7816标准的卡基中，做成卡片形式。国际标准化组织（ISO）使用标准术语ICC（Integrated Circuit Card），即“集成电路卡”来涵盖所有在一个塑料卡片内封装了一个集成电路的器件，但为了显示IC卡的智能特性，很多场合下人们称呼IC卡为智能卡。

在智能卡推出之前，从世界范围来看，磁卡已得到广泛应用。为了从磁卡平稳过渡到智能卡，通常在智能卡上仍贴有磁条，因此，卡中封装集成电路芯片的位置受到磁条位置的限制。图2-3为IC卡的外观图，正面左侧的小方块中封装有集成电路芯片，其下面为签名条；最下面为凸印字符，用于压印账单；背面上部有磁条。正面还可印刷各种文字、图案、照片等。卡的尺寸、触点位置与用途、磁条的位置及数据格式等均有相应的国际标准予以明确规定。无论是磁卡还是IC卡，卡上都有唯一的发行人和持卡人的识别标志，这种卡有时被称为识别卡。

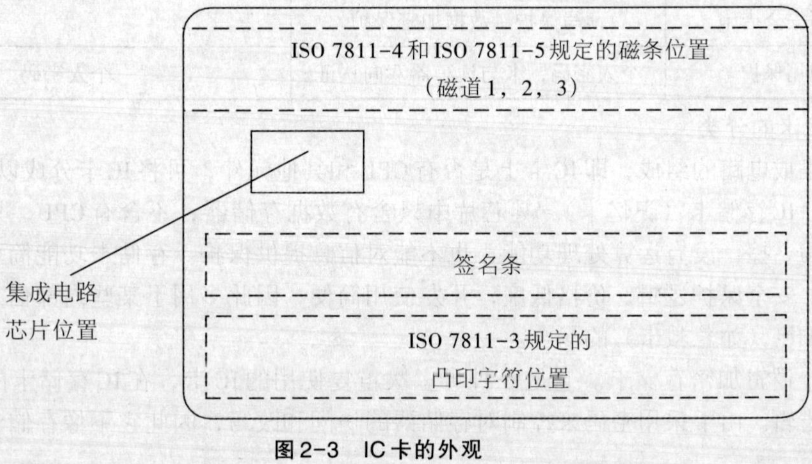

图2-3　IC卡的外观

1.IC卡与磁卡的比较

磁卡自20世纪60年代末问世以来，因其简单、价廉、使用方便而在金融、邮电等领域得到广泛运用，但由于它依靠容量有限的外露磁条存储信息，因此在保密性、抗损性、可靠性及脱机工作等方面存在诸多不足。由于美国等国已建立了基于磁卡的强大的授权通信网络，难以抛弃已有的大量设备资源，因此目前在金融领域磁卡仍然被广泛使用。而欧洲各国（如法国、芬兰等国）的IC卡应用则比较普遍，技术水平也较为先进。然而，随着芯片技术的迅猛发展，IC卡凭借其3S（Standard、Smart、Security，即标准、智能、安全）优势将逐步替代磁卡。IC卡与磁卡的比较见表2–3。

表2–3 **IC卡与磁卡的比较**

性能	IC卡	磁卡	
抗机械损伤	好	差	
抗电磁干扰	是磁卡的10倍	差	
抗静电	好	差	
抗辐射	好	差	
防潮防污	好	差	
存储容量	已达4Mb	小于几百字节	
数据保存期限	100年	1～2年	
使用寿命	10万次	几千次	
卡片价格	较高	低	
作业模式	脱机/非实时联机	脱机	实时联机
网络要求	较低	低	高
对主机的要求	较低	低	高
系统投资	中等	低	高
卡的复制与伪造	很难	容易	
读写安全措施	读写保护，数据加密保护	无	
使用保护	个人密码，卡与读写器双向认证	个人密码	

2.IC卡的分类

按集成电路的组成，即IC卡上是否有CPU和其他元件，可将IC卡分成以下3类：

（1）IC存储卡（记忆卡）。其芯片中只含有数据存储器，不含有CPU，只能对信息进行读、写、擦，没有运算处理功能，也不能对信息提供保护。存储卡功能简单，没有（或很少有）安全保护逻辑，价格低廉，开发使用简便，因此多用于某些内部信息无须保密或不允许加密（如急救卡）的场合。

（2）逻辑加密存储卡。它是一种可多次重复使用的IC卡，在IC存储卡的基础上增加了加密逻辑。由于采用密码来控制对存储器的访问和改写，因此它不像存储卡一样可以被任意复制或改写，具有较高的安全性、保密性。

（3）IC智能卡（CPU卡）。该卡芯片中不仅含有数据存储器，而且还有CPU，因此具有信息处理功能，能进行复杂的密码计算。可以将其看作没有显示器和键盘的计算机，卡内有自己的操作系统（Chip Operating System，COS），通过编码能完成很复杂的工作，担负着芯片的安全通信、文件数据管理、执行交易命令流程和异常状况下的自我保护的职责。由于可以实现对数据的加密，CPU卡的安全性有了显著提高，可以有效地防止伪造，通常用于银行卡和其他对安全性要求较高的应用场合。虽然通常将所有IC卡都称作智能卡，但严格地讲，只有CPU卡才真正具有智能特性，即只有CPU卡才是真正意义上的“智能卡”，是最具生命力的IC卡。

根据物理结构和信息交换方式，可将IC卡分为以下两类：

（1）接触式IC卡（如图2-4所示）。常用的IC卡为接触式IC卡，它是通过IC卡读写设备的触点与IC卡的触点接触，进行信息读写与交换。接触式IC卡采用物理接触方式，因而成本低，实施起来相对简便。

（2）非接触式IC卡（如图2-5所示）。该类卡与IC卡设备没有电路接触，而是通过非接触式的读写技术进行读写与信息交换（例如光或无线技术）。其内嵌芯片除了CPU、逻辑单元、存储单元外，还增加了射频收发电路。该类卡一般用于使用频繁、信息量相对较少、可靠性要求较高的场合。非接触式IC卡由于采用了更先进、更高超的技术手段，具有如下特点：一是快捷方便。由于采用非接触无线通信，使用非接触式IC卡时不必插卡，可以任意方向掠过读卡器（没有正反、方向和角度限制），只要卡片处于感应范围（一般在10厘米范围内），读写器就可对卡片进行操作，一次操作时间仅为0.1秒。二是可靠性高。由于卡片与读写器之间没有机械接触，可避免因接触读写而产生的各种故障，例如由于粗暴插卡、非卡外物插入、灰尘或油污导致接触不良等原因造成的故障；此外，由于芯片和感应天线都密封在塑料卡片内，抗静电能力强，还可避免环境污染。三是安全性高。非接触卡的序列号是在出厂前固化在芯片中的，具有唯一性和不可更改等特点，因此可以说世界上没有两张相同的非接触IC卡。此外采用了双向验证机制，用读写器验证IC卡的合法性，同时用IC卡验证读写器的合法性。四是抗干扰性强。由于有快速防冲突电路，能有效防止卡片之间出现数据干扰。五是可有多种工作距离。根据应用环境和应用对象的不同，设计的感应距离可从几厘米至数米不等。

卡触点

图2-4　接触式IC卡外观

内嵌芯片

天线线圈

图2-5　非接触式IC卡外观

根据应用领域的不同，可将IC卡分为非金融卡和金融卡两类。其中，非金融卡是由政府部门、信誉较好的大型公司或企业发行的IC卡，非金融卡涉及范围较广，囊括了金融卡之外的所有领域，主要应用在一些事务管理、安全管理场所，如门禁卡、医疗卡、保险卡、IC卡身份证、公交卡等。金融卡是由商业银行或支付机构发行的，采用集成电路技术，遵循国家金融行业标准，具有消费信用、转账结算、现金存取的全部或部分金融功能，还可以具有其他商业服务和社会管理功能的金融工具。在实践中有三种模式：一是普通IC卡。二是电子存折卡，它是一种电子存折式的有密码的IC现金卡，卡上除了记录持卡人的个人资料和密码信息外，还写入了持卡人的存款余额，从而使其成为直接支付手段。该卡有密码保护，如果卡片丢失或受损，持卡人的财产并不会受到影响，因此它比现金安全。三是电子钱包卡，它是一种电子钱包式的无密码的IC现金卡，卡片不设密码，持卡人无须到银行办理任何手续，就可在销售点买到这种卡。由于不设密码，卡片丢失后，卡片中的钱也就丢失了，因此通常只作小面额卡。“钱包”里的钱用完后，还可通过特定的圈存机向“钱包”里圈存。它的交易处理速度更快，甚至超过了现金。

3.IC卡的用卡过程

体验探究2-2

金融IC卡

一般来说，卡片制造商提供的卡都是仅具备最基本软、硬件配置的“白卡”，必须在发行阶段对其进行个人化处理后才能实际应用。所谓“个人化”，是指相关部门根据系统设计要求，将系统应用信息及持卡人个人信息写入或制作于卡上，使具有普遍通用意义的“白卡”变为具有个人特殊意义的可用卡的过程。个人化的内容通常包括：①卡的软、硬件逻辑格式化；②系统应用信息和个人应用信息的初始化写入；③在卡面上印刷卡和发行单位的名称、持卡人照片等。

取得IC卡的过程具体如下：某银行（发卡方）发给客户一张储蓄卡，卡内存有客户账号，银行接受客户上交的现金1 000元后在不可读存储区写入客户PIN码，在保密存储区写入账面余额1 000元等，完成卡的个人化处理。

客户持储蓄卡到某商店（受卡方）去购物的操作顺序如下（如图2-6所示）：

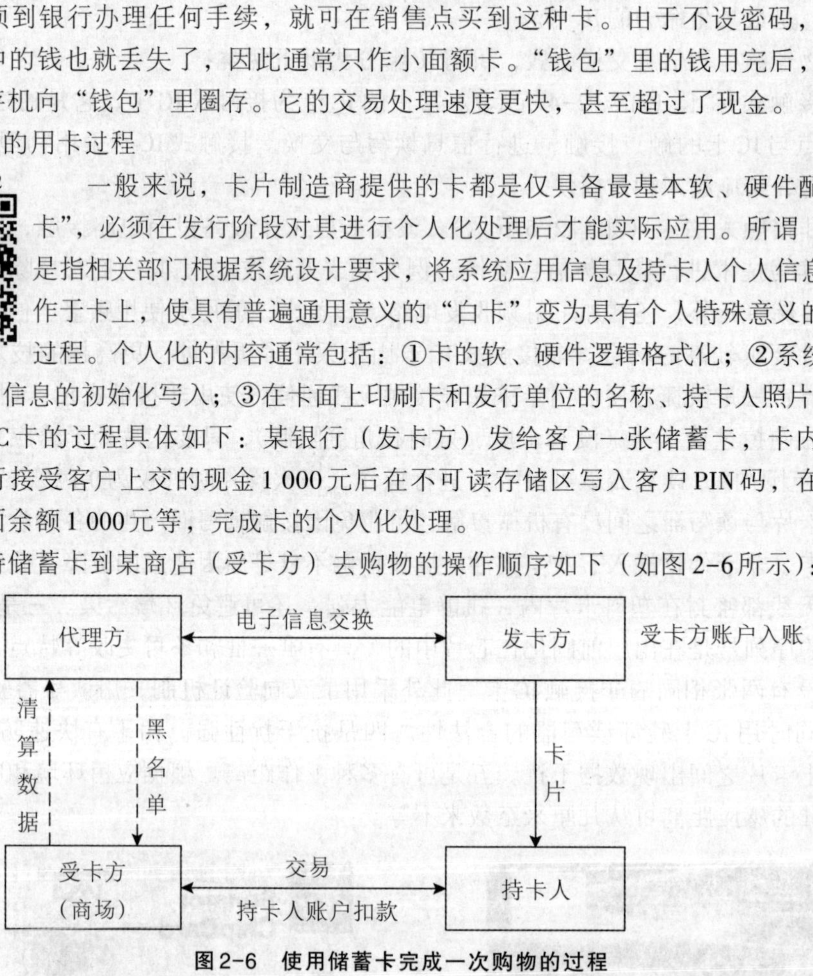

图2-6 使用储蓄卡完成一次购物的过程

第一步，将储蓄卡（余额1 000元）插入商店的POS机中。

第二步，售货员通过键盘输入交易金额（如400元），并显示在显示器上，同时指示客户输入个人标志符PIN。

第三步，客户输入PIN后，POS机读出卡中磁条上的数据，如客户账号等，并通过网络将客户账号、PIN传送到银行的计算机，由银行的计算机在其数据库中检查该账号，以防止他人使用已挂失或偷窃来的金融卡。同时核对客户的账面记录，查明可供支用的金额，以及核对PIN以确认持卡人是否是卡的主人。此外，还要核查金融卡在一天内允许使用的次数和一天内允许提取现金的总金额。

第四步，核查客户账号和PIN无误后，银行计算机通过网络发回授权信息，授权商店进行交易。商店POS机将客户账号、所购物金额数（400元）记录下来，显示板显示交易结束，给客户打印收据。客户取走商品和卡。

第五步，在适当的时间将POS机的交易细节汇总到商店的开户银行（代理方），商店的开户银行通过信息交换系统与发卡银行联系，发卡银行以客户的账号为索引在数据库中找到客户在该银行的账目，并加以修正（扣款，余额600元），同时将交易金额（400元）转入商店在开户银行的账户，整个交易过程结束。

智能卡的使用将持卡人从集中式数据库管理中解脱出来，每张卡相当于一个流动的小数据库，这些数据库非实时地与中央数据库打交道、交换数据。也就是说，将集中式数据处理转化为分布式数据处理，这将大大减少对网络实时性、安全性的要求，实现脱机或非实时联机处理，降低网络成本。

二、网络货币

网络货币指的是以公用信息网为基础，以计算机技术和通信技术为手段，以电子数据形式存储在计算机系统中，并通过开放的网络系统以电子信息传递形式实现流通和支付功能的货币。网络货币建立在开放的互联网上，是电子货币发展的高级形式。网络货币的主要形式有电子现金、电子钱包、电子支票等。目前，世界上比较著名的网络货币见表2-4。

表2-4 **世界上主要的网络货币**

名 称	网 站
E-Cash	http：//www.digicash.com
Mondex	http：//www.mondexusa.com
Cyber Cash	http：//www.cybercash.com
First Virtual Holding	http：//www.fv.com
Netbill	http：//www.netbill.com
Check Free	http：//www.checkfree.com

（一）电子现金

电子现金也称为数字现金，是一组表示现金的加密序列数，是一种对现金加密的数字化现金或电子化现金，它可以表示现实中各种金额的价值。电子现金是一种非常重要的电子支付系统，以数字信息形式存在，通过互联网流通。例如，以110008011代表价值为80美元的现钞，以110010011代表价值为100美元的现钞。若某人欲在网上购买价值为350美元的货币，则只需将其计算机硬盘中储存的3个110010011数字串及一个110005011数字串转移给销售商的电脑网络即可。

数字现金的突出特点是具有较高的安全性、可靠性和匿名性，便于进行电子支付、数字支付、在线支付、网上支付和远程支付。数字现金保留了几乎所有传统现金的基本属性，又具有传统现金不具备的电子支付、远程支付、网络支付等功能，所以在电子商务活动中，数字现金正在取代传统现金成为网上支付的主要工具。目前，影响力比较大的电子现金系统包括E-Cash、Net Cash、Cyber Coin等等，下面以E-Cash为例，说明电子现金的运作机制。

E-Cash是Digi Cash公司最著名的产品。Digi Cash公司是一家专门从事电子支付系统和电子现金开发的专业公司，于1994年在荷兰成立，后来其总部搬到美国。它的创立者David Chaum是电子现金领域的先驱者，被称为“数字现金之父”。David Chaum于20世纪70年代末开始研究制作数字现金，他看到了互联网潜在的巨大商机，认为在互联网上必须有自己的网络货币，它可以在互联网上自由流通，成为互联网上商品交易的媒介。经过多年的辛勤钻研，David Chaum终于于1995年开始在互联网上发行数字现金。为使数字现金发行成功并实现其流通，他详细说明了数字现金的发行理念和使用方法，并承诺前1 000名向他申请使用数字现金的网络货币持有者，均可免费获得500元数字现金。在互联网上出售各种数字化商品的商人均可在网上定价，通过互联网向购买者收取数字现金。1995年年底，由于David Chaum发行的数字现金的使用者越来越多，它被美国密苏里州的马克·吐温银行所接收。该行规定，凡是在该行拥有存款账户的客户，均可在互联网上拥有自己的数字现金账户，客户有权将自己存款中的美元或其他货币转为数字现金，从而在互联网上进行交易时使用数字现金进行支付，如果接收这种数字现金的商人在马克·吐温银行也有自己的账户，整个交易就能顺利进行。

E-Cash的真正含义在于：微量货币单位的电子信息（从几分到几元）分别以一个个数据块的形式保存在计算机硬盘中，在需要流通时，这些信息可以通过互联网或其他网络，从银行到消费者，或从消费者到零售商店，即时流动。在使用电子货币时，买方或卖方必须在发行电子货币的银行开设专用账户，银行向他们提供电子现金系统软件（Purse软件）用于管理和传送电子现金。买方开户后，可以将普通账户的资金注入Purse软件，将数据存储在自己的内置硬盘上，形成有效的电子现金。

对电子现金来说，唯一性和安全性无疑是相当重要的。如果数据信息在传送过程中被破译和篡改，会给交易各方造成惨重的损失。对此，Digi Cash公司采取了对数字现金进行编号的方法，但是E-Cash会因此失去匿名性，发行数字现金的公司可以根据序列编号记录使用数字现金的交易者，以及他们进行了何种交易，消费者的隐私将难以得到保护。为了实现E-Cash的匿名支付，Digi Cash公司采用了两项关键技术：①随机配序。所谓随机配序，就是在顾客用实体货币兑换数字现金时，由顾客Purse软件随机产生一组序列号，采用这一技术的目的有两个：其一是保证数字现金发行的匿名性，序列号是随机产生的，并不由数字现金发行者指定；其二是保证数字现金的唯一性，已经使用过的序列号将记录在数据库里，只有未经使用过的序列号在验证时才被认为是合法的，这样可以防止数字现金被复制。②盲化签名。为了保证发行数字现金的合法性，还需要发行机构对发行的数字现金进行签名，这种签名是通过“盲化签名”技术（也叫遮蔽式签名系统）来完成的，盲化签名保证了银行签名时不能将客户身份与所领取的数字现金联系起来，银行并不知道使用数字现金的客户是谁，这样便保证了消费者的隐私不受侵害。

由于采用了随机配序与盲化签名技术，E-Cash实现了数字现金的唯一性、匿名性和安全性，但由于数字现金的每一次支付都需要对序列号的唯一性进行认证，当交易扩大时，认证过程将变得非常困难。同时，在使用E-Cash时需要进行数字签名和序列号认证，因而只能进行在线支付而不能进行离线支付，因此，数字现金并不能完全取代实体现金。

(二) 电子钱包

电子钱包实际上是基于银行卡发展而来的一种电子货币，它是一个装有电子芯片的智能卡，有时也被称为现金卡。电子钱包与传统银行卡的最大不同是它像钱包一样存着现金，使用时无须授信和授权，消费金额的大小完全取决于内存现金的多少，而且在内存现金用完后，可自动将个人银行账户上的钱转入钱包。

电子钱包的使用通常需要借助电子钱包服务系统。目前世界上有VISA Cash和Mondex两个主要的电子钱包服务系统，还有MasterCard Cash、Euro Pay的Clip和比利时的Proton等。下面以Mondex为例，说明电子钱包的运作机制。

Mondex是世界上最早的电子钱包系统，由英国National Westminster银行开发，于1995年7月首先在有“英国的硅谷”之称的斯温顿市试用，可实现货币的存入、取出，提供匿名和无痕服务。Mondex卡最基本的系统特征是以IC智能卡技术作为其主要的技术支持。Mondex采用了内置存储器和CPU的IC智能卡技术，通过设定个人识别码来保证Mondex卡的安全，从而使他人不可能伪造卡片。Mondex允许用户给Mondex卡设置密码，这样即使卡遗失后被他人拾去，他人也不能支取卡内存储的电子现金，当然也不能用它购物。银行还设立了一个奖励系统以激励拾到者将卡归还给合法的所有者。Mondex利用专用读卡设备实现资金的存取。Mondex卡上的钱可由连在电话、ATM上的智能卡阅读器和专门的电子钱包进行转账，其中，最具特色的是它的便携式读写终端，通过这个终端，Mondex可以实现完全的离线交易，也为它的匿名性提供了技术支持。在此基础上，Mondex实现了多样化的支付方式。通过Mondex的各种读写终端，Mondex不仅可以实现个人之间的面对面的交易，也可以实现网络支付与清算，这是它与数字现金相比具有优势的地方。

例如，A客户将Mondex卡插入便携式读写终端，将卡内一定数量的余额转入终端芯片内，B客户也将自己的Mondex卡插入读写终端，将终端芯片中的余额转入自己的卡中，这就完成了A对B的支付；当双方距离较远时，则可以使用联网的专用读写器，操作原理相同。除了可以在专用网络环境中使用Mondex卡完成支付外，专家还开发出了在开放的网络环境中完成支付的技术手段，使用者只需要将自己的微机联入互联网，并连接一台专用的IC卡读写终端，就可以轻松完成支付。

可见，Mondex卡中的资金转移无须银行介入，可直接在用户之间完成。卡内余额在任何时候均可返回银行存款账户，卡内余额为零或者不足时，可以使用银行的ATM通过自己的银行账户向Mondex卡充值。可以预料，如果Mondex卡设备的应用足够普遍，在交易过程中能够让交易者充分享受Mondex的安全和便利，在这种情况下，Mondex取代实体现金就有可能成为现实。不过从全球以及Mondex的发展来看，现在Mondex的发展处于低潮。Mondex最近关闭了它在美国旧金山的办公室，将其技术、管理以及许可证颁发职能全部转交给在纽约的万事达卡国际组织。

(三) 电子支票

电子支票是客户向收款人签发的、无条件的数字化支付指令。它可以通过互联网或无线接入设备来完成传统支票的所有功能。电子支票是纸质支票的电子替代物，它与纸质支票一样，是用于支付的一种合法方式，它使用数字签名和自动验证技术来确保其合法性。监视器的屏幕上显示的电子支票票样十分像纸质支票，填写方式也相同，支票上除了必需的收款人姓名、账号、金额和日期外，还隐含了加密信息。付款人通过电子函件直接将电子支票发送给收款人，收款人从电子邮箱中取出电子支票，并用电子签名签署收到的证实信息，再通过电子函件将电子支票送到银行，把款项存入自己的账户。电子支票的典型代表有NetBill、Net check、E-Check等。电子支票票样如图2-7所示。

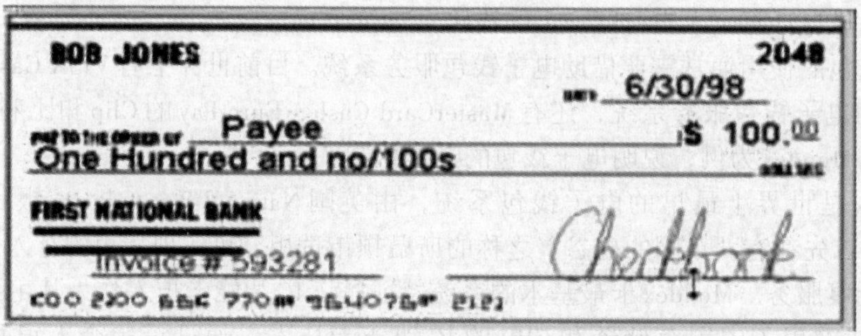

图2-7 电子支票票样

电子支票交易的过程可以分为以下几个步骤：①消费者和商家达成购销协议并选择用电子支票支付。②消费者通过网络向商家发出电子支票，同时向银行发出付款通知。③商家通过验证中心对消费者提供的电子支票进行验证，验证无误后将电子支票送交银行索付。④银行在商家索付时通过验证中心对消费者提供的电子支票进行验证，验证无误后即向商家兑付或转账。

电子支票借鉴了纸质支票转移支付的优点，利用数字传递将钱款从一个账户转移到另一个账户。电子支票的支付是在与商户及银行相关联的网络上以密码方式传递的，多数使用公用关键字加密签名或个人身份证号码代替手写签名。用电子支票支付的费用较低，而且银行也能为参与电子商务的商户提供标准化的资金信息，这可能是最有效率的支付手段。

项目小结

电子货币是一种新型的支付工具，是表示现金的加密序列数，它可以用来表示现实中各种金额的币值。随着基于纸张的经济向数字经济的转变，电子货币将成为主流。

电子货币按被接受程度，可分为单一用途电子货币和多用途电子货币；按使用方式和条件，可分为认证或匿名系统，在线或离线系统；按依托的计算机网络方式，可分为银行卡和网络货币。

银行卡是商业银行等金融机构向社会发行的，具有消费信用、转账结算、存取现金等全部或部分功能的信用支付工具。按结算方式，银行卡可分为信用卡、借记卡、准贷记卡和现金卡；按信息载体，银行卡可分为塑料卡、磁卡、集成电路卡、激光卡。

IC卡是将一个微电子芯片嵌入符合ISO 7816标准的卡基中，做成卡片形式。按集成电路的组成不同，可分为存储卡、逻辑加密卡、智能卡；根据物理结构和信息交换方式不同，可分为接触式IC卡和非接触式IC卡；根据应用领域不同，可分为金融卡和非金融卡。

网络货币指的是以公用信息网为基础，以计算机技术和通信技术为手段，以电子数据形式存储在计算机系统中，并通过开放的网络系统以传递电子信息的形式实现流通和支付功能的货币。网络货币的主要形式有电子现金、电子钱包、电子支票等。

关键概念

电子货币 银行卡 信用卡 借记卡 准贷记卡 IC存储卡 电子现金 电子钱包 电子支票

综合训练

一、不定项选择题

1.电子货币与传统货币的（ ）不同。

A.货币形式 B.发行主体 C.流通方式 D.安全程度

2.按被接受程度，电子货币可分为（ ）。

A.单一用途电子货币 B.多用途电子货币

C.银行卡 D.网络货币

3.按依托的计算机网络方式，电子货币可分为（ ）。

A.单一用途电子货币 B.多用途电子货币

C.银行卡 D.网络货币

4.银行卡是银行等金融机构向社会发行的具有（ ）功能的支付工具。

A.消费 B.转账结算 C.存取现金 D.透支

5.按结算方式，银行卡可分为（ ）。

A.信用卡 B.借记卡 C.准贷记卡 D.现金卡

6.贷记卡是真正意义上的信用卡，具有（ ）等功能。

A.消费 B.转账结算 C.存取现金 D.透支

7.借记卡与贷记卡的最大区别是（ ）。

A.消费 B.透支 C.转账结算 D.存取现金

8.按IC卡上是否有CPU和其他元件，可将IC卡分为（ ）。

A.IC存储卡 B.逻辑加密存储卡 C.IC智能卡 D.超级智能卡

9.按物理结构和信息交换方式，可将IC卡分为（ ）。

A.接触式IC卡 B.非接触式IC卡 C.金融卡 D.非金融卡

10.按应用领域，可将IC卡分为（ ）。

A.接触式IC卡 B.非接触式IC卡 C.金融卡 D.非金融卡

二、简答题

1.什么是电子货币？它具有哪些职能？

2.电子货币与传统货币有什么区别？

3.电子货币对中央银行有什么影响？对商业银行又有什么影响？

4.银行卡有哪些种类？

5.信用卡和借记卡有哪些异同？

6.目前世界上广泛使用的网络货币有哪些？各自有何特点？

三、案例分析

招商银行“一卡通”

“一卡通”是招商银行向社会大众提供的、以真实姓名开户的个人理财基本账户，多次被评为消费者喜爱的银行卡品牌。招商银行“一卡通”外观如图2-8所示。

图2-8 招商银行“一卡通”外观

“一卡通”的具体功能如下：

◆一卡多户：是人民币、美元、港币、日元、欧元等币种的活期、定期等各类储蓄账户。

◆通存通兑：可以在招行同城任一网点办理各种存取款业务；可以在全国各网点办理人民币、港币、美元活期账户异地存取款业务。

◆自动转存：存有的整存整取存款到期后，银行自动按原存期连本带息代为办理存款转存。

◆自助转账：在招行柜面申请自助转账服务功能后，可以直接使用招行电话银行、自动柜员机、查询终端及网上个人银行，办理人民币或外币同一币种同一钞汇类的同名账户的同城“一卡通”、存折之间的相互划转。

◆商户消费：可以在招行和中国银联以及当地金卡工程的特约商户直接进行消费结算。

◆自动柜员机提款：可以在招行开户地自动柜员机上办理人民币活期取款、修改密码、第三方转账及查询活期账户余额等业务；在招行非开户地自动柜员机上可办理人民币活期取款；还可在加入中国银联或当地金卡工程的他行自动柜员机上办理人民币活期取款、活期账户余额查询业务。

◆自助存款机：在招行开户地自助存款机上可办理人民币活期存款、整存整取、零存整取等存款业务。

◆查询服务：招行柜台、自助银行、电话银行、网上银行等各种渠道，为客户提供存款利率、汇率、业务简介及各类账务查询。

◆电话银行：招行电话银行提供自动语音服务和人工服务。直接拨打95555或开户地的电话银行，并根据自动语音提示可以办理账务查询、转账、挂失等业务。

◆手机银行：招行手机银行（WAP版、网页版）无须开通和注销，只要手机可以上网，在浏览器中输入招行手机银行网址（http://mobile.cmbchina.com），即可访问招行手机银行。

◆网上个人银行专业版：在招行柜台申请“网上个人银行专业版”功能后，可以通过网上银行办理个人账务查询、转账、汇款、网上支付、外汇买卖等业务。

◆网上个人银行大众版：凭招行一卡通即可直接通过网上个人银行（大众版）进行账户余额和交易查询、转账、修改密码等个人银行业务，另外客户还可以通过其自助充值和缴费、投资国债、申请个人消费贷款等。

◆网上支付：在招行柜台或网上银行申请开通“网上支付”功能后，可以通过招行网上商城中的特约商户在线选购全国各地的商品或享受其他服务，同步完成消费款项的支付。

◆银证转账：在招行柜台或招行特约券商处申请开通银证转账服务功能后，通过招行电话银行、网上银行等自助设备，可实现活期账户与指定券商处开立的证券保证金账户之间的资金的相互划转。

◆银基通：在招行柜台申请开通“银基通”服务并开立“银基通”账户后，可通过柜台、网上银行、电话银行办理各项开放式基金认购、申购、赎回等交易及查询业务，开放式基金转托管、非交易过户等其他各项业务在柜台办理。

◆外汇买卖：在招行柜台申请开通个人外汇买卖业务后可以通过招行电话银行、自助终端、柜台、手机银行、网上银行等多种渠道办理外汇买卖委托、查询等业务。客户可轻松参与并投资于国际外汇市场获取一定的投资回报。

◆自助贷款：在与招行签署协议后，以存入招行一卡通内的自有本、外币定期储蓄存款作质押，可通过电话银行、网上银行和自助终端等自助设备向招行申请贷款并可通过以上渠道自助还款。

◆自助缴费：通过招行柜台或电话银行、网上银行、手机银行等渠道申请开通自助缴费服务功能后，可通过招行电话银行、网上银行、手机银行等向招行的特约收费单位自助交纳各类费用。

◆代理业务：根据单位或个人书面委托，银行可为单位或个人办理工资发放或代缴各种费用。

资料来源：佚名. 招商银行“一卡通”[EB/OL].（2014-06-21）. http：//www.cmbchina.com.

问题：“一卡通”有何特色？为何会受到消费者的青睐？

分析提示：“一卡通”是国内银行发行较早的借记卡，它代替了携带不便的存折，具备30多项个人金融服务功能，可以较全面地满足客户日常储蓄、消费、缴费和投资等金融支付结算的需要。它集定活期、多储种、多币种、多功能于一卡，具有“安全、快捷、方便、灵活”的特点，真正实现了“一卡通”，成功打造了国内独具特色的知名银行卡品牌。

四、实践训练

实训项目：银行借记卡的使用。

实训目的：通过实践了解借记卡的功能。

实训步骤：

1.申请某银行发行的借记卡。

2.持该借记卡到ATM存取现金。

3.持该借记卡到特约商户完成一次消费。

4.持该借记卡完成一次异地汇兑。

5.查询借记卡账户余额。

6.体验借记卡的各种功能。

项目三　网络支付

知识目标

1. 理解网络支付的概念与特点，了解网络支付的构成与要素。
2. 掌握各种网络支付模式的支付流程。
3. 熟悉国内外网络支付系统的建设情况。

技能目标

1. 能够安全使用银行卡进行网络支付。
2. 能够熟练使用微信、支付宝等常用第三方支付工具。
3. 能够掌握电子支票的填写方法。

案例导入　**网络支付前景广阔**

截至2018年12月，我国网络支付用户规模达6亿，较2017年年底增加6 930万，年增长率为13.0%，使用比例由68.8%提升至72.5%。手机网络支付用户规模达5.83亿，年增长率为10.7%，在手机网民中的使用比例由70.0%提升至71.4%。网民在线下消费时使用手机网络支付的比例由2017年年底的65.5%提升至67.2%。

2018年国内网络支付市场发展呈现以下特点。第一，行业竞争依旧激烈。银联、商业银行加大支付业务布局力度，在不断优化自身产品体验的基础上，与第三方支付企业展开正面争夺，其中银联的“云闪付”产品上线一年内用户量突破一亿。第二，支付场景不断延伸。网络支付应用在公共交通、医疗健康等领域实现突破，当前我国绝大多数三线及以上城市公共交通系统引入手机网络支付应用。第三，支付方式更为多元。继扫码支付普及后，基于车牌识别、人脸识别的无感支付进入成熟商用期；基于生物识别技术的指纹识别支付得到广泛应用，网络支付更加高效、便捷。

在深耕国内市场的同时，我国企业加速国际市场开拓，不断发展跨境支付和境外本土化支付业务。在游客跨境支付方面，我国企业已在全球多数旅游热点国家布局，集餐饮、游览、购物、出行和退税等场景为一体的跨境支付体系逐步搭建成型，支付宝和微信支付已分别在40多个国家和地区合规接入。在海外居民支付方面，我国企业通过资本、技术注入等方式，已在亚洲9个国家和地区运营本土化数字钱包产品，并开始在非洲地区部局移动支付业务。

资料来源：中国互联网络信息中心. 第 43 次中国互联网络发展状况统计报告［EB/OL］.（2019-02-28）http：//www.cac.gov.cn/2019-02/28/c_1124175677.htm.

这一案例表明：在经济全球化的背景下，网络支付，特别是移动支付凭借其便捷、低成本的优势日益深入人心，得到了迅速发展。经过几年的发展，我国已经成为全球移动支付的领跑者。

任务一　认识网络支付

一、网络支付的概念

支付通常是指为清偿商品交换或劳务活动引起的债权债务关系，将资金从付款人转移给收款人的过程。《中华人民共和国支付结算办法》规定，支付结算是指单位、个人在社会经济活动中使用票据、信用卡和汇兑、托收承付、委托收款等结算方式进行货币给付及其资金清算的行为。支付源于经济主体之间的经济交换活动，随着商品经济的发展，支付方式也在不断发生变化，并经历了以下四个阶段：

（一）原始经济社会：实物支付

网络课堂3-1

网络支付的含义与特点

在货币产生以前的社会中，物物交换既是一种原始的商品交换行为，也是一种结清债权、债务的行为，在这种行为中，交换过程和支付过程同时发生，可将其称为最原始的支付结算，其中采用的支付手段是实物支付。

（二）自然经济社会：货币支付

实物支付具有很大的局限性，无论时间、空间还是物品的使用范围，都使交易双方受到很大的限制，从而导致交换的范围和规模都很小。于是，人们开始寻求一个等价的中间物品作为交换的媒介。当某些物品开始固定地充当一般等价物时，货币就产生了。货币能够用来清偿债务，因而具有支付手段的职能。

货币的产生是支付手段发展的一次重大飞跃，通过货币支付交换商品的行为才是具有现代意义的货币结算，这种“一手交钱，一手交货”的即时支付结算方式，称为货币即时结算，它是商品经济社会较为低级的结算方式。

“现金支付”是“一手交钱，一手交货”的典型体现，它最大的特点就是简单、方便、直观，但这种支付方式也有缺点，比如流通中存在磨损、丢失、盗窃、伪造等现象，这些缺点的存在使得现金结算使用起来并不安全，但是现金支付这种方式比较简单，因此常用于企业对个人或个人对个人的日常商品零售结算。

（三）工业经济社会：银行转账支付

随着商品经济的进一步发展，商业领域出现了赊销赊购等商业信用，进而在金融领域出现了银行信用。商业信用和银行信用的产生，使原本融为一体的交易环节和支付环节能够在时间和空间上分离开来，进一步促进了交易的繁荣。同时，由于银行信用社会认同的广泛性，经济活动中的每一个主体在银行都有自己的账户，社会上债权债务的清偿关系就变成银行内资金账户的划拨关系，银行成为社会资金支付与结算的中心。由于银行的介入，支付这种源于经济主体之间的经济交换活动，最终演化为银行与客户之间、银行与银行之间的资金收付关系，而银行之间的资金收付交易，又必须通过中央银行的资金清算才能完成，从而形成一个庞大的银行支付系统，如图3-1所示。

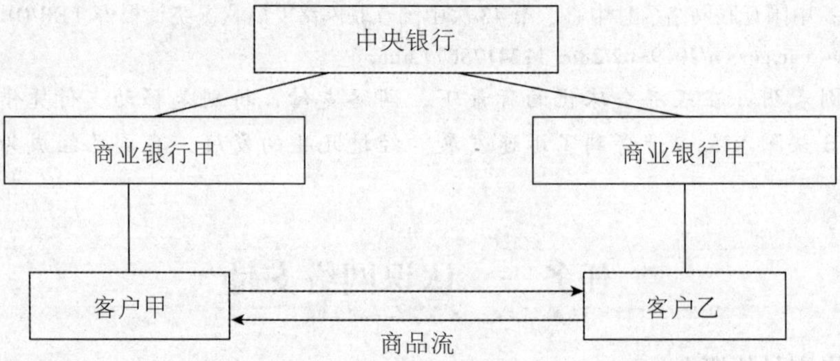

图3-1　银行支付系统

这种通过银行转账的支付结算方式，也称为非现金结算或票据结算，是目前国际上最主要的资金支付结算方式，其具体结算方式主要有汇款、托收、信用证三种，结算工具主要包括本票、汇票、支票、信用卡等。

在银行转账支付结算过程中，目前广泛使用的仍是基于票据类的支付方式和工具。随着IT技术在金融交易中的大量运用，以及银行卡的普及，银行开始更多地使用电子资金转账（EFT）方式，即不使用支票或任何其他纸质票证，仅通过电子技术和电子数据通信系统增加和减少账目上的资金，进行电子资金的转账或划拨。

（四）网络经济社会：网络支付

在支付结算方式演变的历史中，现金、支票等支付方式为人类经济的发展与繁荣做出了巨大的贡献。计算机技术、通信技术、信息处理技术的发展和信用卡支付、电汇、电子转账等支付方式的出现，在一定程度上提高了银行业务处理的自动化程度和效率。然而，在网络经济条件下，这些传统的支付结算方式在电子商务中逐步暴露出许多局限性，主要包括以下几个方面：

1.缺乏效率。大多数传统支付结算方式涉及人员、部门等众多因素，牵扯许多中间环节，且大多依靠手工处理，造成支付效率低。

2.不够安全。大多数传统支付结算方式在支付安全上问题较多，伪币、空头支票等造成支付的不确定性和商务风险较大。

3.使用不便。绝大多数传统支付结算方式应用起来并不方便，各类支付介质五花八门，发行者众多，使用的辅助工具、处理流程与应用规则和规范也不尽相同，这些都给用户的使用造成了困难。信用卡、电汇、电子转账等电子支付方式，也要通过不同银行各自的金融专业网络进行，其使用范围都具有一定的局限性。

4.费用较高。由于传统支付结算方式涉及较多的业务部门、人员、设备和复杂的业务处理流程，因此其运作成本较高。

5.不能提供全天候服务。传统支付结算方式，包括目前的一些电子支付结算方式在内，无法为用户提供全天候、跨区域的支付服务，很多支付方式依然受银行等金融机构营业时间、营业范围等因素限制。

6.资金周转速度慢。传统支付结算方式特别是我国比较流行的纸质支票的支付不是即时结算，企业资金的回笼有一定的滞后期，这就增加了企业运作资金的难度。现金的周转缓慢给企业的整体财务控制造成困难，也不利于国家控制金融风险，而且给偷税漏税、违法交易提供了机会。

由于传统支付结算方式存在局限性，其不能够满足高水平的电子商务发展的需求，并且成为制约电子商务发展的因素之一。电子商务的蓬勃发展不仅带来了经济上的收益，也改变了人们的经济结构和消费习惯，逐渐成为人们生活不可或缺的组成部分。与此同时，支付方式也发生着快速的变革。传统的商务支付方式需要面对面交易，具有过程复杂、受时空限制和携带不便等诸多局限性，无法满足现代化电子商务的需求，因此，网络支付应运而生。

为规范非银行支付机构网络支付业务，防范支付风险，保护当事人合法权益，中国人民银行根据《中华人民共和国中国人民银行法》《非金融机构支付服务管理办法》等规定制定了《非银行支付机构网络支付业务管理办法》，并于2016年7月1日起施行。根据该管理办法的定义，支付机构是指依法取得《支付业务许可证》，获准办理互联网支付、移动电话支付、固定电话支付、数字电视支付等网络支付业务的非银行支付机构。网络支付业务是指收款人或付款人通过计算机、移动终端等电子设备，依托公共网络信息系统远程发起支付指令，且付款人电子设备不与收款人特定专属设备交互，由支付机构为收付款人提供货币资金转移服务的活动。该管理办法同时规定，非银行支付机构基于银行卡为客户提供网络支付服务，应当执行银行卡业务相关监管规定和银行卡行业规范。

因此，我们可以将网络支付定义为，电子交易的当事人以电子信息传递的形式，通过网络实现货币支付或资金流转的一种支付方式。网络支付所采用的支付工具主要是一些创新型的电子货币，如电子现金、电子钱包、电子支票、信用卡等。

二、网络支付的特点

（一）网络支付具有低成本、经济的特点

传统的支付方式是通过纸质现金、纸质票据等的流通、转让和兑现等来实现债权债务的清偿，在这一过程中，现金、票据的搬运以及清算所花费的时间、精力以及费用都是非常庞大的。而采用网络支付方式，以数字形式呈现的电子现金、电了支票等支付工具在支付结算过程中所耗费的费用非常低，网络支付的费用仅相当于传统支付费用的几十分之一，甚至几百分之一，并且网络支付服务系统的建立、维护与升级的费用也比较小，加上互联网的接入费用低，使得普通消费者以及各种规模的企业都可以使用网络支付系统并从中受益。

（二）网络支付具有方便、快捷、高效的特点

传统的支付方式是通过现金的流转、票据的转让和银行的汇兑等物理实体的流转来完成款项支付的，一般采用传统的通信媒介，且需要在较为封闭的系统中操作。而网络支付则是基于开放的网络系统平台，它的特点就是兼容性强，对软硬件要求并不是很高，联网与应用均十分简便，用户只要拥有一台上网的电脑或手机，便可足不出户，在短时间内完成整个支付结算过程。传统支付方式下，由于票据传递迟缓和手工处理手段落后，形成大量在途资金，无法做到即时结算，大大影响了资金的周转速度和运作效率。网络支付采用数字化的方式完成款项支付结算，网络的快捷性使得数字信息的发送、传递和接受都可在一瞬间完成，大大缩短了资金在途时间，提高了资金周转速度。

（三）网络支付具有较高安全性的特点

在日益发达的印刷技术与仿真技术面前，传统的支付方式中越来越难以避免假币、伪币的出现，而网络支付可以有效地防止伪造货币。随着网络通信技术的发展，越来越多的安全防护机制被应用到网络交易中。对称密钥与非对称密钥加密技术实现了交易信息以及支付信息的保密性；数字签名、数字摘要以及数字信封等技术的使用能确保传输的信息不被篡改，从而保证了信息的完整性和不可否认性；权威认证机构CA的建立以及由其所颁发的数字证书则可以实现对商务各方身份真伪的验证，从而有效预防交易中的抵赖行为。在网络支付系统中，伪造一组随机产生的密码要比伪造现金、伪造签名难上数倍。因此，网络支付拥有高于传统支付的安全性。

三、网络支付体系的基本构成

基于公用网络（Internet）平台的网络支付体系的基本构成如图3-2所示。

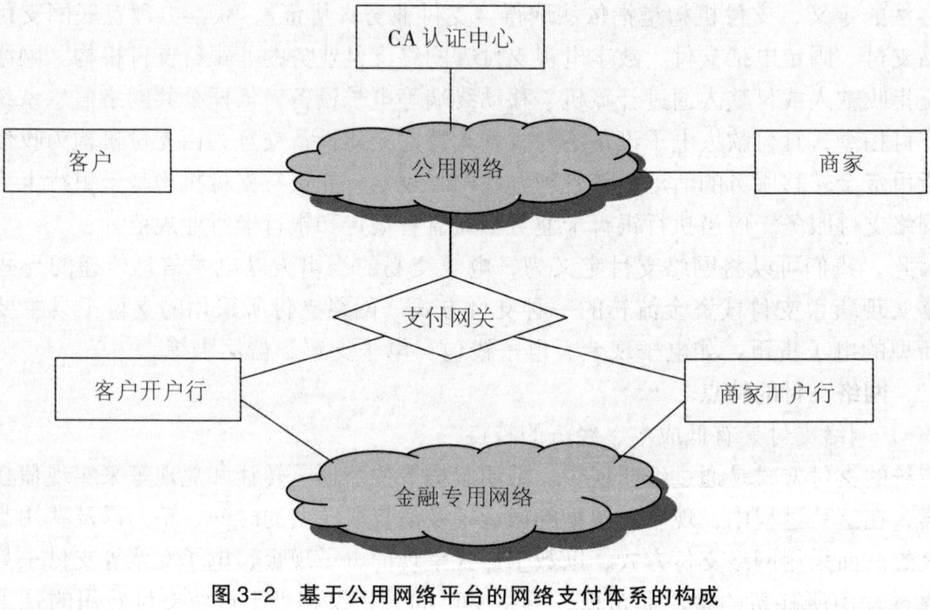

图3-2　基于公用网络平台的网络支付体系的构成

网络课堂3-2

网络支付体系基本构成

在这一体系中，主要包含七大构成要素：

客户是与商家发生交易关系并存在未清偿的债权债务关系（一般是债务）的一方，客户可以选择商家提供的支付结算方式（如信用卡、电子现金等）来实现债务的清偿，他们是整个支付的发起方，是支付体系运作的原因和起点。

商家则是商品交易发生后拥有债权的一方，商家可以根据客户发起的支付指令向银行请求货币给付，即请求结算。商家一般设置专门的后台服务器来处理这一过程，包括协助身份认证以及不同支付工具的处理。

客户开户行是客户在其中拥有账户的银行，该银行为客户提供有效的支付工具，如电子现金、电子支票、信用卡等。一般状况下，资金由客户账户流出，它是资金流的起点，因此，也被称为支出行或付款行。

商家开户行是商家在其中拥有账户的银行，商家将收到的客户支付指令提交给其开户行后，由其开户行进行支付授权的请求，完成客户开户行之间的清算工作。商家账户是资金流的终点，因此，也被称为收单行或接收行。

支付网关（Payment Gateway）是连接金融专用网络与公用网络的一组服务器，是金融专用网和公用网络之间的接口，也是金融专用网的安全屏障与关口，是电子支付的重要工具。它通过安全连接公用网络和金融专用网，起到隔离和保护金融专用网的作用，网络支付信息必须通过支付网关处理后才能进入银行内部支付结算系统，从而安全地完成支付的授权和获取。支付网关可确保交易在公用网络用户和交易处理商之间安全、无缝地完成，并且无需对原有主机系统进行修改。通常情况下，在电子商务交易过程中同时传递两种信息，即交易信息和支付信息，必须保证这两种信息在网络传输过程中不被第三者阅读，同时商家不能看到客户的支付信息（如信用卡卡号、授权密码等），银行不能看到客户的交易信息（如商品种类、商品数量等），这就要求支付网关必须由商家以外的第三方银行或其委托的信用卡组织来建设。

金融专用网是银行内部以及银行之间进行通信的专用网络，它不对外开放，因此具有较高的安全性。在我国，金融专用网主要包括中国国家现代化支付系统（CNAPS）、中国人民银行电子联行系统（EIS）、各商业银行电子汇兑系统、银行卡授权系统等。

CA认证中心，又称电子商务认证授权机构或电子商务认证中心，是负责发放和管理数字证书的权威机构，并充当电子商务交易中受信任的第三方，承担公钥体系中检验公钥合法性的责任。CA认证中心通过数字证书确认电子商务交易各方的真实身份，同时提供公共密钥发放和数字签名等服务，以保证电子商务支付结算安全、有序地进行。

除以上七大构成要素外，网络支付体系还包括网络支付工具及遵循的支付协议，常用的网络支付工具有信用卡、电子现金、电子钱包等，支付协议主要指支付的安全通信与控制模式，如SSL模式与SET模式等。

知识链接3-1 **CA机构与数字证书**

CA机构，又称为证书授证（Certificate Authority，CA）中心。CA机构为每个使用公开密钥的用户发放一个数字证书，数字证书的作用是证明证书中列出的用户合法拥有证书中列出的公开密钥。CA机构的数字签名使得攻击者不能伪造和篡改证书。它负责产生、分配并管理所有参与网上交易的个体所需的数字证书，因此是安全电子交易的核心环节。

建设证书授权中心是开拓和规范电子商务市场必不可少的一步。为保证用户在网上传递信息的安全性、真实性、可靠性、完整性和不可抵赖性，不仅需要对用户身份的真实性进行验证，还需要有一个具有权威性、公正性、唯一性的机构，负责向电子商务的各个主体颁发和管理符合国内、国际安全电子交易协议标准的电子商务安全证书。目前国内的CA认证中心主要分为区域性CA认证中心和行业性CA认证中心。

数字证书是互联网通信中标志通信各方身份信息的一串数字，提供了一种在互联网上验证通信实体身份的方式，是其作用类似于司机的驾驶执照或日常生活中的身份证。数字证书是一种权威性的电子文档，是由权威、公正、可信赖的第三方机构（CA机构）签发的证书。

以数字证书为核心的加密技术（加密传输、数字签名、数字信封等安全技术）可以对网络上传输的信息进行加密、解密、数字签名和签名验证，确保网上传递信息的机密性、完整性及交易的不可抵赖性。使用了数字证书，即使用户发送的信息在网上被他人截获，甚至个人的账户、密码等信息泄露，仍可以保证其账户、资金安全。

数字证书可用于发送安全电子邮件、访问安全站点、网上证券交易、网上招标采购、网上办公、网上保险、网上税务、网上签约等安全电子事务处理和安全电子交易活动。

资料来源：根据百度百科相关资料整理.

四、网络支付的基本流程

基于公用网络平台的网络支付流程与传统的支付流程大致相同，如图3-3所示。

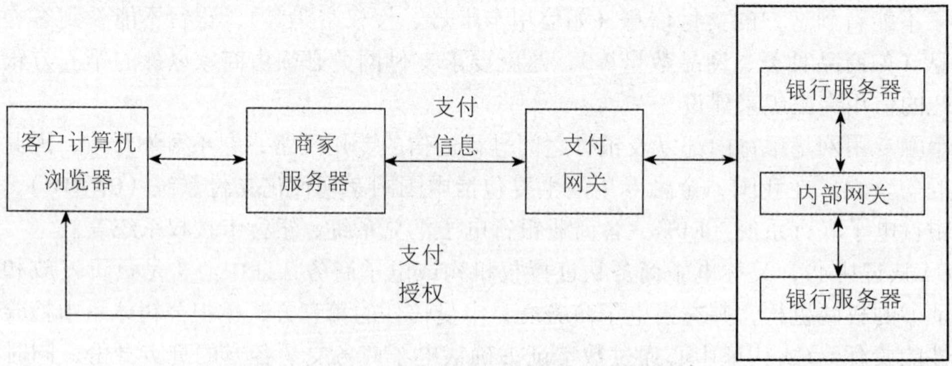

图3-3 基于公用网络平台的网络支付流程

1.客户建立与公用网络的连接，通过浏览器进行商品浏览和选择，填写网络订单并选择相应的网络支付工具（须经银行授权）。客户对相关的订单信息、支付信息进行加密，将其发送到商家服务器。

2.商家服务器收到客户订单信息后，对订单信息进行审核、确认，并把经过加密的支付信息转发到支付网关，再经由支付网关送达银行专用网络的后台服务器，以期得到银行服务器的确认。

3.收单行与客户开户行或其他相关机构（如信用卡信息中心）的银行服务器对客户的支付信息进行确认后，向商家服务器返回支付授权与否的响应信息。为进一步保证安全，给客户回送支付授权请求（也可不回送支付授权请求）。

4.银行根据银行服务器确认后的支付指令，把资金从客户账户划拨至商家账户上，银行借助金融专用网进行结算后，分别给商家、客户发送支付成功的信息。

5.商家服务器收到银行发来的支付成功的信息后，向客户发送网上支付成功的信息并通知发货。至此，一次成功的网络支付流程结束，商家和客户可以分别借助网络查询自己的资金余额信息。

需要注意的是，以上流程能够实现即时支付，对客户和商家都很方便，因此它适用于数量多、额度较小的电子商务业务（即B2C网上交易）。金额较大的资金支付，如大企业与大企业间的电子商务，往往采用独立于商务交易环节的金融EDI或银行EFT系统进行转账支付。

知识链接3-2 **电子商务模式**

所谓电子商务模式，是指企业运用互联网开展经营取得营业收入的基本方式，是在实现电子商务的过程中所形成的一些进行交易的标准形式。电子商务模式可以从多个角度建立不同的分类框架，传统的观点是将其归纳为B2B（Business to Business）、B2C（Business to Consumer）、C2B（Consumer to Business）、C2C（Consumer to Consumer）、B2G（Business to Government）五种经营模式。其中，B2C模式和B2B模式是两种最基本的电子商务运作模式。

B2B模式是指以企业为主体，在企业之间进行的电子商务活动。B2B模式是电子商务应用最多和最受企业重视的形式，企业可以使用互联网为每笔交易寻找最佳合作伙伴，完成从订购到结算的全部交易行为。B2B模式是电子商务的主流，其代表是阿里巴巴电子商务模式。

B2C模式是指企业通过网络直接针对个体消费者，进行商品和服务销售的商业模式。B2C模式是目前电子商务发展最为成熟的商业模式之一，其代表是京东商城、当当网、苏宁易购等电子商务模式。

资料来源：根据百度百科资料整理。

任务二 网络支付的主要模式

目前，网络支付的主要模式包括银行卡支付、第三方支付、移动支付、电子支票支付等。

一、基于银行卡的支付模式

这种支付模式需要借助各大银行发行的银行卡，包括借记卡与信用卡。在使用者向银行申请开通了银行卡的在线支付功能后，可登录相应的网上银行，并在在线支付的过程中，使用无证书的密码或有证书的UKey。应该说，这种支付方式是目前我国大多数人认可和使用的方式。

从20世纪90年代初期开始在网络上使用信用卡到现在，信用卡网络支付的安全性逐步提高，并先后出现了以下四种支付模式。

（一）无安全措施的信用卡支付

无安全措施的信用卡支付主要是在20世纪90年代初期，在电子商务各方面发展还不太成熟，特别是银行对电子商务的支持还不完善的情况下出现的。该模式的支付流程如下：客户网上订货之后，将自己的支付信息（包括信用卡卡号和密码）通过电话、传真或公用网络传递给商家，在传输途中，信息未进行任何加密或其他安全处理。商家收到信息后，向银行申请授权，验证信用卡合法性。授权通过后，银行划拨资金到商家账户上，商家组织发货。其具体流程如图3-4所示。

图3-4 无安全措施的信用卡支付流程

显然，在这种模式下，一是信用卡信息传输不安全，二是客户的个人隐私完全被商家所掌握，要保证个人隐私不被泄漏，只能依靠商家的诚信，因此客户信息安全得不到基本的保障。由于该模式无任何安全性可言，且支付效率低，目前已逐渐被淘汰。

（二）借助第三方代理的信用卡支付

这种模式是通过在买方和卖方之间介入一个诚信的第三方代理机构，如中介或网上虚拟经纪人，使卖方看不到买方的支付信息，从而避免了信用卡信息在网上公开传输而导致信用卡信息被窃取的风险，提高了信用卡网上支付的安全性。它的典型代表是First Virtual Holding公司开发的FV系统。这种模式的具体流程如图3-5所示。

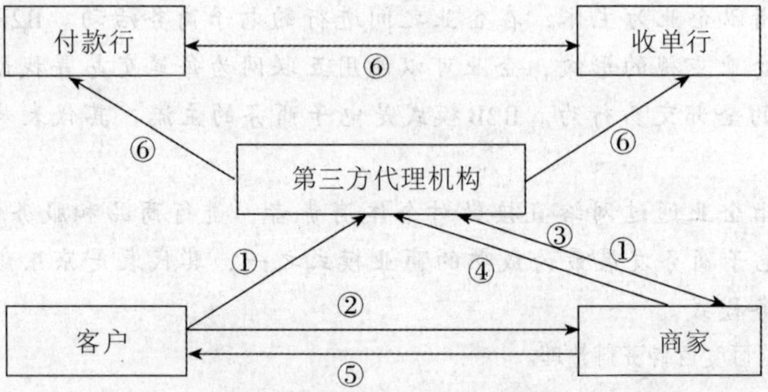

图3-5 借助第三方代理的信用卡支付流程

其中：

①客户与商家都在第三方代理机构登记姓名、信用卡卡号等信息，并注册账号（可以在线或离线方式进行）。此时，第三方代理机构将拥有客户与商家的信息以及各自的注册账号。

②客户持注册账号登录商家网站，浏览并选择所需要的商品，同时客户将自己的注册账号传送给商家。

③商家将客户的注册账号、支付信息一并发送至第三方代理机构，进行客户身份的验证。

④第三方代理机构验证客户身份之后，与客户协商，确定交易与支付信息，得到客户确认后，第三方代理机构返回给商家确认信息。

⑤商家收到确认信息后，立即组织发货，并将交易确认信息发送给客户以及第三方代理机构。

⑥第三方代理机构通过金融专用网与发卡行和收单行连接，进行相应的资金划拨，从而完成支付过程。其中，商家需支付给第三方代理机构一定的手续费。

这种模式的优点是：整个交易过程中没有采用任何加密或其他安全措施，信息传送相对简单，客户与商家不必另行添置新的硬件和软件，节约了成本；整个过程中网上传输的都是第三方代理人提供的账号，信用卡信息不用在网上多次传送，除第三方代理人，任何人（包括商家）都看不到客户的信用卡信息，从而保证了客户的个人隐私不被泄漏。这种模式的缺点是：客户和商家必须事先到第三方代理机构处登记相应信息，且在交易过程中需要使用电子邮件等通信工具对信息进行反复确认，效率较低，不能满足实时购物的需求。此外，这一模式对第三方代理机构的信誉、操作规范等要求也比较高。

（三）基于SSL协议的信用卡支付

基于SSL协议的信用卡支付是在利用信用卡进行网上支付时遵循SSL协议的安全通信与控制机制，通过它实现信用卡的安全在线支付。我们可以看出，前面两种信用卡网上支付模式是依靠其他机构的诚信解决客户的信用卡安全问题，是被动的；而基于SSL协议的信用卡网上支付则主要靠先进的安全技术解决客户的信用卡安全问题，是比较主动的解决方案，因此也更加安全。基于SSL协议的信用卡支付流程如图3-6所示。

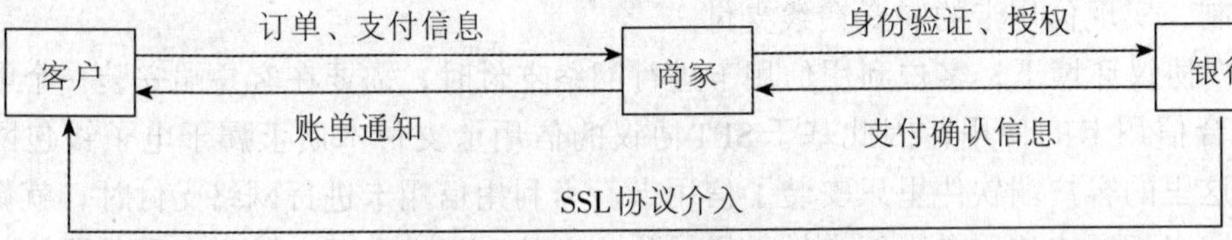

图3-6 基于SSL协议的信用卡支付流程

具体流程是：

①客户在网上或直接到银行进行信用卡注册，开设信用卡账户。

②客户在商家的网站上浏览并选择自己所需要的商品，填写相应的订单信息，并选择用信用卡支付，客户将订单信息及支付信息发送到商家服务器。

③商家服务器收到信息后生成订货单、查询ID，并返回到客户端，同时，商家将相应的订单号连同其他支付信息发往客户发卡行（或第三方支付平台）。

④发卡行收到信息后，在客户端浏览器上会自动弹出页面，提示即将建立与发卡行网络服务器的安全连接，SSL协议开始介入。

⑤客户端与发卡行之间通过数字证书相互验证身份。发卡行服务器先向客户发送自己的数字证书，客户使用CA认证中心的公开密钥来验证证书的数字签名，验证无误则表明发卡行身份有效，然后客户将自己的数字证书发送到发卡行服务器进行验证。

⑥双方相互验证身份后，SSL协议结束，客户端与发卡行服务器之间建立起安全连接通道。此时，浏览器下端状态栏会出现一个"闭合锁"标志，它是https通信的标志。

⑦客户端浏览器出现发卡行的支付页面，显示从商家发来的相应订单号及支付信息，客户确认后输入自己的信用卡卡号及密码，确认支付。

⑧屏幕提示离开安全的SSL连接，客户确认离开后，SSL安全连接断开，此时，SSL介入结束。

⑨发卡行将支付确认信息传送到商家服务器，商家将此信息转发给客户，并组织发货。

⑩发卡行与商家开户行之间进行资金的清算。

从上面的流程可以看到，客户信息（包括订单和支付信息）经由商家服务器转发到发卡行服务器，因此，客户的支付信息将被商家所获知，客户信息的安全性得不到保障。对此，人们提出了改良的基于SSL协议的信用卡支付流程（如图3-7所示）。在新的流程中，商家生成的订单信息连同客户支付信息由客户端发送到发卡行进行支付，有效地避免了原SSL模式下商家可能获知客户支付信息的缺点。目前，国内各大商业银行主要采用的是这一模式。

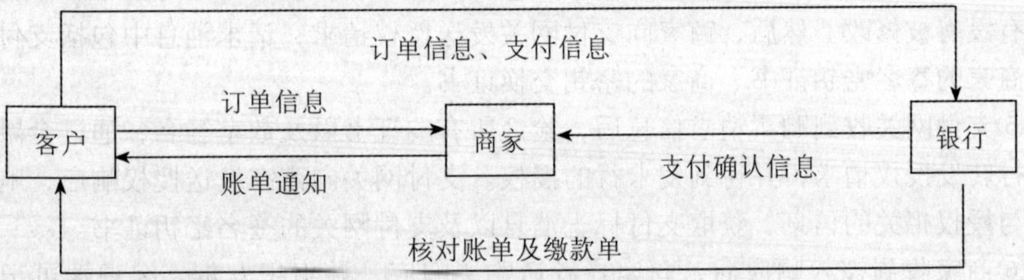

图3-7 改良的基于SSL协议的信用卡支付流程

(四) 基于SET协议的信用卡支付

基于SET协议的信用卡支付，是通过信用卡进行网上支付时遵循SET协议的安全通信与控制机制，实现信用卡的安全在线支付。

在SET协议环境下，客户利用信用卡进行网络支付时，需要在客户端安装一个电子钱包软件配合信用卡的使用，因此基于SET协议的信用卡支付本质上属于电子钱包网络支付，只是这里的客户端软件里只安装了信用卡。当利用信用卡进行网络支付时，就像从电子钱包里取出相应的信用卡进行支付一样。除此之外，商家需要安装商家服务器软件，支付网关需要安装对应的网关转换软件，参与各方还要各自下载一个证实自己真实身份的数字证书，借此获取公共密钥和私人密钥，因此手续稍显麻烦，而且由于目前支持SET协议的应用软件并不多，需要银行自己研发或购买市场上的成套软件，造成很多不便。

SET协议不仅规范了信用卡的使用流程，也定义了每一步的通信协议、信息格式以及数据类型。具体流程如图3-8所示。

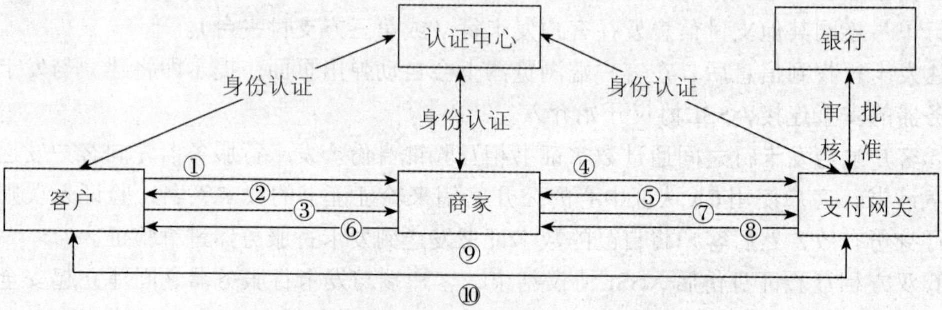

图3-8 基于SET协议的信用卡支付流程

具体流程是：

①客户浏览商家网站，选择商品，向商家索取空白订货单，同时要求验证商家身份。客户索取空白订单时即发出了支付发起请求，请求消息中包括商家的签名证书、支付网关的密钥交换证书、客户使用的信用卡品牌以及时间标志等。

②商家返回空白订货单，同时传送商家证书供客户验证。商家返回空白订货单时即发出了支付发起响应，响应消息中包括商家与支付网关的证书副本以及时间标准等。

③客户填写空白订货单后，客户端计算机将自动激活电子钱包软件，客户打开电子钱包，从中选择信用卡支付，此时SET协议开始介入。客户向商家发送购买请求，请求消息中包括订单信息、支付信息以及客户数字证书，其中，订单信息与支付信息采用双重签名机制，使得商家解密信息后只能看到订单信息而无法看到支付信息。

④商家收到购买请求后，通过客户数字证书验证客户身份，同时验证订单信息在传送途中有没有被修改。然后，商家向支付网关发送授权请求，请求消息中包括支付信息、客户及商家的签名密钥证书、商家的密钥交换证书。

⑤支付网关收到购买请求信息后，验证所有的证书以及数字签名，通过金融专用网向发卡行转发授权请求，并得到发卡行的授权。支付网关向商家发送授权响应，响应消息中包括与授权相关的信息、获取支付标志消息以及支付网关的签名密钥证书。

⑥商家收到授权响应后，向客户发送购买响应，并组织发货。客户端可记录交易日志，以备将来查询。

⑦商家向支付网关发出支付获取请求，请求消息中包括本次交易的获取支付标志、商家的签名密钥证书以及商家的密钥交换证书。

⑧支付网关收到支付获取请求后，通过金融专用网将支付获取请求发送至发卡行，请求将资金划拨到商家银行账户上，同时向商家发送支付获取响应，通知商家已完成支付。

⑨客户可随时或定期发起持卡人询问请求，查询信用卡账户。

⑩发卡行返回持卡人询问响应，告知持卡人信用卡账户信息。

需要注意的是，在以上的每一步操作中，客户、商家、支付网关都通过认证中心来验证通信主体的身份，以确保交易对方不是冒名顶替。

拓展思考3-1

信用卡网上安全支付既可遵循SSL协议，也可遵循SET协议，两种不同安全协议下的信用卡网上支付有何区别？

答：(1) SSL协议作用于传输层；SET协议作用于应用层。(2) SSL协议只能实现商家与支付网关之间的身份验证，而忽略了对客户身份的验证，存在客户欺诈的可能；SET协议可实现客户、商家、支付网关之间的多方身份认证，认证体系完善。(3) SSL协议无法实现订单信息与支付信息的隔离；SET协议采用双重签名机制，商家只能看到订单信息却看不到支付信息，支付网关只能看到支付信息却看不到订单信息，从而保护了客户的隐私。(4) SSL协议交易过程简单，效率高；SET协议交易流程复杂，效率低。(5) SSL协议不需要安装任何客户端软件，设置成本低；SET协议需安装客户端软件，设置成本高。(6) SSL协议的目的在于保证互联网通信安全，不是专为支持网上支付而设计的；SET协议则是为了保证互联网上信用卡的安全交易而专门设计的。

案例分析3-1

闪付（Quick Pass）

中国银联的“闪付”产品在央视2019年“3·15”晚会上被曝光，引起了广泛的关注。一天之后，涉事方中国银联在其官网正式发布声明，对央视的曝光报道予以回应。

根据央视曝光报道，银联“闪付”产品主要存在以下问题：一是银行卡容易被盗刷；二是银联和银行强制开通，持卡人不知情；三是持卡人难以取消银行卡“闪付”功能。

对此，银联回应要点如下：一是强调“闪付”功能安全性远高于行业平均水平，且为国际上广泛运用；二是已联合商业银行建立“风险全额赔付”保障机制；三是将为用户自主关闭及恢复功能，提供更加便捷的服务。

3·15晚会的曝光视频中显示，具有“闪付”功能的银行卡在消费的时候，不用输入密码不用签字，只需要将卡片靠近POS机就能迅速完成交易。而记者发现，大多银行在办理银行卡时，这一功能是默认开通的，这就存在被盗刷的可能。

央视记者还发现，一些网络卖家利用其他产品信息作掩护，在网上销售支持银联免密支付的POS机。记者将这种从网上购买的POS机靠近银行卡，间隔为5厘米即可成功完成支付；记者将银行卡装入外套口袋，在不接触卡片的情况下，也成功完成支付；记者将带有闪付功能的银行卡放入包内口袋，同样也能完成支付。

资料来源：佚名. 遭央视“3·15”晚会曝光后，中国银联今天发了这样一份声明［EB/OL］.(2019-03-16). http://www.jjckb.cn/2019-03/16/c_137900172.htm.

问题：根据资料，解释什么是闪付功能及其有何安全隐患？

分析提示：当持卡人使用具有“闪付”功能的金融IC卡或支持“银联手机闪付”的移动设备，在指定商户进行一定金额（境内1 000元人民币，境外以当地限额为准）及以下的交易时，只需将卡片或移动设备靠近POS机等受理终端的“闪付”感应区，即可完成支付。支付过程中，持卡人不会被要求输入密码，也无须签名。免密支付的功能存在被盗刷的风险，一旦用户遗失信用卡很容易被盗刷。

二、基于第三方支付平台的支付模式

第三方支付平台一般是指平台提供商通过通信、计算机和信息安全技术，在商家和银行之间建立连接，从而实现消费者、金融机构以及商家之间货币支付、现金流转、资金清算、查询统计的平台。它是买卖双方在交易过程中的资金“中间平台”，是在央行监管下保障交易双方利益的独立第三方服务性中介机构。根据中国人民银行颁布的《非金融机构支付服务管理办法》，第三方支付是指非金融机构作为收、付款人的支付中介所提供的网络支付、预付卡的发行与受理、银行卡收单以及中国人民银行许可的其他支付服务。目前，国内主要第三方支付机构如表3-1所示。

表3-1 国内主要第三方支付机构

机构名称	平台/背景	支付许可范围
支付宝	阿里巴巴	互联网支付、移动电话支付、预付卡发行与受理（仅限于线上实名支付账户充值）、银行卡收单
财付通	腾讯	互联网支付、移动电话支付、固定电话支付、银行卡收单
拉卡拉	联想集团	互联网支付、移动电话支付、数字电视支付、银行卡收单、预付卡受理
汇付天下	汇付天下	互联网支付、移动电话支付、固定电话支付、银行卡收单
快钱	万达	互联网支付、移动电话支付、固定电话支付、银行卡收单、预付卡受理
银联商务	银联	银行卡收单、互联网支付、预付卡受理
京东支付	京东	互联网支付、移动电话支付、固定电话支付、银行卡收单（北京市）
百度钱包	百度	互联网支付
易宝支付	易宝支付	互联网支付、移动电话支付、银行卡收单

拓展思考3-2

网上银行支付在技术上已经采取了相当多的措施来保证支付的安全性，为何在实践中还要引入第三方支付呢？

答：在我国，有越来越多的商家进入电子商务领域，网络支付的需求越来越强烈，而交易信用问题则成为制约网络支付发展的瓶颈。作为网络支付服务的提供者，各商业银行先后推出了网上银行业务，但就交易信用问题而言，专业的网上银行虽然在理论上可以采用某种约束机制来监督电子商务交易中买卖双方的交易行为，但从专业化与效率的角度来看，其对交易信用问题始终无法给出行之有效的解决方案。加之对一些规模较小的网站来说，还无法承担与众多商业银行接口所必需的技术与建设维护费用。在这一背景下，人们提出了第三方支付模式，从而比较妥善地解决了上述两大难题。

（一）第三方支付流程

第一步，客户在电子商务网站上选购商品，最后决定购买，买卖双方在网上达成交易意向；第二步，客户选择第三方支付平台作为交易中介，用银行卡（通常是信用卡或借记卡）将货款划到第三方账户；第三步，第三方支付平台将客户已经付款的消息通知商家，并要求商家在规定时间内发货；第四步，商家收到通知后按照订单发货；第五步，客户收到货物并验证后通知第三方支付平台；第六步，第三方支付平台将其账户上的货款划入商家账户中，交易完成。

知识链接3-3 **什么是快捷支付？**

快捷支付是指用户购买商品时，不需开通网银，只需提供银行卡卡号、户名、手机号码等信息，银行验证手机号码正确性后，第三方支付发送手机动态口令到用户手机号上，用户输入正确的手机动态口令，即可完成支付。如果用户选择保存卡信息，则下次支付时只需输入第三方支付的支付密码或者是支付密码及手机动态验证码即可完成支付。

对于消费者来说，通俗的说法是绑定银行卡。绑卡实际上是一个授权，让用户允许商家自动从他的账户上扣除资金。所以绑卡也叫签约，即用户和银行、商家的三方签订支付合约。

比快捷支付大的一个概念是无卡支付，快捷支付是无卡支付的一种。无卡支付指交易时录入四要素即可完成支付，四要素包括：卡号、户名、身份证号、手机号，如果是信用卡还需要录入有效期和CNV。一般的银行渠道还需要签订协议，具体取决于对接的银行或支付通道。

比快捷支付小的一个概念是代扣：水、电、煤气、电话等缴费业务，一般在企业的营业网点签订代扣协议，然后汇总报备到银行，在需要扣款的时候给一个扣款明细，银行做批量扣款。由于代扣批量便捷，费用低，所以很受欢迎。

资料来源：陆强华，杨志宁. 深度支付［M］. 北京：中国金融出版社，2018.

（二）第三方支付的特点

首先，第三方支付平台采用了与众多商业银行合作的方式，可同时提供多种银行卡的网关接口，从而大大方便了网上交易的进行。消费者和商家不需要在多家银行开设账户，可以降低网上购物的成本，也帮助商家降低运营成本；同时，还可以帮助银行节省网关开发费用，并为银行带来一定的潜在利润。

其次，较之SSL、SET等协议，利用第三方支付平台进行支付操作更加简单而易于接受。SSL协议是目前应用比较广泛的安全协议，但其只能验证商家的身份。SET协议是基于信用卡支付系统中比较成熟的技术，但使用SET协议时，各方的身份都需要通过CA进行认证，程序复杂，手续繁多，速度慢且实现成本高。有了第三方支付平台，商家和客户之间的交易由第三方来完成，使网上交易变得更加简单。

再次，第三方支付平台能够提供增值服务，为交易双方的交易进行详细的记录。交易双方可通过第三方服务系统实时查询交易，从而防止交易双方对交易行为抵赖以及为后续交易中可能出现的纠纷问题提供相应的证据，并能通过信用评级等约束机制对交易双方的行为进行一定的评价约束，尽可能避免网上欺诈行为的发生。

最后，第三方支付平台本身依附于大型的门户网站，且以与其合作的银行的信用作为信用依托，因此第三方支付平台能够较好地解决网上交易中的信用问题，有利于推动电子商务的快速发展。

总之，第三方支付平台作为介于客户与商家之间提供支付服务以及其他增值服务的中介机构，能够协调客户与商家之间的关系，保护客户与商家的合法权益不受侵犯。第三方支付模式成为目前解决支付安全和交易信用问题的较好的解决方案。

思政教育专题3-1　　维护国家金融秩序　远离信用卡套现

信用卡套现，对很多人来说都不陌生。简单来说，就是通过刷信用卡并支付一定的手续费，套出现金，享受免息期，而并没有真实的交易。在街边，我们常常会看到承诺办信用卡就免费赠送个人POS机的工作人员。现在很多人都使用个人POS机刷卡套现，或者找第三方代理的POS机付费套现。殊不知这种行为可能会导致银行冻结信用卡、降低额度，情节严重的可能还会触犯法律。

针对POS机商户这种套现的行为，最高人民法院、最高人民检察院曾联合发布《关于妨害信用卡管理刑事案件具体应用法律若干问题的解释》，其中第七条规定：违反国家规定，使用销售点终端机具（POS机）等方法，以虚构交易、虚开价格、现金退货等方式向信用卡持卡人直接支付现金，情节严重的，应当依据《刑法》第二百二十五条的规定，以非法经营罪定罪处罚。如果持卡人套现为自己使用，超过规定限额或者规定期限透支，经发卡银行两次催收后超过3个月仍不归还的，构成信用卡诈骗罪。

在日常生活中，我们一定要遵守信用卡、POS机的管理制度，合法使用；在使用过程中也应当提高警惕，保护好个人财产，共同维护国家的金融秩序。

(三) 第三方支付实例

目前，国内的第三方支付平台主要分为两类。

1.以支付宝、财付通为首的互联网型支付企业

这类平台以在线支付为主，捆绑大型电子商务网站，迅速做大做强，其中用户数量最多的是支付宝和财付通。相关数据显示，支付宝和财付通两者占有的市场份额已经达到90%以上。可以说中国的第三方支付具有显著的“双寡头效应”，支付巨头凭借自身的流量和场景优势，构建了一个个难以撼动的支付生态系统。

以支付宝为例，它是由阿里巴巴集团创办的支付宝（中国）网络技术有限公司，针对电子商务交易特别推出的在线支付平台。支付宝公司成立于2004年，致力于为中国电子商务提供“简单、安全、快速”的在线支付解决方案，其打造的支付宝运作的实质是

以支付宝为信用中介，在买家确认收到商品前，由支付宝替买卖双方暂时保管货款的一种增值服务。用户使用支付宝进行支付前首先需要通过支付宝官网（https：//www.alipay.com/）或手机APP注册成为支付宝用户。使用支付宝进行线上交易的流程如图3-9所示。

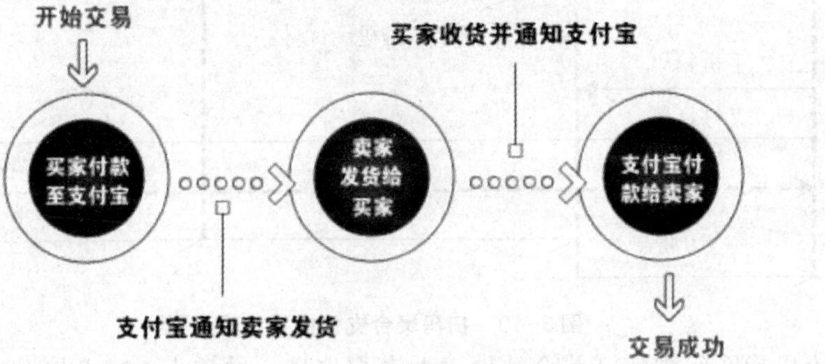

图3-9 支付宝在线交易流程

体验探究3-1 2分钟注册支付宝

目前，支付宝的用户覆盖了电子商务的各领域，特别是在天猫、淘宝、阿里巴巴等B2C、B2B电商支付场景中几乎处于垄断地位，快速发展成为国内领先的独立第三方支付平台。在深耕国内市场的同时，支付宝从2007年开始布局海外业务，据报道，支付宝目前已经登陆30多个国家和地区。2019年1月，支付宝正式对外宣布，支付宝全球用户数已经超过10亿，中国国内用户超过7亿。

2.以拉卡拉、银联商务、快钱等为首的金融科技型支付企业

这一类平台侧重行业需求和开拓行业应用。以成立于2005年的拉卡拉为例，拉卡拉集团是首批获得央行颁发《支付业务许可证》的第三方支付公司，是中国最大的便民金融服务公司，致力于为个人和企业提供日常生活所必须的金融服务及生活、网购、信贷等增值服务。2019年，拉卡拉在A股上市，成为国内A股第三方支付的第一股。

在第三方支付C端市场几近垄断的情况下，拉卡拉绕道B端市场，以兼容并蓄的方式走出了自己的特色，其线下扫码聚合支付业务行业排名第一。拉卡拉扫码聚合支付是以二维码作为交互方式或账户载体，在一个受理终端上采取统一方式为商户实现多种支付账户消费付款的业务，是面向商户受理场景的一种新型收单模式。伴随着扫码支付渐成趋势，商家希望通过终端统一受理支付宝、微信等多个账户主体的二维码支付，在此背景下，扫码聚合支付应运而生。使用扫码聚合支付的主要扫码流程如图3-10所示。

①商户终端以台卡纸码或显示屏方式向消费者呈现聚合二维码，该二维码实质是商户网址链接。消费者通过账户方APP（微信、支付宝等）扫描聚合码，APP识别聚合码网址链接的合法性，通过后调出支付机构或第四方专业化服务机构的web付款页面。

②消费者在付款页面自助输入消费金额并确认，支付机构或第四方系统根据消费者APP ID区分出账户主体（微信或支付宝），发送订单信息经由银行系统上送微信或支付宝。

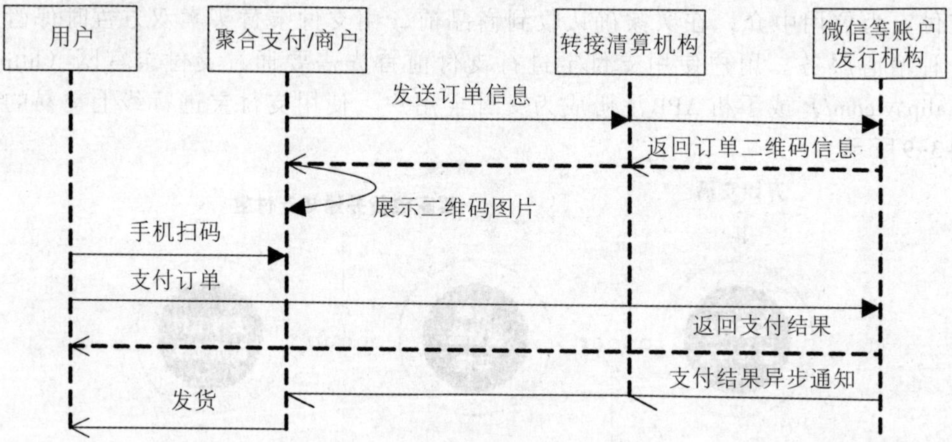

图3-10 扫码聚合支付主要扫码流程

③账户机构系统判断订单合法性，对商户信息、付款人APP及账户安全性进行风控审核，通过后唤起APP收银台，消费者输入APP业务密码完成自助付款。

三、移动支付模式

在线视频3-1

上海公交车可扫码乘，“移动支付”加速覆盖出行领域

移动支付是指用户通过移动终端，主要是手机，借助移动网络或无线网络，对所消费的商品或服务进行账务支付的一种新型支付方式。从狭义上看，移动支付并不算典型的网络支付，因为其支付过程往往是通过上述的银行卡在线支付功能或第三方支付平台来实现的。这种支付方式在国内外的发展非常迅速，尤其是在小额支付场合中特别流行。可以说，移动支付是目前支付速度最快的一种支付方式。

移动支付从诞生以来，特别是推出二维码支付方式以后，由于其具备了方便客户、快捷高效、客户体验好、准入门槛低等特点，客户认可度高，因而得以迅速普及。移动支付的应用场景和商业环境日益成熟，移动支付方式越来越受到用户的青睐。虽然监管持续将移动支付限制在小额支付上，但其发展速度之快还是让人惊叹。中国支付清算协会移动支付和网络支付应用工作委员会发布的《2018年移动支付用户调研报告》显示，移动支付应用的主要场景是生活消费和投资理财，而公交地铁和医院是移动支付最需要加强应用的场景；有80.1%的用户每天使用移动支付，比2017年上升1.4个百分点。我国的移动支付经历了发展初期的用户规模迅猛增加后，移动支付市场趋于成熟，用户规模增速开始减缓，未来中国移动支付用户规模将保持低速稳定增长。

知识链接3-4

Apple Pay与微信、支付宝

Apple Pay是苹果公司在2014年苹果秋季新品发布会上发布的一种基于NFC的手机支付功能，于2014年10月20日在美国正式上线。2016年2月18日，Apple Pay业务在中国上线。

Apple Pay与支付宝、微信不同，它并不是独立的第三方支付服务，没有自己的账户，也不参与资金的流动，Apple Pay只是将原有的实体银行卡变成手机上“虚拟的银行卡”。Apple Pay支付过程中的所有环节与普通的刷卡消费一样，只是用手机代替了银行卡，指

纹代替了密码，对于消费者来说更加方便快捷，银联和银行也更“钟爱”这种方式。

我们从以下五个方面，对Apple Pay与支付宝、微信进行对比分析。

1.支持设备对比

Apple Pay只支持带有NFC技术的苹果设备，比如iPhone 6、iPad Air 2以上系列，Apple Watch全系列，但Apple Pay集成在iOS系统中，无须另外下载APP；而微信和支付宝支持大部分智能手机，它们都属于第三方支付应用，需要单独下载APP（部分手机预装APP），注册后才可以使用。

2.支持度对比

由于Apple Pay在中国上线时间尚短，根据苹果公司中国官网显示，Apple Pay目前仅有不到30家银行支持，日后可能会有更多银行支持Apple Pay；而微信和支付宝在国内已经深耕多年，微信支付支持绑定231家储蓄卡、113家信用卡及3家外卡组织，支付宝支持快捷支付的银行更是多达数百家。

3.网络依赖度对比

Apple Pay是绑定银行卡的，在没有网络的情况下，也可以像实体卡片一样使用Apple Pay支付；而微信和支付宝一定要在网络支持下才能使用。

4.安全性对比

在Apple Pay中，账户信息会被加密，而且支付是通过指纹认证进行的，没有指纹就无法使用银行卡财产；而微信和支付宝除了指纹，还有卡密、密保、身份验证等安全措施。

5.流畅度对比

Apple Pay的线下支付流程比较简单，只需要拿出手机，轻碰一下刷卡器，手机按住Home键进行指纹识别，就可以完成付款；而微信和支付宝付款就要麻烦一些，需要经过解锁手机、打开应用、开启收付款等一系列流程。

通过以上对比，你觉得Apple Pay、微信、支付宝，哪个更好用呢？

资料来源：根据Apple Pay、微信、支付宝等相关资料整理.

四、电子支票支付模式

电子支票（Electronic Check）是客户向收款人签发的、无条件的数字化支付指令。电子支票主要通过互联网和金融专线网络，利用发送E-mail的方式传输信息，采用身份认证、数字签名等手段弥补无法面对面交易所带来的缺陷，按照传统纸质支票的工作方式进行资金的划拨与结算。它是大额资金支付常用的一种支付工具。

目前，电子支票支付系统主要在金融专用网络上运行，并通过一套完整的用户识别、标准报文、数据验证等规范化协议来实现数据的安全传输。如何将电子支票支付系统扩展到公用网络上，使其应用更加广泛、成本更加低廉，是当前电子支票领域研究的主要问题。

电子支票是纸质支票的电子替代物，它与纸质支票一样是用于支付的方式，它使用数字签名和自动验证技术来确定其合法性。电子支票很像纸质支票，其填写方式也相同，支票上除了要填写收款人姓名、账号、金额和日期外，还隐含了加密信息。电子支票通过电子函件直接发送给收款方，收款人从电子邮箱中取出电子支票，并用电子签名签署收到的证实信息，再通过电子函件将电子支票送到银行，把款项存入自己的账户。与传统支票不同的是，电子支票的处理速度非常快，并可在银行收到支票后立即验证出票人的个人信息以及资金状况等，有效地杜绝了传统支票经常发生的无效或空头支票的现象。电子支票支付的流程如图3-11所示。

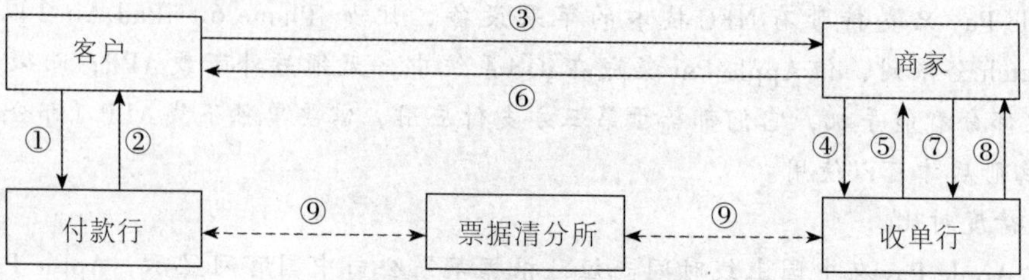

图3-11　电子支票支付流程

具体流程是：

①客户到银行开设支票存款账户，存入一定量的现金，申请电子支票的使用权。

②客户开户行审核客户的信用状况，决定是否给予电子支票的使用权。

③客户浏览商家网站，选择商品，填写相应的订单，使用电子支票生成器和开户行发放的授权证明文书生成该笔支付的电子支票，然后将订单与电子支票一并发送到商家服务器。

④商家将电子支票经由支付网关发送到收单行进行验证。

⑤收单行将电子支票的验证结果传回到商家服务器。

⑥商家组织发货。

⑦在支票到期日前，商家将支票向收单行背书请求兑付。背书过程中将自动生成"数字时间戳"以及其他背书标志，以防止商家复制支票，多次背书进行欺诈。

⑧收单行根据验证信息确定是否接受背书，若背书成功，则将支付成功信息返回商家。

⑨若付款行与收单行是同一家银行，则支付过程就结束了；若付款行与收单行不是同一家银行，则需要通过票据清分所完成银行间的资金清算。

任务三　网络支付系统的建设

支付系统是支撑各种支付工具应用、实现资金清算并完成资金最终转移的通道。支付系统是由一系列计算机、网络通信、电子设备等软、硬件构成的基础设施，并与制度安排和人员管理配套整合成的一个复杂集合体，各种支付工具的支付信息、业务流程贯穿于支付系统处理的全过程，支付信息传输和资金结算必须在支付系统的有效支持下才能够顺利完成。

支付系统对加速社会资金周转和商品流通起着重要的作用。在现代市场经济条件下，商品和劳务的分配与交换离不开货币和资金的高效运行。如果资金的流动不通畅，就会阻塞物流的运动，经济的运行就会出现问题，而资金的运动又离不开银行支付清算系统的支持，如果把资金比喻成人体的血液，支付清算系统就好比是支持血液流动的心血管系统。因此，一个高效的支付清算系统是经济体系正常和高效运行的保障。

一、国内网络支付系统的建设

中国的支付清算系统是20世纪50年代中期借鉴苏联的经验建立起来的，并较好地适应了当时及以后相当长时期内高度集中的计划经济体制的需要。20世纪80年代初期中国实行改革开放以来，为适应经济、金融体制深化改革的需要，中国人民银行对支付清算系统进行了一系列的改革。

一是改革了过去非票据化的支付结算工具，推行以汇票、本票、支票和信用卡（简称“三票一卡”）等为主体的信用支付工具，并于1996年实施《中华人民共和国票据法》，依法规范票据的使用和流通。二是中国人民银行和各国有商业银行相继建立了行内的银行机构间的支付系统，即“手工联行往来”系统，使行内业务可以直接通汇，跨行业务实行相互转汇。三是逐步改进支付清算手段。自1989年起，中国人民银行开始建设以卫星通信为传输手段的全国电子联行系统（EIS），其成为我国金融机构办理异地资金汇划的主渠道。同时，各国有商业银行为改进金融服务，也相继建立了行内电子汇兑系统。四是建立了同城票据交换所。目前，全国约有2 500个县级以上城市建立了同城票据交换所，为提高票据交换效率，全国已有20多个城市配备了票据清分机，实行票据的自动化清分处理。五是建成了银行卡信息交换中心。全国银行卡信息交换中心于1998年投入运行，它的建立和运用推动了我国自助银行系统的发展。

尽管中国人民银行和各商业银行在支付清算领域进行了上述改革，引入了现代化手段，但是，现行的支付清算体系与发达国家相比还存在较大差距，仍不能适应社会主义市场经济条件下金融改革和发展的需要。为此，从1992年开始，中国人民银行开始着手中国国家现代化支付系统（CNAPS）的研究开发和建设，到2005年7月，大额支付系统正式建成并运行，并在全国得到推广应用。2006年6月，小额支付系统开始在全国范围推广使用。目前，中国现代化支付系统已经成为我国支付清算领域的核心系统和“大动脉”。随着CNAPS的推广，我国已形成一个以中国现代化支付系统为核心，商业银行行内电子汇兑系统为基础，各地同城票据交换所为补充，能够支撑多种支付工具应用和满足社会各种经济活动支付需要的支付清算体系。可以毫不夸张地说，中国支付系统在软、硬件的设施和能力上已经达到了国际领先水平。

下面主要介绍中国国家现代化支付系统（CNAPS）及其运行的网络平台——中国国家金融通信网（CNFN）。

（一）CNAPS

CNAPS是中国人民银行按照我国支付清算要求，并利用现代计算机技术和通信网络开发建设的，能够高效、安全地处理各银行办理的各种异地、同城支付业务及其资金清算的应用系统。它是各银行和货币市场的公共支付清算平台，是中国人民银行发挥其金融服务职能的重要的核心支付系统。

1.CNAPS的总体结构

CNAPS在物理结构上设立了两级处理中心，即国家处理中心（NPC）和全国32个城市处理中心（CPC）。NPC分别与各CCPC连接，集中处理大额交易清算，其通信网络采用专用网络，以地面通信为主，卫星通信备份。CCPC采用开放系统，处理同城范围内的小额交易清算。

2.CNAPS的主要应用系统

为适应处理各类支付业务的需要，CNAPS由大额实时支付系统（HVPS）和小额批量支付系统（BEPS）两个应用系统，以及清算账户管理系统（SAPS）和支付管理信息系统

（PIMS）两个辅助系统组成。

建立大额实时支付系统的目的是为银行和广大企事业单位以及金融市场提供快速、高效、安全的支付清算服务，防范支付风险。HVPS是逐笔实时处理的全额清算系统，用于处理同城和异地的跨行与行内的大额贷记支付，以及处理时间紧急的其他贷记业务，主要用于行际和行内的清算资金余额转账、企业之间的资金调拨，以及投资支付和其他大额资金支付。在中央银行开设有备用金或清算账户的金融机构，可通过该系统及时划拨大额资金。大额支付活动金额大、风险高，要求支付指令逐笔实时发送，全额清算资金。考虑到系统的安全，以及我国商业银行目前必须在中央银行保持较高比例法定储备金等情况，中央银行允许大额支付系统的参与者在限额内出现日间透支，但是不允许出现隔夜透支。对账户余额不足的支付指令，采用排队等待机制，待有足够的资金进入该账户时，自动支付。中央银行通过该系统，能对我国80%的资金进行直接的监督和控制，还能对每个清算账户资金头寸进行实时跟踪，进而实现有效的宏观调控。

建立小额批量支付系统的目的是为社会提供低成本、大业务量的支付清算服务，支撑各种支付业务的使用，满足社会各种经济活动的需要。BEPS是一个净额清算系统，主要用于实现基于消费的小额支付，通常包括：各类预授权的定期定额支付，如工资、津贴、保险金等；各类定期不定额的支付，如房租、水电费、电话费等；各种截留票据的贷记、借记支付等业务。这些业务的特点是金额相对较小，系统批量发送支付指令，定时轧差后按净额清算资金。BEPS可有效地加快资金流动，减少现金、支票和各种票据的流通量，降低风险性，节约转账成本，方便客户。

清算账户管理系统是支付系统的核心支持系统，通过集中存储清算账户，处理支付业务的资金清算，并对清算账户进行管理。

支付管理信息系统也是支付系统的支持系统，集中管理支付系统的基础数据，负责行名、行号数据和应用软件的下载，提供支付业务的查询查复和计费服务等。

（二）CNFN

中国国家金融通信网（China National Financial Network，CNFN）是将中央银行、各商业银行和其他金融机构有机连接在一起的全国性计算机网络系统。金融机构通过该系统可联结全国各领域成千上万个企事业单位的信息系统，从而为广大的客户提供全面的支付服务和金融信息服务。CNFN是一个不断扩大的大型帧中继网，不仅具有普通公用网的高可靠性和强稳定性，还具备专用网的封闭性和高效率，CNFN具有强大的处理能力和开放式的业务平台，还具有一定的可扩充性。

1.CNFN的网络结构

CNFN的网络结构可用二级网络、三层节点来概括。网络的三层节点中，第一层节点是国家处理中心NPC。CNFN在北京和无锡分设两个NPC，有同样的结构和处理能力，且互为备份。NPC是CNFN的全国管理中心，也是CNAPS各应用系统的全国处理中心，是CNFN的“心脏”。NPC的主要功能包括数据库管理、完成交易处理、系统管理和网络管理、实现灾难恢复等。第二层节点是城市处理中心CPC。CPC是CNFN中国家主干网络与区域网络的交换中心，是CNAPS中区域内终端用户访问网络和国家处理中心（NPC）的登录、分发节点。CPC的主要功能有：金融业务处理纸票据截留服务、各种传输信息的登录和分发、区域内一级和三级节点的信息转发、必要的业务和财务处理、X.25区域通信网的控制和管理。第三层节点是县支行处理节点CLB。CLB的主要功能包括：金融业务处理纸票据截留服务、各种传输信息的登录和分发、县内金融信息向二级处理节点转发、必要的业务和财务处理、必要的通信控制和管理。

三层节点构成了二级网络：NPC与600个CPC构成国家级主干网络；CPC与CLB构成区域网络。国家级主干网以中国人民银行的卫星通信网为主体，以中国金融数据地面通信骨干网和邮电部门的公用数据通信网DDN为辅助信道。卫星网与地面网互为备份，相互补充；区域网的物理线路，可根据当地通信状况选用中国金融数据地面通信骨干网、DDN、X.25或PSTN，少数边远地区交通不便或有特殊需要的，也可采用卫星通信网构成区域网。

2.CNFN的物理通信线路

CNFN的物理通信线路包括卫星通信线路和地面通信线路两部分。

CNFN采用卫星通信网为国家级主干网络，主要用于两个主站之间、主站与小站之间的数据通信。卫星网络利用卫星的Ku波段信道，采用单路单载波技术，提供高质量、高效率和高传输速率的通信线路。卫星网络采用集中控制、集中管理的星形结构，它要求所有CPC将其收集的支付业务全部发送到NPC，再由后者转发到各分中心。

CNFN的地面通信线路主要由中国金融数据地面通信骨干网和邮电部门的公用数据通信网（X.25和DDN）组成。地面通信线路一方面作为卫星通信线路的备用信道，另一方面主要是构成CNFN的区域网。

案例分析3-2　CIPS：建设跨境支付快速通途

为了推动跨境人民币支付，中国人民银行决定启动CIPS系统建设工作。2015年10月8日，CIPS（一期）顺利投产，重点建立符合国际标准和通行做法的整体制度框架和基础性安排，采用已经积累了丰富经验的实时全额结算模式，支持客户汇款和金融机构汇款等支付业务，较好地满足了全球各主要时区跨境人民币贸易、投融资业务等结算要求，便利了人民币在全球的使用。

2017年10月，CIPS（二期）优先开展支持“债券通”结算业务，涵盖现券买卖、发行承销、债券回购等金融市场业务类型。2018年3月CIPS（二期）投产试运行，10家中外资银行试点上线。2018年5月，符合要求的参与者全面推广上线。

目前，CIPS可以支持跨境人民币贸易、投融资业务、跨境人民币资金池、金融市场业务等的结算需要。业务处理正常，业务量不断攀升，参与者数量不断增加，其便利性和资金结算效率得到参与者的广泛认可。截至2018年4月末，CIPS累计处理支付业务240多万笔，金额超过26万亿元。有31家境内外直接参与者，701家境内外间接参与者，系统实际业务范围已延伸到148个国家和地区。自此，CIPS运行时间基本覆盖全球各时区的工作时间，支持全球的支付与金融市场业务，满足全球用户的人民币业务需求。

资料来源：陆强华，杨志宁. 深度支付［M］. 北京：中国金融出版社，2018.

问题：为什么说CIPS系统的建设，除了可以推动跨境人民币支付，还有助于打破美国的贸易制约？

分析提示：当今世界上90%以上的外汇交易和国际贸易都是通过CHIPS完成的，几乎所有的资金流动都在SWIFT系统中交易，所以只有控制SWIFT和CHIPS的美国才能动辄“制裁”或者威胁“制裁”他国和他国企业，也就是剥夺被制裁对象参与国际贸易的能力和权利。限制被制裁对象通过国际清算通道进行国际支付，是美国对目标国家、机构及个人实施金融制裁最具威慑力的方式。

二、国外网络支付系统的建设

目前，国际上影响力比较大的支付清算系统主要有SWIFT系统（环球同业银行金融电信协会，Society for Worldwide Interbank Financial Telecommunications）、CHIPS（纽约清算所银行同业支付系统，Clearing House Interbank Payment System）以及Fedwire（美联储转移大额付款系统）。

（一）SWIFT

SWIFT系统是为了实现国际银行间的金融业务处理自动化而开发的连接全球各银行的金融数据通信网络系统，该系统于1977年投入运行，可处理世界范围内银行间的数据交换。截至2007年6月底，该网络系统已遍布全球207个国家和地区的8 100多家金融机构，提供金融行业安全报文传输服务与相关接口软件，支持200多个国家和地区的实时支付清算系统。

1.SWIFT提供的服务

SWIFT为其会员提供的服务主要有金融数据传输服务、基本通信服务和增值服务三类。其中，金融数据传输服务是SWIFT提供的核心服务，也是最基本的服务，它主要通过其所提供的报文格式来体现，即按照一定通信报文格式，通过SWIFT网络系统接收、确认、存储和传送各种金融业务处理中的数据。SWIFT报文格式是一种国际银行间数据交换的公共语言，是各个国家中央银行支付系统所遵循的信息格式标准。目前，通过SWIFT发送的付款报文的自动化处理程度已达90%，每年SWIFT标准部门需要总结现有格式，制订新格式计划，以满足金融机构的需求。

2.SWIFT的特点

SWIFT网络是世界上大多数银行进行电子支付和开展外汇业务必不可少的网络，其具有以下特点：

一是报文标准化。SWIFT系统提供了一套完整的报文标准化格式，为报文传递提供了一种通用的语言，它操作规范、易学，使网络上的交易变得简单、易实现且安全可靠。

二是低成本、自动、高效的服务。SWIFT系统的宗旨是使用户从系统所提供的服务中获得最大的收益。它的业务费用低，能提供全天候24小时的服务，而且业务交易立即完成。一份SWIFT电文一经发出即可得到回执，系统效率高，既经济又便捷。该系统每天可以处理250万条报文信息，划拨的结算资金至少有500亿美元。

三是安全可靠的数据传输。SWIFT系统自动进行数据格式检查，其错误提示、报文压缩和展开都自动进行，自动实现分报，因此差错少、可靠性高。SWIFT对全部电文（包括字母、数字、符号）进行加押，与以往电文处理中部分加押的方式相比，提高了安全性和保密性。SWIFT系统的可恢复性相当好，系统恢复时间低于4分钟。据统计，该系统自1977年以来已传送了40多亿条报文，没有丢失过一条报文。

知识链接3-5 “开挂”的SWIFT系统

SWIFT是一个国际银行间非营利性的国际合作组织，总部设在比利时的布鲁塞尔，同时在荷兰阿姆斯特丹和美国纽约分别设立交换中心（Swifting Center），并为各参加国开设集线中心（National Concetration），为国际金融业务提供快捷、准确、优良的服务。SWIFT运营着世界级的金融电文网络，银行和其他金融机构通过它与同业交换电文（Message）来完成金融交易。除此之外，SWIFT还向金融机构销售软件和服务，其中大部分用户都在使用SWIFT网络。

1980年SWIFT连接到香港。我国的中国银行于1983年加入SWIFT，是SWIFT组织的第1 034家成员行，并于1985年5月正式开通使用，成为我国与国际金融标准接轨的重要里程碑。之后，我国各家国有商业银行及上海和深圳的证券交易所，也先后加入SWIFT。

进入20世纪90年代后，除国有商业银行外，中国所有可以办理国际银行业务的外资和侨资银行以及地方性银行纷纷加入SWIFT。SWIFT的使用也从总行逐步扩展到分行。为更好地为亚太地区用户服务，SWIFT于1994年在香港设立了除美国和荷兰之外的第三个支持中心，这样，中国用户就可得到SWIFT支持中心讲中文的员工的技术服务。1995年，SWIFT在北京电报大楼和上海长话大楼设立了SWIFT访问点SAP（SWIFT Access Point），它们分别与新加坡和香港的SWIFT区域处理中心主节点连接，为用户提供自动路由选择。

资料来源：陆强华，杨志宁．深度支付［M］．北京：中国金融出版社，2018.

（二）CHIPS

CHIPS系统由纽约清算所于1966年研究建立。由于纽约是世界上最大的金融中心，国际贸易的支付活动多在此完成，因此，CHIPS也就成为世界性的资金调拨系统。现在，世界上90%以上的外汇交易是通过CHIPS完成的，可以说，CHIPS是国际贸易资金清算的桥梁，也是欧洲美元供应者进行交易的通道。

1.CHIPS的业务种类

CHIPS是世界范围内各国银行调拨处理国际、国内以美元支付的贸易往来资金的媒介，为企业、政府等提供了极为方便的金融服务。它所处理的业务有：国内和国际贸易服务、国际贷款、联合贷款、外币买卖和兑换、欧洲美元投资、短期资金卖出、欧洲债券结算等。CHIPS的参加银行，除了可以利用该系统调拨资金外，也接受其往来银行的付款指示，可通过CHIPS将资金拨付给指定银行。如此层层代理，构成一个庞大复杂的国际清算网络。

2.CHIPS的特点

一是允许事先存入付款指示。参加银行除了可在当日调拨资金外，CHIPS还允许参加银行事先将付款指示存入中央计算机系统，然后等到生效日当日才将此付款通知传送到收款银行。

二是完善的查询服务功能。系统即时将每笔资金调拨情况存入文件，因此各参加银行可随时查询自己每笔提出或存入的金额，并及时调整自己的头寸。

三是自动化程度高。CHIPS设计了一个灵活的记录格式，以方便发报行和收报行进行自动处理。这样，参与行的支付信息可在不同系统之间流动，而无须人工干预。

四是安全性好。CHIPS将四台大型计算机组成两套系统，两套系统互为备份，每套系统又是双机互为备份，两套系统分别安装在不同的地方，且用高速线路连接。CHIPS还有很好的保密性，主要通过保密模块、保密设备和一系列规定来实现。

（三）Fedwire

Fedwire是美国境内最大的资金调拨系统，其使用的资金为美国商业银行在联邦储备银行的存款准备金，是典型的由中央银行经营并管理的全额、实时、有限透支的大额支付系统，也是通过各商业银行在联邦储备体系的储备账户存款实现的商业银行间同业清算的主要支付系统。Fedwire是由国家中央银行建立信息传输和支付的，为在美国境内、纽约市区外的银行进行美元清算的系统，它同SWIFT一起构成美元清算的两大支柱。

存款机构通过Fedwire调拨资金，主要是指调拨其在联邦储备银行存款准备金账户的余额。Fedwire资金调拨涉及的主要业务种类包括以下几个方面：买卖联邦资金、拆借欧洲美元资金、调整代理行账户余额、清偿私营支付清算系统的清算净额、受客户委托调拨资金。

项目小结

网络支付（Net Payment），是指电子交易的当事人，以电子信息传递的形式，通过网络实现货币支付或资金流转的一种支付方式。

在网络中使用的支付方式有很多种，基于银行卡的支付方式是最基本的，此外还有基于第三方的支付方式。移动支付是近年来兴起的一种以手机终端为平台的支付方式，它具有方便、快捷等优势，迅速发展成为一种主要的支付模式。

支付系统是支撑各种支付工具应用、实现资金清算并完成资金最终转移的通道。支付系统是一个复杂的集合体。一个高效的支付清算系统是经济体正常和高效运行的保障。

目前，我国支付结算系统主要有中国国家现代化支付系统（CNAPS）和中国国家金融通信网（CNFN）。国际上影响力比较大的支付清算系统主要有SWIFT、CHIPS以及Fedwire。

关键概念

网络支付　第三方支付　移动支付　电子支票　SWIFT　CHIPS　Fedwire

综合训练

一、不定项选择题

1.随着商品经济的发展，支付方式经历了（　　）阶段。

A.实物支付　B.货币支付　C.银行转账支付　D.网上支付

2.传统的支付方式的缺陷有（　　）。

A.资金占用时间长　B.资金周转速度慢

C.支付结算费用高　D.资金安全性差

3.与传统支付方式相比，网络支付的优势有（　　）。

A.流动性强　B.安全性高　C.成本低　D.方便、快捷、高效

4.从20世纪90年代到现在，信用卡网上支付经历了（　　）等模式。

A.无安全措施的信用卡支付　B.借助第三方代理的信用卡支付

C.基于SSL协议的信用卡支付　D.基于SET协议的信用卡支付

5.按系统提供的功能和性质，可将汇兑系统分为（　　）。

A.支付系统　　B.通信系统　　C.资金调拨系统　　D.清算系统

二、简答题

1.什么是支付？支付的发展经历了哪些阶段？

2.相对于传统支付方式，网络支付有哪些特点？

3.简述第三方支付的业务流程。

4.SWIFT、CHIPS、FedWire三大支付系统有何联系和区别？

三、案例分析

美籍犹太人郭杰瑞是一名网络视频博主。他的视频以介绍美国文化、对比中美差异为主，请上网搜索视频“郭杰瑞测试美国的手机支付，在纽约到底好不好用？”

（一）认真观看视频，根据视频内容以及所学知识，请分析为什么国外的移动支付没有像国内的支付宝和微信那样普及？

（二）分小组根据图示体验Apple Pay支付，讨论Apple Pay支付和微信、支付宝支付的区别？

四、实践训练

（一）实训项目：网络购物不同付款方式体验。

实训目的：熟悉不同网络支付方式的支付流程。

实训步骤：

1.登录淘宝网页版“www.taobao.com”或手机客户端；

Tips：注意保护个人隐私。

2.浏览商品，选择你喜欢的商品，并确认订单；

3.选择淘宝网页版登录的同学，可以尝试选择以下六种支付方式进行支付：快捷支付（如图3-12所示）、网上银行支付（如图3-13所示）、现金或刷卡支付（如图3-14所示）、信用卡付款（如图3-15所示）、余额支付（如图3-16所示）、找人代付（如图3-17所示）。

图3-12　快捷支付页面

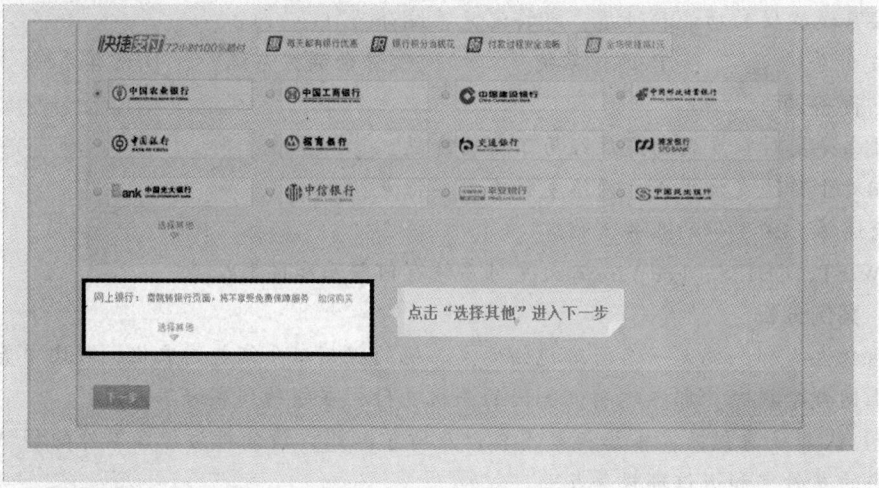

图3-13 网上银行支付页面

图3-14 现金或刷卡支付页面

图3-15 信用卡付款页面

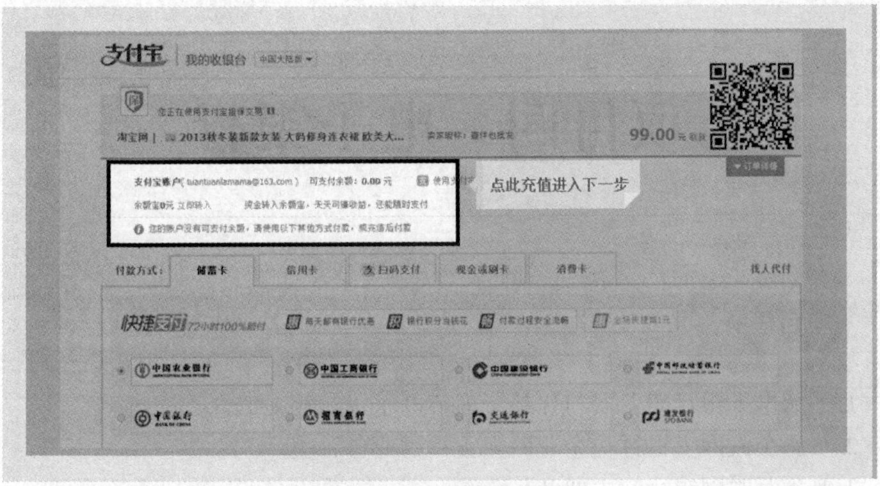

图 3-16　余额支付页面

图 3-17　找人代付页面

选择手机客户端登录的同学，还可以尝试选择以下几种支付方式进行支付：余额宝支付、蚂蚁花呗支付（含花呗分期）、集分宝支付等。（注意网络支付安全。）

4. 以小组为单位，分析比较不同支付方式的异同。

资料来源：根据淘宝网资料整理。

（二）实训项目：Apple Pay 与微信、支付宝线下支付体验与对比。

实训目的：体验并熟悉不同的线下支付模式的支付流程。

实训步骤：

1. 登录网址一：https：//www.apple.com/cn/apple-pay/；

网址二：https：//www.apple.com/cn/apple-pay/。

分别看看在实体店内如何使用 Apple Pay 面容 ID 和触控 ID 来进行支付。

2. 讨论 Apple Pay 与微信、支付宝线下支付的不同之处，并以小组为单位发言。

3. 教师进行总结与点评。

项目四　电子银行

项目任务

1. 了解电子银行的发展与优势，理解电子银行相关概念。
2. 熟悉个人网上银行与企业网上银行的业务种类。
3. 熟悉互联网银行的主要产品。
4. 了解手机银行的发展，熟悉手机银行的主要功能。

技能目标

1. 能够安全使用网上银行的功能办理业务。
2. 能够独立完成互联网银行远程开户、资金管理等业务实际操作。
3. 能够运用手机银行的特色理财服务，完成投资理财。

案例导入　**电子银行业务的未来展望**

继“物理银行”“网上银行”之后，我国已经步入“移动银行”这一银行业态的3.0版，二维码支付、无卡支付等业务设计和产品体验走在世界的前列。我们相信，在不远的将来，还将存在“智能银行”这一升级版。

智能银行的终端主要具备以下五大特点。一是从终端选择来看，新型移动智能设备“可穿戴”“可更换”，可以满足不同客户的个性化选择，“穿什么”和“怎么穿”客户自己说了算；二是从终端使用来看，新型移动智能设备“可发电”“可蓄电”，客户不必担心电量不足、信号不稳等问题；三是从终端性能来看，新型移动智能设备“可固化”“可追踪”，客户无需操心丢失或忘带；四是从终端安全来看，新型移动智能设备“安全性高”“私密好”，黑客难以介入，只受客户生物体征和主观意志的绝对控制；五是从终端操作来看，新型移动智能设备“智能化”“高能化”，依托“大数据”和“云计算”实现全景分析、智能选择、实时交易等人工智能，无需耗费客户的时间和精力，免去客户的后顾之忧。

资料来源：根据相关资料整理。

这一案例表明：新一代移动金融堪称“随身银行”，金融业务在很大程度上实现了客户自助、银行自律和交易自主，完全不受交易时间、交易地点和交易场景的限制。我们坚信，电子银行业务的下一全新版不会太远，也许就在明天，也许就在眼前。

任务一 认识电子银行

在科技高速发展的今天，电子银行这种银行客户交互的方式，以其无可替代的优势，被越来越多的国内外商业银行所接受和重视，成为各家银行实力竞争的焦点。中国电子银行经过近20年的发展，步入了一个新的历史阶段，其普及率、使用率进一步提升，电子银行成为人们生活中不可或缺的一部分，并改变着人们的生活。

一、电子银行相关概念

（一）电子银行的概念

网络课堂4-1

电子银行相关概念

电子银行的发展速度很快，其内涵、发展模式等都处于不断演变之中。本书将电子银行定义为，商业银行等银行业金融机构利用面向社会公众开放的通信通道或开放型公众网络，以及银行为特定自助服务设施或客户建立的专用网络，向客户提供银行服务。比如，利用计算机和互联网开展的网上银行、直销银行；利用移动电话和无线网络开展的手机银行、微信银行；利用电话等声讯设备和电信网络开展的电话银行；以及其他利用电子服务设备和网络，由客户通过自助服务方式完成金融交易的网络服务方式，这些都属于电子银行，如图4-1所示。其中网上银行和手机银行是目前电子银行的主要形式。

图4-1 建设银行电子银行首页

（二）网上银行的概念

网上银行，是指银行利用互联网及相关技术，处理非现金类的银行业务。例如，通过互联网为客户提供开户、销户、查询、对账、转账、信贷、投资理财等银行服务，使客户足不出户就能够方便快捷地享受全方位的银行服务。

网上银行通常有两种发展模式，一种是在现有的传统银行的基础上，利用互联网开展银行业务服务，即传统银行利用互联网作为新的服务手段为客户提供在线服务，它实际上是传统银行的业务在互联网上的延伸，也是目前绝大多数商业银行采取的网上银行发展模式。在日常生活和工作中，我们所说的网上银行通常就是这种模式。另一种是完全依赖于互联网的无形的电子银行，也叫“互联网银行”“虚拟银行”或“网络银行”。这类银行一般没有物理上的营业网点，雇员很少，银行的所有业务几乎都在互联网上进行。比如美国安全第一网络银行就是全球第一家无营业网点的虚拟银行，目前我国具有代表性的互联网银行有微众银行、网商银行和新网银行。

（三）手机银行的概念

手机银行，是利用移动通信网络及终端办理相关银行业务的简称，也被称作移动银行或口袋银行。作为一种融合了货币电子化与移动通信技术的崭新服务，移动银行业务不仅可以使人们在任何时间、任何地点处理多种金融业务，而且极大地丰富了银行服务的内涵，使银行能以便利、高效而又较为安全的方式为客户提供传统和创新的服务。而移动终端所独具的贴身特性，使之成为继ATM、互联网、POS之后银行开展业务的强有力工具，越来越受到国际银行业者的关注。

手机银行既能够弥补银行营业网点覆盖密度低的缺陷，为客户创造便捷的业务办理条件，有利于银行削减自身的客服成本，同时还能提高客户的黏性和忠诚度，为其他相关业务的市场竞争创造更多的可能性，因此各个银行都纷纷争夺手机银行业务的市场，唯恐在新一轮的业务竞争中败下阵来。

二、电子银行的优势

（一）服务方便、快捷、高效、可靠

体验探究4-1

体验电子银行

电子银行是建立在充分应用各类先进的通信网络和信息技术手段基础上，提供金融服务，通过网上银行、手机银行、自助服务设备等多种渠道，客户可以享受到方便、快捷、高效和可靠的全方位服务。电子银行全天24小时、一年365天不间断营业，客户可以在任何时间（Anytime）、任何地点（Anywhere）、以任何方式（Anyway）享受电子银行的服务，不受时间、地域的限制，即实现3A服务。另外，利用互联网和银行支付系统，可满足客户咨询、购买和交易多种金融产品的需求，客户除办理银行业务外，还可以很方便地在网上买卖股票、债券等，电子银行能够为客户提供更加适合的个性化金融服务。这样，既有利于吸引和保留优质客户，又能主动扩大客户群，开辟新的利润来源。有专家认为，如今银行业依靠吸纳存款、发放贷款获取利润的空间已经很小，主要依靠提供高技术含量的金融服务来获取利润。

（二）减少银行分支机构，降低运营成本，增加效益

开发电子银行业务，主要利用公共网络资源，不需要设置物理的分支机构或营业网点，减少了人员费用，提高了银行后台系统的效率。同时，电子银行全面实现无纸化交易，原有的票据和单据大部分被电子支票、电子汇票和电子收据所代替，原有的纸币被电子货币所代替，文件的邮寄也转变为电子凭证的网络传送。国内某商业银行对单笔交易成本统计表明，通过营业网点进行交易的单笔交易成本为3.06元，ATM的单笔交易成本为

0.83元，而网上银行的单笔交易成本仅为0.49元。随着互联网的普及、电子信息技术的进步，电子银行处理业务的成本将会更低。

（三）创新银行的业务和管理，提升银行的竞争能力

在个性化消费需求日趋凸现、技术日新月异的信息时代，银行提供金融产品和掌握技术的生命周期越来越短，淘汰率越来越高。在这种情况下，只有不断采用新技术、推出新产品、实现持续创新，才能巩固竞争优势，才不会被淘汰。比如，招商银行在网点根据不同功能区配置了立式和坐式两种VTM机。客户通过VTM机可实现多种非现金业务的办理，比如账户管理、支付结算、投资理财、便民服务等。通过VTM机办理开卡业务可在3分钟内完成，免去了普通网点排队人工办理的烦琐流程。

随着移动互联网、生物识别等技术在金融行业的应用，众多新产品和新业务不断涌现，极大提升了金融服务的效率，使广大民众受惠于技术发展的成果，享受到高效快捷的服务体验。

（四）亲和性增强，能提高客户的黏性和忠诚度

增加与客户的沟通与交流是企业获取必要信息、改进企业形象、贴近客户、寻找潜在客户的主要途径。在这方面，电子银行具有传统银行无法比拟的优势，其依托大数据分析，面向客户研发产品，建立客户信息管理系统，对客户行为习惯进行研究，充分运用科技手段拓宽服务渠道，将电子银行业务做精、做细、做深、做透。这样不仅方便了客户，也增强了银行与客户的亲和性，提高了客户的黏性和忠诚度。

拓展思考4-1

随着计算机网络技术与电子商务的不断创新发展，1997年招商银行率先推出网上银行"一网通"品牌，标志着我国的银行体系进入了崭新的发展阶段。随后，各家银行争先恐后地进入电子银行领域，全面布局网上银行、电话银行以及手机银行。这对于中小银行来说，将是一个机会。为什么说电子银行将是中小型银行的突围之路？

答：电子银行业务具有运营成本低的特点。在没有雄厚实力布局全国营业厅网络、没有资金增加人员支出的情况下，中小型银行可以通过电子银行与客户拉近距离，缩小与大银行的差距，寻求机会。

三、我国电子银行的发展

（一）萌芽阶段（1997—2000年）

1997年，在全球第一家网络银行SFNB（Security First Network Bank）成立之后仅两年，招商银行率先推出网上银行"一网通"，成为国内电子银行市场的引领者。之后，中国银行（1998年）、建设银行（1999年）、中国工商银行（2000年）等大型商业银行陆续推出电子银行业务，通过电脑办理银行业务的模式在国内悄然兴起。

（二）发展阶段（2001—2005年）

尽管网银在各家商业银行落地开花，但这一阶段的电子银行业务一直存在着局限性，主要表现就是商业银行"客户排队"的问题迟迟未能得到解决。导致这一问题的根源是多方面的：一是由于商业银行特别是国有商业银行零售客户基数较大，交易和业务高峰相对集中，缺乏其他可行的交易渠道；二是由于当时很多地区的带宽有限、机器老旧，上网的

硬件支持相对不足；三是由于很多客户特别是中老年客户还未“触网”，对计算机的操作和性能比较陌生，更不用说网上银行的使用；四是当时我国的经济发展相对滞后，除大中城市外，很多地区的家用电脑、手提电脑等仍未普及。

这一时期，电子银行业务呈现“百花齐放、百家争鸣”的态势，每家银行都有一个或多个网上银行品牌，一般以“E”为关键词。但也存在电子银行品牌繁多、名称芜杂，整合力度不够、品牌内涵不足等问题，容易让客户眼花缭乱、难以选择。

（三）成熟阶段（2006—2012年）

2006年，银监会正式出台并实施了《电子银行业务管理办法》，标志着各家商业银行逐步告别“野蛮生长”的电子银行业务发展阶段，逐步开始规范化、标准化、系统化。这一阶段，发展期遇到的问题逐步解决。尽管银行排队问题在2008年前后还多次被社会舆论关注，但银行服务已经给予广大客户一种崭新的、可行的选择。在成熟阶段，随着个人电脑、笔记本电脑的广泛普及和使用，电子银行业务更具可操作性、界面更加友好亲切、使用更加方便快捷；不仅如此，银行还大力推广ATM等自助银行业务，加大自助设备的布设，从自助渠道加大业务分流力度，鼓励客户自主操作存取款、转账、缴费等基础业务。

知识链接4-1 **电子银行的新模式——微信银行**

自2013年招商银行推出微信银行以来，各家银行相继设立微信公众号进行信息发布或者品牌宣传，以增进客群关系。由于微信可向银行提供LBS（基于位置的服务），银行可借此为用户提供更多延展性服务，例如根据用户所在地点推送附近商户折扣消息，培养用户使用手机银行进行消费的习惯。

但由于各家银行推出的微信公众号缺乏统一管理，除总行外，各支行、条线，甚至团队均设立各自的公众号，增加了用户选择难度，急需统一整合管理。加之技术条件的限制使得微信银行目前开发的功能较少，用户常用功能较为集中，主要为查询和缴费功能。因此微信银行渠道目前处于减速整合期，完成整合后其功能与交互设计必然会更加成熟。

资料来源：根据中国金融认证中心发布的《2018年电子银行用户使用行为及态度研究》编写。

（四）再生阶段（2013年至今）

再生阶段是中国电子银行业务的突破时期，因为这段时期网上银行增长乏力（如图4-2所示），而手机银行、微信银行迅速崛起（如图4-3所示）。2013年被称为“移动互联网金融元年”，电子银行业务并未式微，反而借助智能手机找到新的天地。在萌芽期之前，客户只能在银行的上班时间到网点寻求金融服务，金融服务受到时间、地点的制约；从萌芽期到成熟期，客户获得金融服务的时间逐步放宽，但受电脑操作的限制，服务地点的选择有限，还需要设备、网络的硬件支持；而在再生期之后，智能手机的普及使得客户解决了服务地点的问题，真正实现了全天候“随时随地”的金融服务。

《2018中国电子银行调查报告》显示，各渠道用户比例均有所提升，其中个人网银渠道用户增速放缓，电子银行渠道移动化趋势延续，手机银行用户比例首次超越网银，达到57%，银行间的竞争战场逐渐转向对存量用户的精耕细作，个人手机银行发展逐步进入稳步增长阶段，如图4-4所示。

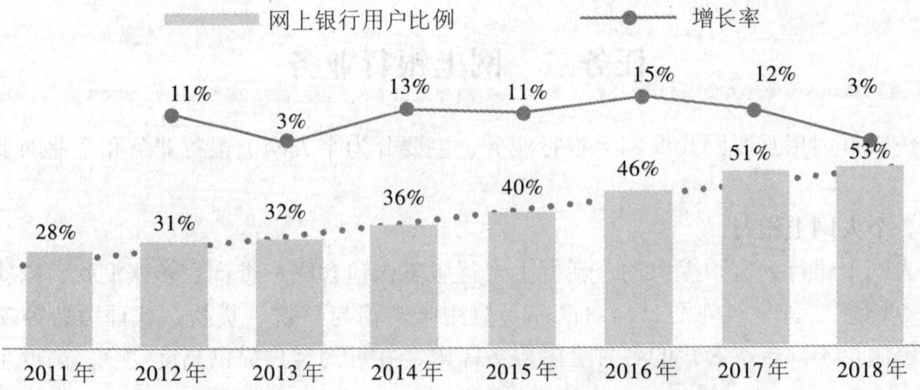

图 4-2　2011—2018 年全国个人网上银行发展趋势

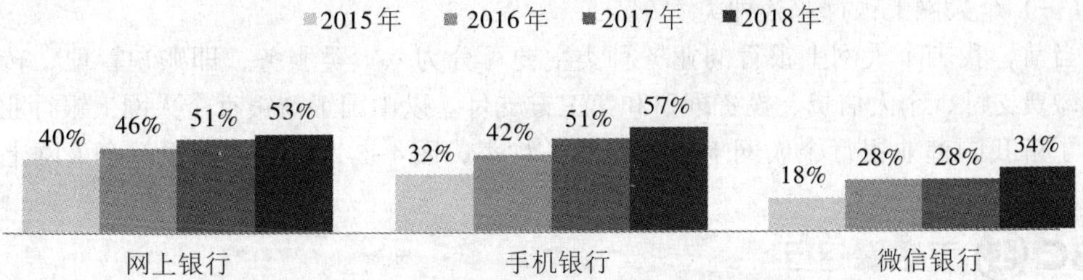

图 4-3　2018 年个人电子银行渠道用户比例

图 4-4　2011—2018 年全国个人手机银行发展趋势

案例分析 4-1　　**直销银行**

直销银行是不以线下柜台为基础，打破时间、地域覆盖范围、传统物理网点等限制，主要通过互联网、移动终端和电子渠道为客户提供金融产品和服务的一种新型银行经营模式，具有人员精、成本小的显著特点。

直销银行经过 20 多年的发展，现今已经进入成熟阶段。据不完全统计，截至 2018 年 11 月，我国共有直销银行 117 家，其中城市商业直销银行是主力军，共 73 家；农村/农信社直销银行 30 家；全国性股份制银行有 11 家；其他直销银行（包括国有商业银行、民营银行旗下直销银行）有 3 家。

资料来源：根据中国金融认证中心发布的《2018 年电子银行用户使用行为及态度研究》编写。

问题：查阅相关资料，讨论直销银行在未来发展中面临的机遇与挑战。

分析提示：技术赋能促进业务创新；金融监管日趋成熟，政策利好凸显市场机遇等。

任务二　网上银行业务

传统银行利用互联网开展网上银行业务，主要分为个人网上银行业务和企业网上银行业务。

一、个人网上银行

个人网上银行为客户提供的全新网上银行服务，包含账户查询、转账汇款、捐款、买卖基金、国债、黄金、外汇、理财产品、信用卡申请与还款、贷款、代理缴费等功能服务，能够满足不同层次客户的各种金融服务需求，并可为客户提供高度安全、高度个性化的服务。

（一）个人网上银行业务种类

当前，我国个人网上银行的业务种类主要可分为六大类服务，即账户管理、转账汇款、缴费支付、个人信贷、投资理财和第三方支付。以中国工商银行个人网上银行业务为例，了解我国商业银行个人网上银行的业务种类，图4-5为中国工商银行个人网上银行网页。

图4-5　中国工商银行个人网上银行网页

中国工商银行个人网上银行品牌为“金融@家”。凡在中国工商银行开立本地工商银行财富卡、理财金账户、牡丹灵通卡、牡丹信用卡、活期存折等账户且信誉良好的个人客户，均可申请成为个人网上银行注册客户。中国工商银行个人网上银行的业务种类见表4-1。

表4-1 中国工商银行个人网上银行的业务种类

业务种类	业务概述	特色优势	服务时间
账户管理	账户管理是指对客户注册到网上银行的各类银行卡和账户进行添加、注销、信息修改、信息维护等操作的管理功能组，主要包括账户别名维护、添加注册卡及账户、下挂卡（账户）转注册卡（账户）、删除注册卡及注册账户、财富卡管理、银行户口服务等几大功能	该功能用途广泛，适用于所有网上银行用户	7×24小时全天候服务
自助挂失	提供通过网络或者电话对网上银行或电话银行注册卡、下挂卡或下挂账户进行挂失的服务。本功能可通过网上银行对注册卡及账户、下挂卡或下挂账户进行挂失，还可通过电话银行以及人工座席进行挂失	方便客户在注册卡、下挂卡或下挂账户不慎遗失时及时办理挂失手续，避免资金损失	7×24小时全天候服务
汇款	单笔转账汇款：可以使用本功能完成向工商银行同城或异地个人以及单位客户账户转账汇款，并可通过“转账汇款查询”功能查询在当天或过去一段时间内，转账汇款的付款或收款交易记录。批量转账汇款：可以将按照工商银行客户工具软件事先编辑好的转账汇款文件从本地上传，成批发送到工商银行处理，并可通过“批量指令查询”功能查询在当天或过去一段时间内，批量转账汇款的付款交易记录	方便快捷，汇款范围广，到账速度快，自动判断收款人信息，操作简便，支持网上预约	7×24小时全天候服务
存款服务	存款种类包括本外币活期储蓄存款、本外币整存整取定期储蓄存款、人民币零存整取定期储蓄存款、人民币教育储蓄存款、通知存款、组合存款等	方便快捷，类型丰富，支持网上预约	7×24小时全天候服务
在线支付	在线支付是工商银行为个人客户在电子商务平台购物过程中提供在线资金结算服务的业务。可通过在线支付业务，对电子商务平台生成的订单进行支付操作	支持多种服务渠道	7×24小时全天候服务
个人小额结售汇	为在工商银行已开立多币种账户，并开通网上银行的境内个人客户提供在线买卖外汇业务，并提供买卖外汇及交易明细查询的功能	无须到柜面即可轻松办理个人小额结售汇业务	7×24小时全天候服务
理财服务	为客户进行定额/定期转账、自动购买人民币理财产品等特殊理财需求提供金融服务业务，可签订工商银行理财服务协议，并选择“协定金额转账”“预约周期转账”“T+0理财”“银行卡还款预约”“利添利账户理财”等特殊理财服务协议，并实现对各项理财服务的设置、查询、终止、执行明细查询等操作	只需登录网上银行即可签订理财服务协议，全天候服务更加方便、快捷	7×24小时全天候服务
保险服务	工商银行代理保险机构为个人注册客户提供在线投保、续期缴费、保单查询等服务，客户可以通过网络保险办理包括意外险、组合保险等相关保险的投保、续费及查询，以及投资性保险的购买、赎回及余额、交易明细查询等服务	网络保险险种价格低廉、核保简单；投保信息更加直观、翔实	7×24小时全天候服务

续表

业务种类	业务概述	特色优势	服务时间
基金服务	通过银行网上银行进行开放式基金的开户、认购、申购、赎回、转换等基金交易服务，可通过基金服务进行基金账户的管理，以及基金交易、定投、快速赎回等	基金品种丰富；电子银行功能强大	7×24小时全天候服务
账户贵金属	通过网上银行发起交易指令进行账户贵金属的即时、委托交易，并可进行账务管理、查询等相关操作，投资品种包括人民币账户黄金、美元账户黄金	安全便捷；报价透明；交易成本低；交易时间长；投资门槛低；当天可多次进行交易，卖出黄金后资金全额到账	周一早7：00到周六早4：00（具体交易时间以当地工商银行实际规定为准），期间实行24小时不间断交易
黄金递延	客户可以通过工商银行网上银行实现注册变更、委托申报、交割申报、中立仓申报以及进行以上交易的查询和撤销，也可以通过网上银行查询黄金账户资金、黄金库存以及指令和盈亏等情况	不仅可以通过低买高卖的方式赚取差价获得利润，同时还可以通过卖空的方式在黄金价格下降的过程中获得利润	上海黄金交易所开市时间
第三方存管	客户可通过网上银行第三方存管进行银行与证券公司之间的转账交易，以及客户交易结算资金管理账户的当日明细、历史明细和证券资金账户余额的查询	资金安全；方便快捷；综合服务；规模分销	周一至周五9：00~15：00
委托代扣	客户可通过网上银行签订委托代扣协议，委托工商银行主动支付服务费给收费企业	可实现费用的自助扣缴，避免因忘记缴费而带来不便	7×24小时全天候服务
自助缴费	客户通过网上银行自助为本人或他人缴纳手机费、固话费、水费、煤气费、电费等各种费用的功能	可选择全国或本地范围的缴费服务，并可查询缴费交易明细	7×24小时全天候服务
个人贷款	工商银行对持本人工行借记卡（或存折）、信用卡的客户在工行特约商户进行刷卡消费或网上购物时，按一定规则联动提供信用消费信贷服务	无须办理抵（质）押，无须奔波柜面，无须提交贷款资料，无须等待贷款审批，只需轻动手指，回复短信或点击鼠标即可办理，资金瞬时到账；随心随意消费，随时随地贷款	7×24小时全天候服务

拓展思考4-2

如何识别真假中国工商银行网站？

答：(1) 核对网址。(2) 查看IE浏览器安全锁和地址栏颜色。进入工商银行个人网上银行登录页面时，在IE浏览器状态栏上会显示一个“挂锁”图形的安全证书标志。如果客户浏览器为IE7以上版本，在客户进入工商银行个人网上银行登录页面或网上支付页面时，IE浏览器地址栏颜色为绿色。(3) 校验预留验证信息。“预留验证信息”是工商银行为帮助客户有效识别银行网站、防范不法分子利用假网站进行网上诈骗而提供的一项服务。客户可以在银行预先记录一段文字（即“预留验证信息”），当客户进入工商银行B2C在线支付页面并输入卡号和验证码后，网页上会自动显示客户的预留信息，以便客户验证该网站是否为工商银行的真实网站。如果网页上没有显示预留信息或显示的信息与客户的预留信息不符，便可以确认该网站是假网站。

（二）个人网上银行的主要业务流程

我们以中国工商银行个人网上银行业务处理流程为例进行说明。

1.开户

在线视频 4-1

安全使用网上银行

开户是使用网上银行的基本功能。银行客户必须拥有一个网上银行账户才能进行相应的操作。

个人客户申请网上银行账户有两种方式：一种是通过工商银行网站进行自助注册。客户须登录http: //www.95588.com/icbc/，点击左侧“个人网上银行”下方的“注册”，进入用户自助注册界面，依次选择注册卡/账户类型，输入注册卡（账）号、密码、手机号码以及验证码，审核通过并注册成功。另一种是到工商银行任何一个网点办理注册手续。客户须携带本人身份证件及注册卡，签署“中国工商银行网上银行个人客户服务协议书”，填写“中国工商银行网上银行个人客户注册申请表”，设置网上银行密码，下一个银行工作日便可开通并使用工商银行个人网上银行系统。

2.登录

进入中国工商银行网上银行主页，如图4-6所示，点击“个人网上银行”，进入个人网上银行登录页面，如图4-7所示。

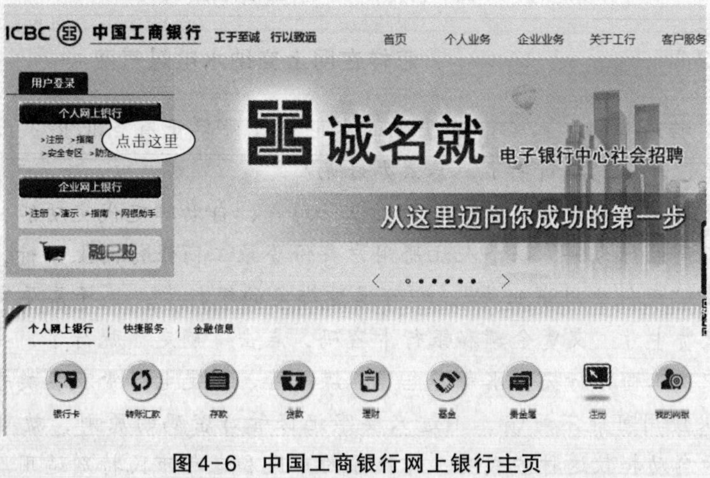

图4-6　中国工商银行网上银行主页

图4-7 中国工商银行个人网上银行登录页面

3.业务办理

登录后进入中国工商银行个人网上银行账户页面，如图4-8所示。

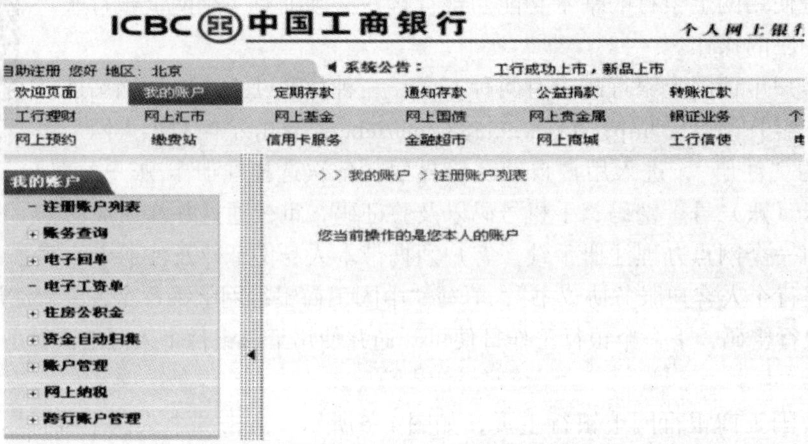

图4-8 中国工商银行个人网上银行账户页面

知识链接4-2

怎样在网上交纳水电煤气费

盛夏时节，酷热难耐，人们看着手里的水电煤气费单子有点犯愁。出去交款实在太热，不去交付吧，马上就要到期了。怎么办好呢？

方法一：开通一张银行卡，注册成网上银行用户，自助绑定代交功能，就可实现在家付费。以中国工商银行为例，以个人注册用户身份登录工商银行网上银行，进入“自助交费”栏目，点击“交付公用事业费”，即可通过绑定的银行卡，选择需要交付的公用事业费项目，交入交费卡号、交费金额和银行卡密码，点击“确定”就行了，半分钟就可轻松搞定。目前，中国工商银行提供水费、电费、煤气费、固定电话费及各类手机费用的缴付功能。用户初次使用可能不习惯，不过只要牢记保管好密码的原则，就可游刃有余地操作。绑定银行卡自动扣款这种方式对工作忙碌的市民和老年市民特别适用。只要和银行签订自动绑定扣款协议，银行将在每月固定时间自动扣取公用事业费。

方法二：利用第三方支付平台支付。登录已注册的第三方支付平台账号，进入业务办理界面，选择你所要办理的业务，点击“支付”，输入支付密码即可成功交费。

二、企业网上银行

企业网上银行是通过互联网或专线网络，为企业客户提供账户查询、转账结算、在线支付等金融服务的渠道。与传统银行业务相比，网上银行业务具有许多优势。它可以为企业提供多种类、个性化的创新服务，打破了传统银行业务的地域、时间限制，使企业能在任何时候、任何地方，以任何方式办理金融业务。

当前企业网上银行被越来越多地运用于企业资金管理，企业的资金管理者对于这种新型的银行业务也提出了更高的要求。企业网上银行已经不再局限于收付款和账户管理等简单业务，它还覆盖了报税、报关、电子商务、资金池、企业理财等多个领域。除此之外，网上银行的安全性、实用性、可操作性以及相关费用也是企业资金管理者的关注重点。

（一）企业网上银行的业务种类

随着计算机技术和网络设备的不断发展，企业网上银行几乎覆盖了所有的银行业务，不仅提供查询、支付、代发工资、结算、理财等基本服务，有些银行还推出网上开设信用证、网上外币汇款、自助贷款等业务，以满足不同企业不同种类的实际需求。

另外，为了实现企业财务软件系统和ERP[①]系统与网上银行系统的无缝衔接，许多银行都推出了银企互联服务，将企业网上银行系统和企业财务系统或ERP系统相连接。企业可以直接通过财务系统或ERP系统享受账户查询、信息下载、转账支付、收款、资金集中管理等服务，并可根据需要在财务系统中定制更多的个性化功能。这样一来，企业网上银行操作就更为简便了。

我们以中国工商银行企业网上银行系统——“工行财e通”为例，来介绍企业网上银行系统的业务种类。

1.账户管理

客户可以通过网上银行进行账户信息查询、下载、维护等一系列服务，随时查看总（母）公司及分（子）公司的各类账户的余额及明细，实时掌握和监控企业内部资金情况，还可以通过“电子回单”功能在线自助查询或打印往来户的电子补充回单。账户管理为企业实现集约化、现代化管理提供了有力保障。

2.收款业务

收款业务是收费企业客户通过工商银行网上银行以批量方式主动收取签约个人或者其他已授权企业用户各类应缴费用的一项精品业务。它的申办手续简便，收费方式灵活，可进行异地收款。这项业务为收费客户提供了一条及时、快捷、高效的收费“通道”，解决了一直以来困扰收费客户的“收费难”问题，缩短了资金周转周期，加快了资金的回笼速度。

3.付款业务

付款业务包括网上汇款、证券登记公司资金清算、电子商务和外汇汇款四类业务，是传统商务模式与现代电子商务模式相结合的产物，是工商银行为满足各类企业客户的付款需求而设计的全套付款解决方案。

---

① ERP管理系统是现代企业管理的运行模式。它是一个在全公司范围内应用的、高度集成的系统，覆盖了客户、项目、库存和采购供应等管理工作，通过优化企业资源达到资源效益最大化。

（1）网上汇款

集团企业总（母）公司可通过电子付款指令从其账户中将资金转出，实现与其他单位之间的同城或异地资金结算，达到“足不出户”即可轻松完成企业日常结算的目的。

（2）证券登记公司资金清算

证券公司类客户可通过“证券登记公司资金清算”功能向证券登记公司指定的清算账户转账并查询相关信息。

（3）电子商务

B2B在线支付是工商银行专门为电子商务活动的卖方和买方提供的安全、快捷、方便的在线支付中介服务。工商银行B2B网上支付平台将电子商务活动的卖方和买方连接起来，为B2B特约商户和网上采购企业提供了先进、快捷的资金流通道，打破了时空限制，提高了交易效率，降低了交易成本。

采购企业在工商银行任何一家B2B特约商户进行订货或购物时，工商银行为企业提供两种支付方式：一种是直接在特约网站为已产生的订单完成支付；另一种是企业登录工商银行企业网上银行后通过电子商务功能输入订单信息进行支付。支付结束后，B2B特约商户和采购企业均可借助交易指令查询等功能获得详细的交易信息，从而掌握和监控整个交易进程。

（4）外汇汇款

工商银行所有综合网点均受理公司客户和个人客户的外汇汇款业务，境内汇款可确保客户资金实时到账，对外汇款通达全球主要国家和地区。

4.集团理财

集团企业总（母）公司可直接从注册的所有分（子）公司账户中将资金上收或下拨到集团企业任意一个注册账户中，而不必事先通知其分（子）公司。定向汇款功能可以使企业在不开通对外转账权限的情况下实现对特定账户的转账。

5.信用证业务

网上银行信用证业务为企业网上银行客户提供了快速办理信用证业务的渠道，实现了通过网络向银行提交进口信用证开证申请和修改申请、网上自助打印“不可撤销跟单信用证开证申请书”和“信用证修改申请书”、网上查询进出口信用证的功能。

6.贷款业务

贷款业务向企业网上银行注册客户提供贷款查询的服务，包括主账户、利随本清和借据账查询等功能。通过该业务，客户足不出户就能准确、及时、全面地了解贷款情况，包括贷款金额、贷款余额、起息日期、到期日期、利息等比较详细的贷款信息，为企业财务预决策提供数据，便于集团企业总（母）公司对注册的所有总（母）公司和分（子）公司的贷款账户的查询。

另外，企业网上银行还推出了投资理财、贵宾室、代理业务、工行信使等服务，为企业客户的经营管理和贸易往来提供了极大的方便。

（二）企业网上银行的主要业务流程

1.注册

（1）持单位介绍信、营业执照副本及其复印件向当地银行申请，签订网上银行企业客户服务协议，并填写书面的“网上银行企业客户申请表”，银行分配唯一的客户识别号。

（2）取得客户识别号后，可到账户的开户会计柜台办理签约登记手续，并填写“网上银行企业客户账户登记表”。

（3）客户申请成功的次日，可登录银行网站点击“网上银行”“证书下载”，输入客户识别号与初始登录密码，自行下载客户端证书。

（4）账户签约并成功下载证书后，即可登录网上银行办理业务。

中国工商银行企业网上银行页面如图4-9所示。

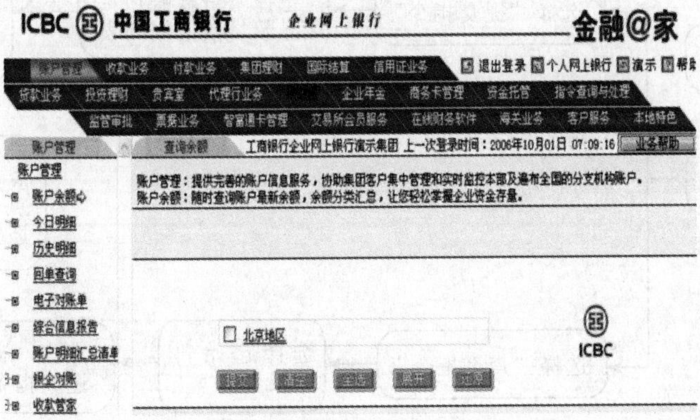

图4-9 中国工商银行企业网上银行页面

2.网上纳税业务

网上纳税的业务主要包括纳税情况查询、实时缴税、缴纳明细查询，以及税收筹划、银行理财等。网上纳税业务的操作流程如图4-10所示。

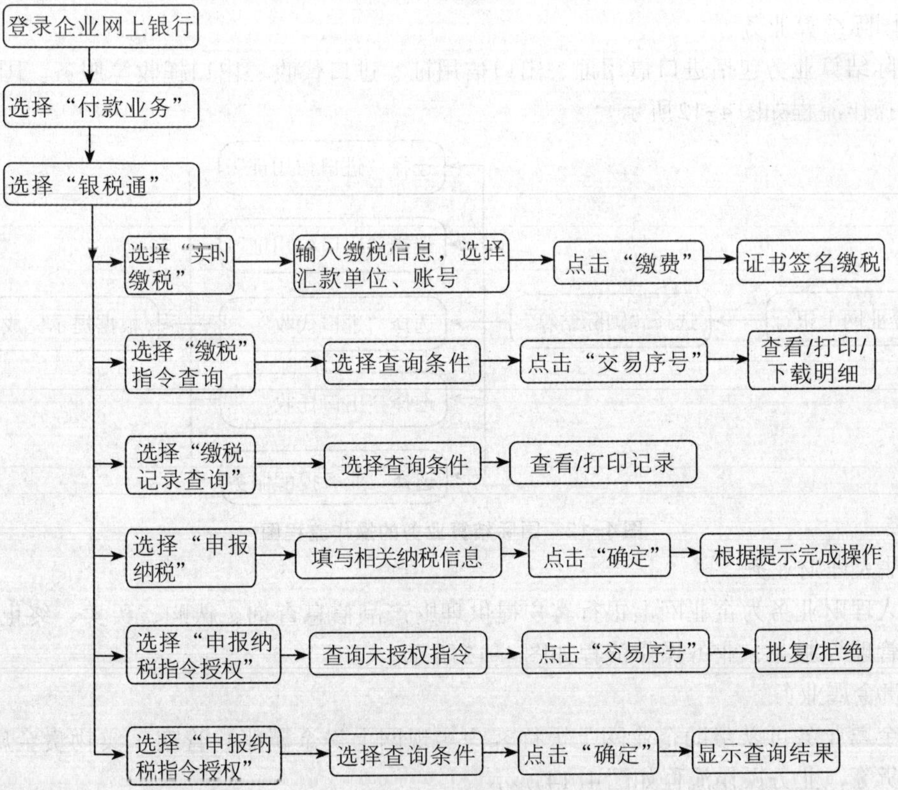

图4-10 网上纳税业务的操作流程图

3.网上还贷业务

使用网上还贷业务可以在线查询贷款信息，及时了解贷款的到期或逾期情况，并根据具体情况选择归还信用贷款。网上还贷业务的操作流程如图4-11所示。

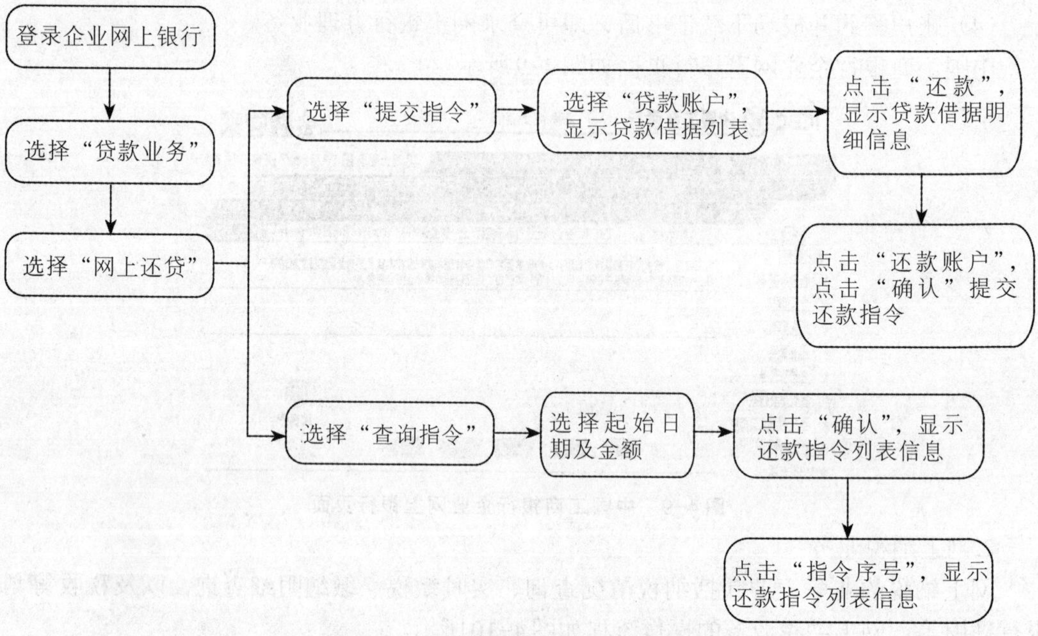

图4-11 网上还贷业务的操作流程图

4.国际结算业务

国际结算业务包括进口信用证、出口信用证、进口代收、出口托收等服务。国际结算业务的操作流程如图4-12所示。

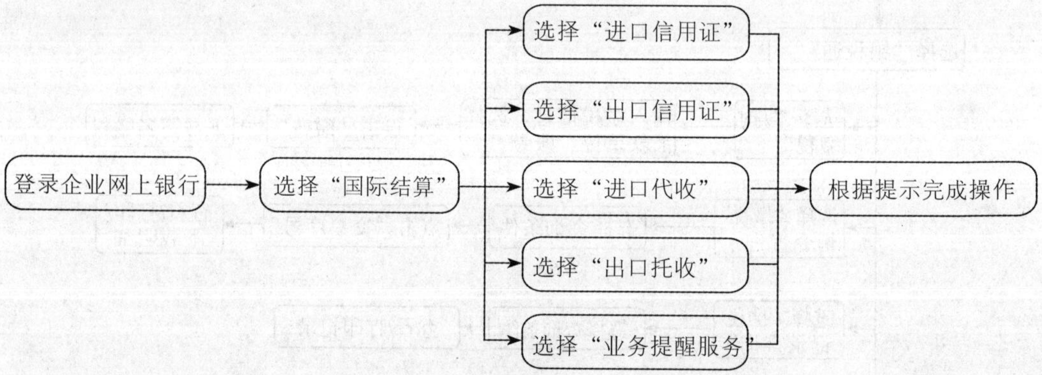

图4-12 国际结算业务的操作流程图

5.法人理财业务

法人理财业务为企业网上银行客户提供理财产品信息查询、认购、买卖、终止以及理财账务管理等服务，业务操作流程如图4-13所示。

6.贵金属业务

贵金属业务可以帮助企业网上银行客户实现网上贵金属账户管理、实物贵金属买卖、申请提货等，业务操作流程如图4-14所示。

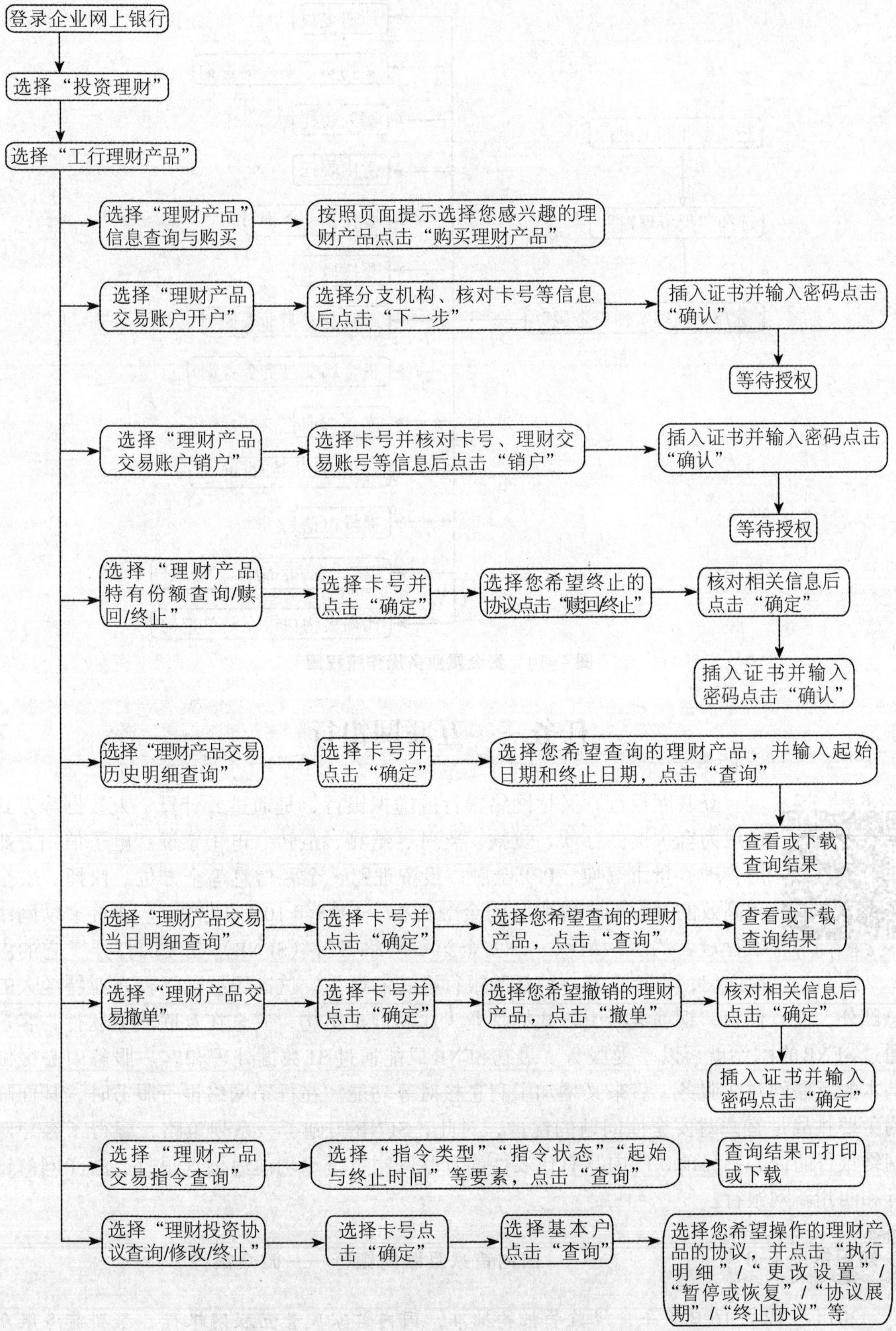

图 4-13 理财业务操作流程图

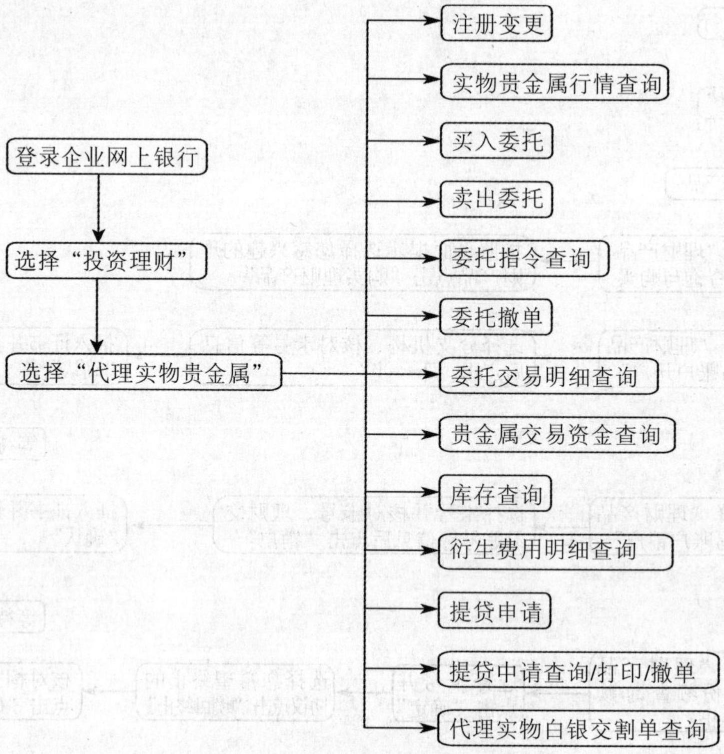

图 4-14 贵金属业务操作流程图

任务三 互联网银行

体验探究 4-2

微众银行操作指南

互联网银行，又称网络银行或虚拟银行，是通过云计算、大数据等方式在线为客户提供存款、贷款、支付、结算、汇转、电子票证、电子信用、账户管理、货币互换、P2P金融、投资理财、金融信息等全方位、快捷、安全和高效的互联网金融服务的金融机构。1995年10月18日，全球首家以网络银行冠名的金融组织——安全第一网络银行（SFNB）在美国打开了它的虚拟之门，它标志着一种新的银行模式的诞生。这家银行除了设在亚特兰大的总部外，没有任何“钢筋混凝土”式的营业大厅和分支机构，完全在互联网上运行，客户通过SFNB的网站就可以享受服务。最初SFNB只能通过S1数据处理和客户服务中心提供基本的互联网对账服务，后来又增加了利息核对等功能。在推销网络银行服务时，其面临的主要挑战是客户对安全性问题的忧虑，对此，SFNB实施了一系列策略，赢得了客户对网络银行的信心。目前，国内具有代表性的互联网银行是深圳前海微众银行、浙江网商银行和四川新网银行。

知识链接 4-3 **国内首家互联网银行——微众银行**

2014年12月16日下午，经监管机构批准，国内首家民营互联网银行“深圳前海微众银行股份有限公司”依法正式成立，注册资本为30亿元人民币（实缴30亿人民币），主要发起人包括互联网巨头腾讯公司、百业源投资公司和立业集团等知名民营企业，其中腾讯认购该行总股本30%的股份，为最大股东。

微众银行既没有营业网点，也没有营业柜台，其经营范围包括吸收公众存款，主要是个人及小微企业存款；针对个人及小微企业发放短期、中期和长期贷款；办理国内外结算以及票据、债券、外汇、银行卡等业务。

微众银行以普惠金融为目标，其英文名为“WeBank”，如图4-15所示。“We（我们）”代表的是一种群体创新精神，希望通过互联网连接广大的消费者、个人、中小微企业和优秀金融机构，形成一个良好的金融生态圈。通过彼此之间的资源合作、支持和调配，打造银行、金融领域的创新共同体，为更多个人和中小企业及创业者提供特色服务。

图4-15 微众银行标志

资料来源：根据百度百科、微众银行官网整理。

由于国内互联网银行成立时间较短，其经营范围在传统银行基础上略有收缩，主要集中在吸收公众存款、发放贷款以及提供理财服务等领域。

一、互联网银行存款业务

存款是银行负债业务中最重要的业务，是银行资金的主要来源。吸收存款是银行生存和发展的基础，只有通过存款业务将资金集中起来，才能开展放款和投资等资产业务。因此，不断扩大银行的存款业务是扩大放款和投资规模的必要途径。银行存款的业务量决定了放款的业务量，直接决定未来的利差收入，从而决定银行的经济效益。

传统银行存款种类丰富，按期限不同，可划分为活期存款和定期存款；按存款者的不同，可划分为单位存款和个人存款。但传统银行存款通常利率较低，一般是在央行规定的基准利率的基础上上调25%左右。而互联网银行存款种类较单一，但其线上创新型存款产品的利率比传统银行高很多，且存取灵活，备受市场追捧，为互联网银行带来强大的存款流入。微众银行APP所展示存款产品及其利率如图4-16所示。

二、互联网银行贷款业务

目前，互联网银行贷款业务主要包括两类：个人消费贷款和小微企业贷款。

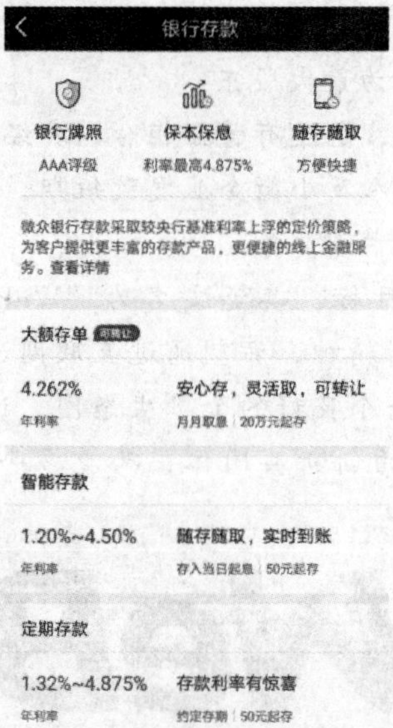

图4-16 微众银行存款产品及其利率

拓展思考4-3

请查阅相关资料，比较“借呗”和“网商贷”有哪些不同之处。

答：主要有以下五个方面的不同。(1) 产品种类不同：借呗是个人消费性贷款，网商贷是经营性贷款。(2) 贷款平台不同：借呗是蚂蚁金服推出的产品，网商贷是网商银行推出的产品。(3) 贷款对象不同：只要是支付宝的用户基本都可以申请借呗，网商贷的范围比较小，主要是面向阿里巴巴的用户，能贷款的也基本都是网店的店主。(4) 贷款额度不同：借呗的额度较小，网商贷的额度较大。(5) 申请条件不同：借呗只需要个人信用记录良好，在支付宝的活跃度高，有还款能力就可以开通；网商贷要求贷款人在18到65周岁之间，是企业法人或者个体工商户的负责人，还要是阿里巴巴的会员。

(一) 个人消费贷款

思政教育专题4-1 **树立契约精神 珍惜个人信用**

如今，花呗、借呗、微粒贷、白条等金融产品的出现，大大方便了人们的生活。大部分人在使用之后都会按时还款，但免不了有一些人抱有“老赖”心理，觉得信用贷款没有抵押或质押物，发放贷款的金融机构对欠款人无可奈何，因此恶意拖欠贷款。信用贷款还不上会有以下后果：

一、承受高额罚息

欠款不还首先面临的是罚息，比如微粒贷逾期后，每天会对逾期本金额外收取约定利息50%的罚息，具体的计算公式为：逾期利息=逾期金额×逾期天数×日利率×（1+50%）。有的金融机构对逾期的贷款还会加收违约金。

二、遭遇花式催收

正规的金融机构虽然不会像高利贷一样恶意催收，但也会联系贷款人的亲朋好友，并通过电话和短信的形式催收，一夜之间，亲朋好友都会知道你欠钱不还。

三、记入央行个人征信系统

贷款逾期不还将会记入央行的个人征信系统，产生不良记录，不仅影响以后贷款和信用卡的申请，还会使日常生活受到干扰，比如无法购买火车、飞机票，孩子不能正常上学等。

四、面临法律起诉

欠款情形严重的会被贷款机构起诉，借款人除了要支付需要还的款项外，还要支付双方诉讼费用和巨额罚款。如果借款人拒不执行，那就会被列入失信被执行人“黑名单”，甚至面临牢狱之灾。

传统银行受限于人力和成本，不会将具有高频、小额特征的个人消费贷款作为其贷款投放的重点领域。但互联网银行正好能够在消费金融领域发挥其大数据技术的优势，开展差异化经营，实现惠普金融目标。比如，微众银行将消费金融作为其三大业务线之一，推出了首款主打产品“微粒贷”。与传统银行产品不同，“微粒贷”是国内首款实现从申请、审批到放款全流程在互联网线上运营的贷款产品。“微粒贷”在初期采用“白名单”筛选用户，贷款额度由互联网大数据风控模型确定，最高20万元。同时，该行在个人贷款领域还积极推进平台金融战略，主要通过和多家O2O生活服务平台合作，将银行金融产品嵌入服务场景中，陆续推出了“微车贷”“车商贷”“微路贷”等一系列小额信贷产品，逐步形成了颇具特色的普惠金融业务体系。图4-17为微众银行官网“微粒贷”和“微车贷”的宣传页面。

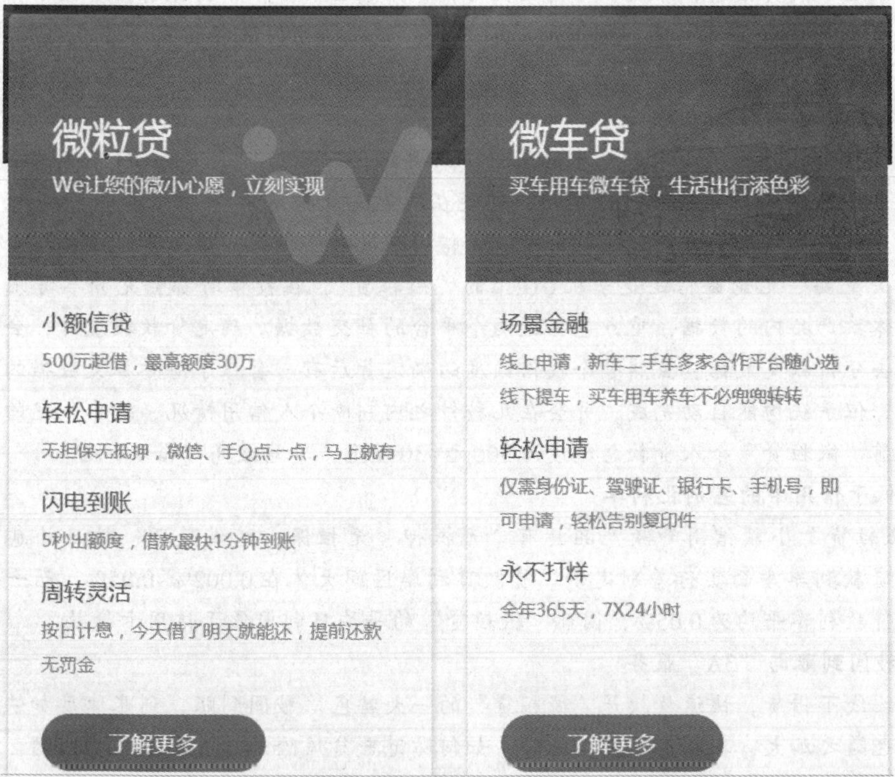

图4-17 微众银行官网“微粒贷”“微车贷”的宣传页面

案例分析4-2　微众银行“微粒贷”

“微粒贷”是国内首家互联网银行——微众银行，面向微信用户和手机QQ用户推出的纯网络个人小额信用循环消费贷款产品，于2015年5月在手机QQ上线，同年9月在微信上线。

1.“白名单”准入机制

作为一款纯信用产品，“微粒贷”采用邀请机制。符合“微粒贷”客户定位的“白名单”受邀客户，可以在手机QQ的“QQ钱包”或微信的“微信钱包”内看到“微粒贷”入口，并可获得最高30万元借款额度（初期为20万元额度）。

“微粒贷”的潜在客户以个人和小微企业主为主，刚毕业的年轻白领、返乡创业青年、小店老板等，都是“微粒贷”重点关注的群体。此类用户的“长尾价值”固然明显，但大多数没有完整的信用记录，调查成本较高。那么微众银行是如何筛选出“白名单”用户，并发放信用贷款呢？关键之处就在于数据。微众银行的数据来源大致分为两个部分：一是个人或小微企业征信记录，这些数据相对易得，只是数据内容有限；二是公安机关、互联网公司等合作的数据平台，这是微众银行重点开拓的数据渠道，而且很多来自腾讯生态体系，比如由腾讯QQ、微信产生的大量社交数据，通过微信付款的订单流水等，这都是一般金融机构无法获取的。

此外，并不是信用状况良好就一定会在受邀请之列。以个人用户为例，微众银行会先从传统渠道了解其信息，即使征信情况良好，但如果已和多家银行保持信贷关系，就不会出现在微粒贷“白名单”中。而信用记录不多，但数据分析认定具有高潜力的用户，“微粒贷”便会邀请其加入。

2.贷款申请与额度确定

已在微众银行的“白名单”中的用户，只要用任一张银行卡绑定QQ或微信，并根据相应提示填写信息，无需任何抵押物，就能在线完成贷款申请。“微粒贷”对每一笔贷款申请均采取线上审核的方式，因此申请人的信用状况对于申请“微粒贷”成功与否及额度高低至关重要。无论微信还是手机QQ上的“微粒贷”，在授信时都会充分参考用户在整个腾讯体系产品内的数据，重点包括这两个平台的社交数据。确定贷款额度时，会用数千个变量去分析社交数据。虽然整个授信额度的确定背后有一套基于海量社交数据的复杂风控模型，但系统均能自动完成，并会在几秒钟之内判断个人信用情况，给出一定的授信额度。目前“微粒贷”个人贷款总额度为500元~30万元，单笔最高可借4万元。

3.低于信用卡的差别化利率

“微粒贷”小额信用贷款产品具有“无抵押、无担保、随借随还、按日计息”的特点，在贷款利率方面实行差别定价。贷款日利率区间大体在0.002%~0.05%，而一般信用卡的日贷款利率平均为0.05%，因此“微粒贷”的平均日利率低于信用卡贷款。

4.秒间到账与“3A”服务

相比线下借贷，快速放款是“微粒贷”的一大特色。秒间到账，到账速度加快，潜在的风险也随之加大，在制定风控措施时，如何防范欺贷风险是首先要考虑的问题。基于线上、线下的区别，二者防范风险的做法自然有所不同，这也正是微众银行设立“邀请制度”的关键原因。潜在用户经过事先筛选，邀请入口也限于手机QQ和微信两处，非受邀“不得入内”，这样就能防止大量居心叵测者进来骗钱。同时，“微粒贷”还充分体现了互联网银行“3A”服务的优势，能够提供每年365天、每周7天、每天24小时不间断高效服务。

资料来源：根据网络资料整理。

问题：根据以上资料，分析进入微粒贷“白名单”，并且获得较高贷款额度的客户一般具有哪些特点？

分析提示：微信或手机QQ上的活跃客户、信用记录不多但征信情况良好的用户、小微企业主等。

（二）小微企业贷款

为小微企业提供贷款是互联网银行的主要业务之一。由于信息不对称、缺少有效抵质押物，小微企业很难从传统银行获得信贷支持，融资难、融资贵一直是制约小微企业发展的重要因素。互联网银行的发展为破解小微企业融资难提供了一条可行的新路。

互联网银行开展小微企业贷款业务的一个突出优势是“端口前移”，具体表现为申请渠道、审批渠道、放款方式等多方位前移。银行开通电话银行、网上银行、手机银行等渠道方便客户申请贷款业务。同时，银行还建立预审批机制、搭建预审批系统，通过标准的审批机制和评分模型，实现快速预审批。在移动银行端实现随借随还，让客户自主操作，并提供银企电子对账单功能，让客户随时随地获取其银行交易流水信息，也让银行动态监测客户的合理信贷资金额度，防止客户过度负债。为准确评估小微企业授信风险和确定合理贷款额度，银行还与政府及社会公共信息平台对接合作，从税务、工商、海关、人行、社保、劳动、环保、质监、法院、融资担保等多个部门获取借款企业的非财务信息和财务信息，全面准确地判断其真实的资信状况。

目前，互联网银行的“自营+平台”模式，一头连接着小微企业的资金需求，另一头则连接着一系列包括传统银行在内的资金供给方。微众银行将贷款上限定为500万元，一些小微企业发展壮大，超出了微众银行服务的能力范围后，微众银行便会把这些客户推荐给其他银行，这样的制度安排进一步确认了互联网银行小微企业金融服务的专营定位。

知识链接4-4 **网商贷**

网商贷既是一系列贷款产品的统称，又是一款具体的贷款产品。网商贷这一系列贷款产品，主要是针对部分小微企业和部分个人经营者用户开放的信用贷款服务，包含阿里信用贷款、网商贷、淘宝/天猫信用贷款、速卖通贷款等贷款产品。其中，阿里信用贷款是针对1688会员提供的信用贷款，解决客户在交易场景中的融资需求，纯信用、无抵押、免担保；网商贷是针对国际站会员提供的信用贷款，解决客户在外贸交易场景中的融资需求；淘宝天猫信用贷款是商城店铺卖家以企业名义申请，用于淘宝店铺的经营和推广的信用融资渠道；速卖通贷款是面向全球速卖通平台卖家提供信用贷款，无须抵押，无须担保，纯凭卖家信用即可获取贷款。

客户只需要在线上进行申请，提供相关资料，无须抵押和担保，最快3分钟内贷款资金就能到账，且日利率最低达到0.016%。贷款具体申请流程如下。

1.点击“我要借钱”，如图4-18所示。

图4-18　选择贷款种类

2.确认贷款信息，点击“下一步”，如图4-19所示。

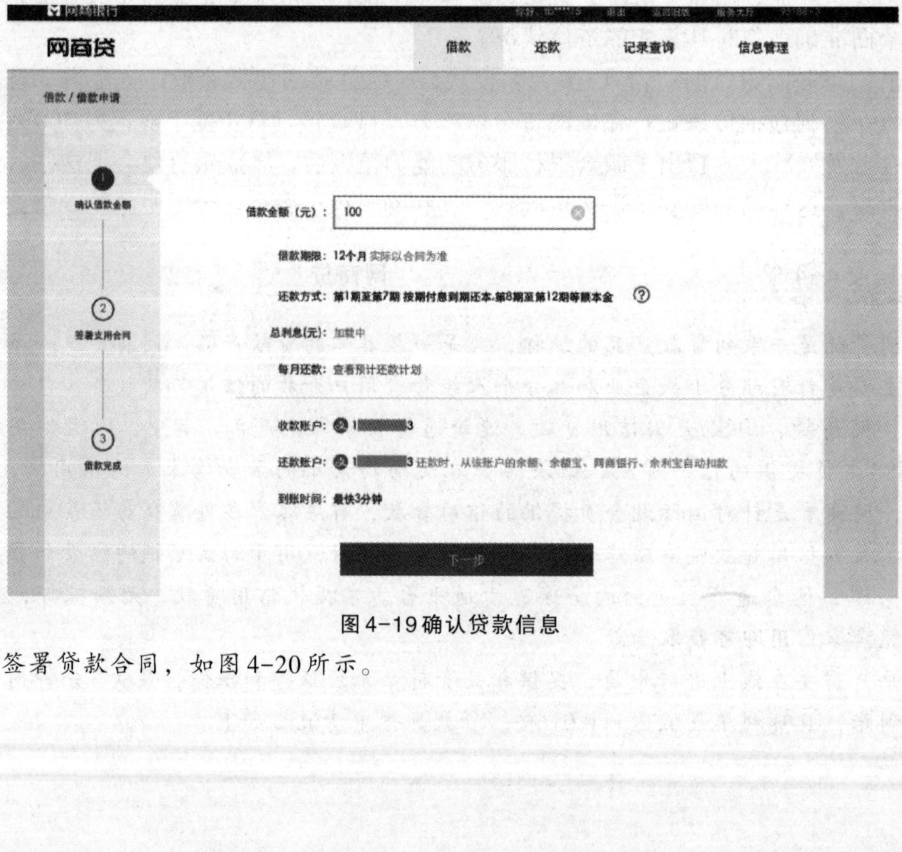

图4-19确认贷款信息

3.签署贷款合同，如图4-20所示。

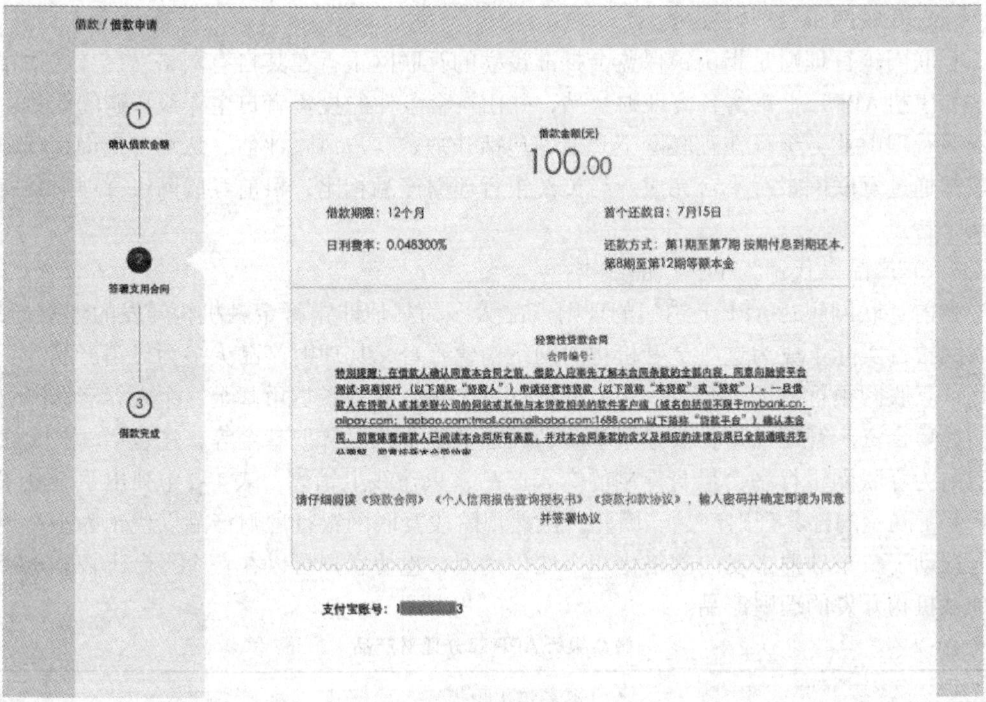

图4-20签署贷款合同

4.提交贷款申请，如图4-21所示。

图4-21　提交贷款申请

资料来源：网商银行官方网页。

三、互联网银行理财业务

互联网银行理财是指由银保监会批准设立的互联网银行在其自有网络平台（包括官方网站和手机APP）上销售各类理财产品，并由符合条件的投资者自主在线认购的业务。互联网银行理财业务全程在互联网上开展，包括开户、客户风险评估、认购、查询、赎回等环节都通过互联网银行平台完成。与传统银行理财产品相比，目前互联网银行理财具有以下几个特点：

（一）产品以代销为主，产品线丰富

当前互联网银行APP上销售的理财产品大多为其他非银行金融机构开发的理财产品，互联网银行实际上成为这些金融机构的网络销售平台，其理财产品大多为代销产品。正因如此，互联网银行的理财产品线比传统银行更丰富，涵盖了货币基金、个人养老保障管理产品、集合资产管理计划、债券型基金、股票型基金、混合型基金等，还包括一些金融机构专门为互联网银行平台量身定制的专属产品，只在线上销售。表4-2中列出了微众银行APP上所展示的部分理财产品。因此，虽然现阶段互联网银行理财产品以代销为主，但实际上推动了整个理财市场的网络化和个性化发展，也使客户可以在一个平台比较和选择不同金融机构开发的理财产品。

表4-2 **微众银行APP部分理财产品**

产品类型	自营/代销	产品名称	参考年化收益率	起购金额	流动性	风险等级
贵金属	自营	微众金	浮动变化	1元	活期/定期，可提实物金	中等
货币基金	代销	国金通用众赢货币基金	3.19%	0.01元	活期：取出实时到账	较低
养老保障管理	代销	平安养老富盈180	4.87%	1 000元	定期：期限180天，到期可续投	中等
资产管理计划	代销	广发弘利债券273	6.70%	50 000元	定期：期限273天，到期自动赎回	中等
股票型基金	代销	景顺沪深300增强	浮动变化	10元	随时赎回	高

（二）安全性较好，信息披露及时完整

安全性是投资者购买理财产品的首要考虑因素。从我国目前成立的互联网银行来看，虽然它们都属于民营银行，但都是经过银保监会审批的正规银行业金融机构，拥有银行牌照。因此，互联网银行开展理财业务受到银保监会和相关部门的严格监管，安全性和合规性均有保障，与过去几年野蛮生长的P2P、众筹等并不相同。同时，互联网银行也非常注重平台形象和风险防控，比如微众银行APP具有人脸识别功能，在用户绑定第二张银行卡的时候，需要“刷脸”来进行审核，这样就能够最大程度地保证是本人操作，非常安全可靠。

另外，与传统银行相比，互联网银行理财业务特别注重客户体验与信息披露的公开透明。互联网银行往往会通过手机APP或者官方网站实时披露理财产品的收益率以及投资运作情况，投资者也可随时打开APP查看自己所认购产品的“总资产”“每日收益”“累计收益”等信息，数据保持实时更新。

（三）操作灵活方便，产品流动性好

与传统银行相比，互联网银行理财最突出的优势就是操作灵活方便，产品流动性好。现在人们的生活节奏越来越快，互联网银行理财产品利用网络平台进行支付，申购和赎回均不需要实际的交易场所，这使理财突破了时间和空间的限制，交易更加快速便捷，成本也更低。部分理财产品开启了“T+0”模式，可通过网络随时申购，随时赎回，并且实时到账；有的定期产品设置了到期自动续投功能，投资者既可以选择到期预约赎回，也可以选择下一期自动续投，这种相对灵活的赎回机制，使得投资者能兼顾流动性和收益性。

（四）投资门槛低，收益较高

互联网银行的理财产品通常购买门槛较低，与银行传统理财动辄上万起的申购金额相比，这样的资金门槛更接地气，也更适合普通投资者。一般来说，传统银行理财产品收益率水平相对稳定，但收益率也相对比较低。而互联网银行理财产品的收益率则平均高于同期限传统银行理财产品。

知识链接4-5 **微众银行理财产品**

微众银行依托APP平台推出了一系列理财产品，构成其财富管理业务线，满足客户多元化的理财需求。

一、活期+

活期+是微众银行为用户提供的资产增值服务，它对接6只收益表现优秀的货币基金，具有购买起点低、流动性好、随用随取的特点。虽然货币基金风险较低，但投资者要清楚购买货币基金并不等于活期银行存款，基金管理公司不保证基金一定盈利，也不保证最低收益。

二、短期+

短期+是微众银行为客户提供的投资期限为1~21天的理财产品，具有期限短、收益较高、稳健增值的特点，兼顾了流动性与收益性。

三、定期+

定期+是微众银行为客户提供的投资期限为30天以上定期理财产品，投资收益相较于活期+和短期+要高，但流动性比较差，主要投资范围为货币市场工具、固定收益类产品、不动产类资产及其他金融工具，投资风险要高于货币基金。

任务四 手机银行

一、我国手机银行的发展

进入21世纪后，移动通信技术完成了从量变到质变的飞跃，也为手机银行的出现奠定了基础。国外移动运营商很早就开始了对手机银行业务的探索，其中日本和韩国在这一领域发展较快，而欧美地区的手机银行业务由于种种原因相对滞后。目前，我国大部分银行都开展了手机银行业务。中国手机银行发展经历了3个阶段。

在线视频4-2

安全使用手机银行

（一）短信手机银行阶段

2000年后，工商银行、中国银行、中国建设银行和招商银行先后推出了基于由手机GSM短信中心和银行系统构成的短信手机银行服务，标志着我国进入了手机银行的第一个阶段——短信银行时代。各银行的短信手机银行服务可以帮助用户完成账务查询、自助缴费、银行转账等基础业务，还可以帮助用户查询股市行情、航班信息、外汇牌价等信息。国内提供SMS手机银行服务的典型案例是中国工商银行在全国范围内推出基于短信的手机银行服务，该服务的本质是为个人网上银行用户提供增值服务。申请该项服务有两个基本要求：第一，是中国工商银行网上银行的用户；第二，拥有一部能够收发短信的手机，而且是中国移动的用户。申请过程完全自助，用户在网上注册后就可以开通。短信手机银行的特点是使用门槛低、用户易于接受，但普及率较低，没有得到大范围推广。

（二）WAP手机银行阶段

2004—2006年，手机银行进入了WAP时代，WAP是无线应用协议（Wireless Application Protocol）的简称。WAP手机银行是指通过移动电话，基于WAP技术，利用移动通信网络，为客户提供网上银行产品与服务的一种方式。WAP手机银行出现于2005年，其实现形式是通过手机内嵌的WAP浏览器访问银行网站，无须下载客户端，便可获得在线的金融服务，实现实时交互。几大门户网站推出了WAP网站，快速抢占移动互联网市场。银行跟随这股热潮推出基于WAP技术标准的手机银行产品。该产品将相对成熟的网上银行业务部分移植到手机终端，使得客户可以通过手机完成大部分网上银行的业务。WAP手机银行时代的特点是增强了客户的可操作性，丰富了手机银行的业务内容，但是WAP手机银行也受制于无线网络的资费和速度等因素的影响，而且由于引入了电信运营商的支持，产业链逐步走向复杂化。目前，WAP手机银行已不被发展和使用，新的WAP手机银行用户几乎不会再增加。

知识链接4-6

创新智能时代 中信手机银行“5.0”来袭

近年来，中信银行积极拥抱金融科技，为客户打造“有温度、更懂您”的智能化服务。目前，中信手机银行APP已成功进入5.0时代，新增智能语音、网点预约、手机开卡、快捷支付管理等功能。中信银行手机银行已支持蓝牙Key连接，客户可以享受便捷且不受金额限制的转账功能，每一笔资金流动都有数字证书加固功能，使用更安心。

一、智能语音上线：多项银行业务“开口可办”

“我要转账，给老婆大人转521元钱。”如果你走在大街上，听到有人对着手机这样说话，不必感到惊讶，也许他正在使用中信手机银行的智能语音功能服务。用户只需打开中信手机银行APP，按住语音服务键，就可以通过语音快速办理转账汇款、账户查询、薪金宝购买/赎回等金融业务。

该服务的上线，初步实现了针对盲人、老年人等视障群体的线上无障碍金融服务。

二、智能服务升级：新增更多人性化实用功能

“我的银行卡绑定了微信、支付宝、百度钱包、京东支付等，有时甚至在不注意的情况下就签订了支付协议，我都搞不清自己一共开通了多少快捷支付。有什么好的办法让我做到心里有数吗？”面对越来越多的支付平台，很多人都有同样的困惑。中信手机银行5.0上线后的快捷支付管理功能完美解决了这一问题。客户通过手机可一键查看自己绑定了多少支付平台。对于不常使用的支付平台还能直接解除绑定，切实解决客户的资金安全需求。

三、依托大数据引擎："千人千面"，精准为客户服务

依托大数据引擎，能够做到“千人千面”，精准地为客户推荐最适合的产品与服务。据介绍，投资顾问服务“信智投”融合大数据分析、量化金融模型以及投研专家智慧，智能分析客户的风险承受能力，为客户推荐匹配其风险承受能力的公募基金组合方案，客户确认后可实现基金组合的“一键购买”。客户购买基金组合后，“信智投”提供“一键式”追加购买、定投、赎回、调仓优化、投资月报等售后服务。

资料来源：佚名. 创新智能时代 中信手机银行“5.0”来袭［EB/OL］.（2019-02-14）. http://henan.163.com/19/0214/11/E7VLGM8004398DPR.html.

（三）APP手机银行阶段

体验探究4-3

中国工商银行手机银行自助注册

2007年至今，随着智能手机的发展，手机不再只是一个通信工具，而是具备了更丰富的内涵，人们的生活习惯从此颠覆。包括银行业在内的所有行业都针对移动互联网进行改革和升级，以满足用户的新需求，手机银行因此跨入了APP时代。手机银行APP方式是目前最为强大的手机银行方式。随着智能手机的普及，自2010年年底银行开始重视这项业务。目前各大银行都推出了自己的手机银行，并加大推广力度。用户只需要安装手机银行APP，就可以在有网络的条件下随时随地管理自己的账户。手机银行APP最大的特点是免去了用户输入复杂的网址，以及在WAP网站烦琐的菜单中寻找选项的缺陷。设计较好的手机银行APP（如中国工商银行融e行手机银行），不但界面清晰易于操作，更具备较强的安全性，而且功能非常强大，客户登录客户端即可享受手机银行提供的各项金融服务，让用户真正做到随时随地用手机管理账户。客户既可以持本人有效身份证件及银行卡或活期存折到营业网点办理手机银行注册手续，也可以完全在线自助注册。

拓展思考4-4

请浏览银行官网，结合所学知识，比较网上银行和手机银行有哪些不同之处。

答：主要有以下两个不同之处。（1）借助载体不同：网上银行一般都是通过电脑登录银行官方网页使用，手机银行通过手机客户端使用。（2）功能业务有差别：网上银行和手机银行在功能业务上不完全重合，比如网上银行的资金限额一般会比手机银行高一些，而手机银行有一些专属的投资理财功能，网上银行则没有。

二、APP手机银行的主要业务

随着国内外移动通信技术的不断发展成熟，移动交易技术的革新为银行带来了巨大利润，中国手机银行业务在经过先期预热后，逐渐进入了成长期，如何突破业务现有发展瓶颈，增强客户的认知度和使用率成为手机银行业务产业链各方关注的焦点。目前的手机银行客户端主要业务大致可以分为三类。

（一）查缴业务

查缴业务是目前手机银行提供的最基本的金融服务，包括：账户查询、余额查询、明细查询、外汇查询、利率查询、信用卡账单等查询服务；转账、缴税、交水电费、交话费等交易服务；银行也可通过手机银行通知客户贷款还款、信用卡还款或其他异常信息通知。此外，手机银行可以通过智能手机的GPS定位功能，帮助客户找寻离自己最近的ATM及分行网点，还可主动提供客户所在地区的特约商户资讯、最新优惠活动等贴心服务，以达到随时提供查询促销、优惠信息的掌中行销效益。

各银行为了推广其手机银行业务，也推出了一些优惠活动，充分体现了让利客户、普惠金融的服务理念。比如中国工商银行目前对手机银行境内转账汇款业务实行了全免费政策，客户通过中国工商银行手机银行、工银融e联、工银e校园等手机客户端办理人民币本行异地转账、跨行转账等业务均免收手续费。客户登录工行融e行手机银行（如图4-22所示），点击转账汇款，进入转账汇款主页（如图4-23所示），选择境内汇款（如图4-24所示），按照系统提示输入收款人的姓名、账号等相关信息后即可完成转账，之后银行还会发送转账交易成功的提醒。

窗体底端

图4-22 工行融e行手机银行首页

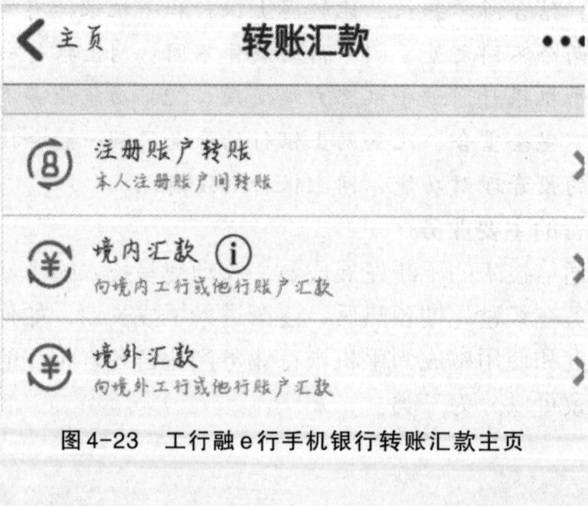

图4-23 工行融e行手机银行转账汇款主页

图4-24　工行融e行手机银行境内汇款页面

（二）购物业务

购物业务是指客户将手机信息与银行系统绑定后，可以通过手机银行APP购买商品。银行通过与超市、网上商城、影城等合作，提供客户手机上网购物或购票优惠，搭配快速取票或快递配送服务，实现随时移动购物的快速与便利生活。依托大数据引擎，手机银行能完全根据客户的个性化需求和喜好，精准地为客户推荐最适合的产品与服务，银行客户可通过手机随时随地获取所需的信息和服务。

在工行融e行手机银行客户端中内嵌了工行融e购电子商务平台。作为银行系电商，融e购商城既把握电子商务发展规律和趋势，致力于提升客户体验，同时也重点突出银行业支付灵活、融资便捷的金融服务优势，凸显"购物可贷款，积分能抵现"的优势特色。比如，融e购商城将工行逸贷产品与网上购物结合起来，订单金额高于100元即可在线申请逸贷业务，全线上、全自助、瞬时到账，让消费者即时享有心仪的商品和服务。此外，融e购商城支持工行用户积分抵现支付订单，成为工行用户超过万亿积分重要的消费平台，为用户带来极大便捷和优惠。

（三）理财业务

理财业务已经成为手机银行的主要业务之一，包括为客户提供基金投资、债券投资、专户理财、理财产品、代理保险、投资订单、账户贵金属、代理贵金属、黄金积存、个人结售汇、外汇买卖、理财规划、定期存款、代理信托等理财服务，智能手机已成为投资理财的新渠道。

以中国工商银行为例，该行融e行手机银行除了具备大部分手机银行都有的投资理财功能之外（如图4-25所示），还开发了智能投顾品牌“AI投”，帮助客户进行投资。在当今金融业以大数据+AI为首引领的科技浪潮中，智能投顾作为汇集体现金融科技的新型投资模式，已成为传统金融业厮杀拼搏的新战场。

图4-25 工行融e行手机银行业务页面

进入工行融e行手机银行“AI投”具体操作页面，设定好风险等级和投资期限以后，“AI投”计算显示出这样的投资偏好下的模拟年化收益率及模拟最大回撤；而在页面的下端，“AI投”以环状图形式展示出其设计推荐给用户的资产配比，可见占比最大的是“货币类”，紧随其后的是“固定收益类”，还有“股票类”“境外类”等共同组成该智能投顾产品的投资组合（如图4-26所示）。

此外，“AI投”以柱状图形式展现出在风险等级3的前提下，投资者对于投资年限的偏好分布，可见选择1~3年的用户最多，其次是“1年以下”，而3年以上的用户最少（如图4-27所示）。

“AI投”的起购金额为10 000元，客户选定可承受的投资风险等级及投资期限后，点击“一键投资”即可完成基金组合购买。而当基金组合不符合市场投资形势时，“AI投”能够建议客户调整基金组合，客户可通过“一键优化”完成基金组合调整。

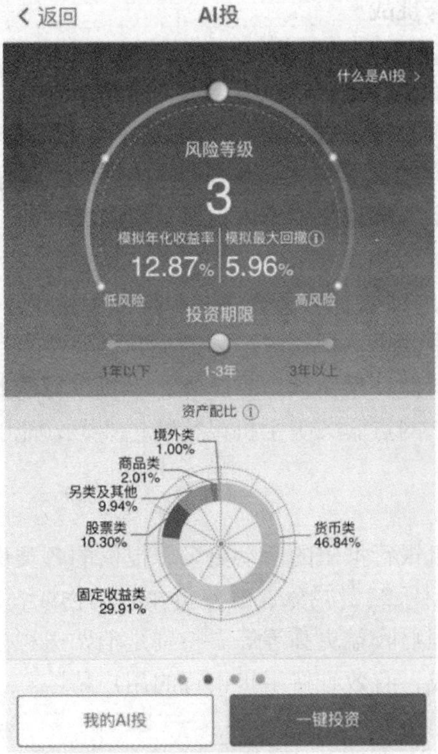

图 4-26　工行融 e 行手机银行“AI投”资产配比

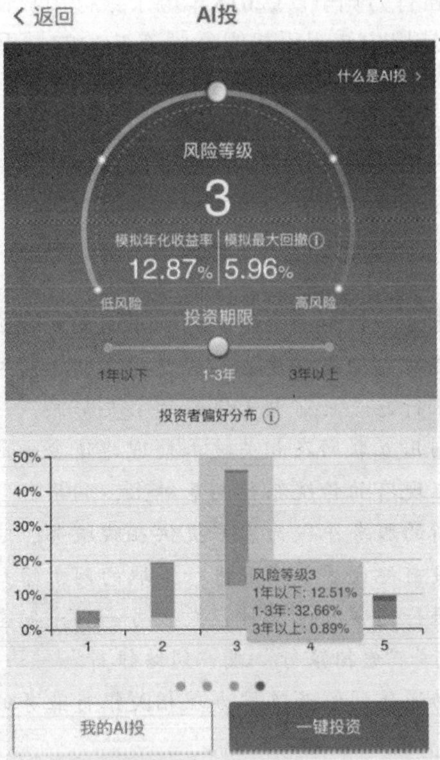

图 4-27　工行融 e 行手机银行“AI投”投资者偏好分布

三、手机银行的优势与挑战

（一）优势

1.使用方便、操作简单

手机银行具有使用方便、操作简单的优势，明显强于网上银行及其他电子银行渠道，能随时随地使用是用户选择个人手机银行的主要原因。《2018年电子银行用户使用行为及态度研究》报告显示，44%的用户由于手机银行可以随时转账、汇款而开通手机银行。

2.场景广泛、业务丰富

随着5G技术更为广阔的覆盖，势必会进一步延伸手机银行的使用场景，并且5G技术更快的数据传输速度所带来的用户操作流畅度的提升，意味着用户可以更加快速地完成各种场景下的各种操作，从而提升用户体验。此外，手机银行的业务功能逐渐丰富，包含支付、缴费、各类交易通知、网点服务等手机银行特色业务，能够进一步吸引用户开通和频繁使用手机银行。

3.活动更多、优惠更大

与网上银行相比，手机银行推出的活动更多，提供的各类优惠力度也更大，更吸引用户。比如，转账或投资理财手续费减免、缴费折扣、购物或餐饮优惠、手机消费送积分、积分换购、手机银行专属理财收益更高等等。特别是消费送积分，再使用积分换购的方式有利于用户使用习惯的养成，有效维持手机银行的用户黏性。

（二）挑战

随着智能手机的普及，人们的支付习惯已经发生了变化，在支付服务市场中，银行受到来自第三方支付机构的强有力竞争。《2018年电子银行用户使用行为及态度研究》报告显示，第三方支付的冲击是用户使用手机银行频率减少的最重要的原因，有71%的用户认为第三方支付能够满足自己的所有需求，因而进行了渠道的转换。此外，相较于手机银行，第三方支付场景已经基本搭建成熟，覆盖用户各类生活场景。因此，银行应该尽量增加铺设线下支付场景，结合优惠活动，激励用户主动使用手机银行进行支付，培养用户使用手机银行的意识。

项目小结

电子银行，是指商业银行等银行业金融机构利用面向社会公众开放的通信通道或开放型公众网络，以及银行为特定自助服务设施或客户建立的专用网络，向客户提供的银行服务。其中网上银行和手机银行，是目前电子银行的主要形式。

网上银行，是指银行利用互联网及相关技术处理非现金类的银行业务。网上银行通常有两种发展模式，一种是在现有的传统银行的基础上，利用互联网开展银行业务服务，即传统银行利用互联网作为新的服务手段为客户提供在线服务，它实际上是传统银行的业务在互联网上的延伸，也是目前绝大多数商业银行采取的网上银行发展模式。在日常生活和工作中，我们提及的网上银行通常就是这种模式。另一种是完全依赖于互联网的无形的电子银行，也叫"互联网银行""虚拟银行"或"网络银行"。

手机银行，是利用移动通信网络及终端办理相关银行业务的简称，也被称作移动银行或口袋银行。

关键概念

电子银行　网上银行　互联网银行　手机银行

综合训练

一、不定项选择题

1.我国纯粹意义上的虚拟银行有（　　）。

A.支付宝　B.蚂蚁金服　C.浙江网商银行　D.中国建设银行

2.网上支付的目的在于（　　）。

A.减少银行成本　B.加快处理速度　C.方便客户　D.扩展业务

3.以下属于网上银行的业务的是（　　）。

A.转账支付　B.账户管理　C.理财　D.贷款

4.各种新型的受理渠道，使电子支付工具能通过（　　）等渠道被受理。

A.网络　B.手机　C.电话　D.短信

5.手机银行与网上银行相比，具有（　　）的优势。

A.操作简单　B.使用方便　C.优惠更多　D.场景更广泛

二、简答题

1.我国电子银行的发展经历了哪些阶段？

2.网上银行的主要发展模式有哪两种？

3.互联网银行的主要业务种类有哪些？

4.手机银行具有哪些优势，在未来会面临怎样的挑战？

三、案例分析

远程开户：账户实名制中的自动驾驶技术

网商银行、微众银行等没有实体网点的互联网银行，远程开立的账户是Ⅱ类账户，具备办理存款、购买投资理财、限额消费和缴费等功能，但不能存取现金、向非绑定账户转账等。互联网银行不能远程开立具备全功能的Ⅰ类账户，很多业务都要通过其他银行操作。由于银行之间是竞争关系，所以没有一家银行会帮助另外一家银行发展。远程开户的问题是制约互联网银行发展的关键。不能在网上开户，互联网银行就只能是有牌照的技术公司。

此前，招商银行关闭了微众银行通过深圳中国人民银行金融结算中心的“验身”接口（验证身份系统的接口）。微众银行身为银行，却无法自己给用户开户，而要依靠其他银行的银行卡给用户做身份验证，靠其他银行的银行卡方能导入用户流量，靠销售与其他金融机构合作的理财产品过活，给用户提供的仅仅是线上的弱电子账户。目前，微众银行受限于远程开户困境，转而做平台服务。

随着线上金融服务的发展和身份识别技术的进步，电子账户将成为一种主流账户形式。因此，远程开户及账户的网络化使用成为必然趋势。从当前情况看，远程开户面临着政策、制度、管理以及技术多重障碍，短期内放开可能性不大。一旦放开，将对账户体系安全基础进行重新定义和构建。另外，缺失账户现场开立功能的银行网点，将成为银行转型和金融体系运行不可承受之重。

从市场需求和线上金融发展趋势看，远程开户是必然的发展趋势。支付账户和银行的Ⅱ类、Ⅲ类账户实现了远程开户，但是其功能受限，这种安排是通向远程开户迈出的第一步。要实现全功能账户的远程开户，一是要不断完善生物识别技术和大数据的后台支撑，以达到监管的要求；二是要从实质重于形式的原则出发，对账户实名制的内涵和要求做出相应调整。

互联网银行现阶段存在的最大障碍是对正在申请账户的发起者身份的远程识别与验证问题。一直以来，银行账户实名制是金融监管的基本要求，也是防止贪腐、金融诈骗，切实执行反洗钱规定的基础措施。随着互联网金融的发展，脱离物理网点的互联网银行应运而生，与此相伴的是“面签”这一无法逾越的障碍。

问题：如何看待远程开户？你认为远程开户面临的最大问题是什么？

分析提示：从市场需求和线上金融发展趋势看，远程开户的趋势是显而易见的。对远程开户问题，首先要考量的是这种金融服务模式的安全系数。

四、实践训练

实训项目：体验与对比个人网上银行与手机银行。

实训目的：体验个人网上银行与手机银行的相同与不同。

实训步骤：

1. 浏览各家银行官方网站，掌握个人网上银行的主要业务流程。
2. 下载并安装个人手机银行APP，熟悉手机银行的主要功能。
3. 对比分析个人网上银行和手机银行的相同之处与不同之处。
4. 分小组形成一份书面体验报告，说出你对手机银行未来发展的设想与建议。

项目五　互联网证券

知识目标

1. 了解互联网证券产生的背景。
2. 明确互联网证券的优势。
3. 掌握互联网证券的发行、交易及清算。

技能目标

1. 能够开通互联网证券交易账户。
2. 能够下载和安装客户端软件。
3. 能够进行互联网证券委托交易。

案例导入　**证券业进入互联网创新3.0时代　强调客户黏性及运营效率**

互联网对证券业业态冲击及创新推动已不是新鲜事，在监管持续收紧、支付功能难以恢复的背景下，行业创新热度较两年前冷却很多，不过冲击仍然存在，认为金融科技变化是未来行业大方向的券商也不在少数，讨论和实践仍在进行。长尾客户端的场景搭建及机构客户端的科技创新进步促进券商进入互联网创新3.0时代。

所谓1.0时代，主要是通过互联网技术制造标准化产品，最明显的是各家券商自己开发APP应用，提供最基础的行情、交易、资讯功能；2.0时代的特点则是连接和共享，通过互联网逻辑转化和输出客户，比如与百度、大智慧等互联网企业合作实现客户引流；而3.0时代则强调客户黏性的重要性。

券商APP升级

当意识到同花顺、大智慧等互联网金融公司迅速成长并掌握绝对长尾客户流量优势后，不少券商纷纷开始打造自己移动端APP，互联网金融竞争也逐渐白热化。在近两年的互联网创新中，手机APP是券商发展重点。

黏住客户理论衍生出的另一产物则是人工智能。在这方面，广发证券率先推出了智能投资顾问贝塔牛，华泰证券收购了全方位服务统包资产管理项目平台Asset Mark，其他券商、基金等机构也在研发中。所谓智能投资顾问是一种新兴的在线财富管理服务，根据个人投资者提供的风险承受水平、收益目标以及风格偏好等要求，运用智能算法和数据处理能力，为用户提供投资参考。

以投资管理为核心提高效率

除了上述主要针对长尾散户的互联网创新，目前也有证券公司以投资管理为核心，优化中后台运营，通过金融科技创新提高效率，提升对机构客户的黏性。

目前已有几家券商开始着手对中后台进行优化，包括技术及运营，提高资金、运算等效率。效率提升对机构客户具有重大吸引力，曾有一家排名靠后券商借鉴期货模式增强交易速度吸引了上千家私募机构；近期中泰证券也高调宣传其极速交易系统。

经纪业务继续分化

在券商互联网创新潮流下，券业经纪业务分化继续加深，随着监管收紧这一趋势或将更加明显。

2015年年底，华泰证券、中信证券等相继宣布停止接入第三方交易软件，目前大型券商或互联网金融布局较好的中型券商已经逐渐摆脱对同花顺、大智慧等第三方交易软件的依赖；但小券商受限于投资额度、技术开发能力等，仍对这些公司的软件有很强的依赖性。

在监管放开一人一户的限制后，一位从事第三方交易软件运行的人士曾向财新记者表示，小券商通过其所在公司软件导流快速增加了开户数量，而大券商则有部分流失。

当然也有后梯队券商还在努力打造自己的互联网模式，较为典型的是华信证券，正在打造公司互联网生态模式，包括推出华信现金宝及华信涨停宝。但相对大券商强调全链条、全资产布局，小券商因业务和客户的局限，多选择从点突破。

资料来源：佚名. 证券业进入互联网创新3.0时代　强调客户黏性及运营效率［EB/OL］.［2017-02-16］. http：//www.doit.com.cn/p/266186.html.

任务一　认识互联网证券

信息技术尤其是互联网技术的进步，正在引发一场全球商业领域的革命，对人类生活、工作和思想也产生了根本性的影响。而互联网对于证券行业的影响可以说非常具有代表性，互联网证券业务也是互联网应用最为成功的领域之一。互联网证券交易的重要意义不仅在于增加了以互联网为中心的委托交易方式，大大降低了委托交易成本，显著提高了证券投资效率，更在于其为证券经纪业务注入了新的活力，打破了传统交易方式的时空局限，克服了传统交易方式的弊端，为投资者提供全方位、无差别、个性化的投资咨询服务，引发了证券业的一场新革命。

网络课堂5-1

网络证券的含义与主要业务内容

互联网证券是把计算机技术、互联网技术等信息技术应用到证券活动中而形成的一种大规模、全方位、体系化、新型的证券经营模式，涉及传统证券市场的各类业务和所有环节，并在此基础上实现了一系列的业务创新。

一、互联网证券的含义与主要业务内容

（一）互联网证券的含义

互联网证券的含义有广义和狭义之分。广义的互联网证券，也称为证券电子商务。通常来说，证券业务包括一级市场业务、二级市场业务及其他派生业务。所谓一级市场业务，主要是指证券公司帮助拟上市的公司进行公司设立、股票发行、上市以及

上市后增发新股或配股等业务。二级市场业务，主要是指代理证券投资者买卖在交易所上市的证券。此外，投资银行、证券公司、投资顾问公司为上市公司开展资产重组和资产并购业务，为证券投资者进行投资咨询、理财业务等，也都属于证券业务。相应地，当人们采用信息技术手段，在数字化、互联网化的媒介上实现上述业务过程时，就产生了不同的证券电子商务形态。

因此，广义的互联网证券就是互联网在证券领域的应用，是利用先进的信息技术，依托互联网、移动通信系统、有线电视网等现代化的数字媒介，以在线方式开展传统证券市场上的各种业务。

狭义的互联网证券即互联网证券交易，指投资者通过互联网得到证券的即时报价，分析市场行情，并利用互联网下单到实物证券交易所或互联网虚拟交易所，实现实时交易的买卖过程。

本项目内容所讲的互联网证券是狭义的互联网证券。

思政教育专题5-1　**认清本质　远离非法证券活动**

非法证券活动是一种典型的涉众型的违法犯罪活动，严重干扰正常的经济金融秩序，破坏社会和谐与稳定。

一、案情摘要

2013年11月至2014年8月，某电子商务公司通过QQ等方式在网上招揽客户，利用该公司设立的网上集中交易平台，诱骗投资者参与所谓的白银现货交易。投资者上当后，该公司再谎称能提供专业指导，骗取投资者账号密码，擅自操作投资者账户，通过不断刷单赚取投资者高额交易手续费、仓席费等费用；同时，该公司操控集中交易平台，与客户对赌，侵占客户资产，给投资者造成巨大损失。

2014年7月，受害人向公安机关报案。检察机关对该公司相关人员以涉嫌诈骗罪向人民法院提起公诉。

二、风险提示

不法分子往往以高收益为诱饵，说白银交易“投资小、收益大”，只要跟着“老师”做，就可“收益翻番”，诱导投资者参与白银交易，诈骗投资者的钱财。根据国家有关规定，除国务院金融监管部门批准的交易所之外，其他任何交易场所均不得采取集中竞价、电子撮合、连续交易等交易方式从事商品或权益交易，也不得采用集中方式进行标准化合约交易。投资者应当高度警惕以“白银”等贵金属为名义，采取集中竞价、连续交易等违法交易方式的交易活动，谨防上当受骗。如发现有人通过劝诱投资者参与白银交易骗取钱财，可向当地公安机关报案，以免造成损失。

（二）互联网证券的主要业务内容

互联网证券就是把计算机技术、互联网技术等信息技术应用到证券活动中而形成的一种证券经营模式，因此它涉及传统证券市场的各类业务和所有环节，并在此基础上实现了一系列的业务创新。互联网证券的主要业务包括互联网证券发行、互联网证券交易、互联网支付、互联网信息服务等方面，其中，互联网证券交易是现阶段互联网证券业务的主要组成部分。

互联网证券交易是指投资者利用互联网资源，获取证券的即时报价，分析市场行情，并通过互联网委托下单，实现实时交易。互联网证券交易系统一般都有提供实时行情、金融资讯、下单、查询成交回报、资金划转等一体化服务。

拓展思考5-1

怎样识别互联网非法证券活动？

答：互联网非法证券活动通常有以下几种形式：（1）冒名顶替式：盗用合法证券公司、投资咨询公司及其他金融机构的名称，复制合法机构简介、人员状况等信息，冒用公司标识，设立虚假网站，蒙骗投资者。（2）无中生有式：凭空捏造公司名称、地址、历史、从业人员、客户信息及反馈意见等信息，伪造公司工商执照、证券投资咨询资格证书以及“3·15认证站点”“在线诚信企业”等各种备案认证资格标志，并链接股市动态新闻，给投资者造成有实力机构的假象。（3）撒网钓鱼式：利用QQ、微信等实时通信软件，股吧、网站新闻评论等网络交流工具，通过市场分析、个股点评等方式，营造出“草根证券专家”的形象。（4）移花接木式：以网络为平台，通过销售荐股软件、认购私募基金、介绍理财知识等五花八门的形式，借合法营销活动之名，行非法证券活动之实，诱骗投资者的钱财。

二、互联网证券的优势

网络课堂5-2

网络证券的优势

互联网证券是电子商务条件下的证券业务的创新。随着互联网证券业务的不断推广，证券市场逐渐地从“有形”的市场过渡到“无形”的市场，现在的证券交易营业大厅逐渐失去其原有的功能，远程终端交易、互联网证券交易将会成为未来证券交易的主流方式。与传统证券业务经营模式相比，互联网证券具有明显的优势。

（一）时空优势

传统的证券交易是投资者通过营业部的柜台下单，或通过电话进行委托，由证券营业部将交易指令传递到证券交易所，在交易所撮合成交后再通过营业部将交易结果返回给客户。

互联网证券交易打破了时间和空间的限制，极大地提高了投资者选择的自由度，增加了证券市场的流动性。互联网证券交易是无形的交易方式，它不需要有形的交易场所，可以利用四通八达的通信网络，把各地的投资者联结在这个无形的交易场所中。有了互联网证券交易，只要有计算机及网络接口的地方都能成为投资者的投资场所，因此可以促使更多的投资者参与股票交易，并增加交易的频度，从而增强证券市场的流动性，提高证券市场的效率。互联网的普及极大地方便了那些有投资欲望但因无暇或不便前往证券营业部进行交易的投资者进行投资，使客户群体得到了扩大，而且投资者在任何一个地方都可通过互联网看到股市行情，并即时下单交易。

（二）信息优势

信息优势主要体现为信息量的广泛性与传播的快速性。从技术角度看，每笔证券交易的准备、实施、完成直到后续处理，都是数据交换的过程。证券公司在网上发布的和通过电子邮件发送的信息，可以在极短的时间内传递给所有的客户，而且几乎没有数量限制。一般说来，互联网证券交易模式所提供的行情更新时间为8～10秒，快于其他的任何一种委托方式。通过网上数据库，客户随时可以便捷地查询有关宏观经济、证券市场、板块、个股等所有信息，掌握全面的背景资料。因此，与传统的证券业务相比，互联网证券具有速度快、信息量大、功能完备等优势，克服了传统市场上信息不充分的缺点。它使投资者可以在网上主动、及时、有效地获取和筛选相关信息，有效地提高证券市场效率，降低信息不对称程度。

（三）成本优势

从证券公司的角度看，互联网证券交易可以通过交易环境的虚拟化，改变传统营业部所需的运营要素。互联网证券交易不需要装修营业大厅，不需要维持庞大的员工队伍，却可以最大限度地容纳投资者，其成本仅为开户时的网络接入费用、软件购置费用和日常维护费用，经营成本大幅度降低。据测算，在中国，一家有形网点一次性的投资为1 000万～2 000万元人民币，日常每月费用为25万～80万元人民币。而在同等条件下，互联网证券交易的投资只有传统营业部的30%～50%，日常运营费用不到传统营业部的25%。

从投资者的角度来看，互联网证券交易不仅节省了投资者前往营业部的时间成本，使其在任何条件下都能享受到更便利、更快捷的服务，而且证券公司经营成本的降低可给投资者更多的让利，从而大幅降低投资者的交易成本。在美国，网上股票交易的成本为每股0.15美分，远远低于传统交易方式每股1～2美分的水平；韩国互联网证券交易的手续费是交易额的0.1%～0.5%，为传统交易方式的20%。

（四）交易安全优势

互联网证券交易的安全系数要高于传统的交易方式。在传统的交易方式中，客户委托数据在到达证券公司交易服务器之前的传输过程中是透明可读的，只要黑客能够截获这些数据，就能够解读并获取客户的密码以及其他的交易数据等信息；而在互联网证券交易中，客户的私人信息以及交易数据等都是经过较长的位数加密的，只有交易服务器才能正确地识别这些数据，而且随着互联网证券交易手段和技术的不断完善和成熟，互联网证券交易将为投资者提供更加安全的交易服务手段。

同时，互联网证券交易减少了证券交易的中间环节，投资者直接下单，避免了交易人员的人为失误，操作风险大大降低。

（五）业务扩张优势

在传统证券业务经营模式下，历史的积累、规模、业务的结构和优势等成为决定证券公司竞争胜负的重要因素。开展互联网证券交易以后，证券公司之间的主要差别体现在技术支持及投资咨询服务上。证券公司提供证券信息的全面准确程度、对客户投资指导的及时性与完善程度以及在此基础上长期积累形成的证券投资咨询品牌，成为证券公司在竞争中取胜的关键。

同时，券商发展互联网证券的成本优势，使其开发定制产品成为可能，可以满足投资者不同的信息需求，市场发展潜力巨大。因此，互联网证券将成为券商扩大经纪业务的来源，特别是中小券商扩大经纪业务和大券商进行竞争的一种强有力的手段。

在线阅读5-1

老虎证券获美国清算牌照，互联网券商牌照战愈演愈烈

美国互联网证券公司——嘉信理财（Charles Schwab）借助新技术，率先实行业务经营模式的转变，在短时间内不仅一跃成为美国最大的互联网证券公司，而且在投资者的追捧下，其市值超过了赫赫有名的美林证券。为了

避免客户的流失，一直排斥互联网证券交易的美林证券不得不于1999年6月加入了美国网上经纪竞争行列。

任务二 互联网证券发行

证券发行是政府、金融机构、工商企业等以募集资金为目的向投资者出售代表一定权利的有价证券的活动。互联网证券发行是指利用互联网完成证券发行的一种方式。在我国，互联网证券发行即利用上海证券交易所或深圳证券交易所的交易网络，新股发行主承销商在证券交易所挂牌销售，投资者通过证券营业部交易系统申购的发行方式。

第一次成功地进行股票互联网直接公开发行（DPO）的是一家美国的啤酒公司。1994年，这家公司的老板绕过了投资银行和经纪公司，直接在其公司的网页上向公众发行公司的股票。3 500名投资者在购买了直接发行的股票后，通过一个设在公司网页上的电子公告牌进行交易。希望进行交易的投资者将其意愿通过互联网发送到公告牌上，然后直接接触进行交易，一家独立的银行负责资金的清算和交割，公司因此避免了注册成为经纪商的繁琐程序。

拓展思考5-2

什么是DPO?

答：所谓DPO（Direct Public Offering），就是互联网直接公开发行，即证券的发行者不借助或不通过承销商或投资银行公司，而是通过互联网发布上市信息、传送发行文件，从而直接公开发行公司的股票。DPO不像IPO（Initial Public Offering）那样有烦琐的申报注册程序和严格的信息披露要求，而是充分利用互联网所提供的跨空间的优势，将上市公司与投资者直接联系起来。DPO于1994年最先出现在美国，当年有28家小企业通过DPO发行股票上市筹资。

2001年1月，中国证监会颁布了《关于新股发行公司通过互联网进行公司推介的通知》，标志着中国证券市场与互联网的互动发展。

一、互联网证券发行的方式

目前，互联网证券发行主要采取网上竞价发行、网上定价发行和网上定价市值配售三种方式。

（一）网上竞价发行

竞价发行指的是一种由多个承销机构通过招标竞争确定证券发行价格，并在取得承销权后向投资者推销证券的发行方式，也称招标购买方式，它是国际证券界发行证券的通行做法。

在我国，网上竞价发行是指主承销商利用证券交易所的交易系统，以自己作为唯一的“卖方”，按照发行人确定的底价将公开发行股票的数量输入其在交易所的股票发行专户，投资者作为“买方”在指定时间通过交易所会员交易柜台以不低于发行底价的价格及限购数量，进行竞价认购的一种发行方式。

（二）网上定价发行

网上定价发行是指发行价格固定，采用证券交易所先进的交易系统来发行证券的发行方式，即主承销商利用证券交易所的交易系统，按已确定的发行价格向投资者发售证券。我国目前广泛采用此种方式。

（三）网上定价市值配售

在线阅读5-2

西安银行IPO网上发行中签率0.06946585%

市值配售就是在互联网证券发行时，将发行总量中的一定比例（目前规定为网上发行总量的50%）的新股向二级投资者配售。投资者根据其持有上市流通证券的市值和折算的申购限量，自愿申购新股。

目前，我国规定的市值配售，是指针对二级市场投资者的流通市值进行的新股发行方式，即每10 000元的股票市值可获得1 000股的认购权，再通过参与委托及摇奖中签的方式确认是否中签。如果配号与中签号一致，且账户有足够的资金，则会在扣款时从账户中扣除中签金额，上市前一天晚上中签股票会进入账户中。

知识链接5-1　　市值配售

沪深证券交易所和中国证券登记结算公司公布《新股发行市值配售实施细则》。

根据实施细则，配售比例根据市值配售部分投资者的需求确定。当比例为100%时，市值配售申购放弃部分由主承销商包销；当比例不足100%时，采取向二级市场投资者配售和上网公开发行相结合的方式。

投资者每持有1万元上市流通股票市值可申购1 000股新股，深市投资者同一账户在不同营业部托管的上市流通股票市值合并计算。投资者申购新股时，无须预先缴纳申购款。配售发行一般在正常交易时间内进行。

除基金持有的股票账户外，每个股票账户只能申购一次。证券投资基金（包括开放式基金）持有的沪市股票账户由于技术原因可按申购上限重复申购，深市的股票账户只需按其所持市值上限一次性申购，但累计申购总额不得超过基金按规定可申购的总额。

资料来源：根据相关资料整理。

二、互联网证券发行的优势

与传统发行方式相比，互联网证券发行在三个方面具有优势：提高效率、降低费用、增加信息传播的广度。

从提高效率的角度来说，通过互联网可以简化传统的程序，例如登广告、通过电话或邮件向潜在投资者传送信息、分发招股说明书等，因此提高了效率。

从降低费用的角度来说，由于通知和分发所有相关材料可以一步到位，其成本自然也有所降低，特别是当有关材料要进行更新或修订时，利用互联网可以省下大笔印刷费和人工。

从增加信息传播的广度来说，由于全世界有上亿人在网上浏览信息，每天更有数以百万计的新加入者，他们都可以看到发行的相关信息。互联网让普通的个人投资者也有参与新股发行的机会，让所有的投资者以平等的机会来分享公司股票价值可能带来的高速增值。

任务三 互联网证券交易

一、互联网证券交易的主要内容

互联网证券交易是指投资者通过互联网来进行证券买卖，为股民提供网上股票交易的实际环境，使股民通过互联网进行方便快捷的在线交易、管理及行情查询。其业务涵盖股票买卖、行情查询、银证转账、账户余额、开户、销户、密码修改等方面。互联网证券交易与传统证券交易的程序是一样的，只是实现交易的手段不同而已，原本需要投资者在交易所办理的手续，现在大部分或全部都可以通过互联网进行。因此，依照证券交易的流程，互联网证券交易也包括登记开户、委托交易、交易撮合和清算交割四个步骤。

（一）登记开户

目前国外的证券商已经能够支持客户在互联网上进行开户，如瑞典的Scarba公司。投资者将自己的电脑连接到该公司站点后，即可直接在网上登记和开户，投资者将自己的社会保险账号、信用卡卡号和授权书等用电子邮件告知该公司，在家中即可加入证券交易者的行列。我国的证券商也开始接受客户在互联网上直接开户的业务。

（二）委托交易

目前我国投资者在网上进行委托交易的方式有两种：一种是安装并运行互联网证券交易软件，然后上网委托交易；另一种是直接登录证券交易网站进行委托交易。

（三）交易撮合

我国沪深两市均采用电脑撮合交易方式。在该方式下，交易所电脑主机与证券商的电脑联网，证券商本部及分支营业机构通过终端机将买卖指令输入电脑。证券商经纪人在集中市场交易席的终端上接到营业处传来的买卖申报后，经确认无误，再输入交易所的电脑主机。买卖申报经交易所电脑主机接受后，按证券价格、时间排列，自开市开始时按“价格优先、时间优先”原则撮合成交。

知识链接5-2 价格优先和时间优先

一、价格优先原则

价格优先原则表现为：较高价格的买进申报优先于较低价格的买进申报，较低价格的卖出申报优先于较高价格的卖出申报。例如：乙申报以10元买进××××股100股，甲随后申报以10.5元买进××××股200股，如果丙申报以10.5元卖出××××股300股，则甲虽然后申报而先成交，乙则由于价格不符，申报而无成交。

二、时间优先原则

时间优先原则表现为：同价位申报，依照申报时间顺序决定优先顺序。电脑申报竞价时，按计算机主机接受的时间顺序排列；书面申报竞价时，按证券经纪商接到书面凭证的顺序排列，谁的申报时间在先，谁优先成交。

（四）清算交割

清算与交割都分为证券和价款两项。证券登记结算机构与证券经营机构之间的清算交割通过计算机网络进行，投资者的证券往往由证券经营机构自动划转。目前，随着互联网的发展，在清算交割中，投资者可以以电子邮件的形式接收证券商发送的通知单，可以用电脑连接到证券商Web主机上自助查询自己的交割单和对账单，还可以通过远程文件传输的方式到证券商的非匿名的FTP服务器上下载自己的成交回报信息。

目前我国的互联网证券交易只是网上委托交易，因为证券经营业务的准入制，最终交易的实现要在证券交易所进行。网上券商所能做的只是在网上提供一个界面，汇集交易行情和信息，并把客户的交易需求传送到证券公司的服务器，然后打成数据包发到交易所才能真正成交。

拓展思考5-3

相对于传统的交易方式，互联网证券交易具有哪些优势？

答：(1) 互联网证券交易突破了地域的限制，使投资者可以在任何能够上网的地方进行证券交易。互联网证券交易以无所不在的国际互联网为载体，通过高速、有效的信息流动，极大地缓解了我国券商地域分布不均的矛盾，将身处各地的投资者聚集在无形的交易市场中。

(2) 互联网证券交易基于国际互联网，克服了传统市场上信息不充分的缺点，有助于提高证券市场的资源配置效率。

(3) 互联网证券交易降低了证券的交易成本和交易风险。互联网证券交易使投资者足不出户就可以办理信息传递、交易、清算、交割等事务，只需要支付很少的上网费用，节约了大量的时间和金钱。对券商而言，互联网证券交易的大规模开展，可以大幅度降低营业部的设备投入和日常的运营费用。另外，网络安全技术的飞速发展和应用，使互联网证券交易的安全性得到极大提高。

二、互联网证券交易的模式

(一) 自由佣金制度下的美国模式

证券交易佣金是指委托者委托买卖成交后，按实际成交金额的一定比例向承办委托的证券商交纳的费用。佣金是证券交易的主要成本之一，证券交易成本的降低，明显有助于提高投资者的投资信心、提高资本市场运行效率、提高资产配置的效率，营造证券市场的繁荣，提高一个国家证券市场的综合竞争力。因此，为降低证券交易成本，推动证券市场的发展和繁荣，佣金制度在全球范围内发生了较大的变革。1975年以前，世界各国的证券市场交易基本上都采用固定佣金制度。1975年5月1日，美国率先在全球取消证券交易的固定佣金制度，实行佣金协商制。目前，据统计，在全球主要的证券交易所中，对佣金的收取绝大部分采用自由协商制，其中大部分实行完全的自由协商制，少数证券交易所实行规定最低费率、最高费率或在一定区间内协商议价的方式。我国现行的证券交易佣金制度是最高限额内向下浮动的佣金制度，而非完全的佣金自由化。

在经历30多年的快速发展后，目前美国国内形成了以E*TRADE、Charles Schwab以及Merrill Lynch为代表的三种不同的交易模式，同时这三种最为典型的模式也成为其他各个国家在开展自己互联网证券交易时借鉴的主要蓝本。

1.E*TRADE模式

E*TRADE模式是完全以互联网方式提供虚拟的投资与服务。该模式下证券交易完全在网上进行，公司并没有有形的营业网点，故其能以尽可能低的折扣吸引对价格敏感而对服务要求不高的自助投资者。因此，营业成本低、价格低是这些公司的主要竞争优势。E*TRADE的网站主页如图5-1所示。

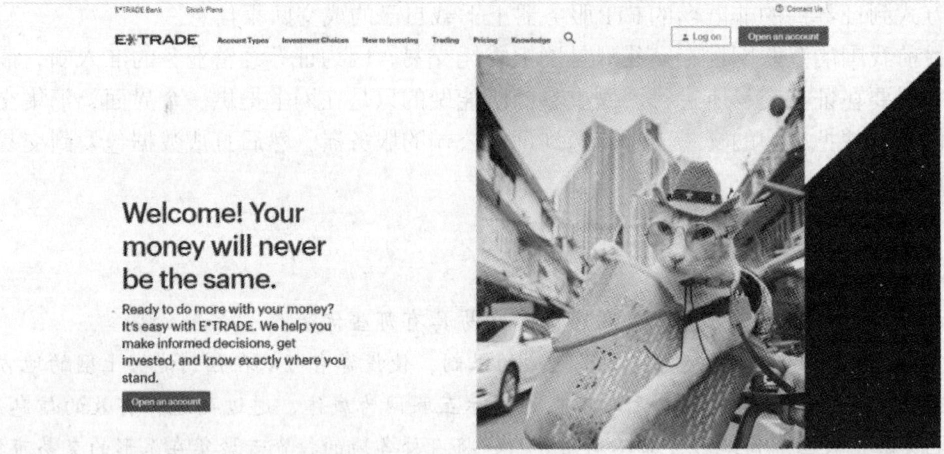

图5-1 E*TRADE的网站主页

2.Charles Schwab模式

Charles Schwab是目前美国最大的网上券商，同时以店面、电话、Web等渠道向投资者提供服务，客户可自己选择需要的服务模式，形成一种“金融超市”式的个人理财服务。该模式同时向提供投资者互联网证券交易、电话交易及店面交易三种方式，而Charles Schwa通过不断创新技术来降低交易成本，进而降低服务价格，但并不会牺牲服务质量。通过有效地利用技术来降低成本、改进服务、提供创新的业务模式是其主要经营特色。Charles Schwab的网站主页如图5-2所示。

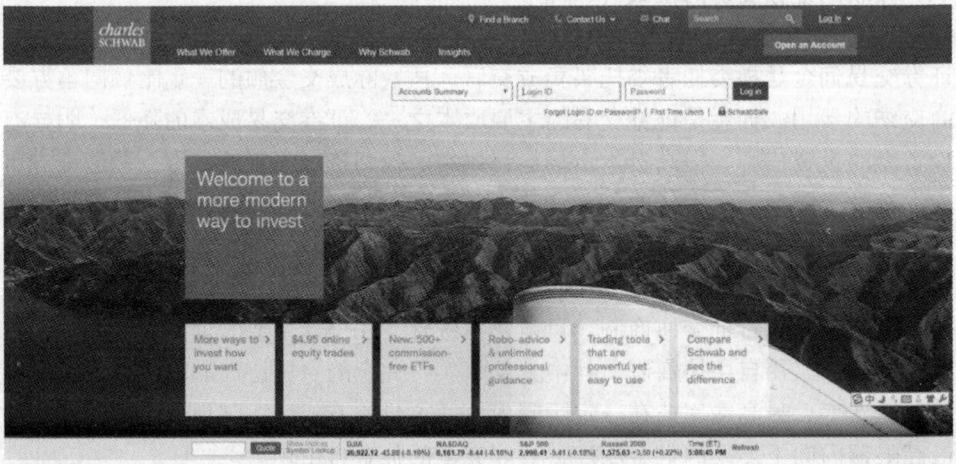

图5-2 Charles Schwab的网站主页

3.Merrill Lynch模式

Merrill Lynch则采取了一种金融门户的发展思路，以提供全面、个性化一揽子金融服务为目标，代表着传统证券公司证券业务向互联网证券交易方式的转移。该模式是利用公司专业化的经纪人队伍与庞大的市场研究力量为客户提供各种理财服务。其最大特点是将先进的技术手段与优越的经营资源结合起来，一方面对互联网证券交易的客户进行细分；

另一方面利用公司多元化的服务项目和强大的经纪人队伍，根据不同的客户需求，通过多种渠道提供高水准、专业化、个性化服务。Merrill Lynch的网站主页如图5-3所示。

图5-3　Merrill Lynch的网站主页

随着传统券商全面涉足互联网证券交易，美国证券公司的网上角逐正如火如荼地进行，互联网证券交易的模式也在不断地丰富和变革中。

日本、韩国、欧洲各国的经营模式基本上与美国相似。

（二）我国互联网证券交易模式的选择

互联网证券交易是投资者利用互联网资源，获取证券的即时报价，分析市场行情，并通过互联网委托下单，实现实时交易。如果纯粹从交易过程来看，互联网证券交易与传统证券交易方法的不同只存在于交易信息在客户与证券营业部之间的传递方式上，对证券营业部到交易所的交易方式不会产生任何影响。传统的证券交易方法包括投资者通过证券营业部柜台下单或通过电话委托等方式进行交易，其特点是：投资者的交易指令或是直接传递给证券营业部的营业员，或是通过封闭的电话专线传递，因此信息传递的安全性和可靠性都有保证。互联网证券交易与传统证券交易方法的最大区别就是：投资者发出的交易指令在到达证券营业部之前，是通过公共网络传输的。

互联网证券交易与传统证券交易流程的比较如图5-4所示。互联网证券交易的实现如图5-5所示。

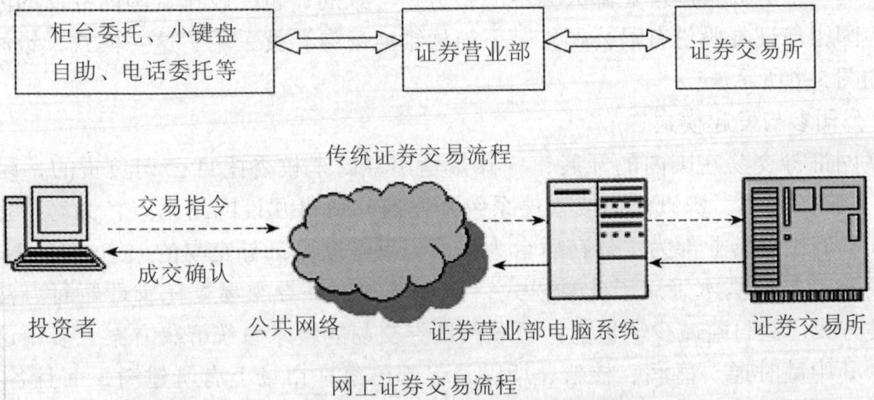

图5-4　互联网证券交易与传统证券交易流程的比较

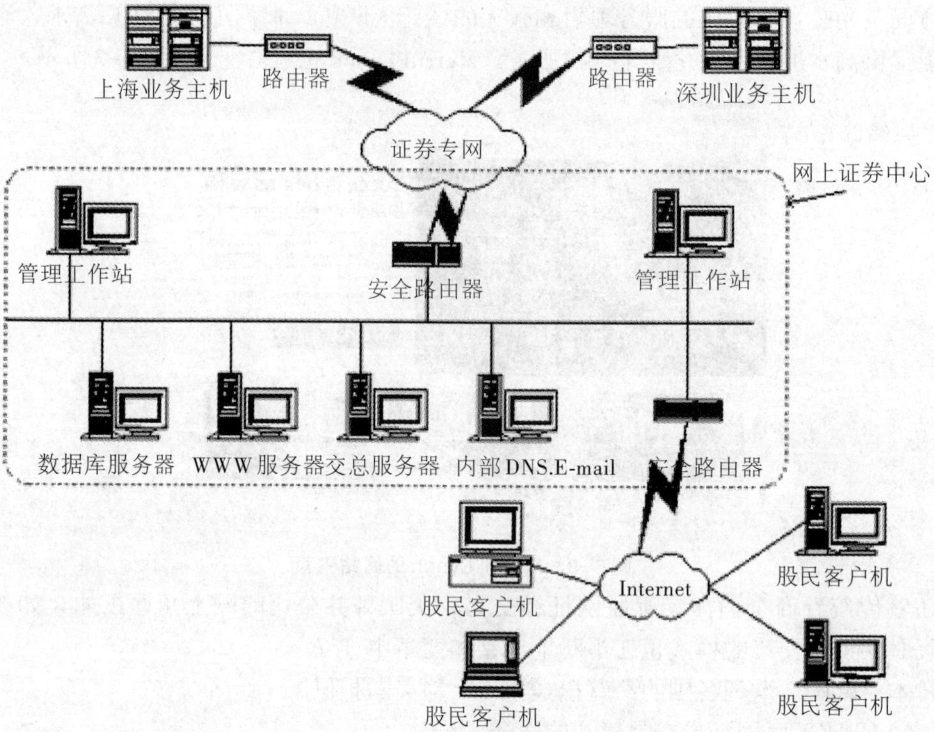

图5-5 互联网证券交易的实现

目前，我国互联网证券交易的主要经营模式大致有证券公司主导模式、IT公司参与发起模式、券商与银行合作模式以及银行+证券商+证券网合作模式四种。

1.证券公司主导模式

证券公司主导模式即证券公司自己建立广域网站点，营业部直接和互联网连接起来，形成“投资者计算机—营业部网站—营业部交易服务器—证券交易所信息系统”的交易通道。在这种模式下，证券公司拥有自己的门户网站和交易平台，能够在全国公司范围内统筹规划、统一交易平台和品牌，有利于开展咨询、证券交易、理财等一切客户需要的信息服务，按投资者需求，提供有针对性、个性化的服务，而且可以直接在自己的网站上为客户提供各种特色服务，如股市模拟操作、市场分析讲解等。证券公司建立自己的互联网交易平台，与当前券商实施营业部大集中的趋势是一致的，也比较符合国内券商的内部管理架构。中国银河证券股份有限公司（以下简称银河证券）就采用了这一模式，银河证券网站主页如图5-6所示。

2.IT公司参与发起模式

互联网证券交易在国内的开展，一开始是由券商全权委托IT公司负责的，即IT公司（包括网上服务公司、资讯公司或软件系统开发商）负责开设网络站点，为客户提供投资资讯，而券商则以营业部为主体在后台为客户提供互联网证券交易的渠道。最初开展互联网证券交易的券商基本采用了此种模式，但在《网上证券交易委托管理暂行办法》实施后，这类方式已经日益减少。目前，互联网证券交易的技术系统解决方案大多由这些IT公司提出，其中赢时通、盛润、核新、斯巴达等都已经在市场上有所建树，而且各有特色。从券商业务类互联网证券交易平台的经营来看，比较典型的是中国证券网（http://

图5-6　银河证券网站主页

www.cnstock.com）、证券之星（http：//www.stockstar.com）、东方财富网（http：//www.eastmoney.com）等。这些互联网证券交易平台的证券交易是由各券商营业部租用互联网证券交易平台来实现的。证券之星网站主页如图5-7所示。证券公司主导模式与IT公司参与发起模式的简单比较见表5-1。

图5-7　证券之星网站主页

表5-1　　证券公司主导模式与IT公司参与发起模式的简单比较

模式	证券公司主导模式	IT公司参与发起模式
互联网技术的基础和积累	新兴业务，互联网技术人才引进	互联网人才集聚，技术成熟适用
电子化互联网证券交易理解	经纪业务的主动性“坐商”	电子个性化被动性“行商”
发展和应变的能力	原创性的研究成果和“绝密”信息的吸引力强	海量信息和智能选股模型的多样化
平台建设和营销的成本	前期投入成本大，后期维护成本低	前期已经投入，但对租用平台无自主权，客户维护成本高
交易区域性的局限	各地电信、银行等一系列的合作协议	互联网证券交易平台，有ISP的优势

3.券商与银行合作模式

这种模式是在券商与银行之间建立专线，在银行设立转账服务器，用于互联网证券交易资金查询，资金账户与储蓄账户合二为一，实现银行账户与证券保证金之间的及时划转。采用这种方式，投资者只要持有关证件到银行就可办理开户手续，通过银行柜台、电话银行、网上银行等方式进行交易。

知识链接5-3　**农业银行携手中信证券　开启银证合作新模式**

2018年1月11日，中国农业银行与中信证券股份有限公司在京举行全面战略合作签约仪式暨银证合作业务对接会。

根据协议内容，双方将进一步密切和深化投资银行、经纪、资产管理、股权融资、债券承销、不良资产证券化、托管和资金结算业务等方面的合作，不断巩固和扩大双方在各自领域的优势，实现互惠互利和共赢发展。

中国农业银行副行长康义在致辞中表示，农业银行与中信证券作为我国重要的金融服务提供商，自建立合作关系以来，合作水平稳步推进，合作范围不断扩大。下一步，双方将立足于新时期、新起点，站在更高的合作平台，充分发挥双方在渠道、资源、牌照等方面的各自优势，合作共赢、携手开创银证合作的新模式。

中信证券股份有限公司董事长张佑君在致辞中表示，农业银行一直是中信证券最重要的合作伙伴之一，双方已开展了各项业务合作，为双方增收创利做出了巨大的贡献。"此次签署全面战略合作协议，是积极履行大型金融机构的社会责任、发挥各自优势、共同开拓市场、实现强强合作的重要举措。双方将以此为契机，不断拓展合作的广度和深度，为国家推进供给侧结构改革和服务实体经济做出新的更大的贡献。"张佑君说。

中国农业银行是中华人民共和国成立后开办的第一家商业银行，66年来不断发展壮大，已经成为一家横跨城乡、功能齐备、绩效优异、管理先进、多项指标位居同业第一的现代化大型股份制商业银行。2014年起，中国农业银行连续三年入选全球系统重要性银行。继往开来，在新的起点上，中国农业银行将努力打造具有高成长性和独特竞争力的优秀上市银行。

中信证券是我国资本市场重要参与者之一，经过多年发展，已成为国内综合实力最强的证券公司之一。总资产、营业收入、净资本连续多年位居国内证券公司首位；各项经营指标继续保持市场前列。公司紧紧围绕服务实体经济这一中心，进一步完善融资安排者、财务管理者、交易服务与流动性提供者、市场重要投资者和风险管理者五大角色，不断重塑并巩固核心竞争力，为我国资本市场的发展做出了积极贡献。

资料来源：阳爱姣. 农业银行携手中信证券 开启银证合作新模式［EB/OL］.（2018-01-19）. http：//www.sohu.com/a/217724363_618595.

4.银行+证券商+证券网合作模式

这种模式下投资者一次交易由三方合作完成：银行负责与资金相关的事务；证券商负责互联网证券委托交易、信息服务等与股票有关的事务；证券网负责信息传递和交易服务等事务。这种模式形成了三个独立系统：资金在银行系统流动，股票在证券商那里流动，信息在证券网站上流动。

无论以哪一种模式开展互联网证券交易业务，以客户为中心，加强客户关系管理，满足客户不断变化的需求，服务更加专业化，都应是其核心内容。

（三）互联网证券交易操作实务

投资者进行互联网证券交易一般有三个步骤：开通互联网证券交易账户、下载并安装客户端软件和进行网上委托交易。

1.开通互联网证券交易账户

和传统的证券交易方式一样，国内投资者若要进行互联网证券交易，除了需要依次开立上海、深圳个人股东账户卡和某家证券公司资金账户（交易账户）外，还需要在该证券公司办理互联网证券交易账户的开通手续，并和证券公司签订互联网证券交易委托协议，之后，证券公司的工作人员就会为投资者开通互联网证券交易账户。目前，证券公司提供网上开户服务，客户只需准备好二代身份证、手机和银行卡，登录想要开户的证券公司网站，选择“开户中心”，用手机扫描二维码，下载“银河掌厅”手机客户端，就可以根据提示办理开户事宜（如图5-8所示）。

体验探究5-1

中信证券至信全能版操作指南一·股票交易

体验探究5-2

中信证券至信全能版操作指南二·基金认购、申购、赎回、定投的操作指南

图5-8　银河证券“开户中心”

银河证券掌上营业厅开户申请如图5-9所示。

2.下载并安装客户端软件

如果投资者选择使用专用软件进行交易委托，需要在自己的电脑中安装客户端交易软件，如银河证券使用的“海王星”“双子星”等软件。投资者还可以使用市场上通用的第三方软件，如“同花顺”“大智慧”等。图5-10为银河证券交易行情通道。

交易软件下载并安装完成后，还要做一些设置，如选择交易服务器地址、端口信息等，这些配置信息在营业部开户时可以获得。另外，为了保证交易安全，还需要对系统做一些安全方面的设置，如IE浏览器的安全级别设置等。

3.进行网上委托交易

无论是在网站上交易，还是使用专用软件交易，一般都是证券公司通过菜单方式提供证券买卖、成交查询、历史记录查询、修改密码等功能，以方便投资者进行交易和管理。

图 5-9 银河证券掌上营业厅开户

图 5-10 银河证券交易行情通道

当投资者选择了买入或卖出后，系统就通过 TCP/IP 协议将投资者的买卖证券委托及时、准确地传递给证券交易所的撮合子系统，并及时得到确认和成交回报。

案例分析 5-1 **中国银河证券双子星 V3.2 云服务版系统演示**

中国银河双子星 V3.2 版是集普通行情与沪深 level-2 高速行情于一体的网上行情交易系统。该系统不仅操作简单，功能强大，集行情、分析、交易、资讯于一体，而且在原有基础上增强了推送资讯服务、推送成交回报服务和新股中签提醒服务，集成了 level-2 高速行情，具备普通行情无法比拟的特点。

行情部分包括沪深 A、B 股、实时 5 档沪港通和深港通行情数据、商品期货、股指期货、外汇和全球重要市场指数；支持板块热点快速查询（快捷键：94）；支持成交回报业务功能、新股一键打新功能和新股中签提醒功能；通过云服务方便客户在不同机器、不同系统中查看和管理自选股；支持大宗交易业务功能；推送客户关注的自选股资讯，丰富资讯内容，包括行业研究、行业新闻、个股研报等财经资讯；行情客户端工具栏及资金流向界面增加个股新闻等8个标签；整合沪深level-2十档高速行情，速度比普通行情快3秒以上；独具BBD指标，DDE决策系统等特色功能，让客户轻松掌控主力资金流向；行情交易完美结合，独具闪电下单功能，使您快人一步；交易部分支持退市整理板和风险警示板业务、B转H股业务、证券出借业务、股份报价转让业务、上交所报价回购—天天利、深交所报价回购—金自来业务；安全部分增加玖天卫士、玖天优盾强身份认证方式；增加预留信息、IP回显等辅助安全认证方式；增加客户号、验证码登录方式；不再提供通信密码方式登录；在运行速度和资源占用上做了优化，会使客户的使用更加高效、便利。

双子星V3.2版系统演示操作步骤如下：

1.签署免责声明，下载文件，如图5-11、图5-12所示。

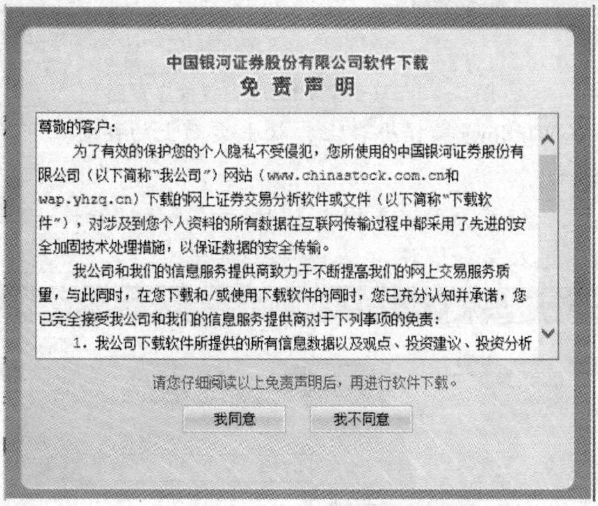

图5-11　双子星V3.2版免责声明

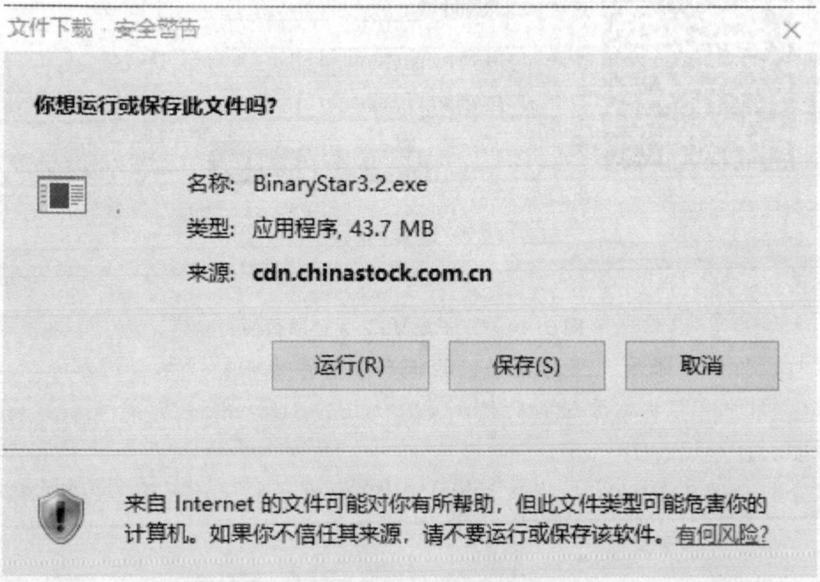

图5-12　下载文件

2.双击应用文件，按照提示要求开始安装，图5-13为双子星V3.2版安装程序页面。

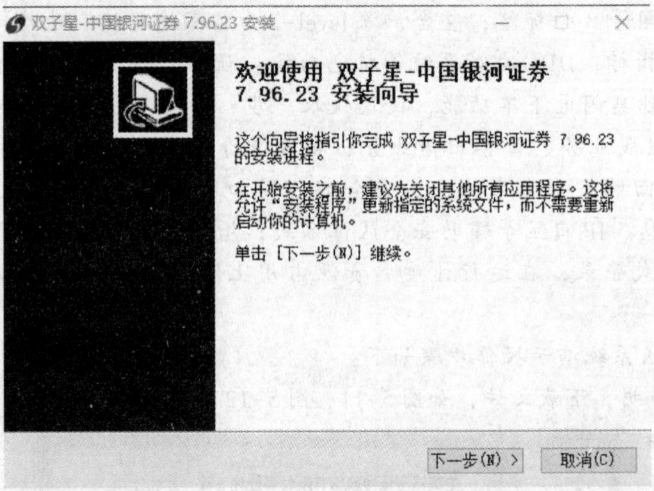

图5-13　双子星V3.2版安装程序页面

3.安装完成后，在Windows操作平台上，双击桌面上的图标即可直接进入双子星V3.2版系统。

4.进入双子星V3.2版登录页面，如图5-14所示。选择“行情+交易”进入行情和交易综合版；选择“行情”进入单行情版。

图5-14　双子星V3.2版登录页面

5.输入对应的资金账号、交易密码、验证码，然后点击“登录”进入系统主页面，如图5-15所示。用户可根据需要进行行情浏览，如图5-16和图5-17所示。

6.交易委托，如图5-18所示。

7.技术分析。图5-19为实时资讯页面，图5-20为技术分析页面，图5-21为个股分析页面。

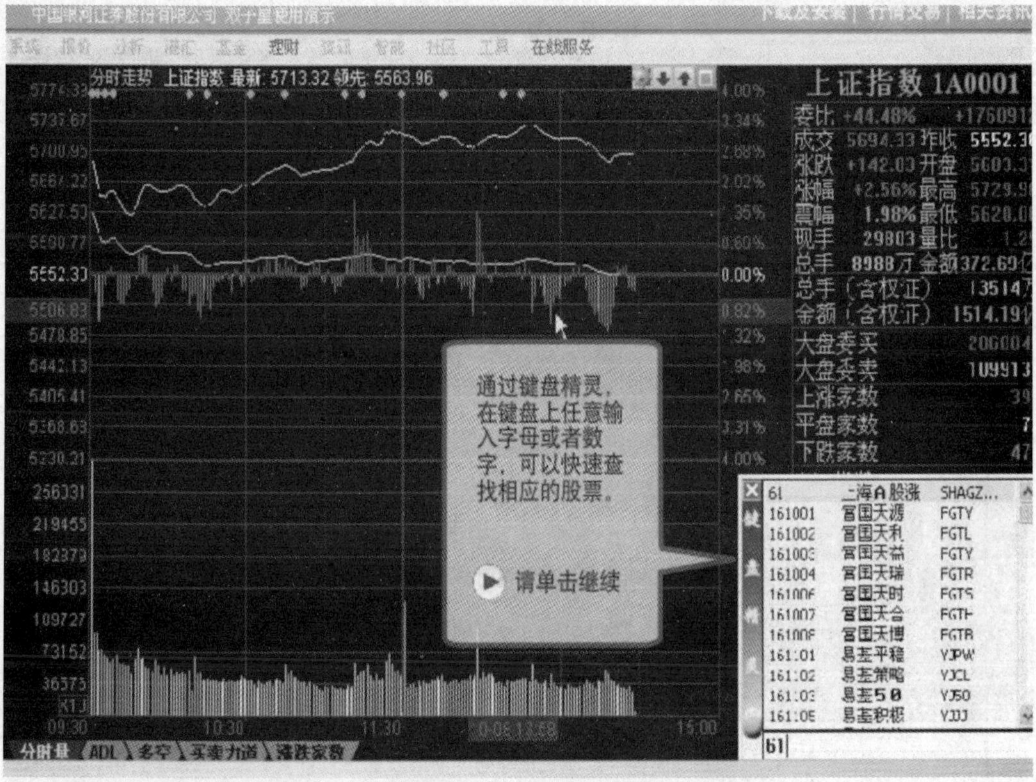

图 5-15　系统主页面

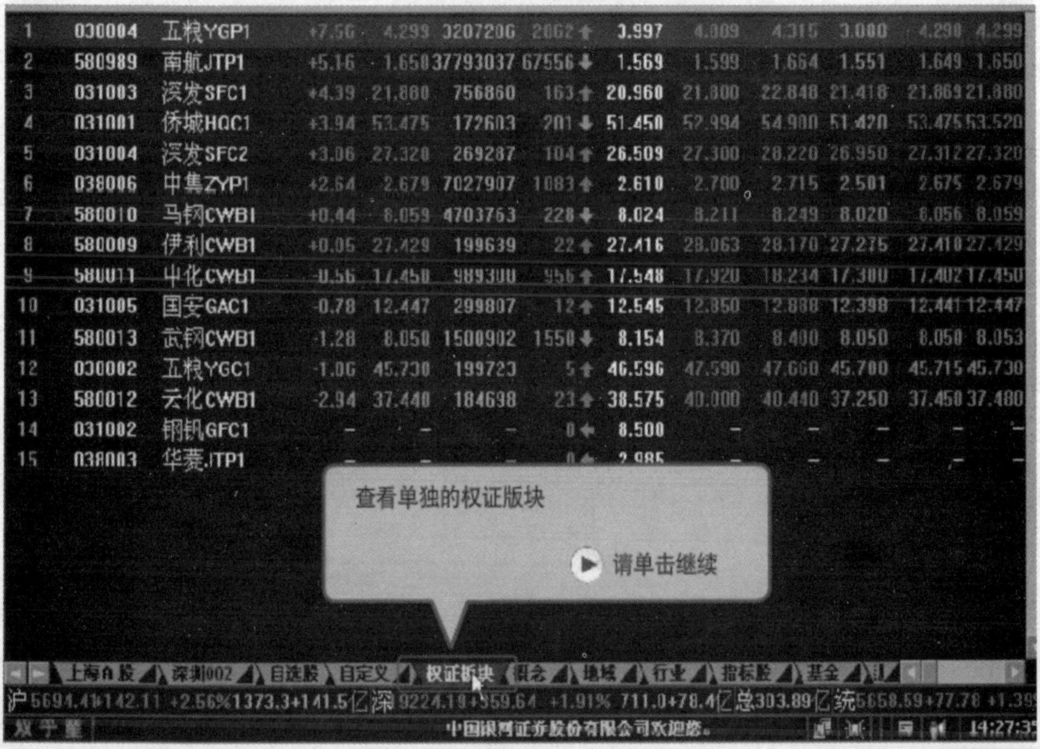

图 5-16　行情浏览页面（一）

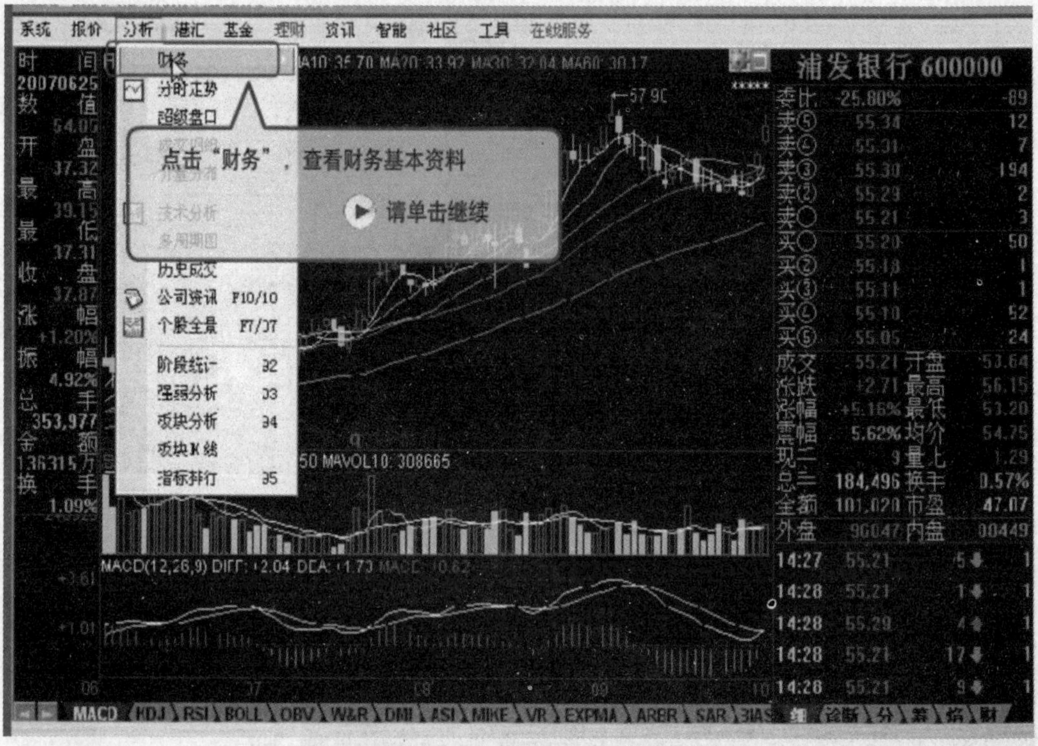

图5-17 行情浏览页面（二）

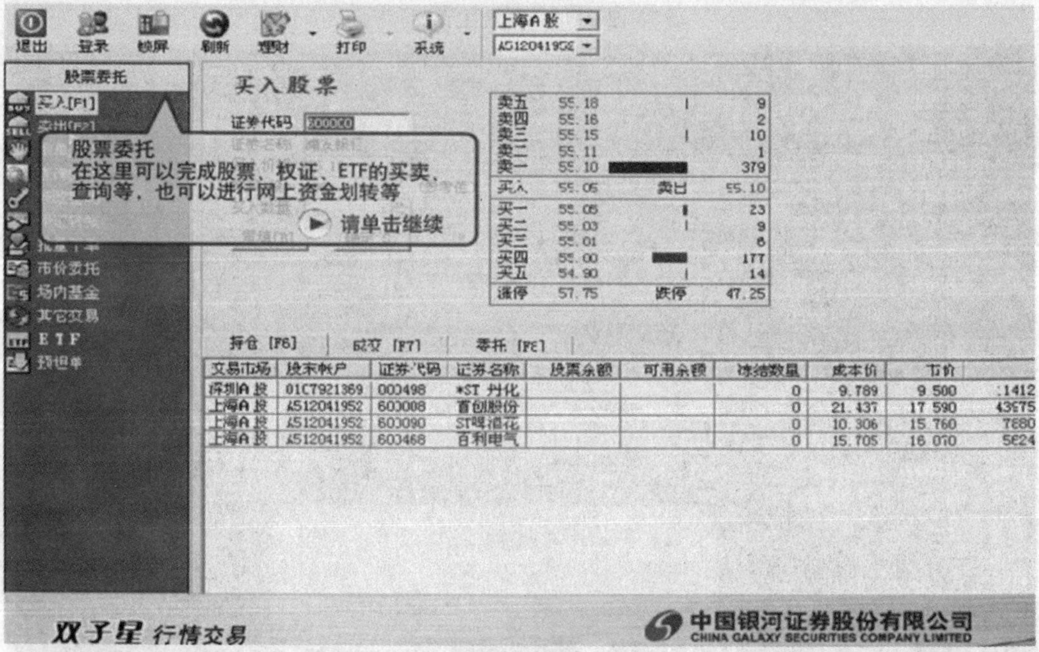

图5-18 交易委托

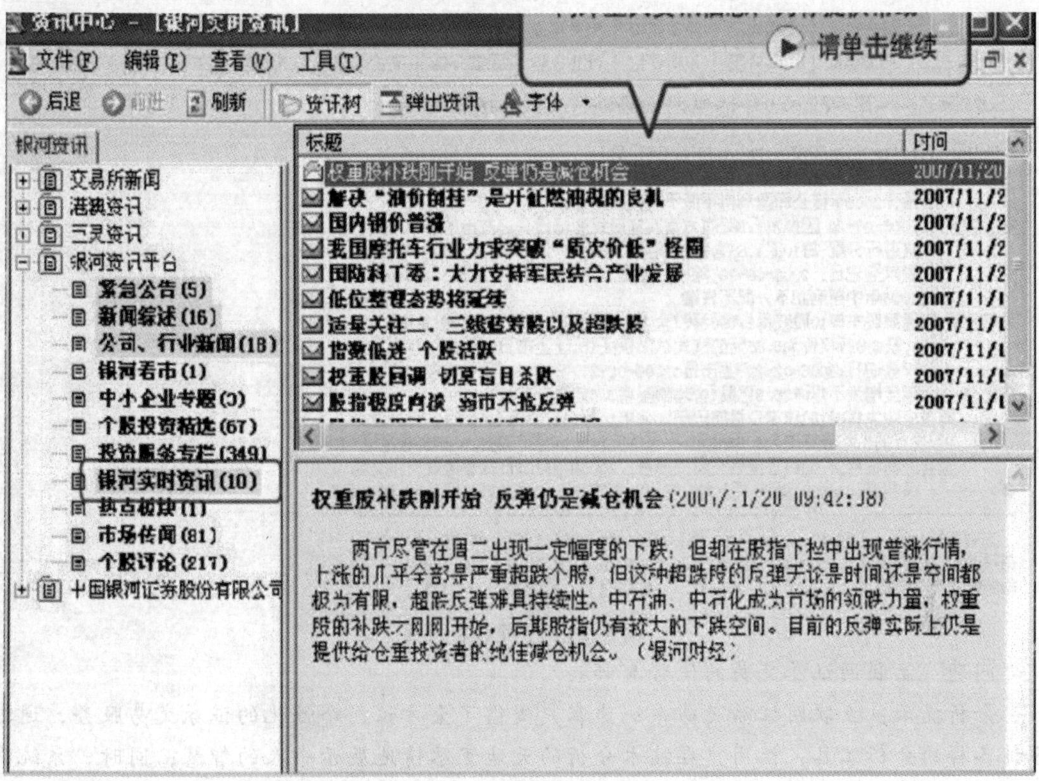

图5-19　实时资讯页面

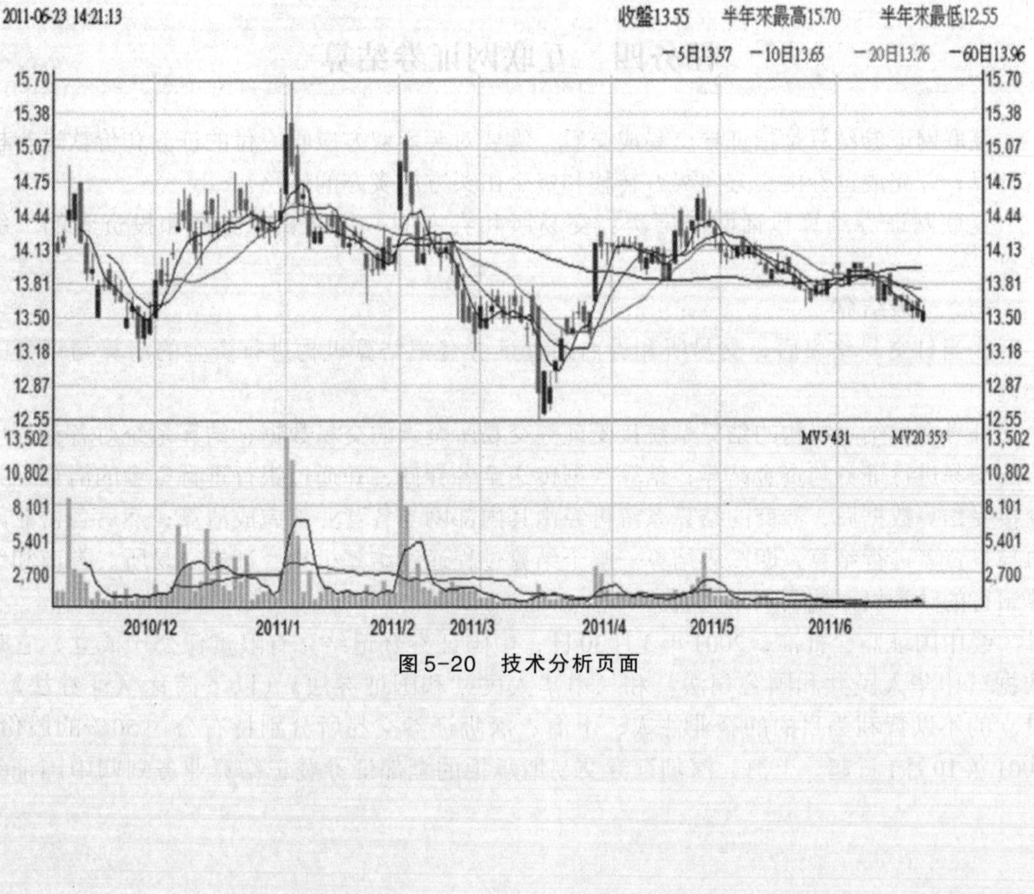

图5-20　技术分析页面

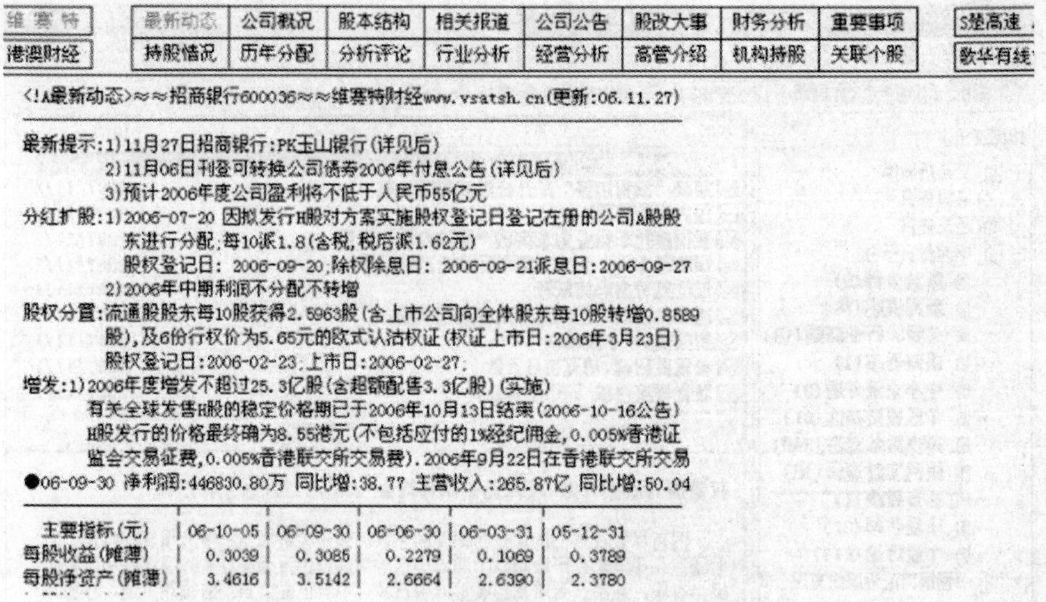

图5-21 个股分析页面

问题：互联网证券交易的优势有哪些？

分析提示：互联网证券交易系统为客户提供了全方位、个性化的证券交易服务，通过各种各样的分析工具，让用户在技术分析的天地里尽情地展示个人的智慧；同时，系统提供最及时的证券实时行情及资讯，让用户充分感受到互联网证券交易的优势。

任务四 互联网证券结算

互联网证券结算是指证券交易成交后，需要对买卖双方应收应付的证券和价款进行核定计算，并完成证券由卖方向买方转移和资金由买方向卖方的转移。

互联网证券结算包括两个层次：交易所和券商的一级结算、券商和投资者的二级结算。

一、一级结算

在当日交易结束后，交易所和券商通过证券登记结算机构进行资金的清算与证券的交割。

证券登记结算机构的结算系统接受证券交易所全天的交易数据；结算系统对各券商申报的交易进行证券与资金结算；结算数据传送至各券商，并通过银行进行资金的清算；券商接受结算数据后，券商的结算系统再经由其内部网与各营业部完成清算；然后各营业部再与投资者进行结算，即二级结算。整个结算过程通过结算机构、证券交易所、券商和结算银行的计算机系统联网来完成。

经中国证监会批准，2001年3月30日，中国证券登记结算有限责任公司成立，它是依据《中华人民共和国公司法》和《中华人民共和国证券法》（以下简称《证券法》）设立的不以营利为目的的企业法人，上海、深圳证券交易所分别持有公司50％的股份。2001年10月1日起，上海、深圳证券交易所承担的全部证券登记结算业务划归中国证券登记结算有限责任公司承担，《证券法》规定的全国集中统一运营的证券登记结算体制由此形成。中国证券登记结算有限责任公司实行法人结算制度，即证券经营机构、银行或其他获准经营证券业务的单位，应以法人名义申请加入中国证券登记结算有限责任公司结算系统，成为结算系统参与人，开立结算账户后，开通资金结算业务，并与结算机构建立网络连接，形成一级结算网络。每个结算系统参与人以一个净额与中国证券登记结算有限责任公司进行资金结算。

拓展思考5-4 **证券清算和证券交割有什么联系与区别？**

答：(1) 清算与交割的联系：①从时间发生及运作的次序来看，先清算后交割，清算是交割的基础和保证，交割是清算的后续与完成。②从内容上看，清算与交割都分为证券与价款两项。③从处理方式来看，证券经营机构都是以交易所或清算机构（如结算公司）为对手办理清算与交割，即结算公司作为所有买方的卖方和所有卖方的买方，与之进行清算交割。

(2) 清算与交割的区别：①两者最根本的区别在于，清算是对应收应付证券及价款的轧抵计算，其结果是确定应收应付净额，而并不发生财产实际转移；交割是对应收应付净额（包括证券与价款）的交收，发生财产实际转移。②从处理单位来看，清算一般以同一清算期内证券经营机构的每一个交易席位作为一个清算单位，即每个营业日对证券经营机构的每一个交易席位做一次清算；如果该证券经营机构拥有多个席位，则由证券经营机构将相应席位清算数据汇总后同结算公司集中办理交割事宜。

二、二级结算

二级结算是券商的营业部与投资者之间进行的资金结算和证券交割。从证券登记结算机构获得一级清算结果后，结算参与人根据其客户证券交易的成交明细，清算出每个客户的应收应付证券数额和资金金额，并据此与客户进行证券和资金的二级交收。在资金交收方面，通常由结算参与人直接在投资者的资金账户中贷记或借记应收或应付的资金金额。在证券交收方面，根据证券账户和证券持有体制的不同，有两种实现模式：一种是结算参与人直接对投资人证券账户进行划入或划出应收或应付证券数额；另一种是结算参与人就其与投资者之间的证券划拨事宜委托给证券登记结算机构办理，由证券登记结算机构代为维护投资者证券账户持有余额记录。

由于我国证券市场法律体系不完善，交易管理制度设计存在缺陷，证券公司法人治理结构不健全和自我守法合规意识不强等因素，一些证券公司出现了挪用或质押客户证券交易结算资金等违法违规现象，给客户造成巨大的经济损失，严重损害了证券公司的行业形象，挫伤了客户的信心。因此，证监会提出实行客户证券交易结算资金第三方存管制度，即委托存管银行按照法律、法规的要求，负责客户资金的存取与交收，证券交易操作保持不变。在第三方存管模式下，证券公司只负责客户证券交易、股份管理和清算交收等；存管银行负责管理客户交易结算资金管理账户和客户交易结算资金汇总账户，向客户提供交易结算资金存取服务，并为证券公司完成与证券登记结算机构和场外交收主体之间的法人资金交收提供结算支持。

为了便于投资者管理自己的证券投资和银行存款，现阶段，我国普遍采用“银证转账”方式，即将投资者在银行开立的个人结算存款账户（或借记卡）与证券公司的资金账户建立对应关系，通过电话银行、网上银行、网点自助设备和证券公司的电话、互联网证券交易系统及证券公司营业部的自助设备将资金在银行和证券公司之间划转，为投资者存取款提供便利。银证转账业务是证券公司电子商务发展的前提和基础，银证转账业务的开展大大促进了互联网证券业务的发展。

项目小结

互联网证券是把计算机技术、互联网技术等信息技术应用到证券活动中而形成的一种大规模、全方位、体系化、新型的证券经营模式。互联网证券业务与传统证券业务相比具有明显的优势。证券的网上发行方式有网上竞价发行、网上定价发行和网上定价市值配售等。互联网证券交易的程序包括登记开户、委托交易、交易撮合和清算交割四个步骤。

关键概念

互联网证券　互联网证券发行　互联网证券交易

综合训练

一、不定项选择题

1.互联网证券的主要业务包括（　　）。

A.互联网证券发行　B.互联网保险　C.互联网证券交易

D.互联网支付　E.互联网信息服务

2.互联网证券的优势有（　　）。

A.时空优势　B.成本优势　C.信息优势

D.交易安全优势　E.业务扩张优势

3.互联网证券发行的主要方式有（　　）。

A.网上竞价发行　B.网上定价发行　C.网上定价市值配售

D.现场发行　E.银行储蓄存款挂钩

二、简答题

1.互联网证券的概念是什么？

2.与传统证券业务经营模式相比，互联网证券具有哪些优势？

3.互联网证券的发行方式有哪些？

4.互联网证券交易的主要内容有哪些？

5.互联网证券结算包括几个层次？

三、案例分析

“战略+文化”支撑，平安证券进入快速发展阶段

近年来，平安证券以先进的金融科技为基础，依托行业领先的互联网平台和高效的线下业务网络，利用庞大的个人客户群，凭借资产获取和产品制造方面的强大实力，为客户提供包括互联网财富管理、企业及机构证券服务以及投资管理在内的全方位金融产品及服

务，打造行业领先的、以互联网财富管理为核心的全功能券商，致力成为中国最领先的资产管理公司之一。

自1991年平安保险成立证券业务部以来，平安证券已走过近30年的发展历程，从偏居一隅的小券商发展成为覆盖全国的全功能券商。

第一阶段：平安集团探索综合金融的桥头堡

1991年8月22日，平安保险证券业务部成立，平安正式进军证券业务，并开启综合金融的摸索阶段。

1992年10月20日，平安证券业务在全国首家推出电话委托业务，开行业历史先河。

1993年12月27日，平安率先开通卫星双向通信系统和路透社信息系统，成为当时唯一一家利用自办双向卫星通信系统进行交易委托的券商。

第二阶段：向全功能券商转型

随着国内金融市场的不断发展，平安的证券业务进入快速发展通道。

1994年9月20日，南油物业成为平安主承销上市企业的第一单。

1996年，平安证券有限责任公司成立，保险和证券业务分业经营，平安证券开始向全功能券商转型。

2000年，PA18网站正式推出，公司全面开通证券网上交易，大步跨入互联网经济时代。

2007年3月22日，平安证券发行债券主承销第一单，发行总额2.8亿元。

2011年，平安证券首次获得A类AA级评级。

第三阶段：借道互联网实现快速突围

2014年，平安证券获得首批互联网证券业务试点资格，开启互联网券商转型突围之路。

2015年，证券互联网经纪业务实现弯道超车，当年经纪获得新客户近300万人，超过去20年的总和。

2017年，证券经纪业务客户数突破1 300万，跃居行业第一。App月活达到348万，排名行业第二，炒股生态圈初步建立。2018年4月，平安证券市场占有率已经跻身券商前十，达到2.73%。

第四阶段：向“中国最领先的资产管理公司”迈进

2017年，在集团深化“金融+科技”战略规划指引下，平安证券以先进的金融科技为基础，深耕庞大的个人与机构客户群，不断提升金融服务水平。

2018年是平安成立30周年，平安证券将继续秉承专业、创新的服务精神，依托移动互联网的飞速发展及平安集团综合金融优势，不忘初心，朝着“中国最领先的资产管理公司之一”的战略目标执着前行。

资料来源：佚名.“战略+文化”支撑，平安证券进入快速发展阶段［EB/OL］.（2018-05-08）. http：//www.p5w.net/stock/news/gsxw/201805/t20180508_2121126.htm.

问题：为什么平安证券能够迅速发展?

分析提示：结合互联网证券的优势分析。

四、实践训练

实训项目：模拟炒股。

实训目的：结合实践掌握互联网证券交易的程序。

实训步骤：

1.学习互联网证券业务。

2.浏览各证券公司网站。

3.搜索模拟证券交易网站，如大智慧模拟炒股网站（http://mcng.gw.com.cn），注册，登录，模拟交易。

项目六　互联网保险

项目任务

1. 掌握互联网保险的概念和特征。
2. 了解互联网保险的发展现状及风险。
3. 掌握互联网保险的商业模式。
4. 掌握互联网保险的基本业务及流程。

技能目标

1. 能够进行车险报价查询，完成互联网保险产品的投保。
2. 能够自主进行互联网保险理赔操作。

案例导入

互联网保险理财"额度秒空"很平常

7月份以来，Shibor（上海银行间同业拆放利率）全线走低，其中隔夜Shibor于7月4日跌破0.9%，报0.8440%，创近十年来最低点。资金面持续宽松，却并没有影响保险养老保障管理产品的收益。随着货币基金吸引力减弱，以及当下互联网平台对保险理财产品的推动，投资者逐渐青睐于收益更高且稳健的养老保障管理产品。

对此，《证券日报》记者对互联网保险理财产品进行调查发现，目前在几大主流互联网平台中，微信—腾讯理财通、支付宝—财富、京东金融中的定期、稳健理财以保险理财为主，其形式较为简单，大部分为养老保障管理产品。如今，互联网平台成为养老保障管理产品的主要销售平台。

保险养老保障管理产品"额度秒空"很正常

某平台中的稳健理财几乎被保险养老保障管理产品包揽，爆款产品每天有3个时间段抢购，"额度秒空"是很平常的事情。"现在也不好买了，一些平台主推的爆款养老保障管理产品，收益高，期限短，买的人很多，我们都需要定点上去抢购，比如一款期限99天，七日年化收益率超过4.2%的产品，基本1分钟、2分钟额度就空了，没买到就只能等下期，或者选择别的产品了，就连爆款净值型产品都是到点一抢而空。"一位投资者向记者表示。

华宝证券表示，养老保障产品的投资范围较广，包括流动性资产、固定收益类资产、上市权益类资产、基础设施投资计划、不动产相关金融产品和其他金融资产。开放式组合的投资门槛较低，1 000元起投，2018年12月31日收益率较货币基金高30个基点（货币基金2018年12月31日七日年化收益率中位数为3.365%），而具有封闭期的产品多采用摊余成本法，收益率普遍较高，与银行理财产品相当。

7日年化收益率最高4.734%

以腾讯理财通为例，其保险产品分类中共有23只在售产品，其中22只为养老保障管理产品，1只为万能险产品。养老保障管理产品包括平安养老、太平养老、国寿养老、泰康养老、建信养老金5家险企旗下产品，大多数为封闭期在1个月至1年的产品七日年化收益率在3.113%~4.734%；灵活申赎的产品有4只七日年化收益率在3.113%~3.467%（余额宝同期收益仅为2.286%），其中有1只净值型产品的近一年净值增长为7.12%，远超银行、宝宝类产品，暂处于售罄状态，累计成交91万笔。

此外，三大互联网平台中，涉及保险养老保障管理净值型产品的收益率一般都比较高。其中，腾讯理财通中的净值型养老保障管理产品共有8只，成立以来年化增长率在3.55%~7.47%，目前7只产品均已售罄，仅剩1只期限为15天的产品还可购买。

值得一提的是，对于当下互联网平台火热销售的保险养老保障管理产品，华宝证券表示，"互联网平台成为养老保障产品的主要销售平台，而且以预约和限量方式销售，主要原因在于，产品发行规模与公司净资产或偿付能力情况相关。同时，为防止此类产品因期限错配带来较大风险，原保监会于2016年11月25日发布《关于进一步加强养老保障管理业务监管有关问题的通知》要求：①开放式投资组合开放频率为30天以下的，另类资产的投资比例不得超过该投资组合资产的20%；②开放式投资组合开放频率为30天（含）以上180天以下的，另类资产的投资比例不得超过该投资组合资产的30%；③开放式投资组合开放频率为180天（含）以上360天以下的，另类资产的投资比例不得超过该投资组合资产的40%。"

资料来源：佚名. 互联网保险理财"额度秒空"很平常［EB/OL］.［2019-07-05］. http://www.360kuai.com/pc/9f0503594795b0ade? cota=3&kuai_so=1&sign=360_57c3bbd1&refer_scene=so_1.

这一案例表明：在"互联网+"的影响下，互联网保险已经愈发普及，各种互联网保险的新产品和新模式不断涌现，其中，保险养老保障管理产品成为保险稳健理财的主要产品，备受大众欢迎。

任务一　认识互联网保险

一、互联网保险的概念

互联网保险作为一个新生概念，目前还没有统一的定义，可以认为是保险信息咨询、保险计划书设计、投保、缴费、核保、承保、保单信息查询、保权变更、续期缴费、理赔和给付等保险全过程的互联网化。互联网保险的概念是随着整个行业发展实践在逐渐演变的，不同的发展阶段决定了互联网保险不同的内涵和外延。当前，根据互联网保险的实践，我们可以将互联网保险定义为：借助大数据、搜索引擎、云计算、移动互联和物联网等网络技术对传统保险行业进行革新、升级和改造，是基于互联网技术的保险创新和保险重塑。从内容上看，这个概念是从互联网金融衍生出来的，因为它遵循了互联网金融谱系概念的界定原则，把互联网思维和互联网精神引入保险中，并在一定程度上避免了类似

“金融”与“互联网”主导之争的尴尬局面。这个概念也考虑了互联网技术在保险实践中是否得到充分的运用，或者说互联网技术在各个环节是否都有关键性的作用。更重要的是，我们在理解互联网保险这个概念时，应当具备发展的观点。随着互联网保险实践的深化，其概念也将在这个变化的过程中不断修正。

拓展思考6-1

互联网保险的发展经历了几个阶段?

答：互联网保险经历了三个发展阶段：Web1.0阶段、Web2.0阶段、Web3.0阶段。在每个发展阶段都有不同的互联网保险的概念，具体来说如下：

(1) Web1.0阶段

这一时期的互联网保险被认为是互联网保险的开端，保险和互联网开始进行融合，但是它局限于通过互联网进行保险营销，此时的互联网保险是和银行保险、电销保险同级别的产品。这种互联网保险是传统保险的互联网化，即保险是保险，互联网是互联网，此时的融合是保险的销售、承保、理赔和客服等环节的互联网化。这种变化是保险在互联网层面的物理移动，只是空间的移动，是一个保险电子化的过程。

(2) Web2.0阶段

这一时期的互联网保险已经不仅仅是保险营销渠道了，而是开始朝互联网保险场景演变。在这个阶段，很多公司在互联网保险产品设计上贴合具体情景进行创新，把社交化、碎片化引入保险，让原本门槛很高的保险变得比较亲和。这时的互联网保险要求保险公司利用互联网为客户提供产品及信息服务，实现保险业务流程的网络化，利用信息技术开发针对用户特征的定制化产品，并基于互联网平台开展专属互联网保险产品的经营活动。此时的互联网保险在内容上没有摆脱传统保险商业模式的束缚，但开始关注用户体验和个性化需求。

(3) Web3.0阶段

这个阶段的互联网保险是主体，互联网是载体、工具、通道，互联网创新不断突破时间、地域、行业、组织、产品、价格、渠道的限制，激发社会消费的各类新兴保险需求，替代传统保险产品服务的提供方式，急速改变传统的保险布局。

未来，在大数据、云计算、移动互联和物联网等互联网科技不断发展的背景下，根据互联网思维，通过对保险价值链的重新审视和创新升级，互联网保险成为以信息化、智能化、网络化为主要特征的新型保险发展方式。互联网保险将摒弃以往金融保险的精英化、神秘化，推翻传统保险依靠信息不对称获取利润的模式，将“开放、平等、共享、去中心化、选择、普惠、民主”的互联网思维及精神与保险深度融合，推动技术进步、效率提升和组织变革，提升保险经济的创新力和生产力，形成更广泛的以“互联网+”和“保险+”为基础设施和创新要素的经济社会发展新形态。

二、互联网保险行业发展历程

(一) 国外互联网保险的起源与发展

国外互联网保险最早出现于美国国民第一证券银行，其首先运用互联网渠道进行保险产品的销售，仅一个月，就创造了价值上千亿美元的成交保单。1997年，美国至少有81%的保险公司拥有自己的网站，当时美国加利福尼亚州的互联网保险服务公司INSWEB

用户数是66万，1999年增加到了300万。随后，欧洲、日本等国家和地区都出现了早期的互联网保险。1997年，意大利KAS保险公司建立了一套造价为110万美元的互联网保险服务系统，在网络上提供最新报价。该公司月售保单从之前的170份快速上升到了1 700份。英国于1999年建立的“屏幕交易”网站提供了7家本国保险商的汽车和旅游保险产品，用户数量每个月以70%的速度递增。1999年6月，日本的American Family保险公司开始提供可以在网上申请及结算的汽车保险。同年9月底，日本索尼损害保险公司开始推出电话及互联网销售汽车保险业务，到2000年6月19日，通过互联网签订的合同数累计已突破1万件。日本朝日生命保险公司于2000年4月7日宣布，该保险公司决定与第一劝业银行、伊藤忠商事等共同出资设立网络公司，专门从事保险销售活动，并于2001年1月开始正式营业。这些保险公司通过建立互联网销售渠道提供保险产品报价、信息咨询和网上投诉服务，形成了早期的互联网保险，以渠道为主的互联网保险业务开始在全世界范围内普及。

近几年来，国外出现了不少基于互联网的颠覆性保险模式。成立于2012年的英国保险中介Bought By Many通过社交平台吸引具有相同保险需求的人，为这些客户统一协商保险条款、统一报价，客户甚至可以根据自身需求定制保险，平台不仅为保险客户节省了开销，用户保费节省额度平均为18.6%，还引入了社交理念，提升了用户忠诚度。2014年Bought By Many平台的会员有48 234名，到2016年3月，会员人数达到了144 168名，可见公司的运营模式得到了市场上消费者的认可。这一阶段的互联网保险重新解构了保险行业的产业链，更加注重“长尾”市场和个性化需求。

自互联网保险诞生以来，由于自身优势的吸引力，世界各国的保险机构和非保险机构纷纷投入这场充满机遇和挑战的变革中，它们不断地体验和探索互联网保险的发展规律，以求能够在互联网保险的发展中占有一席之地。

（二）我国互联网保险的发展过程

在线视频6-1

互联网保险不断创新 保险科技促进行业发展

1.互联网保险的起源

不同于美国的互联网保险发展过程，我国的互联网保险开始于第三方网站。1997年，第一家保险网站——中国保险信息网建成，成为我国最早的保险行业第三方网站。同年11月，该网站为新华人寿促成了第一份电子商务保险保单，这标志着我国互联网保险的诞生。我国与发达国家开启互联网保险时代的时间差不多，2000年3月，首家实现网上投保功能的电子商务保险网站“保险网”诞生。2000年5月，中国人民保险公司广州分公司与建设银行广东省分行合作推出网上保险业务。这一时期的互联网保险简单、直接，是我国保险行业“触网”的第一步，把线下业务搬至线上交易，是早期互联网保险的原始创新。

2.互联网保险的发展

2000年8月，中国平安投资2亿元推出了“PA18新概念”，这是一个电子商务网站，涵盖了证券、保险、银行等跨平台交易，在整合了平安集团业务的同时，高度体现了综合金融概念、理财概念和服务概念，进而发展成一个网上金融超市。2001年，“PA18新概念”个人理财平台的咨询服务转变为功能服务，用户可在网上根据自身的实际情况，接受“PA18新概念”理财专家的个人理财指引。现在看来，“PA18新概念”具有超前思维，在十几年前就开始了互联网金融的尝试，但是当时的硬件环境和软件环境都无法与需求相匹配，在2001年业务开始收缩，2003年网站关停。然而，正是由于“PA18新概念”的失败，在客观上加快了平安集团内部IT基础设施的升级和数据的集中，为后来平安集团发展互联网保险抢得了先机。

2000年9月，泰康保险的“泰康在线”电子商务平台建立，实现了在线保险销售。这也是全国第一个应用数字认证技术的保险电商网站。2001年3月，太平洋保险北京分公司开通了“网神”平台，推出了30多个险种，开始了真正意义上的保险网销，当月保费达99万元。2005年4月，《中华人民共和国电子签名法》颁布，使互联网保险真正开始发展。此后，中国人保财险实现了第一张全流程电子保单。这标志着互联网保险的整个业务流程全面进入互联网时代，互联网保险产业链在全国大大小小的保险公司身上得到了升级。

2012年8月，平安人寿发布首个应用于寿险保单服务的App应用程序“平安人寿E服务”；同月，泰康人寿携手携程网、淘宝网打造互联网保险。2012年12月，泰康人寿登陆京东商城开通保险频道，在线推出了综合意外险、旅游意外险、交通意外险、母婴险等近10款保险产品；同月，国华人寿通过淘宝“聚划算”网络销售平台推出3款万能险产品，仅3天时间便售出4 356份，销售额达到1.05亿元，成为业界利用网络平台团购模式销售保险产品的第一家。2013年2月，由阿里巴巴的马云、中国平安的马明哲、腾讯的马化腾联手设立的众安在线财产保险公司（以下简称众安保险）取得了保监会的批文，进入正式筹建期。2013年9月29日，众安保险正式获得保监会同意开业的批复，获得国内第一个也是全球第一个互联网保险牌照。众安保险业务流程全程在线，不设任何分支机构，完全通过互联网进行承保和理赔服务。众安保险网站主页如图6-1所示。

图6-1　众安保险网站主页

2013年，淘宝理财频道首次参与“双十一”活动，保险产品成为活动的主角。据淘宝官方统计，淘宝理财在“双十一”当天成交额为9.08亿元，其中国华人寿官方旗舰店成交了5.31亿元，生命人寿官方旗舰店成交了1.01亿元，国华人寿华瑞2号单品成交4.62亿元，刷新了互联网单品在线即时成交纪录。

2015年7月27日，中国保监会印发了《互联网保险业务监管暂行办法》（以下简称《办法》），标志着我国互联网保险业务监管制度正式出台。《办法》以鼓励创新、防范风险和保护消费者权益为基本思路，从经营条件、经营区域、信息披露、监督管理等方面明确了互联网保险业务经营的基本经营规则。在这个背景之下，互联网保险的第二张牌照获批，2015年11月18日，首家由中国大型保险企业发起成立的互联网保险公司，泰康人寿的全资子公司——泰康在线财产保险股份有限公司正式在武汉挂牌成立。泰康在线官网主页如图6-2所示。

图6-2　泰康在线官网主页

2015年11月26日，百度、安联保险、高瓴资本联合发起设立百安保险，主营业务包括旅行险、健康险和互联网金融险等。自此，BAT齐聚互联网保险领域。进入2016年，互联网保险依然维持强劲势头。1月16日，国内第三家获得互联网保险牌照的公司——安心财产保险有限责任公司（以下简称安心财险）正式营业，与众安保险和泰康在线形成三足鼎立的局面。安心财险网站主页如图6-3所示。

图6-3　安心财险网站主页

除设立保险公司外，各企业还通过平台销售、大数据开发等方式切入互联网保险市场。比如，蚂蚁金服成立了保险事业部，并在2015年年底首度披露保险战略，希望通过场景、数据、运营等技术搭建保险服务平台。京东金融将某保险业务的地位提高至其第六大业务板块，并联合传统保险机构推出互联网保险创新产品。京东金融保险板块网页如图6-4所示。

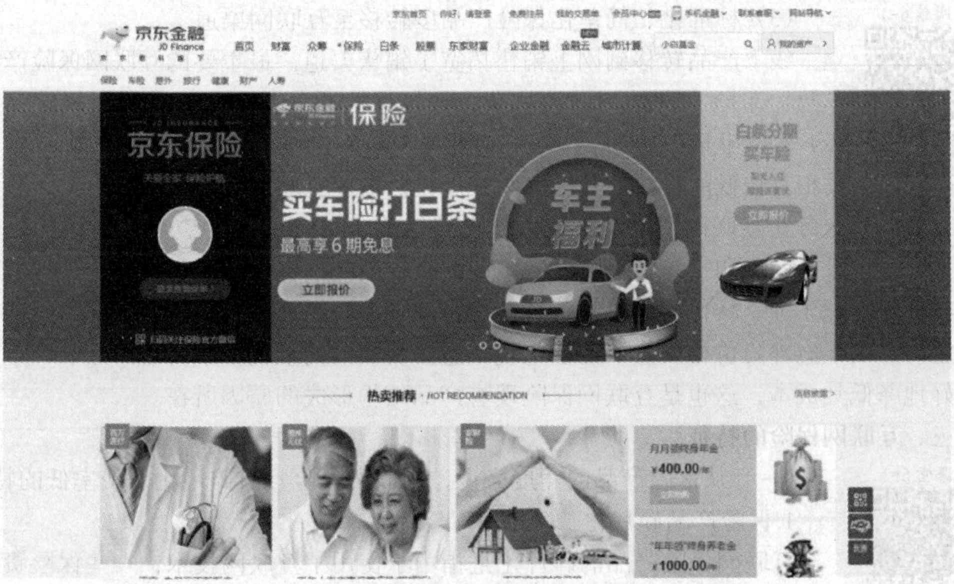

图6-4 京东金融保险板块网页

2018年互联网保险业务依然延续了迅猛的发展趋势，互联网与保险进一步融合，人工智能、大数据、区块链等技术加速向保险行业渗透，保险业务的数字化转型正迸发出蓬勃生机。据统计，2018年前三季度，易安保险、众安保险、泰康在线、安心保险四大互联网保险公司，实现保险保费收入64.64亿元，同比增长133.77%，远高于行业平均增速。

2018年2月召开的党的十九届三中全会拉开了新一轮国家机构改革的大幕。就金融业的监管而言，“一委一行两会”架构正式推出，中国保监会面临“撤并”使命。随着“中国银行保险监督管理委员会”的正式挂牌，金融监管开启“新银保时代”，“强监管”将成为今后一个时期的“新常态”。

3.互联网保险的现状

（1）互联网保险渠道趋向多元化

目前国内保险公司的互联网销售渠道有三种不同的建设方式。一是自建互联网平台。国内主要保险公司基本上都建立了自有互联网销售平台，如中国平安的万里通和一账通，中国人寿的国寿e家，新华保险、太平洋保险、太平人寿的网上商城，以及泰康保险的泰康在线。二是与专业第三方保险销售网站合作，由保险代理、经纪等提供的保险服务，如中民保险网、慧择保险网。三是与电商平台合作，例如与淘宝、京东、腾讯、网易合作的在线保险销售。目前有61%的保险公司采取了双管齐下的做法，既有自建平台又与第三方平台进行合作。

（2）互联网渠道保费规模大幅提升

从国外的研究来看，保险信息搜索成本的降低、竞争的加剧能够提高保险密度。从国内的研究来看，互联网保险拓宽了居民投资渠道，是保障和改善民生的重要工具，促进了保险行业的改革。互联网保险提高了便捷性和满意度，大大降低了保险企业的人力成本和运营支出。2018年上半年，互联网财产保险业务实现累计保费收入326.40亿元，占产险公司上半年所有渠道累计原保险保费收入6 024.18亿元（银保监会网站数据）的5.42%，较同期提升0.91个百分点。

在线阅读6-1

互联网保险发展势头持续放缓 产品竟然都“一个样”

(3) 标准化、简单化保险产品多转移至互联网渠道

线下产品转移到网上销售拓宽了销售渠道。最主要的互联网保险产品是车险。车险本身结构比较复杂，按投保性质分为车强险（国家规定强制购买）和商业险（车损险、第三者责任险、盗抢险等），车强险的标准特性以及相对较低的价格使其更容易线上化。随着互联网保险产品的丰富，非车险业务在互联网财险业务中占比已经达到44.75%，其中，增长最快的是信用保证保险和意外健康险业务。理财险较强的投资理财更容易让用户理解和接受，其保障功能不强、核保要求不高等特征也带来了客户黏性和规模效应，成为互联网保险的主力。由于意外险价格便宜，无法实现渠道保费收入的规模要求，借由互联网渠道可以更好地降低其成本，这也是互联网保险现有产品结构形成的原因所在。

三、互联网保险的特征

网络课堂6-1

互联网保险的特征

(一) 从保险产品的角度来说，互联网保险具有碎片化、费率低的特点

1.保险产品碎片化

互联网保险产品的碎片化是指由于使用了互联网技术，一些保险责任特殊、赔付烦琐的保险需求得以满足，保险公司设计了特定产品来保障这种风险，使保险产品具体化、细分化。首先，保险公司依靠先进的大数据和云计算等技术，获取和深度挖掘信息的能力大幅提高，消费者的交易行为逐步实现可记录、可分析、可预测，对收集的风险因子进行无限细分，这样就能精准地为客户完成“私人定制”。其次，互联网保险去人工化，客户在短时间内自助完成投保选择，这就要求互联网保险产品在设计上更为简明，将保险责任细分，针对某一特定人群在特定环境中的特殊需求，精细设计产品。当然如果客户的保障需求升级，也能通过多款保险产品进行相互补充完善。有的保险公司把保险产品和客户的生活置于同一个维度，消费者在不同场景下的细微差别也成为保险公司设计产品的切入点，例如，国华人寿针对客户在“养育子女”“孝敬父母”“爱护妻子”“个人养老”等不同场景下细分的保险需求，设计了富有特色的互联网保险产品。

在互联网背景下，用户的保险新需求层出不穷，存在巨大空白地带，而互联网技术使保险机构能够对长尾区域的个性化、碎片化需求进行挖掘和定价，并通过互联网渠道提供保险产品。在互联网边际成本递减的助推下，汇集大量空白的细小市场并将带来明显的“长尾效应”。

2.保险产品费率低

互联网保险对于传统保险投保及后续业务的服务流程中某些环节的替换、简化、优化或重构，呈现的最终效果是将保险公司的成本降到最低。有数据显示，互联网将帮助整个保险价值链降低成本60%以上。通过互联网销售保单，保险公司免去机构网点的运营费用和支付代理人或经纪人的佣金，大幅节约了公司的经营成本，从而催生出更多低费率的保险产品，让利于客户。保费降低提高了公众对保险产品的接受度，从而扩大了保险公司的销售量，起到了积累客户的作用，于是互联网保险产品就形成了价格低、数量大的特点。目前互联网保险低费率产品不断涌现，弘康人寿、太平财产、阳光保险等多家保险公司尝试推出这些产品，如用电安全险、安心出行险、银行卡盗刷险、电瓶车畅行险等，1年的费用大多在5元以下，一般不超过20元。

（二）从市场主体来说，互联网保险具有多元化、竞争性的特点

1.市场主体多元化

在互联网保险时代，保险行业吸引着所有投资者的眼光，越来越多的资金、技术、人才流入这个行业，使得互联网保险市场的参与主体逐步多元化。一方面，互联网公司积极布局金融领域。这些公司既有行业巨头，也有初创企业。第一类是互联网企业巨头，谷歌、阿里巴巴、京东商城等公司依托在各自领域的多年积累，掌握了大量的用户数据，开始试水保险行业。第二类是基于互联网的初创企业，包括易宝支付、汇付天下等第三方支付企业，这些公司在第三方支付、移动支付方面有天然的优势，对推动保险行业的发展有重要作用。另一方面，面对互联网公司的跨界布局，传统金融机构也在积极应对。传统保险公司依托官方网站、保险超市、门户网站、O2O平台、第三方电子商务平台等多种方式发展互联网保险。除此以外，银行、证券、基金及信托等金融机构也参与到互联网保险的发展中，这些公司利用自己的原有业务优势，利用互联网打造完整金融生态圈，为客户提供"一个账号、多项业务、一站式服务"，更好地帮助客户轻松实现保险、投资等多种理财需求。

2.公司主体竞争性

市场主体的多元化决定了互联网保险的市场竞争态势空前激烈，多方主体参与互联网保险市场的竞争，在一定程度上激发了市场的活力，促进了整个互联网保险市场进程的不断深化。这种竞争表现在以下两个方面：

一是业内竞争。面对互联网保险的浪潮，原有的保险行业传统公司一直在积极探索，许多保险公司利用新技术，深度融合保险销售服务场景，改造保险公司的前、中、后端应用与流程。由于各个公司都在同一起跑线上，掌握的资源相差无几，无论何种规模的保险公司，可以利用的资源都是有限的，这就使它们之间的竞争更具主动性和不可预测性。行业内的"领头羊"凭借自己的规模效应去创新产品，抢占市场，中小企业也利用自身的灵活性和创新性去同大企业抗衡。这其中既有人保寿险、平安养老、泰康人寿这样的传统优势企业，也有阳光人寿、合众人寿、太保寿险这样的中流砥柱，还有中银三星、瑞泰人寿这样的新型公司。

二是保险行业和其他行业的竞争。这里的其他行业有两个层面上的意义：首先是其他金融类型的公司。受到"互联网+"的影响，混业经营将成为金融行业内的主流，银行、保险、证券、基金及信托等金融机构之间的界限将会变得越来越模糊，原来分业经营的各个金融机构将不只在自己的领域攫取利润，保险机构与传统非保险金融机构之间的竞争将日趋激烈。其次是其他类型的公司。前面提到我国的互联网三大巨头全部布局互联网保险。除此之外，来自金融、房地产、通信、网络传媒等行业的上市公司纷纷通过直接控股或间接参股的形式介入保险公司业务，通过产业融合扩展公司的金融版图。

（三）从消费需求来说，互联网保险用户具有主动性、社交化的特点

1.保险消费的主动性

购买新兴互联网保险的消费者大多是"80/90后"，对于风险的容忍程度较高，对互联网金融的接受程度更高。新生代的消费者带来新生代的互联网消费需求和习惯——主动消费。"80/90后"尤其是"90后"几乎是伴随着互联网成长起来的一代，这部分群体对互联网、移动互联网具有高度依赖性，已经养成了在网上获取信息、娱乐、购物的习

惯，这就为主动消费打下了较好的基础。另外，保险消费的升级也促使普通消费者的主动消费意识增强，整个社会的消费向品质化和精致化转型。即使看不到保险消费的提示（广告营销），大家也会想，我需要去买保险吗？这就是保险消费由被动变主动的过程。

2.保险消费的社交化

社交网络由于其庞大的用户量和别具一格的信息生产与消费方式，形成了一种去中心化的交互结构。保险消费者的社交化就是以“人”为节点，人和人之间的交流主要表现为点对点的直接交互，信息生产、服务能力强的节点能自发吸引大量“粉丝”，形成强大的话语权。保险消费在网络时期已不是一个人的消费选择，而是整个社交网络的消费选择，虽然互联网保险时期的产品具有很强的个性化和差异化，但是在消费选择上却是单一的，大家都会选择与整个社交网络价值取向一致的产品或公司。例如有些保险产品借助微信平台进行销售。

（四）从组织结构来看，互联网保险去中介化效应明显

由于互联网保险交易效率的提高，更加精细的专业分工不可避免，新型的专业组织和专业人员不断涌现，此前大型企业所承担的职责将分散于大量“小、精、尖”的专业化组织之中，从而导致中心化交易结构的消失，这就是互联网保险的去中介化或者说“脱媒”。交易结构和组织结构的去中介化，是互联网为整个社会带来的影响最为深远的变革，它意味着资源配置方式的革新和资源配置效率的提高，围绕去中介化，保险业务的本质被重新认识，个人的需求被重新定义，资源配置机制将更加公平、普惠、高效。互联网保险的去中介化就是将传统保险产业链的不同服务通过互联网联结，形成丰富的、可快速配置的产品和服务体系。当用户需求被挖掘后，根据用户需求的特点，各个环节上最适合这一需求的服务被快速组合，产生完整的、个性化的、最佳的产品方案，将互联网保险的效率优化到极致。需要注意的是，去中介化或是“脱媒”不是中介的消失，而是将其分散于被互联网联结的大量专业机构和个人之中。在某种程度上，由于分工的细化，中介的层次可能还会提高，如去中介化后的保险公司将会具有更多的互助组织的特征。这就是互联网保险去实体化、去中介化的趋势。

知识链接6-1　　互联网保险规模保费下滑　相互保产品创新不当

中国保险行业协会（以下简称“中保协”）2019年3月对外发布《2018年度互联网人身保险市场运行情况分析报告》。报告指出，2018年共有62家人身险公司开展互联网保险业务，全年累计实现规模保费1 193.2亿元，同比下降13.7%；互联网健康保险业务持续高速增长，人寿保险、年金保险和意外险则出现不同程度下滑。报告中将2018年网红产品“相互保”定性为产品创新不当，它将网络互助计划伪装成相互保险，给公众对保险的认识和理解也带来较大的不良影响。

规模保费持续下滑　健康险业务持续高速增长

2018年共有62家开展互联网保险业务，其中中资公司38家，外资公司24家。全年累计实现规模保费1 193.2亿元，同比下降13.7%。规模发展势头持续放缓。传统人身险公司“线下”到“线上”转移的发展方式已进入瓶颈期。据统计，建信人寿以294.5亿元的规模保费继续位列首位。规模保费位列前十名的公司累计实现规模保费1 100.4亿元，占互联

网人身保险总规模保费的92.2%，行业集中率较高。

2018年互联网健康保险业务持续高速增长，人寿保险、年金保险和意外险则出现不同程度下滑。人寿保险仍为主力险种，在互联网人身保险年度累计规模保费中占比为56.6%，年金保险在互联网人身保险年度累计规模保费中占比为28.3%，为第二大互联网人身保险险种，健康保险在互联网人身保险中的比重首次突破至10.3%。2018年，互联网健康保险累计实现规模保费收入122.9亿元，同比增长108.3%。

产品同质化严重　定性相互保为创新不当

2017年7月蚂蚁金服拿下互联网巨头中第一家保险中介牌照，2017年10月百度拿下保险中介牌照，2017年11月腾讯旗下“微保”正式上线。随着互联网公司从最初的代理卖保险到自主研发产品，再到经营保险公司，互联网技术在保险业全面渗透，互联网人身保险行业也逐渐呈现传统保险公司、专业互联网保险公司及互联网保险中介平台多渠道竞争发展的格局。

但值得注意的是，互联网保险在发展过程中存在以下问题：

一是产品缺乏创新、结构单一。各保险公司的业务基本上都集中于简单的寿险、年金及意外伤害保险等，同质化现象严重，替代性强、存在感弱，缺乏核心竞争力，只能被迫陷入价格竞争的恶性循环中，不利于保险公司长期稳定经营。

二是产品创新不当，将网络互助计划伪装成相互保险。例如2018年在网络广泛传播的“相互保”产品，上线9日内用户数突破1 000万，该产品虽然短期内吸引了大量客户投保，但涉嫌存在未按规定使用经报备的条款费率、误导性宣传、信息披露不充分等问题而被监管叫停，给公众对保险的认识和理解也带来较大的不良影响。

资料来源：佚名. 互联网保险规模保费下滑　相互保产品创新不当［EB/OL］.（2019-04-08）. https://finance.sina.com.cn/money/insurance/bxsd/2019-04-08/doc-ihvhiqax0861334.shtml.

任务二　互联网保险的商业模式

现阶段，我国互联网保险业务的运营主体主要有传统保险公司、电子商务平台、保险中介代理机构、专业互联网保险公司、新型网络互助保险平台（机构）等。不同种类的互联网保险运营主体根据各自业务发展策略的不同，所采取的商业模式各具特点。

一、官方网站模式

互联网保险的官方网站模式是指在互联网金融产品的交易平台中，大中型保险企业和保险中介企业为了更好地展现自身品牌、服务客户和销售产品而建立的自主经营的网站。现阶段开通的官网，主要是引导客户在自己搭建的一体化网上商城平台上，自助完成保险产品的购买，从而培养客户的购买习惯。对于购买意愿有限的客户，官网自身配套的咨询通道还能增强客服座席咨询服务的能力，引导、帮助客户完成上网交易。图6-5是中国人寿保险股份有限公司的官方网站。通常保险公司官网提供的服务有：产品查询与介绍、购买、报价、支付、保单管理、理赔查询、在线咨询等，基本实现了保险服务的各类前端功能。

图6-5 中国人寿保险股份有限公司官网主页

除了官方网站以外，保险公司还采用新的技术在网络上建立了其他自主运营的官方平台，包括移动官网 / WAP、移动APP、微信公众号等，为拥有不同网络使用习惯的消费者提供了更多的官方接触通道。

二、第三方电子商务平台模式

从客户流量上来看，保险公司的官方网站平台的访问流量和大型互联网保险公司的访问流量不是一个数量级，单纯依靠保险公司自身平台来推动互联网保险的发展，其作用是十分有限的。官网的客户群范围狭窄，难以快速扩展，因此需要借助第三方平台进行拓展，通过第三方平台的跨领域特性提升互联网保险生态的活力，让保险业务深入各行各业，融入客户的生活。第三方电子商务平台是指独立于商品或服务交易双方，利用互联网服务平台，依照一定的规范为交易双方提供服务的电子商务企业或网站，原则上只为交易双方提供信息服务。这类平台具有运营独立、网络化程度高以及流程专业等特点。该模式下，多数平台主要依靠其流量优势，优先上线较为成熟、潜在客户群广泛、易核保的意外险、健康险、航空意外险、家庭财产保险以及场景化程度较高的手机碎屏险、支付账户安全险等创新型险种。实践中，该模式普遍受到新筹建的保险公司的重视。初入保险领域的从业机构，通过与成熟的电子商务平台合作，可以快速完成初期的客户积累、规模保费收入、品牌推广。例如，许多在京东金融、支付宝平台上线的保险产品，可以快速实现百万、千万元级别的保费收入，展现了电子商务平台的作用和价值。

为了更多地借助第三方平台的流量优势，许多保险公司直接在第三方平台上“售卖”自己的保险产品，例如开设网店。这种模式能最大限度地利用第三方平台的“客户群”优势，吸引“买家”投保。目前淘宝平台是保险公司主要的合作伙伴，截至2019年上半年，共有45家保险公司在天猫保险频道开设了自己的保险官方旗舰店，如图6-6所示。同时，保险公司也可以在现有主产品基础上，提供不同档次的保障内容和价格供客户自由选择。

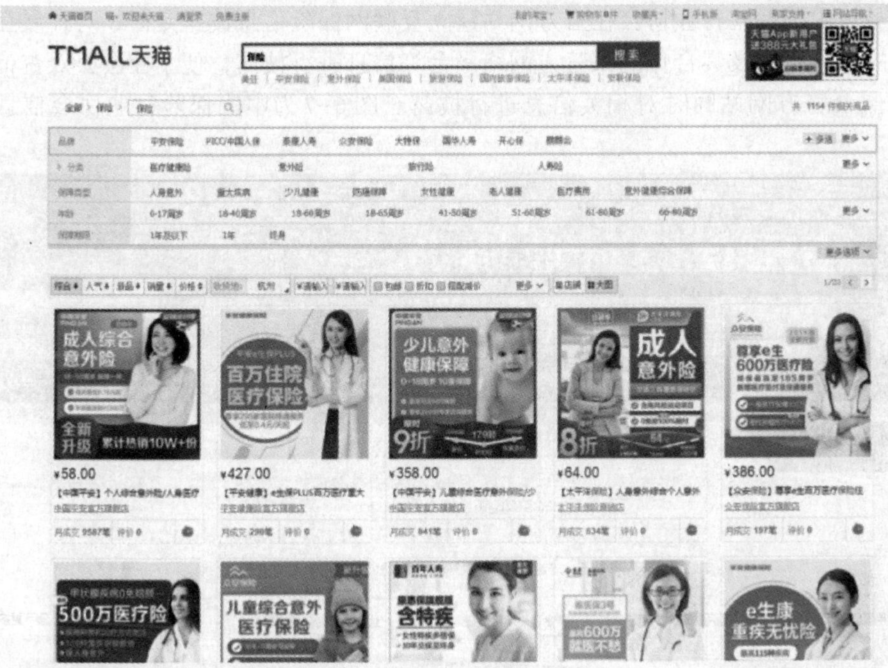

图6-6　天猫保险频道搜索页面

三、中介代理模式

中介代理模式主要包括兼业代理模式和专业代理模式。

（一）兼业代理模式

兼业代理机构的主营业务并非保险，而是依靠自有的客户网络体系进行保险产品的推介，经营的险种较为单一。例如，汽车4S店主要代理保险公司的车险，银行主要代理保险公司的理财类保险。在兼业代理机构的商品或服务的销售流程中嵌入保险类产品的销售，这种合作形式一般是基于对一定交易场景下附加产生的保险需求的满足，比如在机票销售流程中嵌入航空意外险，在自助行旅游套餐销售流程中嵌入旅游意外险。这些兼业代理的销售平台会承担一部分代理销售保险的职能，在这个过程中还会以推荐或优惠的方式吸引客户购买保险，而客户也能自由选择是否接受推荐的保险产品。例如一些购票、旅游、母婴网站，涉及的产品主要是主营业务的附属品，如去哪儿网的航班延误险、航空意外险、酒店取消险等旅游类保险，更多地体现了互联网保险产品场景化的特征。

（二）专业代理模式

专业代理机构在满足资本金、网络系统安全性等多方面监管要求的同时，还须申请专业的网销保险牌照。此类代理机构能够在线高效完成保险产品的销售以及后续的理赔服务，同时，由于长期经营专业的保险代理业务，普遍形成了完善的内部风控机制，能够有效识别承保环节的潜在风险。2017年4月19日，太平洋人寿上海分公司与上海磐石保险代理公司签署全面合作协议，联手推广含医保卡余额购买商业健康险在内的健康险、意外保险及养老险业务，为上海市民提供保险保障服务。

四、专业互联网保险公司模式

互联网保险公司不同于传统保险公司，它将产品筛选、电子投保、理赔服务等业务流程都进行线上化，仅依靠互联网，尽可能地减少线下人员配置，为互联网经济参与者提供保障和服务。中国保险行业协会在官方网站建立互联网保险信息披露专栏，对开展互联网保险业务的保险机构及其合作的第三方网络平台等信息进行披露，便于社会公众查询和监督。银保监会官方网站同时对相关信息进行披露。图6-7为中国保险行业协会信息披露页面。

图6-7 中国保险行业协会信息披露页面

根据《互联网保险业务监管暂行办法》的规定，有资格经营互联网保险业务的保险机构包括保险公司和保险专业中介机构；根据《互联网保险业务监管办法（征求意见稿）》的规定，有资格经营互联网保险业务的保险机构扩展至银行类兼业保险代理机构。也就是说，保险公司、保险专业代理机构、保险经纪机构（日后可能扩展至银行类兼业代理机构）借助互联网和移动通信等技术，通过自营网络平台或第三方网络平台开展订立保险合同、提供保险服务的业务时，理论上均应取得互联网保险网销牌照。目前，共有85家机构获得人身险网销牌照，77家机构获得财产险网销牌照，其开展互联网保险业务大都通过网站、App、微信公众号进行。图6-8为中国平安人寿保险股份有限公司的网销牌照。

图6-8　中国平安人寿保险股份有限公司网销牌照

五、网络互助保险组织模式

互助保险是指由该基金对合同约定的事故发生所造成的损失承担赔偿责任，或者当被保险人死亡、伤残或达到合同约定的年龄、期限等条件时承担给付保险金责任的保险活动。网络互助保险是由一些具有共同要求和面临同样风险的人自愿组织起来，预交风险损失补偿分摊金的一种保险形式。但是它又不同于相互保险，因为它将相互保险与互联网巧妙地结合，采用独立于商业保险和公益事业的网络互助保障，其最大的特点是去中介化，所有的会员通过互联网联结，不预交保费、不设基金。在业内人士看来，相比传统保险，网络互助保险可以更好地彰显保险“互助共济”的本质，弘扬“我为人人，人人为我”和“扶危济困”的保险互助文化。为促进相互保险规范发展，2015年1月底，中国银保监会印发了《相互保险组织监管试行办法》，其中，一般相互保险组织需要满足“有不低于1亿元人民币的初始运营资金”及“有不低于500个初始会员”等主要设立条件，区域性、专业性相互保险组织需要满足“有不低于1 000万元初始运营资金”和“有不低于100个初始会员”等主要设立条件。2014年4月20日，中国第一家互联网+相互保险组织——壁虎互助平台全网征集创始会员，其中前1 000名将作为公司发起会员记入公司史册。壁虎互助平台官网首页如图6-9所示，其宣传口号也颇具互联网色彩：“一切道德教化，都不及契约的力量”。

图6-9　壁虎互助平台官网首页

较为典型的互助保险还有“水滴互助”，水滴互助是由北京纵情向前科技有限公司创立的一个互帮互助社群，方便所有会员一起互帮互助，共同抵御癌症和意外等风险。水滴筹、水滴互助和水滴保同属于国内互联网健康保险保障平台水滴公司。水滴业务基于微信生态系统之上，强大的社交黏性使得关注健康的人群迅速聚集。加入水滴互助社群的会员如果不幸患癌或者遭遇意外可以按照“一人患病，众人均摊”的既定规则获得一笔医疗资金，最高可获得30万元。目前，水滴互助已有八千多万名会员。图6-10为水滴互助官网首页。

图6-10　水滴互助官网

任务三　互联网保险的业务与流程

一、互联网保险的基本业务

（一）保险信息咨询

保险信息咨询是指通过相关网页提供保险公司的历史介绍、财务状况、公司公告、保险产品种类及费率、业务人员个人形象及特长等信息，同时，及时向客户提供国内外丰富、全面的保险新闻、政策法规、监管机构要求以及保险入门知识、保险经典案例等。

（二）保险产品分析

保险公司或保险中介机构设有专业的保险需求评估工具，客户可以通过它轻松地获得从初步到精确、从综合到分险种的需求分析。在充分进行需求分析的基础上，客户既可自行比较、选购各种保险产品或套餐，也可简单描述个人情况，让保险需求评估工具为其量身定制投保方案，从而使客户全面享受个性化的服务。

（三）在线投保

在线阅读 6-2

互联网保险产品十二时辰进化史

保险公司对客户在互联网上提出的投保意向进行沟通，核保后通过互联网发出已填好的保险单。客户可以通过网上银行将保险费划拨到保险公司的账户上，承保过程完全通过互联网来完成，续期保险费的缴纳、各种保险金的领取等也都可以通过互联网来实现，客户是不出户就可以享受全方位的保险服务。

（四）在线理赔

在线理赔服务不仅包含理赔作业流程、注意事项、争议解决办法、查询理赔所需单证和出险争议解决办法以及出险联系电话和地址等服务，还包含方便快捷的网络报案服务系统，及时反馈客户投诉，并提供划拨赔款到客户指定账户的服务。

（五）在线交流

通过在线交流服务，客户不仅可就任何有关保险的问题向保险专家请教并得到及时解答，而且可以在论坛上畅所欲言，发表对保险的各种看法和投保的心得体会，结交朋友，寻求帮助；保险业务员也可以及时与同行交流专业经验，结识新的朋友；保险公司和保险中介机构还可以通过它搜集、了解客户的意见，对新保险产品进行市场调研，及时掌握市场需求变动等信息，以改善公司的经营管理。

拓展思考 6-2

区别于传统保险产业，互联网保险理赔服务的新特点有哪些？

答：互联网保险通过对场景的深耕、对用户需求的挖掘、对资源和平台的连接，逐渐建立起一种较为完整的社会生态。未来互联网保险的赔付可能不仅仅是财务上的补偿，而是朝着解决方案提供者的方向演变。

（1）全过程理赔

互联网保险首先要实现服务的全流程化，这一步目前来看已经比较普遍。比如，航班延误险、酒店退订险、退货运费险等轻质的服务性险种，已经实现从投保到理赔，所有服务都在线上完成，不需要线下办理。传统的车险在出险后，按照合同约定，对人伤、车损等进行鉴定，然后赔付一定的金额过程可能需要2～3天。而互联网保险可以实现出险后自助理赔，用户在软件的指引下拍照、传送，后台工作人员远程定损、赔付。全流程服务可以做到几分钟就解决。

（2）理赔附加服务

附加服务是互联网保险公司推出的理赔新服务。比如，购买健康险产品赠送定期体检服务，购买重疾险产品赠送血糖仪等医疗器械。泰康在线2015年在微信平台开展了中医体质测试活动，用户可以免费测试自己是何种体质，如阴虚质或者阳虚质等，同时和中粮我买网展开合作，用户可以根据自己的体质特质在我买网免费领取适合自己体质的产品，如绿豆等，此举深受用户喜欢。

（3）规避风险

当互联网保险实现以解决方案的赔付代替财务的赔偿后，还可以再前进一步，以强大的数据监控和环境监测技术，将风险扼杀在还未发生之时。用户投保后享受的是维护服务，因为潜在的损失已经通过技术手段提前预见并规避了。在汽车领域，通过OBD设备检测车主行为和机械状况，预判可能发生的危险情况，提前为车主提出操作建议或提供维护服务，安装ADAS辅助驾驶系统或Mobile Eye智能行车预警系统，帮助车主预判周边路况。在居住领域，京东正在研制的智能门锁、智能门窗、智能自来水管理系统，能对房屋的安全进行监控，客户在购买这些设备的同时购买京东保险产品，就能够在风险发生前及时发出防火防盗防水的警告，甚至可以与物业、派出所联合，避免客户损失。

在过去，这些理赔项目整合资源的成本比较高，而在互联网时代，成本相对较低。一方面，保险公司或服务平台要主动介入其他行业的数据体系，将外部解决方案的提供者引入保险业；另一方面，要进一步放开投资，使保险公司可以通过更多的投资、并购行为，促进资源整合，这需要监管层的支持和监督。总之，保险的服务属性越来越凸显，以解决方案代替现金赔偿将成为未来互联网保险发展的新趋势和新机会。互联网保险应通过业务合作或者直接提供服务等形式，大胆向外延伸，甚至打破现有产品的形态，更好地发挥保险在社会生活中的作用。

体验探究6-1

网上买保险

二、互联网保险的基本业务流程

（一）车险报价查询实务操作

1.登录平安车险网站（http：//www.4008000000.com），点击“保险购买”中的“私家车险”，如图6-11所示。

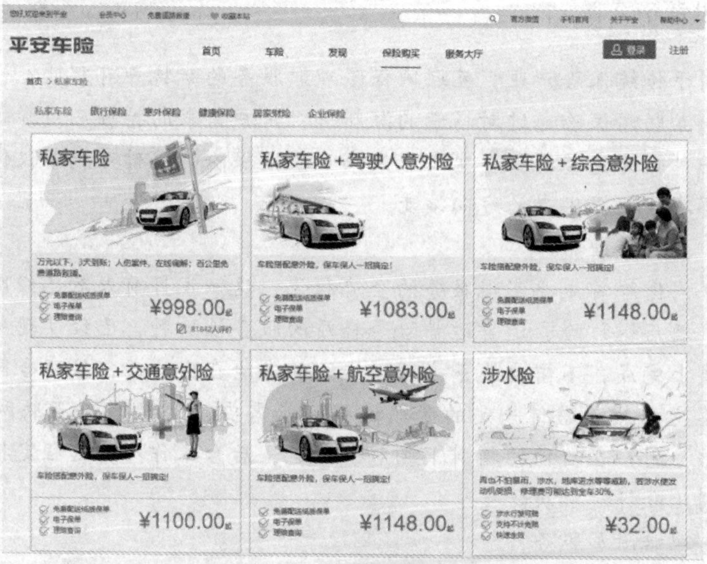

图6-11 “保险购买”页面

2.进入页面，选择需要购买的车险产品，如图6-12所示。

图6-12　“车险产品”页面

3.点击进入报价页面，填写基本信息后，点击“立即报价”，如图6-13所示。

图6-13　“车险报价”页面

4.进入页面，验证手机号进行注册，如图6-14所示。

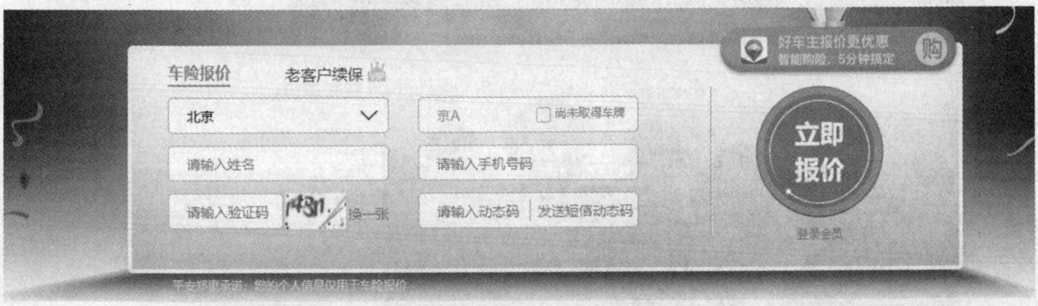

图6-14　注册页面

5.按照要求填写车辆基本信息，点击“立即报价”，获得该车辆的保险报价，如图6-15所示。

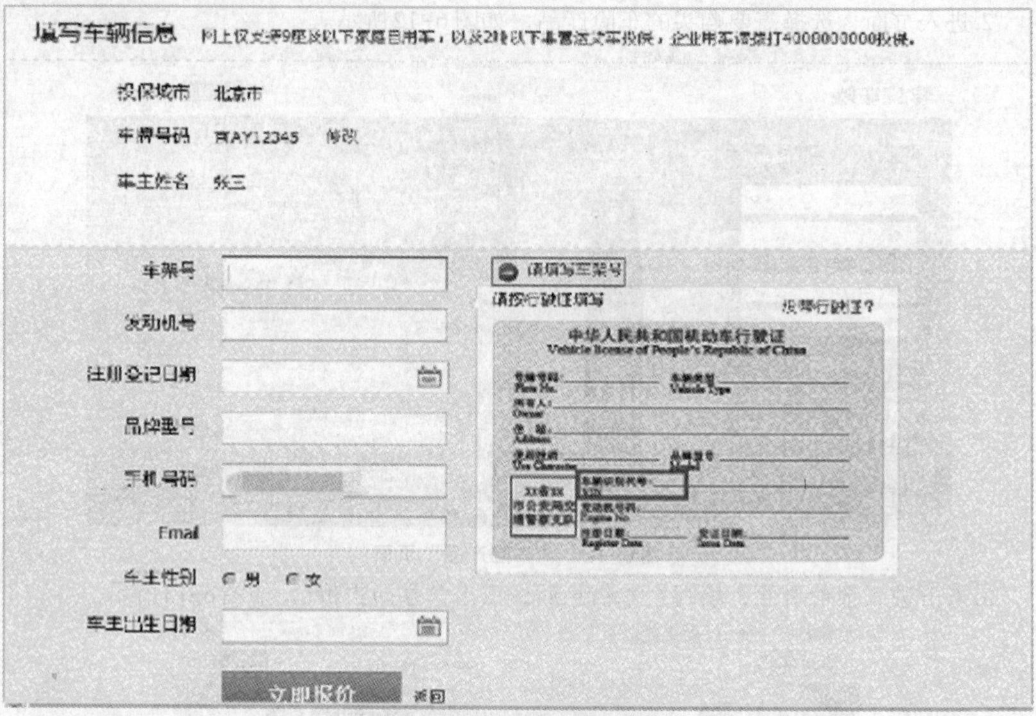

图6-15 “立即报价”页面

（二）互联网投保实务操作

1.登录中国人寿保险公司网站（http：//www.chinalife.com.cn），如图6-16所示。

图6-16 中国人寿保险公司网站登录页面

2.点击“产品中心”页面，选择需要购买的产品“查看详情”，如图6-17所示。

图6-17 “产品中心”页面

3.进入页面，查看“如E国内旅游保”，仔细阅读产品特点、保险责任、理赔案件、理赔指南、产品问答等信息。点击“立即购买”，如图6-18所示。

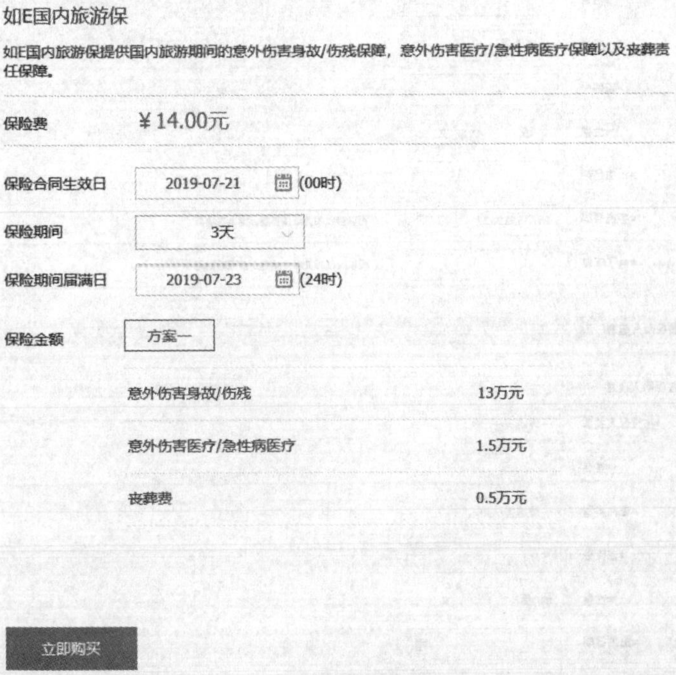

图6-18 “如E国内旅游保”页面

4.进行账户注册，如图6-19所示。

5.登录账户，填写“投保信息”，包括“投保人信息”和“被保人信息”，如图6-20所示。

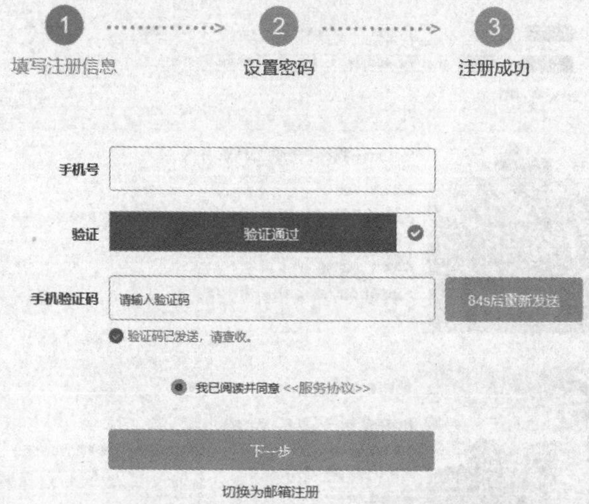

图6-19 “账户注册”页面

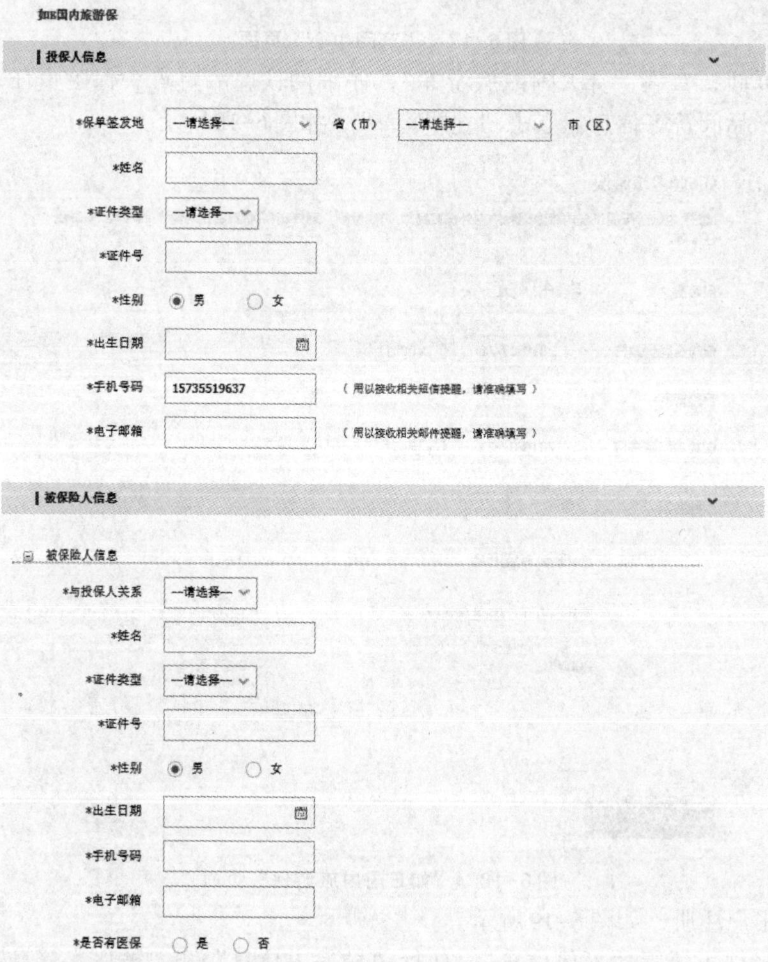

图6-20 “投保信息”页面

6. 如实填写“被保险人告知”“受益人信息”“推荐人信息”，阅读“声明与授权”，如图6-21所示。

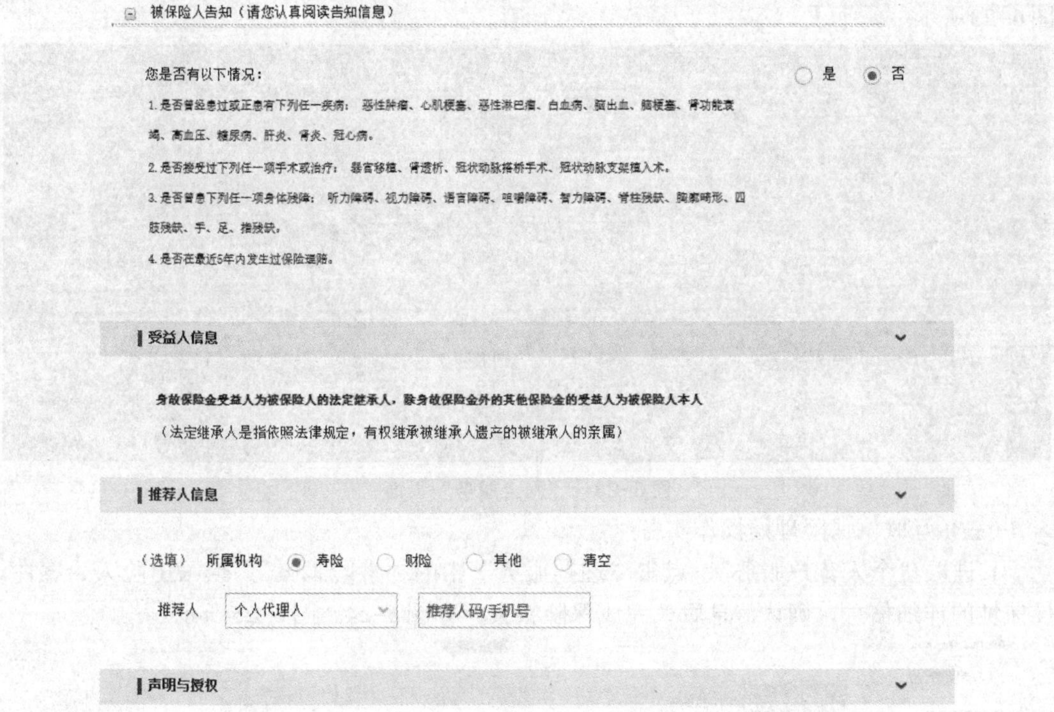

图6-21　“被保险人告知”等事项页面

7. 进行保单确认，确认投保单中的投保人、被保险人、受益人信息的填写及保障利益和保单生效时间的选择等信息填写无误。阅读“保险条款、投保须知及相关投保告知”，点击“确认并支付”，如图6-22所示。

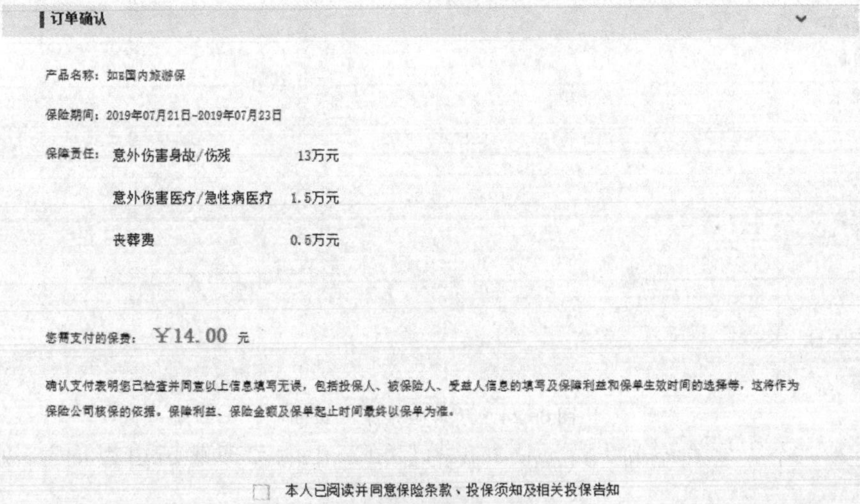

图6-22　“订单确认”页面

8.选择支付方式，完成支付。

9.进入“网上服务”，点击“保单查询”，查找已支付保单，下载并保存电子保单，如图6-23所示。

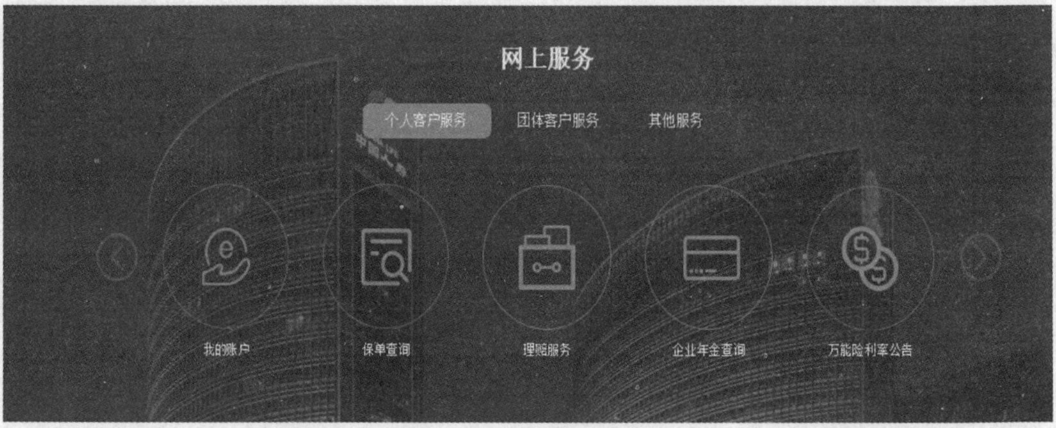

图6-23 “网上服务”页面

（三）互联网保险理赔操作实务

1.进入“个人客户服务”，点击“理赔服务”中的“寿险报案”，填写出险人、案件、投保地的详细信息，确认信息后，完成保险报案，如图6-24、图6-25所示。

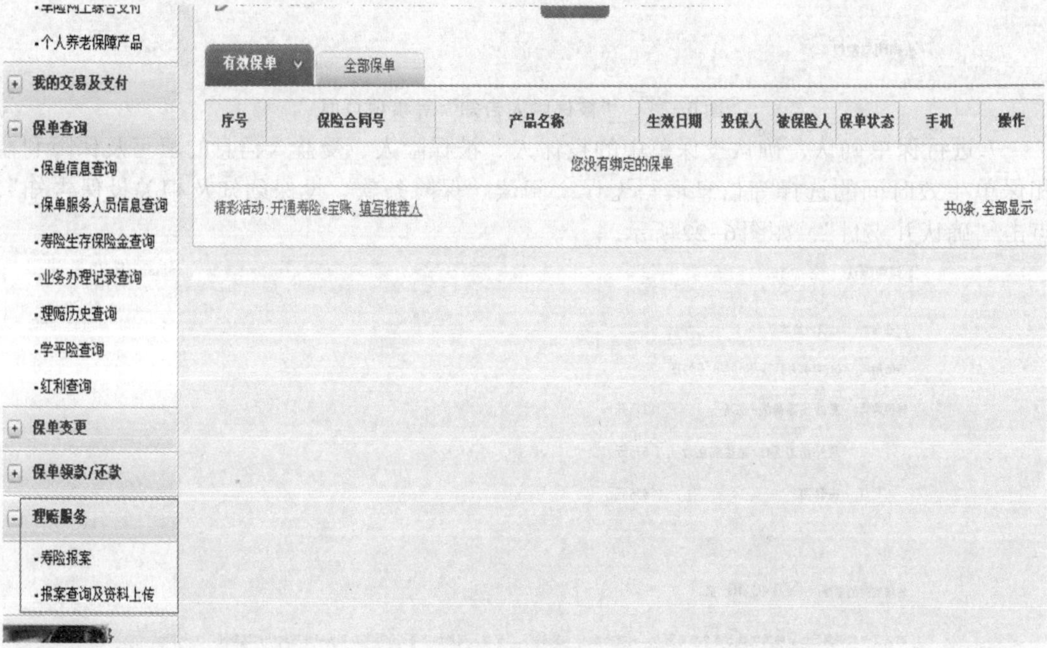

图6-24 “寿险报案”页面

2.进入“个人客户空间”，点击“我的保单”中的“理赔历史查询”，如图6-26所示。

3.进入“绑定保单查询”，点击“进入查询”，进入查询明细页面，如图6-27、图6-28所示。

4.查找理赔信息，核对理赔保险金额，完成理赔，如图6-29所示。

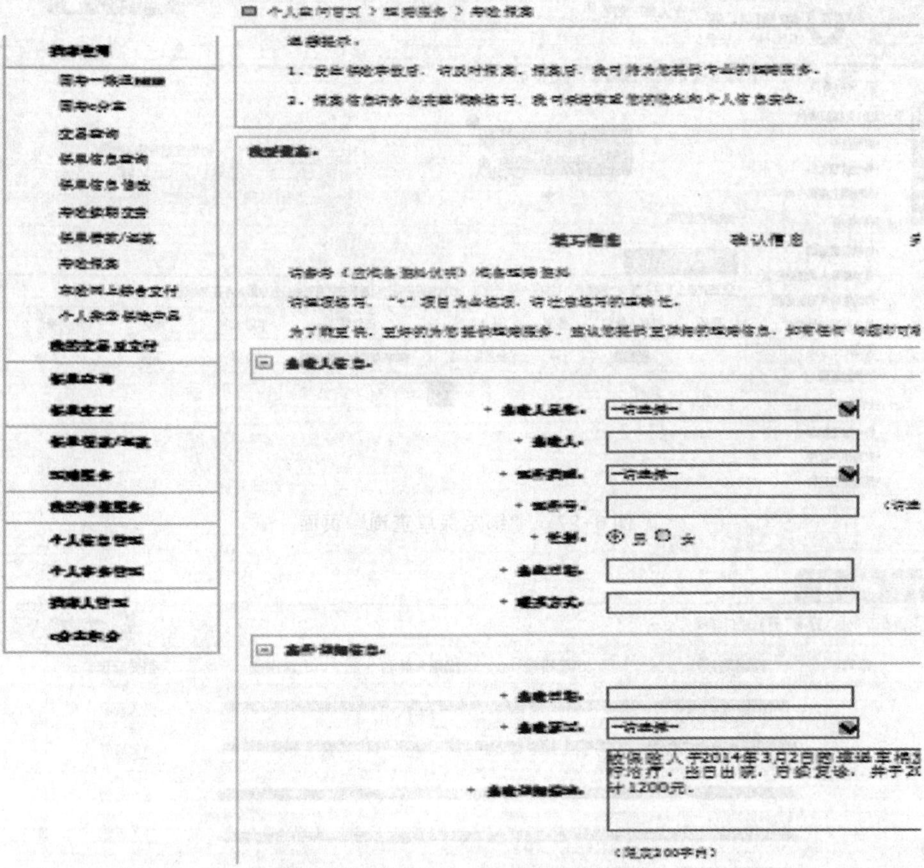

图 6-25　填写“寿险报案”页面

图 6-26　“理赔历史查询”页面

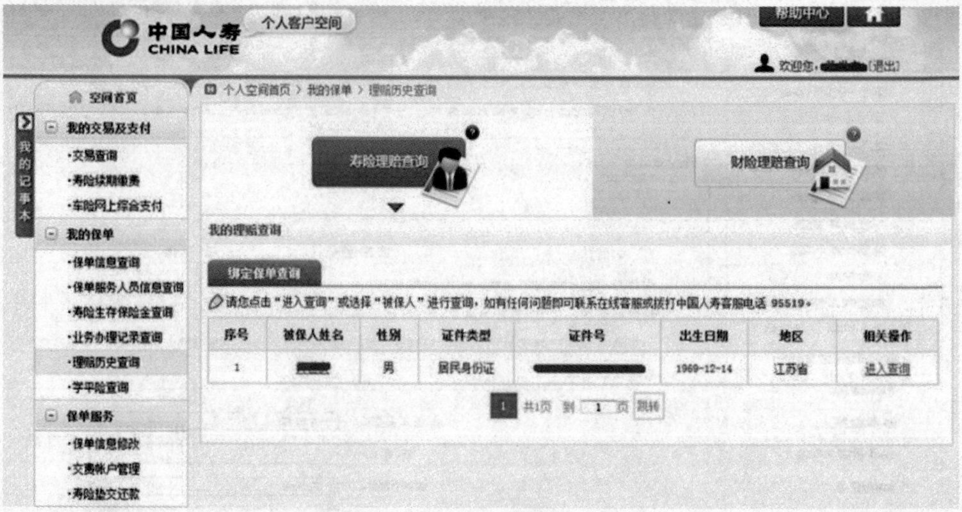

图 6-27 “绑定保单查询”页面

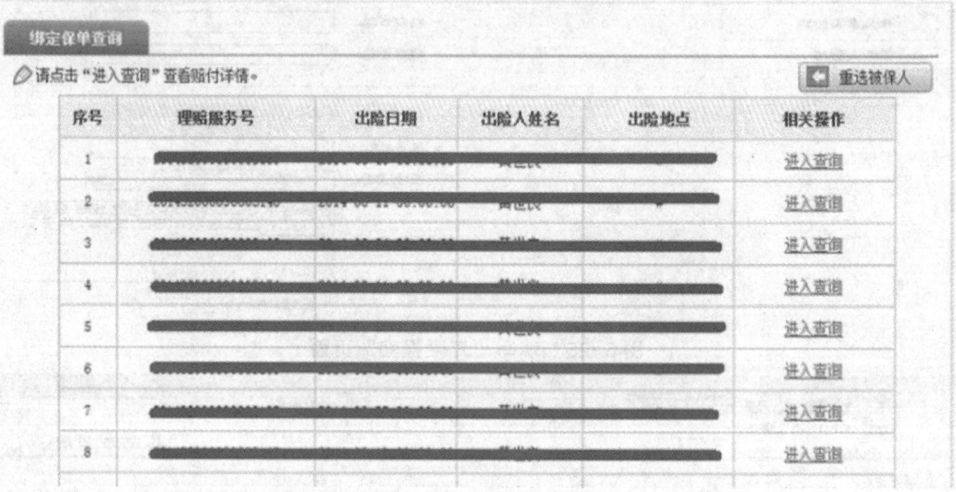

图 6-28 查询明细页面

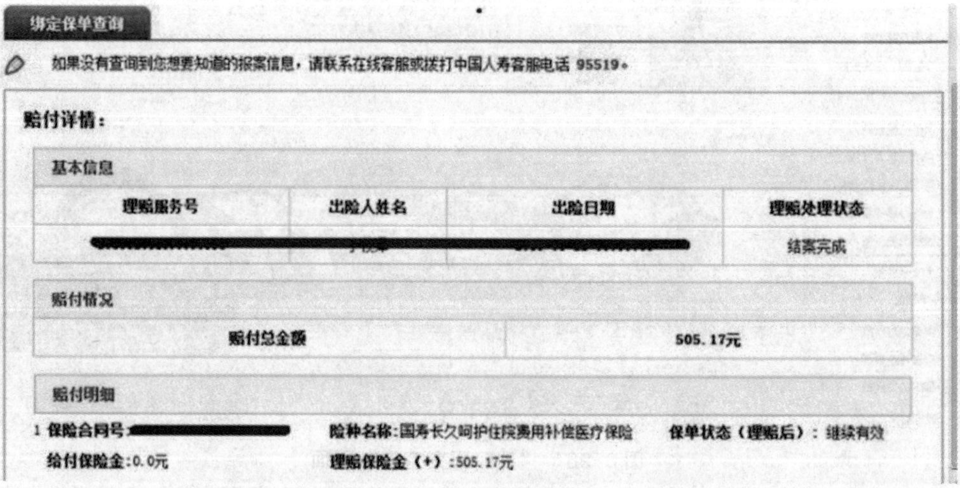

图 6-29 “赔付详情”页面

任务四　互联网保险的监管

一、互联网保险的风险

（一）道德风险

网络课堂6-2

互联网保险的风险

道德风险一直是保险行业面临的主要风险之一，“互联网+”则加剧了这一风险，这里的道德风险主要是保险欺诈和逆选择。互联网保险的特点是非面对面交易，交易一方会因为信息条件的不同而获得对方无法获得的信息，导致信息不对称，不同的交易主体通过这种不对称就能获得额外的利益，就产生了道德风险。理论上互联网的使用能使交易双方的信息实现高效传递，消除信息不对称，但前提是传递的信息是有效的和真实的。在互联网保险操作过程中，交易主体的信息更容易伪造和故意隐瞒，于是互联网强大的传播力成为道德风险的倍增器。

1.保险欺诈

互联网保险的保险欺诈分为两类，一是投保人的欺诈，二是保险人的欺诈。

首先是投保人的保险欺诈，即投保人一方不遵守诚信原则，故意隐瞒有关保险标的的真实情况，诱使保险人承保，或者利用保险合同内容，故意制造或捏造保险事故造成保险公司的损失，以谋取保险赔付金。出现这种现象的原因是互联网保险通过互联网自助办理保险业务，投保人与营销人员、核保员并不进行面对面的交流，这就使投保人有可乘之机，而且通过网络平台进行交易，对投保人缺乏心理压力的约束，因此具有更大的动力伪造或选择性告知信息以获取更大的利益。特别是一些完全基于互联网保险的险种，更易发生保险欺诈。

思政教育专题6-1　　**致富需走正道　骗保终受严惩**

2015年2月，国内首例互联网保险诈骗案在浙江省湖州市吴兴区人民法院宣判，被华泰财险起诉的“职业骗保师”以保险诈骗罪被判处有期徒刑6年零6个月，并处罚金。据保险行业专家介绍，这是国内已知互联网保险领域的首例诈骗判决案例。

此次互联网保险诈骗判决案例所涉及的产品，是华泰财险与淘宝合作推出的有“中国第一款真正意义上的互联网保险”之称的“网络购物退货运费损失保险”。一审判决书显示，被告人通过虚假购物投保并申请运费险理赔，共计骗取保险赔款20余万元。

退货运费险因具有嵌入式的投保特点，客户提供的有效信息有限，随着业务的飞速发展，恶意诈骗行为日益严重，甚至出现了流水化作业的职业骗保团伙。不过，华泰财险通过大数据分析和反欺诈核心模型等手段，在淘宝网和监管部门的支持下，陆续发现多个涉嫌保险诈骗的团伙。在公安、司法机关的高度重视和全力侦破、审理下，终于取得了首个反欺诈成果。

其次是保险人的欺诈，由于互联网保险业务不需要实体店面，投保人无法直接审核保险人的资格，保险人也更有可能进行无牌经营或超范围经营。例如，以理财产品宣传销售保险产品、故意夸大保险产品收益、隐瞒保险期限等，借助互联网的传播，可能更易放大这种违规违法行为的不良影响。

2. 逆选择

互联网保险逆选择是指由于交易双方的信息不对称而导致次货驱逐良货的一种现象。由于消费者投保互联网保险的主动性强，许多险种都是消费者在各种网络平台上自主选择、自助投保的。一般来说，假设某公司推出一款保障某种特定风险的互联网保险产品，必然会在各种网络平台上进行推送，这种推送经过大数据和云计算的过滤被呈现在“有需要”的用户面前，而恰恰只有高风险人群才会在搜索引擎中查找相关内容，于是就产生这种局面——认为自身存在某一类高风险的客户更加积极地搜索相关产品，更容易获取相关产品的信息，也更加积极地购买相应的保险产品；反之那些风险评价较低的客户，则不会关心或购买相应的保险产品。举例来说，身体健康的人可能很少关注健康类的保险产品，而身体不好的客户则更可能主动上网浏览健康类信息，并购买重疾险。

（二）信息风险

信息系统是互联网保险的技术基础。互联网保险的信息风险来自两个方面：一是信息安全的问题。目前，支撑互联网金融的大数据、云计算等新技术发展还不成熟，安全机制尚不完善，安全管理水平有待提升。互联网保险的业务数据和客户个人信息全部电子化，信息安全若得不到有效保障，将有可能造成业务数据和客户信息灭失、泄露等重大风险。互联网保险对互联网、信息系统和数据的依赖程度很高，面临特殊的信息安全风险，包括计算机软件和硬件运行风险、互联网安全风险、计算机病毒风险等。计算机软件和硬件带来的运行风险，主要是计算机系统软硬件的不完善造成的，如存在设计缺陷、兼容问题等引起的系统故障，有可能给使用者带来巨大损失；计算机病毒可能改变或破坏在线业务数据，给保险公司和客户带来很大威胁；互联网保险系统虽然有多重安全设计，但仍然易受到攻击，随着黑客技术的不断提高，保险公司及客户的信息及服务程序面临着被修改、删除或盗取等非法操作风险。二是信息泄露的问题。互联网保险使一些在线下不可保产品成为可保产品，一些私人定制产品变得触手可及，精细化创新产品成为互联网保险业务新的增长点。网络的便捷性和低成本极大地提高了行业的经营效率，但同时也带来了网络信息安全的困扰与技术安全风险的担忧。互联网保险公司在获得个人大数据信息的同时，应防止个人信息的泄露，同时重视对公民隐私权的保护。此前发生的网上保险个人信息泄露引发电话扰民事件，无论是保险公司有意为之，还是风险管理的疏漏导致，都对行业的长远发展不利。行业要长远发展，应当自律。另外网上支付流程的安全可靠性和资金的安全关系到投保人的利益和参保意愿，因此网络信息技术安全风险的防范，更是重中之重。“斯诺登棱镜门事件”提醒我们，信息安全和技术安全风险，绝不能空谈，应做好长远风险管控计划，切实付诸行动。

（三）产品风险

互联网保险的产品是对传统险种的颠覆，以保险的本质为依托，又借助了互联网的优势，这样的产品更有效率，但同时也引发了新的问题。例如，专门针对互联网设计的保险产品，定位为“服务互联网，专注互联网”，然而互联网领域的风险在表现形式、损害计量上与传统风险有较大区别，由于缺乏历史精算数据，针对这些风险的保险产品在开发和精算定价上难度较大。首先，不同于传统险种，互联网保险的设计和定价没有先例可循。虽然保险业在大数据应用方面进行了积极探索，但总体上，行业内部数据积累、数据挖掘、发掘数据背后价值的能力还不完善。由于缺少相关历史数据积累及应用，在创新型产品开发上还存在定价风险，可能产生较大偏差。保险公司在网上销售的保险产品，目前主要是理财型产品，基本保障型产品比较缺乏，这些理财型产品大都期限较短，一旦遭遇集中退保或到期给付，可能会给保险公司带来流动性压力。其次，在互联网保险的发展过程中，出现了各种各样的“奇葩险种”。例如，个别保险产品违背保险基本原理和大数法则，带有博彩性质，有伪创新、真噱头之嫌，“摇号险”“世界杯遗憾险”等就属于这种。这些保险在费率厘定、合法合规等方面都存在问题，有些险种投保人获赔的概率微乎其微，有些险种借保险名义行博彩之实。无论属于哪种情况，这些保险产品都存在巨大的风险问题，还有些险种的保费过低，在风险发生时保险公司根本没有能力偿付。

（四）法律风险

互联网保险在重塑产业链的过程中也遭遇了新的法律纠纷难题，并对传统法律纠纷解决机制提出了挑战。互联网保险的法律风险主要有以下三个问题：一是挑战了传统法律纠纷起诉机制。传统保险产品的受众是分地域的，也就是某一区域内的保险产品在保险费率、保险责任等方面与域外地区的保险产品是有区别的。如果针对这一产品产生交易、理赔、保全方面的纠纷，可以在区域内解决。而互联网保险时代的产品很容易实现跨地域销售，但也同时带来了跨地域法律纠纷的问题。例如，一家注册地在上海自贸区的互联网保险公司，其客户可能遍布全国各地，甚至突破国界，如果产生纠纷，就难以通过法律的方式解决，这就对传统的具有极强地域性的民商事争议解决模式提出了挑战。二是挑战了法律纠纷解决方式。互联网保险产品的单价低，一旦出现纠纷，可能“纠错”的成本极高，更不要说许多客户会直接放弃投诉权利了。如2014年“双十一”，淘宝和天猫共销售1.86亿份退货运费保险，创下了中国保险业单日同一险种成交保单份数的纪录，但每份保单的金额可能只有几毛钱。另外互联网保险产品的数量大，理赔纠纷的概率也会增加，如果这些纠纷都被诉诸法律，那么现有法律体系将面临不可想象的挑战。三是挑战了法律证据法理论的限制。互联网保险业务都是电子化凭证，虽然我国民事诉讼法已经确认了电子证据的地位，但是电子证据主要还是配合传统的书证、物证使用。如果案件中的主要证据都是电子化的数据，将对现有的证据法理论产生重大的挑战。同时，完全电子化的证据还面临电脑病毒、黑客攻击、系统崩溃、人为修改等方面的问题。

此外，互联网保险还面临其他传统风险和衍生出来的新型风险，如设备风险、服务风险、营销风险等。如混业风险，在“互联网+”如火如荼的今天，银行、保险、证券、基金以及信托等金融机构之间的界限将会变得越来越模糊，风险也随之而来。首先是牌照问题，在国家层面上，政策上对混业经营的支持渐趋明朗，因此保险公司、证券公司、期货公司、基金管理公司等的交叉牌照必须公开透明、进退有序。其次是相互控股、参股的方式也容易将单一风险扩大，如果没有合理的监管方式，混业经营将变成无序经营。还有团队风险，由于互联网保险要求保险与技术紧密结合，这就对互联网保险的人力资源提出了很高的要求，如果人员配备不能协调合作，对于互联网保险产品的设计、维护、服务都会造成影响，严重的可能会产生“多米诺骨牌”效应，让保险公司的运营举步维艰。

综上所述，传统保险行业在互联网保险的时代必然要出现适应性问题，要想维持互联网保险的活力，就必须管控好这些风险，以防出现系统性风险。保险创新风险管理和体系监管应多管齐下，在声誉建设中变革创新，在规范要求下谋求发展，这样才能充分利用

"互联网+"促进保险产业的转型与升级，使之成为保险业增长的新引擎。

二、互联网保险的监管

随着互联网保险的发展，相关的监管措施也在不断尝试与调整。为积极推进互联网保险的创新、改革和发展，促进互联网保险经营机构提高服务水平，提升监管能力，切实保护保险消费者合法权益，2015年保监会正式印发《互联网保险业务监管暂行办法》(下称《暂行办法》)，该办法于当年10月1日正式施行，期限3年。这标志着我国互联网保险行业监管实践的正式开始，对于行业的持续健康发展有着重要意义。在《暂行办法》"过期"之前，2018年9月30日，银保监会发布《关于继续加强互联网保险监管有关事项的通知》，该通知称，正在加快《互联网保险业务监管暂行办法》修订工作，在新的规定出台以前，原《暂行办法》继续有效。

互联网保险的监管是伴随着互联网的发展不断深入的，各个时期的互联网保险监管法规和政策都有时代的印记和特征，互联网保险相关法律法规见表6-1。从2009年12月29日《保险公司信息化工作管理指引（试行）》开始，国家对保险公司信息化工作进行指引。这是最早的关于互联网保险方面的政策措施，国家提出了"信息化"保险的概念，要求各保险公司利用计算机、通信、网络等现代信息技术，在业务处理、经营管理等方面开展相应的信息化组织架构建立和制度建设，以及基础环境建设等工作。根据"十二五"规划纲要的规定，原保监会于2011年8月18日发布了《中国保险业发展"十二五"规划纲要》，提出要大力发展保险电子商务，全面提升保险机构运用信息化手段管控风险的能力，积极推进建设功能完善的风险管理信息系统。同年4月15日，原保监会公布了《互联网保险业务监管规定（征求意见稿）》，9月20日，公布了《保险代理、经纪公司经营互联网保险业务监管办法（暂行）》，2012年5月16日，公布了《关于提示互联网保险业务风险的公告》。在《保险公司开业验收指引》的基础上，2013年8月13日原保监会公布了《关于专业网络保险公司开业验收有关问题的通知》。这些法规的颁布，正式开启了我国互联网保险监管的大幕，虽然其中一些法规并没有立即实施，但是对互联网保险的经营与发展具有警示作用。到了2014年，人身保险公司通过互联网销售的短期意外险和健康险、定期寿险和终身寿险等"网销专属产品"空前火爆。而保险公司在跨区域经营、公司宣传和披露以及风险合规管理等方面问题突出，保监会于当年1月中旬和4月分别发布《关于促进人身保险公司互联网保险业务规范发展的通知（征求意见稿）》和《关于规范人身保险公司经营互联网保险有关问题的通知（征求意见稿）》，特别是在当年年底还发布了《互联网保险业务监管暂行办法（征求意见稿）》，把监管工作上升到新的高度。

由于互联网保险的发展势头迅猛，新型产品、组织不断涌现，互联网保险的监管工作也与时俱进，例如《国务院关于加快发展现代保险服务业的若干意见》提出，"鼓励开展多种形式的互助合作保险"。2015年1月23日，《相互保险组织监管试行办法》实施，规定了相互保险公司在章程管理、产品审核、偿付能力、信息披露等方面的监管细则，配合我国的"推进大众创业万众创新"工作的开展。根据中国人民银行等十部委联合发布的《关于促进互联网金融健康发展的指导意见》这一指引互联网金融行业发展的纲领性文件，2015年7月27日《互联网保险监管暂行办法》正式出台，这既是首个互联网金融细分行业的监管办法，也是首次正式出台的互联网保险业务系统性的监管政策，标志着我国互联网保险监管实践系统化、完整化。《互联网保险监管暂行办法》共6章30条，于2015

年10月1日起施行，施行期限为3年，主要对互联网保险业务的经营主体、经营条件、经营区域、信息披露、监督管理等方面做出规范性的限制，大幅度放开准入许可，加强事中监测和事后处置，建立退出机制，充分体现监管部门支持互联网保险业务、鼓励创新、防范风险、趋利避害、健康发展的基本态度。总的来看，当前对互联网保险的监管已经初见成效，对于维持互联网保险行业的健康持续发展起到了推动作用，不过在监管的主动性和创新性方面仍有不足，需要进一步调整。

表6-1 互联网保险相关法律法规

发布时间	政策法规	主要内容
2009.12.29	《保险公司信息化工作管理指引（试行）》	为加强保险公司信息化工作管理，促进信息化工作规范化与标准化建设，提高保险业信息化工作水平
2011.08.18	《中国保险业发展“十二五”规划纲要》	积极推进保险监管电子政务建设，提升监管部门公共服务和监管能力，进一步完善与偿付能力、公司治理和市场行为监管相配套的监管信息系统，逐步实施动态监管，全面提升风险控制和预警能力
2011.04.15	《互联网保险业务监管规定（征求意见稿）》	促进互联网保险业务规范健康有序发展，防范互联网保险欺诈风险，切实保护投保人、被保险人和受益人的合法权益
2011.09.20	《保险代理、经纪公司互联网保险业务监管办法（暂行）》	促进保险代理、经纪公司互联网保险业务的规范健康有序发展，要求保险代理、经纪公司开展互联网保险业务，应当遵守《保险法》《保险专业代理机构监管规定》《保险经纪机构监管规定》等法律法规和中国保监会的有关规定
2012.05.16	《关于提示互联网保险业务风险的公告》	规定除保险公司、保险代理公司、保险经纪公司以外，其他单位和个人不得擅自开展互联网保险业务，包括在互联网站上比较和推荐保险产品、为保险合同订立提供其他中介服务等
2013.08.13	《关于专业网络保险公司开业验收有关问题的通知》	为有效防范风险，保护保险消费者利益，维护保险市场公平竞争，针对专业网络保险公司开业验收，制定了十一条补充条件
2014.01.15	《关于促进人身保险公司互联网保险业务规范发展的通知（征求意见稿）》	强调了对保险产品网销的严格监管，这包括要求公司宣传和披露以及风险合规管理与其他渠道看齐。同时要求，客户回访内容和标准化不低于其他渠道
2014.04.21	《关于规范人身保险公司经营互联网保险有关问题的通知（征求意见稿）》	规定人身保险公司经营互联网保险应具备相关条件、合作的中介网站规范等内容
2014.12.10	《互联网保险业务监管暂行办法（征求意见稿）》	从经营原则、经营区域、信息披露、经营规则、监督管理等多个方面对互联网保险经营进行了规范
2015.01.23	《相互保险组织监管试行办法》	在章程管理、产品审核、偿付能力、信息披露等方面制定配套监管细则，力争打造一个“遵循基本规律、符合国际惯例、体现相互特色”的新型相互保险监管体系
2015.07.22	《互联网保险监管暂行办法》	主要就参与互联网保险业务的经营主体、经营条件、经营区域、信息披露、监督管理等方面做出了规定
2018.09.30	《关于继续加强互联网保险监管有关事项的通知》	正在加快《互联网保险业务监管暂行办法》修订工作，而在新的规定出台以前，原《暂行办法》继续有效

近年来，互联网保险风生水起，特别是随着政府“互联网+”行动计划的推出和大数据、云计算等新技术的深入应用，互联网保险进入前所未有的黄金时期。各种形态的互联网新项目和生活方式层出不穷，这些项目自然也蕴含着新风险，需要互联网保险来对其进行风险控制。从这个方面来说，互联网保险已经成为互联网金融领域的一片“蓝海”。同时，保险行业企业作为涉及公众风险、影响公众利益的金融机构，实质上偏向于社会化企业，我们必须有效地对其进行风险控制，但是这种监管经常是粗放型的，即只能避免最坏事件的发生，却无力全面地保障公众利益，这就要求我们改变传统的监管机制和模式，在更高的层面调整互联网保险监管机制和模式。

项目小结

互联网保险定义为借助大数据、搜索引擎、云计算、移动互联和物联网等互联网技术对传统保险行业进行革新、升级和改造，是基于互联网技术的保险创新和保险重塑。我国互联网保险有五大商业模式——官方网站模式、第三方电子商务平台模式、中介代理模式、专业互联网保险公司模式和网络互助保险组织模式。与传统保险模式相比，互联网保险具有明显的优势，但由于网上保险在发展过程中还存在很多问题，特别是互联网保险潜在的风险也逐渐显现出来，对互联网保险的监管也更为重要。

关键概念

互联网保险　官方网站模式　中介代理模式　第三方电子商务平台模式　专业互联网保险公司模式　网络互助保险组织

综合训练

一、不定项选择题

1.下列关于互联网保险概念的描述中，正确的有（　　）。

A.互联网保险能借助大数据等网络技术对传统保险行业进行革新、升级和改造

B.互联网保险是从互联网金融衍生出来的

C.互联网保险的概念将随着互联网保险的实践不断变化

D.互联网保险是对现有的保险产品、运营和服务模式进行重构

2.从保险产品的角度来说，互联网保险具有（　　）的特征。

A.碎片化、费率低　　B.多元化、竞争性

C.主动性、社交化　　D.去中介化

3.（　　）模式不属于互联网保险公司的官方平台。

A.移动官网　　B.搜索比价平台　　C.微信公众号　　D.移动App

4.从信息安全的角度看，（　　）的说法是错误的。

A.互联网保险对互联网、信息系统和数据的依赖程度很高

B.计算机软件和硬件运行会影响互联网保险的安全

C.依靠新技术，互联网保险不会泄露个人信息

D.互联网保险系统虽然有多重安全设计，但仍然易受到黑客攻击

二、简答题

1. 简述对互联网保险概念的界定经历了哪几个阶段。

2. 简述互联网新技术对互联网保险的影响。

3. 互联网保险的特征有哪些？

4. 简述互联网保险的发展历程。

5. 分析互联网保险的五种商业模式。

三、案例分析

平安财产代位求偿纠纷案

（一）基本案情

中国平安财产保险股份有限公司广东分公司（以下简称平安保险公司）承保王某名下车辆。保险期间内，王某因饮酒不能驾驶，遂通过“e代驾”网络平台向北京亿心宜行汽车技术开发服务有限公司（以下简称亿心公司）请求有偿代驾服务，亿心公司接受后指派了吴某提供代驾服务。王某签署了由吴某提供的《委托代驾服务协议》，王某在委托方署名，吴某、亿心公司在被委托方签名和签章。吴某提供代驾服务时发生交通事故，据交警出具的事故认定书，吴某负事故全部责任。此次交通事故，经平安保险公司定损并向王某赔付了保险金159 194元。王某承诺将已获赔部分的追偿权转给平安保险公司。平安保险公司遂将吴某、亿心公司起诉至法院，要求连带赔偿平安保险公司经济损失159 194元。

（二）裁判结果

广州市荔湾区人民法院做出（2016）粤0103民初5327号民事判决：（1）北京亿心宜行汽车技术开发服务有限公司、吴某共同于判决发生法律效力之日起十日内向中国平安财产保险股份有限公司广东分公司支付赔偿款124 834元。（2）驳回中国平安财产保险股份有限公司广东分公司的其他诉讼请求。

广州市中级人民法院于2017年10月11日做出（2017）粤01民终13837号民事判决：（1）撤销广州市荔湾区人民法院（2016）粤0103民初5327号民事判决第二项；（2）变更广州市荔湾区人民法院（2016）粤0103民初5327号民事判决第一项为：北京亿心宜行汽车技术开发服务有限公司于判决发生法律效力之日起十日内向中国平安财产保险股份有限公司广东分公司支付赔偿款124 834元；（3）驳回中国平安财产保险股份有限公司广东分公司的其他诉讼请求。

（三）典型意义

随着互联网时代的兴起，通过网约代驾平台请求有偿代驾服务越来越常见，而在代驾服务期间发生事故进而引发纠纷的情形也时有发生。提供有偿网约代驾服务的主体并不具有车损险被保险人地位，代驾过程中发生事故造成车损，代驾司机负有责任的，保险人向被保险人赔偿后，有权在赔偿金额范围内行使代位求偿权。本案的处理，对厘清车主、网约代驾平台及保险人的责任，维护广大车主的切身利益和规范网络代驾行业的健康发展都具有积极的意义。

不同于日常生活中亲朋好友借车或友情代驾行为，本案中代驾人系有偿提供代驾服务，并非为被保险人利益所为，对保险标的车辆也不存在占有利益，因此代驾人不能成为涉案保险合同的被保险人。代驾人作为第三人在提供有偿服务的过程中造成投保车辆受损并负全责，对被保险人的财产构成侵权，被保险人有权请求赔偿，保险公司亦可代位行使求偿权。

资料来源：人民法院新闻传媒总社. 最高人民法院发布第一批涉互联网典型案例［EB/OL］.［2018-08-16］. http：//www.court.gov.cn/zixun-xiangqing-112611.html.

问题：

1.王某购买了什么产品？

2.代驾人可以看作合同的被保险人吗？

3.从该案件中我们得到什么启示？

四、实践训练

实训项目：模拟在中国平安保险商城App客户端投保交通意外保险和关注“中国平安保险商城”微信公众号。

实训目的：掌握移动手机终端的下载程序，并操作交通意外险的投保和出单程序。

实训步骤：

1.登录中国平安保险商城官方网站主页，通过扫描二维码的方式下载“平安保险商城”软件，并关注“中国平安保险商城”微信公众号。

2.进入“平安保险商城”，选择“交通意外险”。

3.选择“被保险人”。

4.填写信息、提交投保单、在线支付。

5.进入“中国平安保险商城”，选择“订单查询”。

6.通过登录名查询投保保单，并点击配送保单服务。

项目七　P2P网络借贷

知识目标

1. 了解P2P网络借贷的含义、特点。
2. 明确P2P网络借贷在国内外产生和发展的概况。
3. 熟悉P2P网络借贷的运作模式及交易流程。

技能目标

能够正确认识P2P网络借贷的风险，掌握防范措施。

案例导入　**90万投资人苦等三年半，“e租宝”清退程序终启动**

e租宝是“钰诚系”下属的金易融（北京）网络科技有限公司运营的网络平台。2014年2月，钰诚集团收购了这家公司，并对其运营的网络平台进行改造。2014年7月，钰诚集团将改造后的平台命名为“e租宝”，打着“互联网金融”的旗号上线运营。

公安机关发现，至2015年12月5日，“钰诚系”可支配流动资金持续紧张，资金链随时面临断裂危险；同时，钰诚集团开始转移资金、销毁证据，数名高管有潜逃迹象。为了避免投资人蒙受更大损失，2015年12月8日，公安部指挥各地公安机关统一行动，对丁宁等“钰诚系”主要高管实施抓捕。

办案民警表示，从2014年7月“e租宝”上线至2015年12月被查封，“钰诚系”相关犯罪嫌疑人以高额利息为诱饵，虚构融资租赁项目，非法吸收公众资金，累计交易发生额达700多亿元。警方初步查明，“e租宝”实际吸收资金500余亿元，涉及投资人约90万名。“e租宝”虚构融资项目，把钱转给承租人，并给承租人好处费，再把资金转入其公司的关联公司，以达到事实挪用的目的。

在线视频7-1

e租宝非法集资案

2019年6月26日，北京市第一中级人民法院发布《“e租宝”案集资参与人信息核实登记公告》，公告称“e租宝”案涉财产部分已由北京市一中院依法立案执行，并将于2019年7月2日至2019年8月30日间在北京市开展集资参与人信息核实登记工作。据经侦公布，目前控制的“e租宝”资产有150亿，再加上判决书上各种所罚的金额，将近有200亿资金被追回，可以覆盖50%左右的未清偿余额。

资料来源：根据相关资料整理。

这一案例表明：违规P2P平台接二连三暴雷，集资诈骗、非法吸储后的违法行为如出一辙，比如“占用投资款挥霍”“跑路”。“e租宝”案最终尘埃落定，复杂案情的梳理可以给尚在调查的违规P2P平台的处理提供一个有效借鉴的案例。

任务一 认识P2P网络借贷

一、P2P网贷的定义

P2P是英文Peer to Peer的缩写，意思是“个人对个人”，P2P网贷又称P2P网络借贷（Peer-to-Peer Lending），即点对点信贷，是基于互联网应用的一个金融创新模式。P2P网贷指的是由P2P网络信贷公司提供中介平台，借贷双方（包括自然人、法人及其他组织）通过独立的第三方网络平台相互直接借贷，即资金借入人在平台发放借款标，按照合同规定偿还本息；资金借出人向借款人放款，获取利息收益，并承担风险；网络信贷公司收取中介服务费的一种互联网金融行为。

思政教育专题7-1 **合理消费 拒绝不良校园贷**

“在两年的时间内，福建某大学学生通过网络借贷平台，借款30万元左右在网络上购买彩票赌球，恨铁不成钢的父亲一怒之下将儿子打成骨折”；“女大学生用手持身份证的裸体照片替代借条获得贷款，当发生违约不还款时，放贷人以公开裸体照片或与借款人父母联系的手段要挟、逼迫借款人还款”。校园网络借贷的负面新闻，一次又一次地将其推向舆论的风口浪尖。

在搜索引擎输入校园网络借贷，第一个结果就让人惊诧：“校园借款，额度最高可达50万元，最快一天到账”。其额度之大、速度之快，令人瞠目。学生网贷的途径大致有3类：一是单纯的P2P贷款平台，如名校贷、我来贷等；二是学生分期购物网站，如趣分期等；三是京东、淘宝等电商平台提供的信贷服务。

这些网络借贷平台不需要任何抵押，不看信用记录，只需要两样东西：一是身份证，二是学生证。他们不讲究风控，不讲究项目质量，不讲究保障措施，强调的是客户贷款的便利性和低门槛。网络借贷平台面对的客户是学生，借款人若是逾期或者无法偿还，催收方式简单粗暴，直接冲到学校或联系家长。借款的学生还不起，就让借款学生的父母来偿还。

在借款人登记信息的时候，不仅需要登记学生的信息资料，还需要登记其父母的信息资料。而这些网络借贷平台知道，如果家长发现学生在使用网络平台借款的话，家长会制止。所以平台在验证父母身份和电话真假时，使用的方法十分狡猾，比如打电话询问对方是否是某同学的父母，或者假扮辅导员和家长沟通，假扮快递员和家长确定相关信息等。

网络借贷平台何以在校园跑马圈地？“功劳”当属网络借贷中介招聘的代理，传单无孔不入，不管是墙上还是门缝下，总是会有机会让学生看到“某某平台招贷款助理，成功一单50元”。代理通过QQ群、微信群，专门向大学生发放贷款。而加入这些群，必须要出示学生证，甚至需要提供辅导员的电话号码等信息。这些群会不间断地发送各种借贷信息，指明仅向大学生发放贷款。根据学历的不同，贷款额度有差别：专科生最高贷款6 000元，本科生最高有1万元的贷款额度，研究生则可贷款2万元。

这种网络借贷平台日复一日地采用洗脑式的宣传方法，让大学生们将网络贷款的便利性、快捷性铭记于心，并且一步一步地瓦解大学生们对网络贷款的戒心，从而做成一单又一单的“利滚利”生意。2016年4月，教育部办公厅和中国银监会办公厅共同发布相关通知，要求加大不良网络借贷监管力度，加大学生消费观教育力度，增强学生金融、网络安全防范意识。

资料来源：根据网贷之家（http：//www.wdzj.com/）的资料整理。

（一）P2P网贷的特点

1.投资门槛低

除个别P2P网贷平台要求最低投资需要1万元以上以外，大部分P2P网贷平台的投资门槛为100元。相比信托和银行理财产品的高门槛，P2P网贷是低门槛的大众理财产品，投资者拥有非保本类金融产品投资经历即可投资，能够将社会闲散资金更好地进行配置，使大多数人都可以成为信用的传播者和使用者。

2.操作简便

P2P网贷的相关认证、记账、清算和交割等流程均可以通过网络来完成，借贷双方无须直接接触便可以通过P2P网贷平台完成借贷，对借贷双方都很便利。

3.资金流动性好

同银行理财产品期限单一、大部分不能提前变现相比，P2P网贷平台投资期限的选择更加多样化，短到若干天，长到一年甚至三五年都有，投资者可以根据自己的资金情况进行选择。此外，有的P2P网贷平台还开通了债权转让业务，资金的出借人可以将未到期的债权转让变现，提前收回资金；有的P2P网贷平台允许投资者用未到期的投资作担保，在平台上借款，以满足临时的资金需求；有的P2P网贷平台早上提出提现申请，中午或者下午资金就能到达投资者的银行卡里。这些创新让网贷投资的流动性得到充分释放，其实际的流动性比货币型基金都要强。

4.投资收益稳定、收益率高

作为约定利率的借贷产品，P2P网贷投资的收益是比较稳定的。另外，在我国，相比低迷的股市、随之消沉的开放式基金和各种私募产品以及与CPI拉不开距离的低收益储蓄和银行产品，P2P网贷投资的平均收益率一直保持在10%左右，2013年7月，P2P网贷行业综合收益率水平曾达到最高点26.36%。投资收益稳定、收益率高，这也是P2P网贷吸引众多投资者的主要原因。

5.投资风险大、信用风险高

P2P网贷作为民间借贷的网络化形式，投资风险较大。其中，信用风险是最主要的风险，也就是如果借款人不还钱，那么投资者就有损失本金的可能。P2P发展前期，许多作为资金中介的P2P网贷平台充当了担保人的角色，如果借款人逾期不还款，P2P网贷平台会先行垫付本金或者本息，这让投资者规避了借款人逾期不还款的信用风险，随着P2P平台定性为信息中介，其不再承担还款责任，信用风险将完全由投资者承担；而有的P2P网贷平台在创立之初目的就不单纯，携款潜逃的案例屡有发生。

案例分析7-1 银行、基金、信托及P2P理财深度对比

据盈灿咨询及网贷之家统计，2015年全年P2P网贷成交量达到了9 823.04亿元；2016年1—7月累计成交量达到10 252.58亿元，第一次自然年度内累计成交量突破万亿元。虽然目前P2P网贷行业规模仍不及银行理财、基金及信托等，但无法否认P2P网贷投资逐渐成为大众主流的理财方式之一。

（一）理财市场现状

1.资金面整体宽松，资金需求端成本降低

在稳健货币政策下，央行通过结构性调控释放流动性，市场整体资金面较为宽松。在经历多次降准降息后，社会融资成本已逐渐降低。以金融机构一年期贷款基准利率为例，基准利率从20世纪90年代的高峰12.06%下降至前几年的6%左右，到目前则仅有4.35%。

2.各类理财产品的收益率普遍下降

从收益率的角度看，P2P网贷投资（综合收益率水平10.25%）与货币基金投资（平均收益率跌破3%，如余额宝目前7日年化收益率已跌至2.36%）、银行理财（平均预期收益率跌破4%）、信托投资（门槛高，一季度平均收益率水平为8.18%）相比仍具有一定的优势。当然，投资人需要明确的是，不同类别的理财产品风险程度是不一致的，往往收益率越高，投资人所承受的风险越大。

（二）理财产品分析

银行理财、基金、信托及P2P网贷情况一览表见表7-1。

表7-1 银行理财、基金、信托及P2P网贷情况一览表

	银行理财	基金	信托	P2P网贷
收益水平	3%～4%	货币型基金：2%～3%	8.18%	10.25%
产品规模	超20万亿元	公募基金超8万亿元	超16万亿元	1万亿元
投资门槛	普遍5万元起	公募基金基本无门槛；私募基金普遍100万元起	普遍100万元起	普遍100元或1 000元起
合格投资人	未明确规定银行普通理财产品的合格投资者标准，但相关法规均要求商业银行对理财客户进行风险承受能力评估；高净值客户的标准与集合资金信托合格投资者标准相同	私募基金：个人金融资产不低于300万元，或者近3年内个人年均收入不低于50万元	集合资金信托：个人或家庭金融资产总计在其认购时超过100万元，或者个人收入在最近3年内每年超过20万元人民币或者夫妻双方合计收入在最近3年内每年超过30万元	《网络借贷信息中介机构业务活动管理暂行办法》规定的出借人条件是：参与网络借贷的出借人，应当具备投资风险意识、风险识别能力，拥有非保本类金融产品投资的经历并熟悉互联网
产品投向	利率、债券、票据、股票、信贷资产、商品、汇率等	债券、股票、货币市场、QDII、另类投资等	工商企业、金融机构、基础产业、债券、房地产、股票、基金等	个人信贷、车辆抵押、房屋抵押、供应链金融、融资租赁、票据等
监管部门	银保监会	证监会	银保监会	银保监会

1.产品发行结构情况

银行理财产品的发行结构从收益类型来看，以非保本浮动收益型为主；从期限结构来看，以1～3月期及3～6月期短期理财为主；从收益率来看，目前以3%～5%发行产品数量占比最多。基金产品的发行结构从投资方向来看，混合型基金在产品数量上占多数，占比近半成；其次是债券型基金、股票型基金等。但从资产净值占比来看，货币市场型基金占比超过五成。在信托产品发行数量方面，证券投资信托发行数量占比最大，贷款类信托产品其次；而从发行额度规模占比来看，贷款类信托和权益投资信托占比接近且最多。

2.产品收益结构情况

从银行理财产品近年收益结构来看，外资银行理财产品预期收益率波动幅度大，峰值高于大型国有商业银行、股份制银行、城商行及农商行。2010年至2016年6月，信托产品收益结构数据显示，股权投资及房地产信托产品预期收益率波动较大；非证券投资类及组合投资预期收益率波动较小。对P2P网贷行业来说，资产端业务开发不断创新，模式种类丰富多样。通常，就收益率而言，无场景信用贷投资大于车辆、房屋抵押类大于供应链金融、融资租赁大于票据。

3.资产投向情况

由于金融业的分业经营要求，银行理财资金投向较为有限，信托及基金的投向范围较广。

资料来源：根据相关资料整理。

问题：P2P网贷的兴起，对现有金融业务有何影响？

分析提示：P2P网贷行业的特有优势，如投资门槛低、小额分散、投资便捷及相对较好的收益表现，使得P2P网贷投资的吸引力非常大。对现有金融业务的影响主要体现在以下几个方面：①将会加快利率市场化的进程，降低资金使用者的资金成本；②拓宽了金融业的服务领域，实现了惠普金融；③冲击了现有的金融格局，加快了金融机构的改革；④促进了金融监管体系的不断完善。

二、P2P网贷的交易流程

P2P网贷有三个核心主体：网贷平台、借款人和出借人。除此之外，还涉及第三方支付、征信系统等。在P2P网贷过程中，借款人和出借人双方首先需要在P2P网贷平台上注册，建立账号，并提供身份证、手机号码、电子邮箱等用于核实真实身份，绑定同名的银行账号用于资金划拨。P2P网贷平台对上述信息进行审核后，借款人和出借人才有资格进行借贷。

借款人向网贷平台提出借款申请，包括资金用途、金额、接受的利息率幅度、还款方式和借款期限等信息。网贷平台审核通过后，即在平台上公布借款人的相关信息（也称为发标）。出借人可以根据平台发布的借款项目列表，自行选择借款项目，自行决定借出金额，实现自助式放贷（也称为投标）。P2P网贷平台上的借款交易多采用“竞标”的方式实现，即一个借款人所需的资金由多个出借人出资，待所借金额募集完成后，该借款项目就无法再进行投标，此过程一般为5天左右。之后，资金从出借人账户转出，转入借款人账户，同时生成电子借贷合同，借款人在约定的时间还本付息，出借人得到相应的利息和本金，网贷平台也会获得相应的收益。若借款项目未能在规定的期限内筹到所需资金，则该借款项目流标。

P2P网贷平台的借款利率一般有三种模式：第一种是平台给出利率范围，由借款人自行决定利率，如人人贷、拍拍贷等。第二种是平台根据借款人的信用水平决定借款利率，信用级别较低的借款人则会被要求支付较高的利率。该模式实际上是由P2P网贷平台根据借款人的资信情况直接设定借款利率，如拍拍贷。第三种是根据出借人的投标利率范围确定贷款利率，投标利率最低者获得签订借款合同的资格。

知识链接7-1　　不可不知的P2P网贷术语

资金站岗：投资人的资金在平台上闲置，没有项目可以投资的P2P网贷现象。资金站岗将会导致投资人实际有效的投资期限变短，相应的投资收益减少，平均后将会拉低整体的年化收益率。

拆标：分为金额拆标和期限拆标。金额拆标是指对标的金额进行拆分，将大额标拆成多个小额标；期限拆标是指对标的期限进行拆分，将长期标拆成几个短期标。金额拆标是行业正常现象，对投资者而言也是有益的；而期限拆标对平台资金的流动性会造成一定冲击，如果平台期限拆标比例过大的话，投资者需谨慎。

网贷打新族：又称"网投游击队""网投敢死队"，是指投资人群体中一群追求高收益、能够承担高风险的投资人，他们最常做的事就是到新开的P2P网贷平台上投资。

平台自融：一些网贷平台将出借人的资金留给自己使用的做法。平台自融一般是企业老板为了帮自己的公司或者关联公司筹资而设立一个P2P网贷平台，在平台上所筹集到的资金，绝大部分都投入自有公司或关联公司的项目。平台自融从定义上已经偏离了P2P的定义，在法律上也踩了非法集资的红线。

网贷团购：一部分投资人组成紧密或松散的小团体，在同一段时间去某网贷平台投标，类似电商行业中的团购行为。网贷团购的目的主要有两个：一是收益；二是安全。团购是网贷投资发展到一定时期自然出现的市场行为，且目前呈现扩大化的趋势。网贷团购组织形式不一，有松散型团购，即与网贷平台约标，参团队员各自投标；还有紧密型团购，大家共用一个账户统一操作。

三、P2P网贷国内外的发展概况

（一）P2P网贷国外发展概况

P2P网贷模式的雏形，是英国人理查德·杜瓦、詹姆斯·亚历山大、萨拉·马休斯和大卫·尼克尔森4位年轻人共同创造的。2005年3月，他们创办的全球第一家P2P网贷平台Zopa在伦敦上线运营。Zopa是"Zone of Possible Agreement"（可达成协议的空间）的缩写。在Zopa网站上，投资者列出想要借出款项的金额、利率和时间，而借款者则根据用途、金额搜索适合的贷款产品，Zopa向借贷双方收取一定的手续费，而不是赚取利息。如今Zopa的业务已扩至意大利、美国和日本，平均每天线上的投资额达200多万英镑。

P2P网贷平台在英美等发达国家的发展已相对完善，这种新型的理财模式已逐渐被身处网络时代的大众所接受。一方面，出借人实现了资产的收益增值；另一方面，借款人可以用这种方便快捷的方式满足自己的资金需求。目前，国外比较大的网贷平台有Prosper、Zopa、Kiva、Auxmoney、Smava等。根据平台不同的运营模式，可以把国外的P2P网贷平台分为三类：单纯中介型平台（Prosper），出借人和借款人完全是自主交易；复合中介型平台（Zopa），平台除了是中介人以外，还是担保人、联合追款人、利率制定人；非营利公益型平台（Kiva）。

1.单纯中介型平台：Prosper

美国的Prosper成立于2006年2月，是美国第一家P2P网贷平台，也是全球最大的P2P网贷市场，在美国许多州拥有发放贷款的注册许可证，图7-1是Prosper的网站页面。借款人注册成为Prosper会员，填写清楚借款金额、目的、期限以及愿意支付的最高利率，形成借款列表。Prosper采取竞标模式，即在14天的竞标期限内，出借人提出各自愿意借出的金额及能接受的最低利率与借款列表进行匹配，当借款列表中的金额全部筹满时，即为“满标”。如果在14天内满标，其他出借人还可以继续提出更低的利率进行竞标，14天期限到期后，该投标过程结束。在这种情况下，出借意愿超过借款需求，其中提供最低利率的几位出借人将中标，所有的出借人按照中标者中的最高利率获取回报。一旦借贷完成，借款人每个月定期向出借人账户里还款。

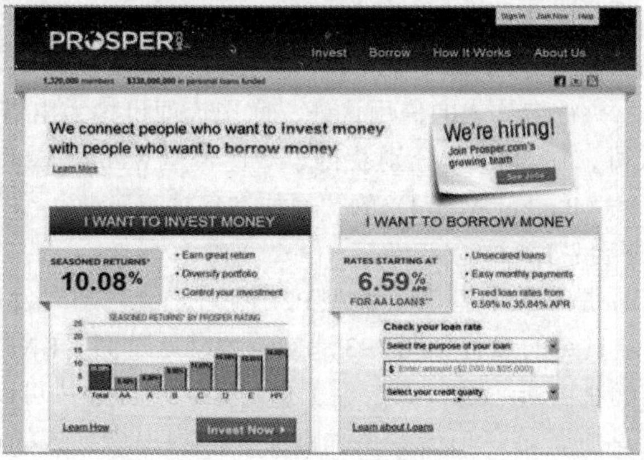

图7-1　Prosper网站页面

借款人通过Prosper寻求个人贷款，贷款额度为2 000～35 000美元，期限为3年或5年。Prosper需要完成的工作就是确保安全、公平的交易，包括贷款支付和选择符合借贷双方要求的借款人和出借人。网站靠收取手续费盈利，Prosper的收入来自借贷双方，根据借款人的评级高低，从借款人处收取每笔借款不同比例的费用，从出借人处按年总出借额收取固定比例的服务费。Prosper模式是比较单纯的信贷中介模式，即出售平台服务并收取服务费，比较适合社会征信体系比较发达的国家。

2.复合中介型平台：Zopa

Zopa起源于英国，如今是英国最大的P2P借贷公司，自成立起共进行了4轮融资用于公司发展，并在意大利、美国和日本得到推广。它提供的是P2P社区贷款服务，图7-2是Zopa的网站页面。Zopa模式的特点在于分散贷款、划分信用等级、强制按月还款，网站承担了更多的工作，能较好地控制风险。

为了保证安全，Zopa对客户实行实名认证，将借款人按信用等级分为A*、A、B和C4种，根据不同的信用等级，借款人可借入1 000～15 000英镑的借款。另外，Zopa采用各种保护措施来降低出借人的风险，如强制要求借款人每月偿还贷款，借款人提前还款不收取任何的违约金或罚息；并且把每个出借人的资金平均发放给50个借款人，即所谓“不把鸡蛋放在一个篮子里”。

图7-2　Zopa网站页面

Zopa在整个交易中代替银行成为中间人，责任包括借贷双方交易中有关借款的所有事务、完成法律文件、执行借款人的信用认证、雇用代理机构为出借人追讨欠账等。Zopa模式获得了业界的认可，在2007年分别获得了威比奖（Webby Award）的“最佳金融/支付网站”奖和银行家奖（Banker Award）的“最佳在线项目”奖。

3.非营利公益型平台：Kiva

2005年成立的Kiva是一家非营利公益型P2P网站，致力于向发展中国家的创业者提供小额贷款，实现消除贫穷的目标，图7-3是Kiva的网站页面。Kiva网站的首页是借款人的照片，背景是他们的小商店、牲口圈、手工作坊等，点击照片可以看到借款人的名字、故事和国籍。在该网站上，每一项借款请求都会详细列出借款人的简历、贷款理由和用途、贷款时限以及潜在的风险等。出借人根据地域、商业类型和风险水平等进行选择，一般是6～12个月的中短期贷款，还款方式分为到期一次性偿还和按月分期还款。

图7-3　Kiva网站页面

Kiva采取“批量出借人+小额借贷”的模式，一般每位出借人只需支付25美元，而一旦一笔贷款的总额募集完成，Kiva就会通过PayPal将贷款转给当地的合伙人。当地的合伙人一般是发展中国家当地的小额金融服务机构（MFI），或者是学校、非政府组织等，负责寻找、跟踪和管理贷出的款项，最后将到期的贷款收集齐后返还给Kiva，Kiva再通过PayPal返还给出借人。目前，Kiva平台已向全世界77个国家的借款人借出款项，在无任何抵押的情况下，还款率为98.85%，不良贷款率仅为1.15%。

案例分析7-2 Lending Club跌下神坛，从辉煌到垂死

2016年8月，Lending Club公司公布2016年第二季度财报，亏损8 140万美元；同时，公司还公布了管理层人事变动，首席财务官（CFO）离职，CFO离职常被认为是公司财务存在不确定风险的信号，此消息引发Lending Club股价在盘后一度跌逾8%，随后股价有所反弹。

全球P2P龙头老大——Lending Club从神坛上走了下来。"旗杆"倒了，这无论对美国还是对中国的P2P行业来说，都是一脸大写的尴尬。短短几年，P2P行业是如何从顶着金融创新名头的云端，跌落至速生速死的深渊？这背后所折射出的行业乱象、信任危机以及监管框架都值得人们反思。

Lending Club犯了什么错？据报道，由于创始人兼首席执行官（CEO）雷诺·拉普兰赫（Renaud Laplanche）将2 200万美元的优质贷款出售给了一个单一投资者，违反了公司一直奉行的行业原则以及监管原则，因此董事会决定让CEO辞去其职务。不少业内人士认为，雷诺·拉普兰赫"罪不至此"，董事会此举有点小题大做了，但这更说明了市场经济中规则的重要性。自从"拉普兰赫丑闻"发生后，Lending Club公司的股票价格一路下跌，投资人在Lending Club平台上的投标热情也大减。

不过，冰冻三尺非一日之寒，Lending Club的问题不仅仅是违规贷款这么简单。创始人辞职只是压死Lending Club的最后一根稻草。Lending Club自2014年年底上市以来，股价走势一直不理想。在过去一年，Lending Club的股价已经跌去了80%，市值也从50亿美元跌到了10亿美元。作为P2P的鼻祖，Lending Club在资本市场上的窘境也折射出整个行业所遭受的质疑和不被认可，这也意味着这种定位为信息中介的金融服务模式走到了一个关键而艰难的时期。

反观中国，东窗事发的P2P网贷平台——从泛亚到e租宝，从快鹿到中晋，无不散发着坑蒙拐骗的气息，隐藏着庞氏骗局的逻辑。它们存在的问题几乎是一致的：涉及非法融资，资金链断裂，最终窗户纸被捅开，公司因无力偿还而垮台。如果对照Lending Club的处罚措施，这些P2P的相关责任人引咎辞职几百回都难掩其过，诉诸刑责几无避免。在一个健全的市场，难以想象铤而走险、蒙混过关的机会主义者能够闯关到底甚至批量出现。这说明，我们的机制还有改进和提升的空间。国内P2P上市第一股——宜人贷也在2015年年底上市首日遭遇破发。面对外界对盈利模式不清晰、经营不善等问题的信任危机，P2P行业可谓正处在一个关键的十字路口，行业的稳健发展任重道远。

资料来源：根据相关资料整理。

问题：Lending Club跌下神坛，国内P2P网贷平台最需要引以为鉴的是什么？

分析提示：P2P网贷平台所有问题的核心是风控。不管是在美国还是中国，P2P都是互联网大潮下对金融的一种创新，同时也是一种补充。然而创新不能摆脱金融监管这个缰绳。一旦脱缰，不但会自食恶果，更是对金融秩序的一种破坏，同时也背离了金融服务实

体经济的初衷，最终埋单的仍然是消费者。

（二）P2P网贷国内发展概况

自2007年国外P2P网贷平台模式引入中国以来，国内P2P网贷平台蓬勃发展、百花齐放，迅速形成了一定规模。根据网贷平台数量、成交金额以及投资人数量等特征，2007年至今我国P2P网贷发展一共经历了四个阶段。

1.2007—2011年：以信用借款为主的萌芽阶段

2007年国内首家P2P网贷平台拍拍贷在上海成立，让很多敢于尝试互联网投资的投资者认识了P2P网络借贷模式，其后一部分具有创业冒险精神的投资人尝试开办了P2P网络借贷平台。这一阶段，全国的网贷平台大约有20家左右，活跃的平台只有不到10家。截至2011年年底，月成交金额大约5亿元，有效投资人在1万人左右。

2.2012年：以地域借款为主的初步发展阶段

这一阶段，网贷平台开始发生变化，一些具有民间线下放贷经验同时又关注网络的创业者开始尝试开设P2P网贷平台。同时，一些软件开发公司开始开发相对成熟的网贷平台模板，每套模板售价3万～8万元，弥补了那些具有民间线下放贷经验的创业者开办网贷平台在技术上的欠缺。这一阶段开办一个网贷平台的成本大约在20万元左右，国内网贷平台从20家左右迅速增加到240家左右。截至2012年年底，月成交金额达到30亿元，有效投资人在2.5万～4万人。

3.2013年—2015年6月：以自融、高息为主的高速发展阶段

我国在2013年开始进行金融业的全面深化改革。在这一阶段，网贷系统模板的开发更加成熟，在淘宝店花几千元就可以买到网贷平台模板。由于2013年国内各大银行开始收缩贷款，很多不能从银行贷款的企业或者在民间有大额高利贷借款的投机者在P2P网贷平台上看到了商机，直接从网上购买网贷系统模板，然后租个办公室简单进行装修就开始上线圈钱。这一阶段国内网贷平台从800家左右猛增至2 595家左右。截至2014年年底，投资人数110万，网贷行业总体贷款余额1 036亿元。

4.2015年6月至今：以合规监管为主的规范阶段

2015年7月，中国人民银行等十部门联合发布《关于促进互联网金融健康发展的指导意见》，表明了鼓励互联网金融创新的态度，并在政策上对P2P网贷平台给予了大力支持，使很多始终关注网贷平台而又害怕政策风险的企业家和金融巨头开始尝试进入互联网金融领域，组建自己的P2P网贷平台。2015年全年网贷成交量达到了9 823.04亿元，比2014年增长了288.57%。

但同时，P2P网贷平台迅速扩张暴露出来的问题，也使国家加大了对P2P网络借贷的监管。政策方面逐步收紧、对P2P行业进行洗牌清理势在必行，一些不具备资产优势、业务能力不强的平台被清扫出局，整个P2P行业优胜劣汰、迅速聚拢，从不合规走向合规。

《网络借贷信息中介机构业务活动管理暂行办法》和三个指引（《网络借贷资金存管业务指引》《网络借贷信息中介机构备案登记管理指引》《网络借贷信息中介机构业务活动信息披露指引》）的陆续发布，标志着网贷行业“1+3”制度框架基本搭建完成，初步形成了较为完善的制度政策体系，为P2P行业发展提供了政策依据。

2017年6月，中国人民银行等国家十七部门联合印发《关于进一步做好互联网金融风险专项整治清理整顿工作的通知》，要求各省领导小组采取有效措施确保整治期间辖内互

联网金融“从业机构数量及业务规模双降”，从整体上降低从业机构数量和业务规模。

2017年12月，P2P网络借贷风险专项整治工作领导小组办公室下发《关于做好P2P网络借贷风险专项整治整改验收工作的通知》（以下称《验收工作通知》），针对网贷机构业务规模控制有关问题，该通知称，“网贷机构应当持续优化自身业务结构，调控自身业务规模。”对P2P网贷平台备案登记工作给出了最后的期限，要求各地区在2018年4月底之前完成辖内主要P2P网贷平台的备案登记工作，6月底之前完成全部P2P网贷平台登记工作。

2018年6月，《验收工作通知》划定的期限过后，备案工作没有明显进展，2018年年底，监管层将“双降”升级为“三降”。提出“待偿余额不得新增”“出借人人数不得新增”“不得新增分支机构”，“进一步做实合规检查，健全信息披露制度，以合规检查促‘三降’落实、良性退出、合规经营和风险出清”。紧接着，浙江省、北京市、广州市、安徽省等11个地区发布了网贷机构退出指引，引导网贷机构平稳退出。从长远看，只有彻底摸排并了解市场风险，才能推动风险释放，同时减弱对市场的负面冲击，P2P网贷行业才能顺利度过阵痛期，并迎来行业稳定运行的明天。

截至2019年7月5日，我国正常营业的P2P平台由最高时2 595家减至831家，如图7-4所示。自2017年7月后，P2P行业成交额呈明显的下降趋势，如图7-5所示。

图7-4　我国P2P网络借贷运营平台数量

资料来源：根据网贷天眼发布网贷行业数据报告整理。

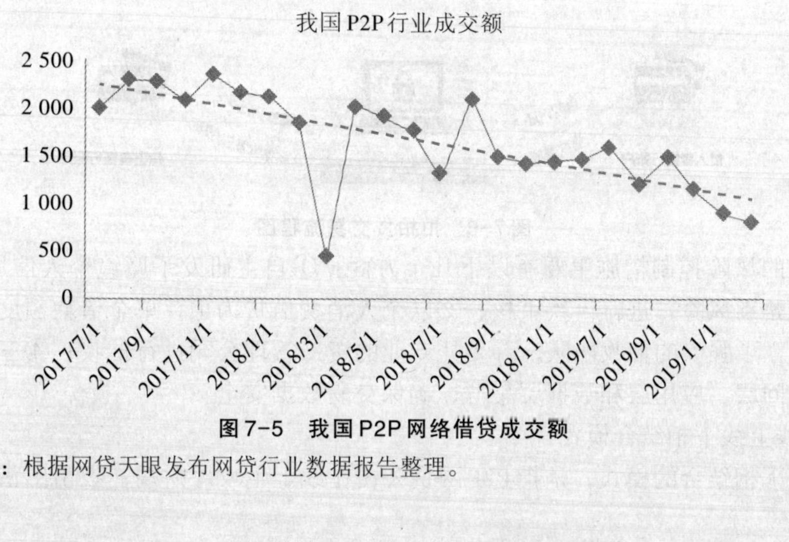

图7-5　我国P2P网络借贷成交额

资料来源：根据网贷天眼发布网贷行业数据报告整理。

任务二 P2P网络借贷模式

网络课堂7-1

P2P网络借贷模式

一、根据融资渠道不同分类

（一）纯线上模式

纯线上模式是指通过网络、电话等非线下的方式选择借款人和投资人，对借款人的信用审核也是通过网络进行的，因此借款项目多为信用借款，且额度较小。在资金借贷过程中，P2P平台作为纯粹的信息中介方，为借款人提供平台、发布借款信息，投资者在平台上选择适合的借款人。这种纯线上模式要求投资者具备较高的风险自负意识，通常由投资者承担全部的风险，或者由平台在一定限额内设立风险保证金为投资者提供部分保障，但绝大部分风险由投资者自负，平台所需承担的风险较小，对信贷技术的要求很高。此类P2P网贷平台的收入以佣金、服务费或管理费为主，盈利模式中利息差所占比例较小。当前，纯线上模式的业务扩张能力有一定的局限性，业务运营难度高，但被普遍认为是国内P2P网贷未来的发展方向。国内采用纯线上模式的平台较少，最典型的是拍拍贷。

2007年6月在上海成立的拍拍贷是中国第一家网贷平台。截止到2015年年底，拍拍贷平台注册用户达1 211万人，服务覆盖全国98%的地区，无论是品牌影响力、用户数还是平台交易量，均在行业内占据领先位置。在拍拍贷上，借款人发布借款信息，把自己的借款原因、借款金额、预期年利率以及借款期限一一列出来；投资者可以把自己的闲置资金出借给信用良好且有资金需求的个人，获得一定的资金回报。其具体流程如图7-6所示。

图7-6 拍拍贷交易流程图

拍拍贷的风险控制措施主要有以下几个方面：①自主研发了魔镜个人信用评级系统，通过大数据甄别风险，进行借款审核；②以个人消费信贷为主，单个借款额度低，违约风险小；③建立了强大的催收团队，并委托专业的资产管理公司进行催收；④三层防火墙隔离系统的访问层、应用层和数据层集群，确保交易数据安全。

（二）线上线下相结合模式

线上线下相结合的模式，是指P2P网贷公司在线上主攻理财端，吸引出借人，并公开借贷业务信息以及相关法律服务流程，而线下则强化风险控制、开发贷款端客户的模式。《网络借贷信息中介机构业务活动管理暂行办法》规定："除信用信息采集、核实、贷后跟踪、抵质押管理等风险管理及网络借贷有关监管规定明确的部分必要经营环节外，网络借贷信息中介机构不得在互联网、固定电话、移动电话及其他电子渠道以外的物理场所开展业务。"所以，网贷平台线下业务主要集中在信用信息采集、核实、贷后跟踪、抵质押管理等方面。

由于传统P2P无抵押、无担保，是纯粹的个人信用贷款，在征信体系不健全的国内并不适用，所以很多P2P网贷平台采用线上线下相结合的模式发展。该模式的特点是从互联网上获取资金，在线下用传统的方式获取和审核项目实行，该模式的典型平台有微贷网等。

微贷网成立于2011年7月，从事以汽车抵押借贷为主的P2P业务，其交易流程如图7-7所示。中国互联网金融协会信息披露系统显示，截至2019年6月，微贷网累计借贷金额2 718亿元，累计出借笔数1 912万笔，累计出借人数量111万人。微贷网在全国设有500多个服务中心，每个服务中心均配备一支专门的客户服务团队，包含汽车评估和风险管理人员。通过线下网络，获得了大量的交易数据和本土化运营经验，这些交易数据的广度和深度使其能够做出准确的信用评估，有效地防止欺诈并加强信息收集工作。

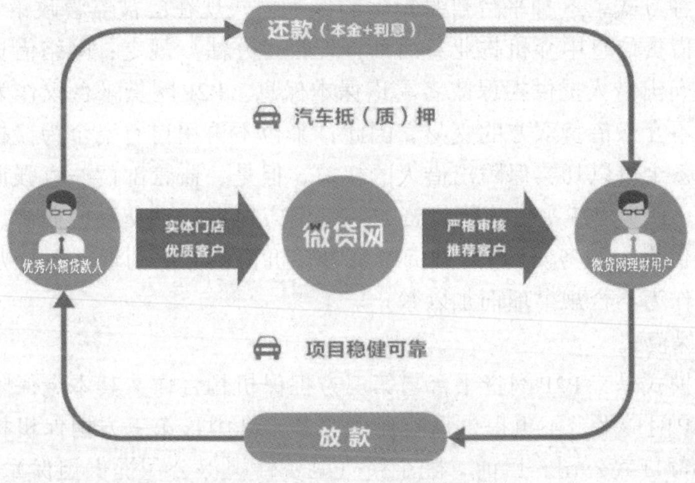

图7-7 微贷网交易流程图

二、根据平台标的资产类型分类

（一）纯信用资产模式

纯信用资产模式，是指P2P平台标的资产为纯信用的小额信贷，主要为工薪阶层和有固定收入阶层提供小额贷款。借款人提供一定的资料如收入证明、工作情况、社保记录、征信记录等即可获得相应额度的借款。额度比抵押贷款要低，利息相对较高。这种模式风险较大。此类平台有拍拍贷、翼龙贷等。

（二）抵质押资产模式

抵质押资产模式，是指P2P平台标的资产为具有一定流动性的抵质押实物或金融资产。常见的实物资产有房产、汽车、机器设备、存货等，常见的金融资产有票据、股票、存单、债券等。

抵质押类资产的特性是借款人凭借抵质押物的价值借到相应额度的钱，若到期无法还款，可以处借款人所提供的实际抵质押物来偿还出借人的本息。因此，抵质押类借款相对个人信用类借款业务而言安全性较高。这种模式的核心风险在于抵质押物的价值评估及抵质押物后期处置的流程和周期。

三、根据P2P交易风险保障方式分类

（一）有担保模式

有担保模式是指网贷平台引入担保机制，保障出借人借出的款项能够及时收回。根据担保机构的不同，有担保模式又可分为平台自身担保模式和第三方担保模式。

1. 平台自身担保模式

平台自身担保模式主要包括两种：一种是平台利用自有资金收购出借人已逾期债权；另一种是通过设立风险保证金的方式来填补出借人的本金损失。风险保证金又叫风险准备金，是国内P2P网贷发展早期最常使用的一种安全保障模式。采取风险保证金制度的平台，一般会先设立一个专门存放风险保证金的账户，并从平台自身的资金中取出一部分作为风险保证金的启动资金。当某笔借款成功时，平台会从收取的费用中提取一部分出来，这个比例一般根据平台的坏账率而定，并将这笔费用放入风险保证金账户。

不论采取何种方式，这种平台自身担保的保本模式现在已被监管政策否定。2016年1月颁布的《网络借贷信息中介机构业务活动管理暂行办法》规定：网络借贷信息中介机构不得直接或变相向出借人提供担保或者承诺保本保息。P2P网贷平台仅作为借贷双方之间的信息中介，而不介入借贷双方的交易。因此，平台不再用自有资金为债权担保。

虽然风险准备金可以切实保障出借人的权益，但是，监管部门一直强调网络借贷平台的信息中介地位，明确P2P平台应为投资方和融资方提供信息交互、撮合、资信评估等中介服务，不得提供增信服务。《网络借贷信息中介机构业务活动管理暂行办法》明确将风险准备金的提取作为不合规事项而加以禁止。

2. 第三方担保模式

第三方担保模式是指P2P网贷平台与第三方担保机构合作，其本金保障服务全部由担保机构提供，P2P网贷平台不再提供风险保障服务。其中，第三方担保机构为担保公司或有担保资质的小额贷款公司。目前，陆金所（融资性担保公司提供担保）、开鑫贷（有担保资质的小额担保公司、非融资性担保公司提供担保、票据质押）、有利网（有担保资质的小额担保公司、融资性担保公司提供担保）等均属于这种模式。

担保模式是为了满足市场投资者的需求而引入的，可以说是具有中国特色的网贷创新模式。提供本金甚至利息担保的P2P模式，现已成为P2P网贷的主流模式。担保模式只是转移了风险，而不是降低了风险。如果没有一个良好的机制来约束借款人，增加其违约成本，P2P网贷的逾期率和坏账率依然会维持在原有水平，无法从根本上提高其运营效益。

2018年12月，互金整治办发布《关于网贷机构分类处置和风险防范工作的意见》（整治办函〔2018〕175号），文件明确规定：严格防范风险向持牌金融机构传导蔓延，严格执行“四不准”要求：金融机构不准通过网贷机构融资，不准为网贷机构提供担保增信，不准接受网贷机构投资，不准销售网贷机构产品。

知识链接7-2

融资性担保是指担保人与银行业金融机构等债权人约定，当被担保人不履行对债权人负有的融资性债务时，由担保人依法承担合同约定的担保责任的行为。

《融资性担保公司管理暂行办法》第十八条规定，融资性担保公司经监管部门批准，可以经营下列部分或全部融资性担保业务：

（一）贷款担保；

（二）票据承兑担保；

（三）贸易融资担保；

（四）项目融资担保；

（五）信用证担保；

（六）其他融资性担保业务。

（二）无担保模式

无担保模式保留了P2P网贷模式的原始面貌，平台仅发挥信用认定和信息撮合的作用，提供的所有借款均为无担保的信用贷款，由出借人根据自己的借款期限和风险承受能力自主选择借款金额和借款期限。贷款逾期和坏账的风险完全由出借人自己承担，网站不进行本金保障承诺，也不设立专门的风险准备金来弥补出借人可能发生的损失。

这种模式体现了直接融资的概念，是金融脱媒的一种表现形式，符合网贷平台信息中介的定位，改变了以往资金通过银行等中介汇集再给予资金需求方的模式，是一种创新的金融模式。

四、根据P2P投资模式分类

（一）直接投资模式

在直接投资模式下，投资人通过P2P平台，根据一定的标准将资金出借给有资金需求的借款方，在规定期限范围内，借款人还本付息，投资人获得相应收益。

（二）自动投标模式

自动投标模式为目前多数网贷平台采取的模式，该模式具有方便用户投标、减少资金站岗时间、提高资金利用率、兼顾资金流动性等优势。

自动投标在借贷撮合的法律关系上附加了一层委托关系，即出借人委托平台将资金进行出借。目前网贷监管规定并未禁止网贷平台开展自动投标类业务，事先取得出借人的明确授权则认为是相对合规的。结合借贷法律关系的情况，授权的内容包含出借金额、借款用途、借款期限、借款利率、还款方式、担保方式等。

（三）债权转让模式

债权转让是指原来的债权人通过与第三人订立合同将债权的全部或部分转移给第三人。债权转让主要是为了提高用户投资的流动性。当出借人需要使用资金时，如果所投资的P2P产品还没到期，可以通过转让P2P产品的债权给其他投资人，完成债权转让并获得流动资金。

《关于做好P2P网络借贷风险专项整治整改验收工作的通知》规定，“为解决流动性问题，在出借人之间进行的低频次债权转让，应认定为合规”。《上海市网络借贷信息中介机构合规审核与整改验收工作指引表》（以下简称《指引表》）指出，“借款人实际借款期限和出借人投资期限相匹配；或者在产品名称中标明持满一定时间方可转让、同时已充分向出借人提示流动性风险并由出借人事先书面确认的”借款产品，不被认定为“将融资项目的期限进行拆分”。可见，监管规定目前承认满足《指引表》要求的“平台自身撮合形成的债权在投资人间进行转让”的产品模式合规。这也是目前监管背景下债权转让在网贷领域唯一合规的模式。监管层为了防范风险，对债权转让的过程提出了多条规定，如不得通过债转调整原始收益率，这可以有效预防投资人恐慌性出逃的情况，更可以防范一些平台自主接受投资人大幅折价的债权而获得利益。

拓展思考 7-1

面对众多P2P平台标榜一、两千万元或四、五千万元的风险保证金，你认为风险保证金到底能“保”多少？P2P平台风险保证金模式真的能保障投资安全吗？

答：保障是微乎其微的。其主要原因如下：首先，风险保证金模式是建立在P2P平台自我增信的基础上的，没有得到有效的法律约束，当出现问题时要不要偿付都是平台说了算；其次，对一个平台来说，交易金额少则几千万元，多则上亿元，很多项目的金额是远远大于风险保证金总额的，一旦项目出现坏账，保证金只是杯水车薪。

任务三　P2P网络借贷的风险

一、借款人信用风险

网络课堂 7-2

P2P网络借贷的风险

一直以来，我国信用体系都是以央行为主导的单一格局。央行征信系统主要收集企业和个人与银行发生关系的信贷信息，不管是在用户的覆盖面还是数据的多样性上，央行征信系统都有很大的局限性。央行征信系统的数据无法满足P2P网贷平台在线上审核借款人信用的需要，这使得网贷平台在审核借款人资质时更多的是依靠平台自身实力来完成。

P2P网络借贷平台在审核借款人资质时，主要依据借款人提供的身份证明、财产证明、缴费信息、熟人评价等信息对借款人进行信用评级，然而这类信息不够全面且容易造假。另外，由于信用体系不完善，目前只有40多家P2P网贷平台对接百行征信，个人参与P2P信贷活动的信用与整个金融体系的信用或社会信用体系不对接。P2P平台违约一般不会使借款人在社会信用体系中有不良的信用记录，对于借款人来说违约成本低，不会对他的社会经济生活带来严重的后果，这就无法对借款人起约束作用。对于纯信用无担保的标准型模式，当借款个体出现违约时，该损失由投资人承担。

二、非法洗钱风险

由于P2P网络借贷获得投资人资格的门槛低，手续简便，洗钱的犯罪分子可以利用自己的网贷账户或通过购买平台账号等方法控制别人的网贷账户，和借款人达成借贷合同；另外，网络借贷平台仅在网站首页声明借款者资金使用需保证与借款申报所登记的用途相一致，但实际上网站根本无法对每笔贷款的使用情况进行回访核实或实地察看，洗钱者可能利用P2P的贷款购买各类资产等，不法资金经过改头换面后，其非法来源易被掩饰。

虽然平台上的每笔借款金额有最高额限制，但对投资人总体投资额度却没有相应的限制，投资人的资金来源和社会关系也不明确。此外，由于缺少相关部门对资金来源的正当性进行审核验证，无法保障其合法性，这样增加了网贷平台沦为洗钱工具的可能性。

三、平台风险

(一) 信息安全风险

信息和资金在P2P网络借贷平台交汇，导致网贷平台成为风险的高发地带，其风险主要体现在网络技术风险方面。先进的数据挖掘技术和信息整合技术是P2P网贷平台发展壮大的核心力量，然而P2P网贷平台普遍对此不够重视，忽视网站的维护和升级，轻视网络安全技术风险。P2P网贷流程中借贷双方的身份、账户、资金等信息都会被网络详细记录下来，当平台服务器被黑客或病毒攻击时，个人数据非常容易泄露，有可能给借贷双方的经济利益造成巨大损失。

(二) 信贷技术风险

我国信用体系比较薄弱。央行的征信系统不对P2P平台开放；中国支付清算协会发起的P2P行业风险信息共享系统建设刚刚起步，接入平台还十分有限；商业征信开放不久，也不能满足P2P的征信要求；大数据审贷有待检验。这些因素造成P2P资产风险定价差异很小，利率高，迫使借款人将资金投向高风险领域，造成坏账率高，贷后管理挑战巨大。

(三) 政策风险

P2P在我国属于金融创新行业，该行业的政策、法律法规还有不完善的地方，甚至监管政策方向也在随着社会发展和行业变化进行调整，存在很大的不确定性，而这种不确定性必然会影响P2P行业正常运营，或削弱其竞争能力和生存能力。

四、第三方机构风险

国内的P2P网贷平台为了吸引更多的投资人，通常采取担保的方式增强自身信用，从而促使第三方个人、担保公司或保险公司参与到网贷过程中，但多数担保机构本身就和网贷平台有高度的关联性，有可能引发关联风险。《融资性担保公司暂行管理办法》规定，担保公司所担保的净额不能超过其净资产的10倍，但在实际操作中，部分规模较小的担保机构常常采取多种方式规避监管，超过限定的担保额，甚至部分担保机构本身并不具备相应的担保能力而为一家甚至多家网贷平台提供担保，无法在风险发生时覆盖风险。

知识链接7-3　　长安保险踩雷P2P惨赔40亿元　“互金典范”变“老赖”

与众多网贷平台进行履约责任保险合作的长安保险终于“引火烧身”了。截至2018年12月，长安责任保险股份有限公司（简称长安保险）为P2P平台赔付接近20亿元，此外还有22亿元尚未赔付，洪水猛兽般的偿付压力直接导致其偿付能力为负。此外，据中国裁判文书网，长安保险的股东高能控股有限公司、泰山金建担保有限公司以及长安保险厦门和北京分公司均被法院列为失信被执行企业。

“互联网金融典范企业”变身“老赖”

网贷履约保证保险是指保险公司向投资人承诺，如果借款人不按照合同约定或法律的规定履行义务，则由该保险公司承担赔偿责任的一种保险形式。保险公司承保后若发生债务违约，债务责任也由此转化为借款人与保险公司之间的债权关系。

长安保险是深度涉足网贷平台履约险的保险公司之一。公开资料显示，长安保险于2007年9月29日经原保监会批准开业，主营财产保险，其总部位于北京，注册资本为16.2亿元。长安保险布局互金财险之时，正值互联网保险业务的辉煌岁月。保监会数据显示，截至2014年，共有85家保险公司开展互联网保险业务，其中，互联网保费收入全年为870亿元，同比增长195%。作为首批在互联网内进行布局的保险公司，长安保险早年获得过不少荣誉。先是于2015年12月荣获"2015年度杰出财险品牌奖"，2016年7月又被第五届中国财经峰会评为"互联网金融典范企业奖"。

然而，曾经被时代浪潮推至顶峰的长安保险，如今却被网贷爆雷潮打入低谷。中债资信12月初发布《长安责任保险股份有限公司2016年资本补充债券2018年4季度不定期跟踪评级报告》称，由于长安保险的信用品质下滑，决定对其开展不定期跟踪评级。评级结果显示，在主体级别方面，将其由A调整为A-，评级展望为列入信用观察名单；在债项评级方面由A-调整为BBB+。

长安保险于2018年11月份发布的第三季度偿付能力报告显示，其财务状况已大幅恶化，核心偿付能力充足率和综合偿付能力充足率下滑至-41.5%，远低于监管要求。而2016年，长安保险的综合偿付能力充足率曾高达207.54%。

资料来源：张哲．长安保险踩雷P2P惨赔40亿 "互金典范"变老赖［EB/OL］．［2018-12-26］．https：//www.wdzj.com/news/hangye/3625798.html.

任务四　P2P网络借贷风险防范

2015年起，我国P2P网络借贷行业频繁爆发的平台跑路、倒闭事件，给投资人、互联网金融业甚至国家金融稳定造成了不良影响，加强P2P网络借贷行业的风险管理刻不容缓。结合国内外P2P网络借贷的经验措施，可从以下几个方面加强风险管理。

一、加强针对性立法，依法对P2P网络借贷进行监管

起初，美国监管机构认为P2P网络借贷的交易属于平台发行证券的行为，归美国证券交易委员会（U.S. Securities and Exchange Commission，SEC）监管。知名的P2P网络借贷平台Lending Club和Prosper都曾被要求停业整顿，只有在向SEC注册并取得相关州的许可之后才能重新开业，并接受SEC的监管。之后，美国国会在《多德-弗兰克法案》颁行后，将绝大多数网络借贷行为纳入消费者金融保护署管制的范围，正式将P2P网络借贷纳入民间借贷的范畴。而我国的情况则不同，我国的P2P网络借贷平台没有通过第三方银行发行债权凭证，实质上还是民间借贷的线上化，归属于银监会监管。

2015年，银监会成立普惠金融部，明确了P2P网络借贷的监管主体。2015年7月中国人民银行等十部委印发了《关于促进互联网金融健康发展的指导意见》、2016年10月银监会印发了《P2P网络借贷风险专项整治工作实施方案》和《网络借贷信息中介机构业务活动管理暂行办法》等规范性文件对网络借贷行业进行规范，但始终未上升到法律层面。

二、完善个人信用体系，将信用评级与风险定价相结合

全面的信息是P2P平台准确判断借款人信用等级的良好基础，完善的征信体系也能对借款人的违约行为有一定程度的约束。应该尽快完善个人信用体系，将个人参与P2P网贷

的信用记录纳入央行征信系统中，使得整个金融体系共享个人的信用信息，通过提高失信成本对借款人的违约行为进行约束。

一方面，P2P平台可以根据借款人的信用等级、近期的借款次数及金额、贷款期限等内容对借款申请人进行评级打分，根据不同的评级结果设置不同的利率，信用评级越低，借款利率越高；另一方面，也可以对不同信用评级的借款人收取差别的账户管理费或服务费等，信用评级越低，管理费越高。

在线阅读7-1

让失信者寸步难行　让守信者受益获敬

2016年1月21日，国家发展和改革委员会、最高人民法院、最高人民检察院、公安部、国家工商行政管理总局、国家安全生产监督管理总局等联合召开新闻发布会，对外通报44部门联合签署的《关于对失信被执行人实施联合惩戒的合作备忘录》（以下简称《备忘录》）。《备忘录》共提出55项惩戒措施，基本可以分为八大类：对失信被执行人设立金融类机构的限制措施；从事民商事行为的限制措施；行业准入的限制措施；担任重要职务的限制措施；享受优惠政策或荣誉的限制措施；高消费及其他消费行为的限制措施；限制出境、定罪处罚的限制措施；协助查询和公示失信被执行人信息的措施。

截至2019年6月初，已有700余家互金平台与百行征信签订业务合作和信息共享协议，42家P2P网贷平台对接百行征信。这42家网贷平台将向百行征信系统全面、准确、及时地报送征信信息。征信体系的不断完善将进一步降低P2P网贷行业的风险。

拓展思考7-2

一般来说，影响个人信用的常见行为主要有：①信用卡连续3次、累计6次逾期还款；②房贷月供累计2～3个月逾期或不还款；③车贷月供累计2～3个月逾期或不还款；④贷款利率上调，仍按原金额支付月供，产生欠息逾期；⑤水、电、燃气费不按时缴纳；⑥个人信用卡出现套现的行为；⑦助学贷款拖欠不还款；⑧“睡眠信用卡”不激活也产生年费，不缴纳就会有负面信用记录；⑨信用卡透支消费、按揭贷款没有及时按期还款；⑩为第三方提供担保时，第三方没有按时偿还贷款。个人信用报告还会记录法院部分经济类判决，因此，欠账等经济纠纷也会影响信用记录；手机扣费与银行卡扣费挂钩，在手机停用后没有办理相关手续，因欠月租费而形成逾期，也会有不良记录；被他人冒用身份证或身份证复印件产生信用卡欠费记录。行为人的信息纳入信用记录，对经多次催促仍不履行处罚决定的违法当事人采取征信手段，将其基本信息及违法事实提供给征信机构，由征信机构录入信用系统。失信行为分为三类：一般、较重、严重，一般失信以提醒、教育为主，较重、严重失信与评优评先、职业准入、个人信贷、车辆保险等挂钩。

根据《备忘录》，你认为不良信用记录会对个人生活造成什么样的影响？

答：①无法在银行、小额贷款公司等金融机构申请贷款。申请房贷、车贷都会被拒。②不能再办理信用卡。③影响个人出行。如果个人信用记录是黑名单，被银行起诉，将导致借款人不能乘坐飞机、无法入住星级酒店等。④个人信用记录除对自身有影响外，也会影响整个家庭，如丈夫信用记录不良，那么妻子按揭贷款也会遭拒。

三、严格执行第三方资金存管机制，将平台资金与客户资金隔离管理

P2P平台资金存管，是指P2P平台将交易资金、平台相关备付金、风险金等存放在银行账户。第三方资金存管是保障P2P网贷用户资金安全的有效手段。《网络借贷信息中介机构业务活动管理暂行办法》规定，网络借贷信息中介机构应当实行自身资金与出借人和借款人资金的隔离管理，并选择符合条件的银行业金融机构作为出借人与借款人的资金存管机构。这样既能避免以圈钱为目的的伪P2P网贷平台或诈骗平台的出现，也能对网贷平台自身的资金进行监控，防止平台私设资金池或进行自融，即使在平台经营不善面临倒闭时，经营者也无法转移资金或携款逃跑。

2017年12月，银监会向各家银行下发了《网络借贷资金存管业务指引》（以下简称《存管指引》）。《存管指引》中定义了网络借贷资金存管业务，是指银行业金融机构作为存管人接受网络借贷信息中介机构（以下简称网贷机构）的委托，按照法律、法规的规定和合同的约定，履行网络借贷资金专用账户的开立与销户、资金保管、资金清算、账务核对、信息披露等职责的业务。

资金存管的作用主要有三点：一是能够根据资金的性质和用途为网贷机构、网贷机构的客户（包括出借人、借款人及其他网贷业务参与方等）设立单独的资金账户，实现各账户之间的有效隔离。二是依照出借人与借款人发出的指令或有效授权的指令，办理网络借贷资金的清算支付，确保资金指令真实合法，防止网贷机构非法挪用客户资金。三是能完整记录网贷平台的客户信息、交易信息、项目信息及其他关键信息，并向借款人和出借人提供信息查询功能。有了这些信息，存管银行可以定期出具存管报告，使平台的交易量、交易余额、投资人数、不良率、逾期率等关键信息更透明。

四、加强监管，提高网络安全技术，保护客户隐私与资金安全

由于P2P网贷平台交易模式的特殊性，国家或行业主管部门应该针对P2P网贷平台设立一定的资金准入门槛，并要求平台建立或使用与其业务规模相匹配的网络技术系统与硬件设施。

网络借贷信息中介机构应当按照国家网络安全相关规定和国家信息安全等级保护制度的要求，开展信息系统定级备案和等级测试；要有完善的防火墙、入侵检测、数据加密以及灾难恢复等网络安全设施和管理制度；要建立信息科技管理、科技风险管理和科技审计等方面的制度，配置充足的资源，采取完善的管理控制措施和技术手段，保障信息系统安全、稳健地运行，保护出借人与借款人的信息安全。

网络借贷信息中介机构应当记录并留存借贷双方的上网日志信息、信息交互内容等，留存期限为自借贷合同到期日起5年；每2年至少开展一次全面的安全评估，接受国家或行业主管部门的信息安全检查和审计。网络借贷信息中介机构成立2年以内，应当建立或使用与其业务规模相匹配的应用级灾备系统设施。

在线视频7-2

周小川谈P2P网贷“加强投资者教育，自担风险”

五、加强投资者教育，提高投资者风险防范能力

我国P2P网贷投资者众多，2019年6月我国P2P网贷行业的活跃出借人数和活跃借款人数分别为202.74万人和241.4万人，最高时投资人与借款人分别高达454万人和520万人。网贷出借人是网贷业务的重要参与者，随着网贷行业的不断发展，投资者应该加强风险意识，应充分研究借款人的融资项目，关注融资项目信贷风险，确认自己掌握了相关风险并具有风险承受能力，才能把自己的资金出借给借款人。因为，网贷平台只是网络借贷信息中介而非信用中介，出借人通过平台出借资金给借款人，出借人需要自己承担本金损失风险。因此，平台需要对投资者进行相应的风险教育，提醒投资者关注投资风险，谨慎出借。

项目小结

P2P网贷又称P2P网络借贷（Peer-to-Peer Lending），是基于互联网应用的一个金融创新模式，指的是由P2P网络信贷公司提供中介平台，借贷双方通过该独立的第三方网络平台相互借贷，即资金借入人在平台发放借款标，到期偿还本金；资金借出人向借入人放款，获取利息收益，并承担风险；网络信贷公司收取中介服务费。

P2P网贷具有投资门槛低、操作简单、交易方便、资金流动性好、投资风险大、信用风险高、投资收益稳定、收益率高等特点。P2P网贷投资逐渐成为大众主流的理财方式之一。

根据不同的运营模式，国外的P2P网贷平台可以分为三类：①单纯的中介型平台（Prosper），出借人和借款人完全是自主交易；②复合中介型平台（Zopa），平台除了是中介人以外，还是担保人、联合追款人、利率制定人；③非营利公益型平台（Kiva）。

国内的P2P网贷平台主要有四种划分方式：根据融资渠道，可分为线上模式和线上线下相结合模式；根据有无担保，可分为有担保模式与无担保模式；根据平台标的资产类型，可分为纯信用资产模式和抵质押资产模式；根据P2P投资模式，可分为直接投资模式、自动投标模式和债权转让模式。

我国P2P网贷平台运营中存在的风险主要有：借款人信用风险、洗钱风险、平台风险、第三方机构风险。针对这些风险，主要有以下五点防范措施：①加强针对性立法，依法对P2P网络借贷进行监管；②完善个人信用体系，将信用评级与风险定价相结合；③严格执行第三方资金存管机制，将平台资金与客户资金隔离管理；④加强监管，提高网络安全技术，保护客户隐私与资金安全；⑤加强投资者教育，提高投资者风险防范能力

关键概念

P2P网络借贷　单纯中介型平台　复合中介型平台　线上模式　线上线下相结合模式　有担保模式　无担保模式　纯信用资产模式　抵质押资产模式　直接投资模式　自动投标模式　债权转让模式　资金存管

综合训练

一、不定项选择题

1.中国平安集团旗下的理财平台是（　　）。

A.陆金所　B.拍拍贷　C.开鑫贷　D.贝通网

2.以下平台中，（　　）的保障形式为“融资性担保公司”。

A.人人贷　B.拍拍贷　C.红岭创投　D.积木盒子

3.P2P的全拼是（　　）。

A.Peer to Peer　B.People to People

C.Person to Person　D.Previous to Present

4.以下四种模式中，（　　）不属于国内P2P平台模式。

A.纯线上模式　　B.线上线下相结合模式
C.债权转让模式　　D.纯线下模式

5.以下平台中，(　　)是单纯中介型平台。
A.Zopa　　B.Prosper　　C.红岭创投　　D.宜信宜人贷

6.按融资渠道的不同，P2P运营模式可分为(　　)。
A.线上模式　　B.线上线下相结合模式
C.债权转让模式　　D.有担保模式

7.担保模式的P2P平台包括(　　)。
A.平台自身担保　　B.小额信贷公司担保
C.非融资性担保公司担保　　D.融资性担保公司担保

二、简答题

1.什么是P2P网络借贷？它有哪些特点？
2.我国P2P网贷的发展经历了哪几个阶段？
3.P2P网贷平台的运营模式主要有哪几种划分标准？
4.资金存管的作用是什么？
5.P2P理财与银行理财、信托理财相比有哪些优势？
6.针对P2P网贷的风险，有哪些防范措施？
7.中国P2P网贷平台运营中存在的风险主要有哪些？
8.P2P网贷未来会向什么方向发展？对此你有什么建议？

三、案例分析

P2P平台跑路典型案例分析

(一)P2P网贷第一案：优易网(2012年)

江苏的P2P平台优易网于2012年8月上线。2012年12月21日上午，优易网在其网站发布公告称“公司停电，下午3点恢复正常”。该公告发出后，公司客服电话就再也无人接听，3位负责人也联系不上了。就在当天，优易网自称的控股股东香港亿丰国际投资发展有限公司也在网站上挂出声明，称“公司旗下从未有所谓的南通优易电子科技有限公司”。案件现已侦破，主犯以及从犯均被抓回，但优易网投资人损失的2 000万元的款项至今未能获得补偿。

出借人之所以有资金损失，主要是由于第三方支付机构并未起到资金监管的作用。优易网网站信息显示，出借人可以通过两种方式将投资款划拨给优易网：一是直接通过银行转账到优易公司的工行账户；另一种是通过第三方支付机构国付宝和环迅支付充值。这种模式的问题在于：一是在优易网与第三方支付机构签订的合作协议中，第三方支付机构的责任仅限于将出借人充值的资金结算给优易网，未接触过借款人；二是第三方支付直接绑定托管银行即优易网的开户行账户，出借人的钱全部都在托管银行账户中，银行是否冻结以及银行里沉淀了多少资金，第三方支付机构并不清楚；优易网从第三方支付结算账户提现就是直接将钱转到开户账户，优易网收到出借人款项后的真实用途根本无法查证。

(二)自融性平台：三大平台都是一个老板(2013年)

杭州国临创投、深圳中贷信创、上海锋逸信投三家P2P网贷平台于近日同时倒闭。据投资者反映，三家平台公司的实际控制人为同一人。目前，此人可能已经跑路，三家平台被卷跑的资金至少在1亿元以上，投资人损失少则十余万元，多则上百万元。杭州、深圳、上海投资者俱已报案，警方已立案。

一份“关于成志德和郑旭东涉嫌集资诈骗的报案材料”显示，杭州国临创投（杭州西府电子商务有限公司发起成立）的法人代表成志德（其实际控制人是郑旭东或是他的亲朋好友），于2013年6月开设“国临创投”P2P网贷平台，并由“深圳市中瑞隆信托资产管理有限公司”对借款合同进行100%本息担保。该平台以高利率为诱饵，利用互联网针对不特定的网民进行集资诈骗活动，诈骗金额达3 000万元以上。同时，平台法人代表成志德和实际控制人郑旭东虚拟借款人，涉嫌以高息月标诱骗众多受害人出借资金投资国临创投翠意满园资产包份额抵押标，这些资金直接进入了成志德或郑旭东的个人账户，被其非法侵占。杭州国临创投的投资者称，此前在该平台投资，除了能获得利息外，还有一定的奖励，一笔资金最后获得的收益最多可达40%。所有的投资者都知道网贷平台风险很大，但是敌不过高利率的诱惑。也有业内人士认为，三家P2P网贷平台都属于自融性平台，只是披着P2P的外衣。

（三）纯粹诈骗平台：科迅网（2014年）

2014年6月，上线仅4个月左右的深圳P2P平台科迅网负责人跑路，涉及受害者千余人，金额超5 000万元。科迅网在运营中存在许多造假的地方，如团队介绍造假，执行董事“高大上”的学历皆为虚构，团队人员照片是从别的网站抄袭过来的；宣传资料造假，早在其成立一个月余时便有投资人曝光网站的合作项目是用Photoshop做出来的；注册地址造假，经实地查看，发现其注册地址上根本不存在这家公司。但这些都未引起投资人重视，当时的科迅网获得百度加V认证和百度财富推广，投资人们也就放松了警惕。科迅网属于纯粹的诈骗平台，应当引以为鉴。

资料来源：作者根据相关资料整理。

问题：从以上案例我们可以看出，P2P平台跑路时有发生。根据案例结合所学的知识，你认为P2P网贷投资中的风险有哪些？作为个人投资者，应该如何识别诈骗平台，保障个人资金安全？

分析提示：P2P网贷平台运营中存在的主要风险。

四、实践训练

实训项目：体验不同的P2P平台。

实训目的：结合实践，了解P2P网贷交易流程以及不同P2P平台运营模式的区别。

实训步骤：

1.进入几个P2P平台的网站（如拍拍贷、人人贷、微贷网等）。

Tips：平台尽可能多样化，注意网络安全；从P2P平台官网进入，防止钓鱼网站。

2.注册成为网站会员。

Tips：注意保护个人隐私。

3.浏览网站的主要业务。

Tips：你觉得哪些P2P平台的产品设计更吸引投资者，为什么？

4.体验网站的特色项目。

Tips：比较不同P2P平台运营模式的区别。

项目八　互联网金融安全技术

知识目标

1. 了解互联网金融存在的安全问题。
2. 熟悉当前互联网金融采用的安全技术。
3. 了解安全协议的作用和配置管理。

技能目标

1. 能够识别互联网金融的安全威胁。
2. 能够选择适合的安全技术保障互联网金融活动安全。

案例导入

人工智能赋能金融　信息安全任重道远

“2018未来金融信息安全论坛”围绕新时期技术应用、信息安全、金融智能化等话题进行探讨，共谋未来人工智能时代的金融信息安全改革与创新发展新路径。

一、金融智能化是大势所趋、信息安全管理备受挑战

金融行业是人工智能等技术落地应用的重要领域。中国人民银行科技司副司长陈立吾表示，随着大数据、云计算、人工智能等新技术的日趋成熟，金融行业融合之势愈加明显。但同时，随着技术在金融领域的深度应用，金融机构也成了网络攻击的目标，要面对信息安全管理方面的巨大挑战。信息系统的访问量和数据存储量呈爆炸式增长，相关的软硬件资源数量急剧攀升，金融机构的IT运维面临着巨大压力。

二、信息化浪潮风起云涌、信息安全问题不容忽视

中国银保监会统计信息与风险监测部关键信息基础设施监管处副处长黄秋国认为，银行保险业的网络和信息技术是国家关键基础设施，是经济社会运行的神经中枢，事关经济发展和社会稳定以及广大民众的切身利益，是网络安全的重中之重。

除传统的金融机构外，对于风险频发的互联网金融平台而言，信息安全问题更为严峻。同时，创新业态频出也给行业的信息安全带来了不小的挑战。比如，在进行数字化创新时，开放的数据接口也给更多的攻击者带来可乘之机。金融行业和“黑色产业”的融合越来越紧密，会带来越来越大的安全挑战。

三、AI引领信息安全变革 构建一体化安全屏障

如何在网络安全防御重要领域合理有效地应用人工智能，还需要大量的摸索和实践。陈立吾强调，人工智能的核心是算法，基石是数据，要强化对人工智能应用的风险管控，保证数据安全，让“人工智能+金融”健康发展，让“人工智能+金融”网络安全更加简单从容。

资料来源：李佩. 人工智能赋能金融 信息安全任重道远 “2018未来金融信息安全论坛”在京举行[EB/OL].（2018-11-16）.http：//www.financialnews.com.cn/kj/jrcx/201811/t20181116_149552.html.

这一案例表明：随着云计算、大数据、人工智能等技术在各个领域的应用，网络安全技术发生重大变革。金融安全问题时时刻刻威胁着金融系统的正常运作，从国家金融监管机构到金融机构，都应加强信息安全工作规范，提高安全防范能力。

任务一 互联网金融安全问题

当前，全球信息化浪潮云奔潮涌、气象万千，信息化成果惠及亿万群众，我们国家的网络安全保障能力不断增强，网络空间命运共同体的主张得到了国际社会广泛认可。然而，在信息技术迅猛发展的同时，国内外的网络安全形势仍然十分严峻，网络攻击手段不断翻新，信息泄露、勒索、病毒等安全事件层出不穷，网络攻击行为从最初的零散性、偶发性行为，转变为有组织、有规模的活动，影响程度持续加深，整个网络安全环境在黑色产业链的利益驱动下不容乐观。随着金融科技的不断创新与发展，以及新技术在金融领域的深度应用，金融机构也成为网络攻击的目标，为机构带来了信息安全管理方面的巨大挑战。金融业是高度依赖信息技术的产业，金融行业的高质量发展离不开网络和信息系统的安全稳定运行。

其中，交易安全是用户最关心的问题。互联网金融安全问题可以定义为：与金融交易有关的信息能否通过互联网进行安全传输的一系列相关问题。互联网金融安全涉及的环节较多，包括技术方面、管理方面、社会意识方面、网络标准方面和法律方面等。互联网金融安全问题从技术层面讲，就是由于当前技术的缺陷导致互联网金融交易出现可以利用的漏洞，存在着大量的安全隐患。互联网金融安全性标准包括四个方面的内容：①信息的保密性；②信息的准确性；③信息的完整性；④信息的不可否认性。

任何网络安全系统都是相对安全而不是绝对安全的。例如，防病毒系统总是在新病毒开始对社会有影响的情况下，才发现和开始研究防止该病毒的措施。也就是说，安全系统总是在新的安全问题下进行改造和升级的，总是滞后于非安全因素的发展。这个结论提醒我们：网络安全需要时刻注意，没有一劳永逸的网络措施，应树立正确的网络安全观念。

思政教育专题8-1 **提高风险意识 维护网络安全**

随着我国综合国力和国际地位显著提升，境外间谍情报机关将我国作为主要目标，日益将网络攻击窃密作为其情报窃密的主要方式之一。国家安全机关工作中已发现多个国家和地区的间谍情报机关对我国实施网络攻击窃密活动，攻击目标涉及计算机、电子邮箱、移动智能终端、重要信息系统、关键信息基础设施等。

国家安全机关正持续加大对境外间谍情报机关网络攻击窃密的打击力度，有效控制境外间谍情报机关对我国网络攻击窃密造成的危害。近日，国家安全机关发布破获的境外间谍情报机关对我国实施的网络攻击窃密案件，旨在进一步提高全社会网络安全意识，筑牢信息安全防线。

案件：W市某机关人员计算机违规存储涉密资料网络窃密案

2018年8月，国家安全机关工作发现，W市农业局人事科干部王某使用的办公计算机被境外间谍情报机关远程控制。经对王某的计算机进行核查取证，发现里面除了日常办公文档，还有多份标注保密的地形图。

王某称，这些地形图是帮同事肖某制作方案而留存的。肖某是该局下属某事业单位工作人员，每年会接到工作任务，在编制方案的时候，需要做工程规划布局图。不会电脑制图的肖某便找王某帮忙。肖某从档案室借出当地的航拍地形图，分区扫描成电子版并保存在自己的办公电脑中，通过QQ从互联网上将图发送给王某。按照肖某的要求，王某使用制图软件在地形图上标注涉及工程建设的信息，完成制图后，再通过QQ邮箱将这些图发送给肖某。

国家安全机关工作人员检测发现，王某电子邮箱曾收到一封异常邮件，在点击阅读后，导致其计算机被植入一款伪装成QQ的特种木马程序，从而导致其计算机被境外间谍情报机关远程控制，存储的文档资料全部被窃取，其中包括多份标记密级的地形图。因案情重大，已对我国国家安全构成严重危害，该市立即启动追责工作。有关责任人员受到相应法律惩处和党纪政纪处分。

网络安全为人民，网络安全靠人民，维护网络安全是全社会共同责任。国家安全机关提醒社会公众，如发现危害国家安全的可疑情况，可拨打国家安全机关举报受理电话12339，或登录国家安全机关举报受理平台www.12339.gov.cn进行举报。

资料来源：佚名. 国家安全机关公布三起境外网络攻击窃密案件［EB/OL］.（2019-04-18）. https://baijiahao.baidu.com/s? id=1631136561642712129&wfr=spider&for=pc.

一、网络安全支付

（一）网络安全问题

根据网络安全标准，网络支付需要解决以下几个安全问题：①数据的安全性。由于电子商务是建立在开放的互联网的基础之上的，用户交易的账户和密码也就会通过互联网传输，很容易被窃取，那么就需要通过加密技术对这些敏感信息进行加密处理，这样即便这些信息通过网络技术被窃取，其原文也不会轻易被得到，保证了传输数据的私密性。②身份验证。电子商务交易过程中需要对双方的身份做出准确的合法验证，以防止虚假交易，可以采用数字证书以及CI认证的方式保证交易各方身份的合法。③数据的完整性和准确性。为防止数据在网络传输中意外丢失或被篡改等影响信息的完整性、准确性，可通过信息摘要技术，保证信息传输的完整和准确。④信息的不可否认性。当交易双方中有一方违约，否认自己已提交的电子交易时，必定会损害对方的利益，因此需要交易系统具有审查和备案功能，防止交易一方有抵赖行为。这就需要采用数字签名技术来确认交易过程并备案，以使交易方不能随意违约。

互联网金融面临的安全威胁按对象来源可分为：①来自互联网的威胁。网络金融是通过金融内网与互联网直接或间接地交换金融信息的，由于互联网的开放性等特点，金融内网的信息会暴露在世界的任何角落。②来自内网的威胁。内部网络的攻击占据了网络安全事件的70%，而内部员工对公司的网络结构和特点比较熟悉，攻击或者泄露重要信息会直接威胁到公司信息的安全。③来自黑客的攻击。随着互联网的发展，黑客技术也在不断提高，金融系统的网站将面临巨大的威胁。黑客通过网络技术可以窃取银行账户、盗取公司的机密文件、删改他人的重要文件，直接导致经济损失。④来自病毒的感染。当前的病毒结合黑客网络技术，会使带有病毒的文件在网络中扩散，导致金融业务不能正常开展，给安全和信用带来巨大威胁。

体验探究8-1

防范网络诈骗

拓展思考8-1

当前，移动支付已经渗透到生活的各个方面，从最初的手机支付购买各类商品，使用手机转账汇款、发红包，到现在市场买菜可以扫二维码，超市购物可以刷脸，乘地铁、公交车也可以刷手机。你认为在日常支付中，我们应该注意哪些方面才能保证我们的资金安全？

答：（1）不要告诉陌生人卡号，保管好自己的身份证号码、银行卡号、手机验证码等；（2）不要扫来路不明的二维码，不要在蹭无线网络时进行账户操作；（3）为手机设置开机密码、屏幕密码，最好设置双密码，如指纹和数字共同验证；（4）为转账、支付交易设立每日限额；（5）如果手机丢了，第一时间挂失，办理手机银行注销手续等。我们不能完全消除手机丢失的风险，但是可以把风险系数降到最低。

（二）网络安全支付策略

互联网金融安全问题涉及技术、法律、管理等多方面因素，目前从技术角度可以采取以下几项技术：

1. 防火墙技术

对于面向Internet开放的服务器，应使用防火墙来实现对它们的访问控制。防火墙技术是确保网上银行安全的基本措施，它可以有效地监控内部网与Internet之间的活动。

2. 身份认证技术

身份认证技术是为在计算机网络中确认操作者身份的过程而产生的有效解决方法。它解决了操作者的物理身份与数字身份相对应的问题，保证了以数字身份进行操作的操作者就是这个数字身份的合法拥有者。

3. 信息加密技术及数字签名技术

要保证信息的私密性，就需要对网上传输的信息进行加密，即通过加密算法将信息伪装，未经授权者许可无法了解信息内容，而授权者用密钥解密后才可以得到信息的明文。

在线视频8-1

节目现场“网络黑客”盗取支付宝转账未成功

使用加密技术只能保证信息的私密性，不能保证信息的真实性和不可伪造性。为了保证信息的真实性和不可伪造性，可使用数字签名技术。数字签名实际上是采用密码技术使信息发出者不能否认自己所发出的信息。它一方面可以确认发送方的真实身份，另一方面发送方或非法者不能伪造、篡改信息，从而保证了消息的真实性和完整性。

4.防病毒技术

对病毒的防范不能停留在杀毒阶段，要防重于杀，要在工作站、服务器和网络防火墙上部署病毒实时监控系统，形成多层防御体系，还要及时更新杀毒软件版本，注意病毒流行动向，及时发现正在流行的病毒，并采取相应措施。

二、移动安全支付

移动支付常见的安全问题包括应用缺陷、钓鱼网站、病毒木马、欺诈信息（电子邮件、手机短信）、数字证书文件被窃取、动态密码被盗用以及人为因素造成的安全问题。移动支付涉及用户、网络、商户、金融机构等多个环节，每个环节都存在网络与技术上的风险。

（一）移动安全支付的三个层面

从交易的端到端流程分析，可将移动支付安全分为三个层面：网络基础设施、交易过程、终端。

1.网络基础设施安全，包括由支付平台、接入网络、POS机、手机终端、软件程序等构成的IT基础设施的安全保障。可能发生的问题包括网络传输中数据被截取、密码短信遭拦截、软件漏洞被利用、电子商务网站被攻击植入木马、交易信息泄露等。

2.交易过程安全，包括用户从开始登录发起交易到交易完成的各环节的安全保障。首先是对参与交易的各方的身份进行识别，即对商家和消费者合法身份的确认；其次是交易过程监控，如账号监测、分级安全管理、风险管理控制等。常见的问题包括账户或卡被盗用、恶意支付请求、欺诈短信、欺诈邮件、钓鱼网站等。

3.终端安全面对的主要威胁，包括系统后门或漏洞导致的恶意软件危害、病毒木马植入，以及终端丢失、用户信息泄密导致的账户盗用等。此外，我国商业信用体系尚不够完善，还可能存在恶意透支、恶意拒付等风险。

知识链接8-1 Alpha Risk助力新金融安全生态

蚂蚁金服集团副总裁芮雄文在“启迪·未来——新时代的网络安全”的主题论坛上，向与会嘉宾们重点介绍了支付宝在风控领域的AI应用和安全技术开放。

目前，支付宝已从原先的CTU风控引擎全面进入Alpha Risk时代，开启了AI驱动的智能风控引擎的新纪元。据芮雄文介绍，作为支付宝第五代智能风控引擎，Alpha Risk是支付宝风控多年实践与新技术创新的智慧结晶，应用AI技术颠覆传统风控的运营模式，通过Perception（风险感知）、AI Detect（风险识别）、Evolution（智能进化）、AutoPilot（自动驾驶）四大模块的构建，将人类直觉AI（analyst intuition）和机器智能AI（Artificial intelligence）完美结合，打造具有机器智能的风控系统，愿景是实现风控领域的无人驾驶技术。

支付宝平台上每天都有上亿笔交易，通过Alpha Risk智能风控引擎，不仅能够对每个用户的每笔支付进行7×24小时的实时风险扫描；同时通过不断新增的风险特征挖掘和优化算法迭代的模型，能够自动贴合用户行为特征进行实时风险对抗，在数亿交易中准确识别用户被骗支付的欺诈风险交易，不到0.1秒就能完成风险预警、检测、管控等复杂流程，确保用户账户安全和支付交易的万无一失，打造金融级的账户安全。

在Alpha Risk 1.0上线后，支付宝的资损率从原先十万分之1下降至百万分之0.5以内，仅为国外先进第三方支付公司资损率的1/200，处于行业的绝对领先水平。2017年天猫双十一大促，Alpha Risk更是发挥重大作用，通过Auto Pilot（自动驾驶）实现了系统自动根据交易流量、风险攻击变化、用户行为迁移，动态智能调整风控引擎的控制强度，风险打扰率显著降低，保障大促期间极致支付体验。

基于行业领先的风控能力，目前，Alpha Risk也在对外赋能，助力国际合作伙伴的“风控无忧”，快速拓展新业务。

资料来源：佚名：蚂蚁金服副总裁芮雄文：深度解读智能风控　Alpha Risk助力新金融安全生态［EB/OL］.（2018-04-28）.https：//baijiahao.baidu.com/s？id=1598988971839668887&wfr=spider&for=pc.

（二）三大移动支付方式

1.扫码支付

二维码支付是一种基于账户体系搭建起来的新一代无线支付方案。用户通过手机客户端扫描二维码，便可实现与商家支付宝账户的支付结算。由于许多二维码扫码工具并没有恶意网址识别与拦截的能力，给了手机病毒极大的传播空间。

2.生物识别支付

伴随着移动互联网技术的不断发展和移动终端计算能力的不断提高，移动终端已逐步支持生物特征识别技术，如苹果手机支持指纹识别技术、三星手机支持人脸识别技术等。

所谓生物识别技术，就是通过计算机与光学、声学、生物传感器和生物统计学原理等高科技手段密切结合，利用人体固有的生理特性（如指纹、脸像、虹膜等）和行为特征（如笔迹、声音、步态等）来进行个人身份的鉴定。相比于传统的身份识别方法，生物识别技术具有稳定、便捷、不易被仿造等优点。但是，生物数据也可能被黑客窃取，已有很多窃取用户生物数据的安全入侵事件发生。例如，2015年，美国联邦政府人事管理办公室保存的560万个员工的指纹数据就被黑客盗走了。

3.NFC支付

NFC技术是一种短距离的高频无线通信技术，允许电子设备之间进行非接触式的点对点数据传输（在10厘米内）。NFC支付可以让人们完全脱离POS机，通过手机或NFC设备近距离完成支付过程。例如，Apple Pay使用的就是NFC短距离无线通信技术，使用这种技术进行支付，不需要借助网络，使用流程很便捷，只需要手机碰一下刷卡器，输入密码或指纹即可，一般3秒钟就可以搞定。

但是，NFC的普及需要有大量的硬件设备来支持，而手机厂商和金融机构部署大量硬件设备的前提是有足够大的市场。另外，这种支付方式还面临着使用哪一家的标准、用户手机丢失怎么办、支付额度如何设定等问题。

知识链接8-2　　**金融科技**

金融科技英译为Fintech，是Financial Technology的缩写，可以简单理解成为Finance（金融）+Technology（科技），但又不是两者的简单组合，指通过利用各类科技手段创新传统金融行业所提供的产品和服务，提升效率并有效降低运营成本。

根据金融稳定理事会（FSB）的定义，金融科技主要是指由大数据、区块链、云计算、人工智能等新兴前沿技术带动，对金融市场以及金融服务业务供给产生重大影响的新兴业务模式、新技术应用、新产品服务等。金融科技的关键技术，包括互联网技术（互联网、移动互联网、物联网）、大数据、人工智能、分布式技术（区块链、云计算）、安全技术（生物识别技术）等。

三、假网站诈骗

网络课堂8-1

防范假网站诈骗

（一）什么是假网站诈骗

假网站诈骗是“网络钓鱼”的一种，通常是指不法分子未经许可，以某家银行的名义，通过互联网建立貌似银行网站或网上银行的假网页，并借此发布虚假消息，搜集客户资料，骗取客户网上银行的注册卡号（登录ID）、密码、口令等信息，进而达到非法窃取客户资金的目的。

假网站这种欺诈手法最初出现在北美，2003年开始在亚洲蔓延，在中国香港地区发生了多宗利用假网站骗取客户网上银行账户口令和资金的案例。2004年，假冒银行网站开始在中国内地出现，网络安全事件也频繁见诸媒体，使网上银行安全问题成为公众关注的焦点。假网站的表现形式有：

第一，假网站的网址与真网站的网址较为接近。由于国内注册域名的成本非常低，不法分子为增强假网站的欺骗性，往往使用和真实网站网址非常相似的域名。

第二，假网站的页面形式和内容与真网站相似。假网站的页面往往使用正规网站的Logo、图表、新闻内容和链接，而且在布局和内容上与真网站非常接近。

（二）不法分子欺诈的常用手法

1.通过病毒传播假网站信息

不法分子克隆一个与银行网站一模一样的网页，并且使用的登录地址也与银行网站的地址非常接近，然后使用一些电脑病毒程序、垃圾软件等将假网站的地址发送到客户的电脑上，或放在搜索网站上诱骗客户登录，以窃取客户的卡号、密码等信息。

2.冒充银行发送诈骗短信

不法分子常冒充银行向客户发送诈骗短信，声称客户中奖了或账户被他人盗用了等，要求客户尽快登录短信中指定的网站进行身份验证，而该网站是不法分子建立的用于套取客户信息的假网站。如客户登录该网站并进行操作，客户的卡号、密码、身份证件等信息就会被不法分子获悉。

3.冒充银行邮箱，发送虚假信息

不法分子以垃圾邮件的形式大量发送欺诈性邮件，这些邮件多以中奖、顾问、对账等为内容，或是以银行账号被冻结、银行系统升级等各种理由，要求收件人点击邮件上的链接地址，登录一个酷似银行网页的界面，而用户一旦在这个指定的登录界面输入了自己的卡（账）号、密码等，这些信息就会被窃取。近期有的银行发现，不法分子以所谓“银行网络安全科”的名义，向客户发送电子邮件，谎称持卡人账户被冻结，要求客户到指定的网页修改密码。

4.建立假电子商务网站，通过假的支付页面窃取客户网上银行信息

不法分子先建立一个假的电子商务网站，然后在淘宝网、腾讯网等支付平台网站发布虚假的商品信息，该信息中的商品价格往往比市场同类商品便宜很多；同时，不法分子还会留下自己的QQ号等即时通信工具号码以及假电子商务网站的网址。当客户对该网站销售的便宜商品动心，通过该网站购物并进行支付时，就会链接到一个假的银行支付页面，

客户在假支付页面下输入的卡号、密码等信息就会被不法分子获取。

（三）防范假网站诈骗的方法

1.安装客户证书

个人网上银行客户证书是专门用于保护网上银行客户安全的“智能卫士”，如果客户已经申请了客户证书，只要保管好自己手中的客户证书及其密码就可以高枕无忧，简单、安全地使用网上银行了，不用再担心黑客、假网站、木马病毒等各种风险隐患。

2.预留信息验证

“预留信息验证”是帮助客户有效识别银行网站、防范不法分子利用假网站进行网上诈骗的一项服务。客户可以在银行预先记录一段文字，即“预留信息”，当客户登录个人网上银行、在购物网站进行在线支付或在线签订委托代扣协议时，网页上会自动显示客户的预留信息，以便客户验证该网站是否为真实的银行网站。如果网页上没有显示预留信息或显示的信息与客户的预留信息不符，便可以确认该网站是假网站。

3.输入正确的网址登录

每个银行的域名都是固定的，如工行的域名是www.icbc.com.cn，客户在登录前要正确输入域名才能打开正确的银行网页。

4.核对网址

建议客户在登录网上银行或进行在线支付时，核对所登录的网址与银行公布的网址是否相符，谨防不法分子恶意模仿银行网站，骗取客户信息。如工行个人网上银行登录页面和在线支付页面的网址均以https：//mybank.icbc.com.cn开头。

5.查看安全锁

工行个人网上银行登录页面和网上支付页面都经过128位SSL加密处理，在打开上述页面时，在IE浏览器右下角状态栏上会显示一个“挂锁”图形的安全证书标识，点击挂锁，显示内容应该为：颁发给：mybank.icbc.com.cn——普通版网银，vip.icbc.com.cn——贵宾版网银，颁发者：VeriSign Class 3 Extended Validation SSL SGC CA（如图8-1所示）。

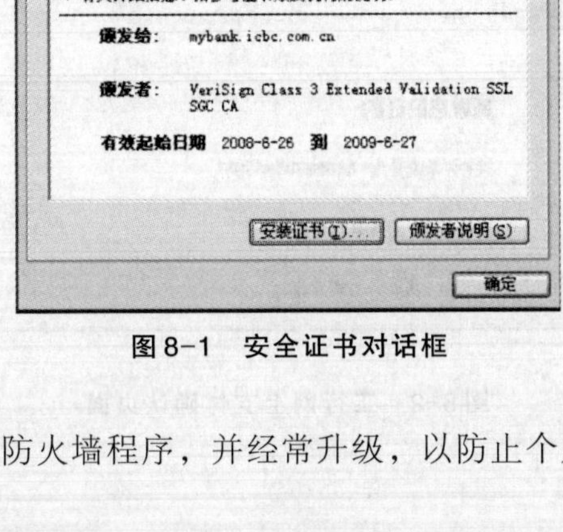

图8-1 安全证书对话框

6.安装安全软件

建议为个人电脑安装防火墙程序，并经常升级，以防止个人账户信息遭到黑客窃取。

此外，为防止他人利用软件漏洞进入计算机窃取资料，建议客户及时更新下载Windows操作系统的补丁程序。

7.增强防范意识

不下载、不安装未知软件，对短信和电子邮件发来的银行账户和密码修改的提示加以注意，不轻易通过网络修改这些信息。

8.设置余额变动短信提示

现代网银支持向用户提供其账户余额变动短信提示，这可以帮助用户在最短的时间内了解自己的账户资金变动情况。

案例分析8-1 **女子误点假银行网站被盗7 500元，投诉又被骗13 380元**

据《楚天都市报》报道，某女子收到伪基站伪装成银行客服号码发来的诈骗短信，称她的账户累积6 270积分，24小时后到期，让她登录指定的网址兑换627元。该女子点击短信中的山寨银行网站，输入银行账号和密码后，很快就收到短信，称她的银行账户无卡自助消费7 500元，余额仅为366元。女子气愤不已，到网上发帖投诉，结果假称银行客服的骗子回帖留下QQ号。该女子加了对方QQ后，对方先发来一个二维码，让沈女士扫码下载安装了一个软件，并指导她进行了一系列捆绑银行卡及在支付平台做了一些操作，并让她在卡上存入1万元提高信用等级，说次日7 500元就可以到账，让她耐心等待。次日该女子去查账，发现卡上只剩5 000元，紧接着又接到支付平台贷款提醒，有人冒充她的名义贷走了8 380元。该女子气愤不已，表示“7 500元没追回，又被骗了13 380元”。

资料来源：佚名：女子误点假银行网站被盗7 500元投诉又被骗1.38万元［EB/OL］.（2018-08-09）. https：//tech.qq.com/a/20180809/018318.htm.

问题：假银行网站欺诈的手段有哪些？

分析提示：病毒、手机短信、电子邮箱、电子商务信息、远程控制软件。

四、网上支付安全应用

为了保证网上用户的支付安全，各个银行都确立了网上安全支付流程，用户可以在安全支付的提示下，正确进入安全支付流程。

工行网上安全支付的正确流程如图8-2、图8-3所示。

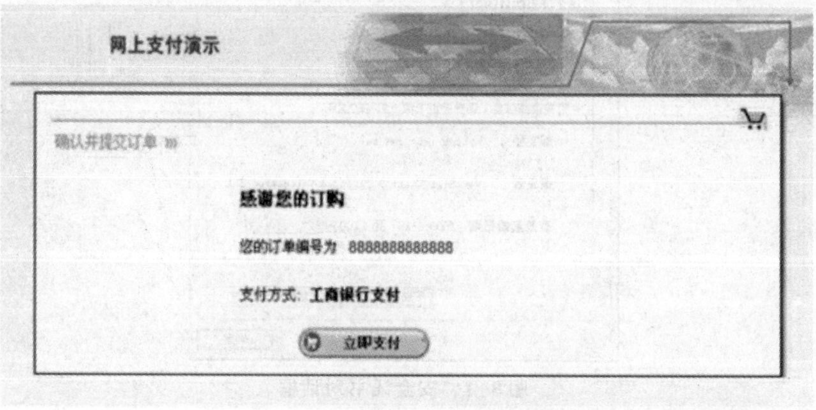

图8-2　工行网上支付确认页面

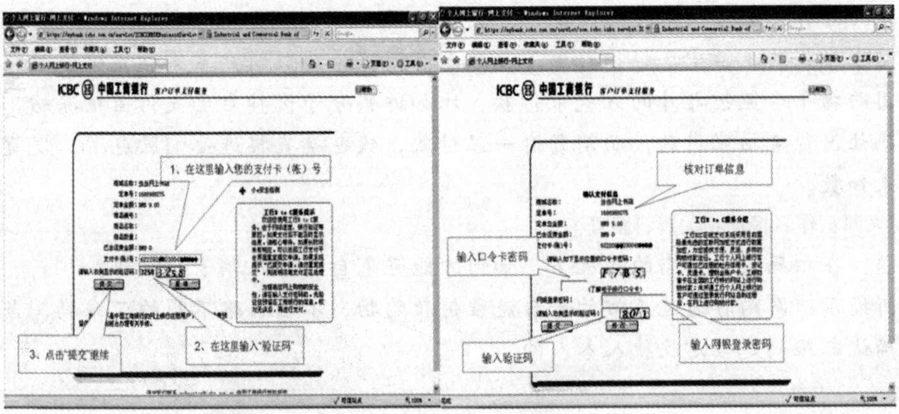

（一）　　　　　　　　　　　　（二）

图8-3　工行网上支付页面

案例分析8-2

银川市的韩先生在网上购物时，突然收到一条信息：某数码网站正在搞优惠活动，他看中的一款手机仅售850元。随后韩先生查询了该网站，发现该网站不仅有备案，而且网民评价也不错。于是，他就按照该网页提示，通过所谓的“工商银行”网上银行支付货款，可是不知为什么，每次到输入口令卡坐标密码时就发生错误。无奈之下他便到银行询问，这才发现卡上的1 000多元被骗走了。

资料来源：根据相关资料整理。

问题：为何韩先生每次输入口令卡坐标密码时就发生错误？

分析提示：客户信息被窃取了。

案例分析8-3　　**二维码不要乱扫，涉及你的资金和信息安全**

在二维码给我们带来便利的同时，一些不法分子也会假借二维码窃取我们的信息，套取我们资金。在我们生活中，这几类二维码需要小心。

1.利用小礼品等诱导扫码注册

一些不法分子通过给大家赠送小礼品的方式，诱导一些爱占便宜的人扫描二维码进行注册并且填写自己的手机号，身份证等信息，随后便立刻将这些信息与资料打包卖给一些“推销”公司或者诈骗分子。

2.嵌入病毒木马的二维码

一些不法分子往往会将木马伪造嵌入二维码中，一旦你扫了这种二维码，那么你的手机就可能中毒或者被别人远程控制。如果发生这种情况，你的账户资金就有可能被盗刷，个人隐私信息也容易被人窃取。

3.利用收款码伪造交通罚单

一部分不法分子利用人们消费图省事或者粗心大意的情况，制造假罚单并附有二维码，显示扫码即可缴费，当你扫描二维码之后也确实显示“违章处理，转账200元，点击确认”，但是这都是不法分子的圈套，目前交警并没有微信扫二维码即可缴费的措施。

4.虚假网店发收款条码实施诈骗

网购在我们的生活中已经很普通了，然而有一部分虚假商户常常在支付的时候诱骗消费者使用购物平台监控之外的方式来付款，比如诈骗分子谎称自己支付宝被冻结，然后提供二维码让消费者扫码付款，而消费者一旦付款，钱也就直接进他们腰包了，发货不发货就成了未知数。

资料来源：作者根据相关资料整理。

问题：在扫码成为常态的情况下，如何才能避免自己落入骗子的陷阱？

分析提示：网购时通过正常的平台流程付款购物，不扫来路不明的二维码，当面扫码支付先确认二维码是否是收款人本人的。

任务二　网络安全技术

一、数据加密技术概述

数据的加密最早是出于军事的需要而产生的，第二次世界大战中的电报密码传输促成了密码学的产生。数据的加密传输主要是通过特殊算法将明文转换成密文，即使在传输过程中被截获也不会泄露其中的内容。

（一）对称密钥加密技术

这种技术使用同一个密钥对报文进行加密和解密，也称为单钥加密或传统加密，因此，报文传递的发送者和接收者必须预先共享一个密钥。对称密钥加密原理如图8-4所示。

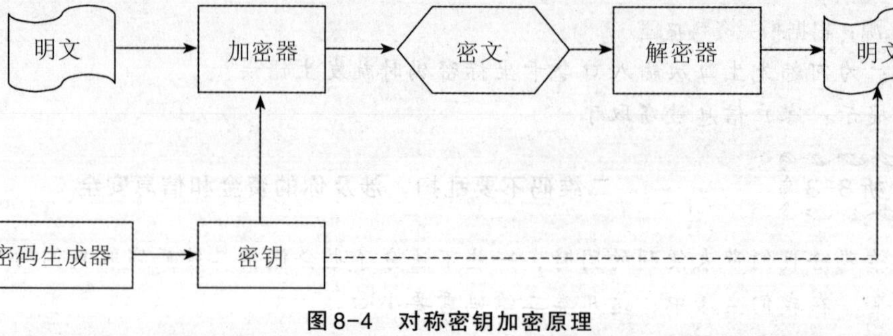

图8-4　对称密钥加密原理

当前主要流行的对称密钥加密技术有：①DES。1971年，IBM密码研究所研制出了一种被称为Lucifer的算法，主要应用于商业领域，现在已成为世界上一个主要的数据加密标准（Data Encryption Standard，DES）。②AES。2000年10月2日，美国国家标准与技术研究所公布了高级加密标准（Advanced Encryption Standard，AES）。③IDEA。IDEA（International Data Encryption Algorithm）是由瑞士联邦技术学院提出的新技术标准，该算法密钥可以长达128位，并具有很强的抗差分分析能力。

对称加密技术的优点是：效率高、算法简单、系统开销小、速度快、适合加密大量的数据。其中，DES算法是目前世界上应用最广泛的加密算法。其缺点是：发送方和接收方共享密钥而不能泄露。

（二）公开密钥加密技术

公开密钥加密技术要求密钥成对出现，即加密和解密分别由两个密钥来实现，每个用户都有一对选定的密钥：一个可以公开，即公钥，用于加密；另一个由用户拥有，即私钥，用于解密。公开密钥加密技术与对称密钥加密技术是不一样的，也就是解密的方法不能通过加密的方法导出。其工作原理如图8-5所示。

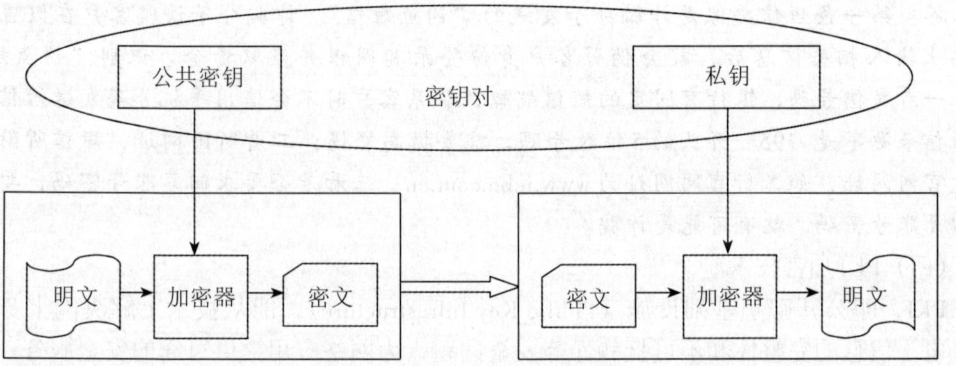

图8-5　公开密钥加密解密原理

公开密钥的特点是：第一，仅知道加密算法和加密密钥，要推出解密密钥，在计算上是不可能的。第二，通过公钥加密后，使用公钥是无法解密的。第三，公开密钥系统本质是一对钥匙，公钥加密需要私钥解密；反之，私钥加密需要公钥解密，这也是数字签名验证的方法。

公开密钥加密技术常用的加密算法有：①RSA算法，是建立在大数分解和素数检测理论的基础上的；②DSA算法，主要被美国用作数字签名的技术标准。

公开密钥加密技术的优点是：密钥分配简单，存储量小，可以满足互不认识的用户的安全使用需求。此外，公开密钥加密技术还可以用作数字签名和数字鉴别。其缺点是：密钥会产生麻烦，主要受到算法技术的限制；在安全性上，已经有数学的理论破解方法；其加密速度慢，该方法比对称密钥加密方法要慢几个数量级。所以，在实际运用中可将对称密钥加密技术和公开密钥加密技术混合使用，做到优势互补。

（三）数字证书

数字证书是一种数字标识，可以说是互联网上的安全护照或身份证明。最简单的证书包含公开密钥、名称、证书授权中心的数字签名以及有效期、发证机关的名称、该证书的序列号等信息。证书的格式遵循ITUTX.509国际标准。数字证书包括的内容主要有：①基本数据信息；②发行数据证书的CA签名与签名算法。

数字证书的工作原理是：信息接收方在网上收到发送方发来的业务信息时，同时收到发送方的数字证书，这时通过对数字证书的验证，可以确认发送方的真实身份。在发送方与接收方交换数字证书的同时，双方得到对方的公开密钥。由于公开密钥是包含在数字证书中的，且借助证书上数字摘要的验证，能确信收到的公开密钥是对方的。通过公钥，双方即可完成数据传送中的加/解密工作。

拓展思考8-2

某市民U盾安全证书即将过期，收到两条手机短信。第一条短信内容为“尊敬的客户，您的银行U盾即将过期，需要升级，请访问网站（点击网址×××）进行自动更新”。第二条短信内容为“×××您好，您的U盾安全证书将在××××年××月过期，请您尽快登录××

银行官网更新”。

以上两条短信，你认为哪条更像是诈骗分子发送的“钓鱼短信”，如何分辨？

答：第一条短信更像是诈骗分子发送的“钓鱼短信”。诈骗分子诱骗客户在假冒银行网站上输入相关信息后，就会伪冒客户身份登录其网银并盗取资金。识别“钓鱼短信”时，一看发信号码，银行有固定的短信端口，联系客户时不会使用手机号码发送短信，如果短信来源不是“95”开头的5位数号码，就要提高警惕；二看所附网址，短信所附网址应是官网网址，如工行官网网址为www.icbc.com.cn；三看是否要求回复账号密码，要求短信回复账号密码，就有可能是诈骗。

（四）PKI加密技术

PKI，即公开密钥基础设施（Public Key Infrastructure），能从技术上解决网上身份认证、电子信息的完整性和不可抵赖性等安全问题，为网络应用提供可靠的安全服务。

PKI从广义上讲，是提供公开密钥加密和数字签名服务的管理平台。PKI的主要目的是通过自动管理密钥和证书，为用户建立一个安全的网络运行环境。

完整的PKI系统必须具有权威认证机构（CA）、数字证书库、密钥备份及恢复系统、证书作废系统、应用接口（API）等基本构成部分（如图8-6所示），构建PKI也要围绕着这五大系统进行。

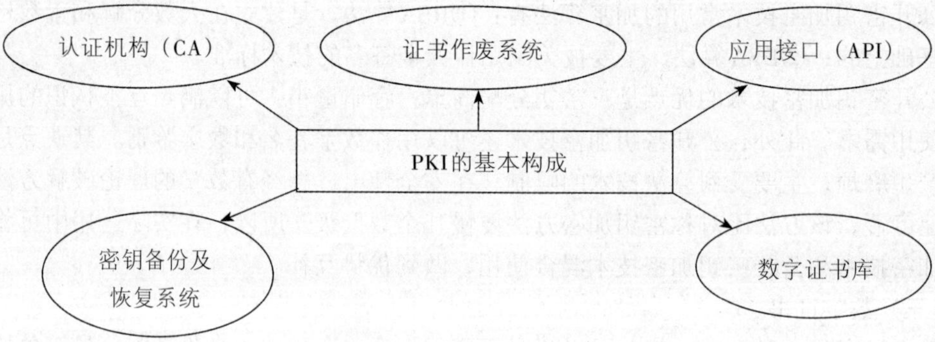

图8-6　PKI的基本构成

认证机构（CA）：数字证书的申请及签发机关，CA必须具备权威性。

数字证书库：用于存储已签发的数字证书及公钥，用户可由此获得所需的其他用户的证书及公钥。

密钥备份及恢复系统：如果用户丢失了用于解密数据的密钥，则数据将无法被解密，这将造成合法数据的丢失。为避免这种情况，PKI提供备份与恢复密钥的机制。但需注意，密钥的备份与恢复必须由可信的机构来完成，并且，密钥备份与恢复只能针对解密密钥，签名私钥为确保其唯一性而不能够备份。

证书作废系统：这是PKI的一个必备组件。与日常生活中的各种身份证件一样，证书在有效期内也可能作废，原因可能是密钥介质丢失或用户身份变更等。为实现这一点，PKI必须提供有关作废证书的一系列机制。

应用接口（API）：PKI的价值在于使用户能够方便地使用加密、数字签名等安全服务，因此一个完整的PKI必须提供良好的应用接口系统，使各种各样的应用能够以安全、一致、可信的方式与PKI交互，确保安全网络环境的完整性和易用性。

通常来说，CA是证书的签发机构，是PKI的核心。众所周知，构建密码服务系统的核心是实现密钥管理。公开密钥体制涉及一对密钥（私钥和公钥），私钥由用户独立掌握，无须在网上传输，而公钥则是公开的，需要在网上传输，故公开密钥体制的密钥管理主要是针对公钥的管理问题，目前较好的解决方案是数字证书机制。

建立PKI是为了使网络应用和网络安全基础实现分离。因为网络安全基础的开发本身就需要大量的安全知识。把网络安全基础独立出来，就像电厂提供用电生产部门的基础设施一样，用电部门只关心如何生产，而不用考虑如何去发电。有了独立的PKI安全基础设施，电子商务开发人员就可以重点关注电子商务如何实现，而无须关心安全如何具体保障。

PKI在公开密钥密码的基础上，主要解决密钥属于谁，即密钥认证的问题。在网络上证明公钥是谁的，就如同现实中证明谁是什么名字一样具有重要意义。通过数字证书，PKI很好地证明了公钥是谁的。PKI的核心技术就围绕着数字证书的申请、颁发、使用与撤销等整个生命周期而展开。其中，证书撤销是PKI最容易被忽视但却是很关键的技术之一，也是基础设施必须提供的一项服务。

PKI技术的研究对象包括数字证书、颁发数字证书的证书认证中心、证书持有者和证书用户，以及为了更好地成为基础设施而必须具备的证书注册机构、证书存储和查询服务器、证书状态查询服务器、证书验证服务器等。

作为基础设施，两个或多个PKI管理域的互联非常重要。PKI域间如何互联，如何更好地互联是建设一个无缝的大范围的网络应用的关键。在PKI互联过程中，PKI关键设备之间、PKI末端用户之间、网络应用与PKI系统之间的互操作和接口技术是PKI快速健康发展的重要保证，也是PKI技术的研究重点。

在线阅读8-1

电子印章

二、数据完整性技术概述

数字摘要技术是采用单向散列函数对文件中的若干重要元素进行某种变换运算，得到固定长度的摘要码，并在传输信息的过程中随加入的文件一同发送给接收方，接收方收到信息后，用相同的方法进行变换运算，如结果与发送的摘要码相同，可断定文件未被篡改。将需要加密的明文“摘要”成一串128位比特的密文，这串密文被称为数字指纹（Finger Print），该摘要是验证明文是否是真文的方法。

数字签名（Digital Signature）是指用户用自己的私钥对原始数据的数字摘要进行加密所得的数据。信息接收者使用信息发送者的公钥对附在原始信息后的数字签名进行解密，获得数字摘要，并通过与自己收到的原始数据产生的数字摘要对照，便可确定原始信息是否被篡改。这样就保证了消息来源的真实性和数据传输的完整性。

当前，在商业中应用的数字签名方式主要是RSA数字签名体制，该体制使用RSA公开密钥密码算法进行数字签名。它既可以进行邮件加密，也可以进行数字签名。该方法能够保证数据在网络通信中的完整性、机密性、不可否认性和身份认证。

由于数字签名具有数学严格性，黑客对交易信息哪怕只改动一个字、一个比特，系统都会发现。又由于私钥是不可仿造或伪造的，因此从某种意义上说，数字签名比手写签名更严格可靠。《中华人民共和国电子签名法》赋予了电子签名以法律意义，其规定：“可靠的电子签名能够与手写签名、盖章一样，受到法律保护。”

知识链接8-3 可靠的电子签名需要具备的条件

《中华人民共和国电子签名法》(2019年修正)第十三条规定,电子签名同时符合下列条件的,视为可靠的电子签名:

(一)电子签名制作数据用于电子签名时,属于电子签名人专有;

(二)签署时电子签名制作数据仅由电子签名人控制;

(三)签署后对电子签名的任何改动能够被发现;

(四)签署后对数据电文内容和形式的任何改动能够被发现。

三、认证中心

电子商务认证授权机构(Certificate Authority,CA)也称为电子商务认证中心,是负责发放和管理数字证书的权威机构,并作为电子商务交易中受信任的第三方,承担公钥体系中公钥合法性检验的责任。

CA为每个使用公开密钥的用户发放一个数字证书,数字证书的作用是证明证书中列出的拥有合法证书的用户的公开密钥。CA的数字签名使得攻击者不能伪造或篡改证书。在SET交易中,CA不仅对持卡人、商户发放证书,还对银行、网关发放证书。

CA是证书的签发机构,是PKI的核心。CA是负责签发证书、认证证书、管理已颁发证书的机关。它要制定政策和具体的步骤来验证、识别用户身份,并对用户证书进行签名,以确保证书持有者的身份和公钥的拥有权。

中国金融认证中心(China Financial Certification Authority,CFCA)是由中国人民银行牵头,联合14家全国性商业银行共同建立的国家级权威金融认证机构,是国内唯一一家能够全面支持电子商务安全支付业务的第三方网上专业信任服务机构。

CFCA证书的功能有:①实体鉴别;②交易保密;③保证交易数据的真实性和完整性;④使交易不可抵赖;⑤进行密钥的历史管理;⑥进行密钥的解密和恢复;⑦进行密钥的自动更新;⑧进行在线证书撤销列表的实时查询和检索;⑨时间戳保证与用户的时间一致;⑩交叉认证,支持跨域功能。

CFCA证书的申请审批流程为:①证书申请,CFCA授权的证书注册审核机构(Registration Authority,RA)为各金融机构;②证书审批,RA将申请资料发给CFCA,由CFCA签发;③证书发放,各金融机构给用户发放证书;④证书生成,证书在本地生成,包括私钥;⑤证书存放,证书通常保存在U盘、SIM卡中。

拓展思考8-3

网上银行使用的数字证书有何特点?我国网银数字证书由哪个机构颁发并提供安全保障?

答:数字证书相当于用户网上交易的身份证,是建立在密码保护基础之上的安全性更高的安全保障机制。当用户使用数字证书进行交易时,系统会通过多重加密保障交易信息不被篡改、劫持,以保证用户交易的安全。我国网银使用的数字证书由中国金融认证中心颁发。中国金融认证中心发放的数字证书具有法律效力,有赔付承诺,能够提供有法律依据的数字签名,能更好地为用户规避网银使用风险。如果数字证书因加密机制被破解致使用户遭受损失,用户可向中国金融认证中心索赔。

四、防火墙技术概述

互联网金融的实现是基于互联网的，这意味着把自己的系统或本地网络暴露在互联网中，会产生大量的安全隐患，可能遭受网络攻击，重要的机密文件可能会被窃取或篡改。为了防止这种违法网络行为，需要在内外网中间采取一些措施以防止恶意的、非授权的访问，而这种需要促使了防火墙的产生。

（一）防火墙的定义

防火墙（Firewall）是保护本地网络系统避免来自外部网络（包括互联网）安全威胁的一种有效手段，需要用户在内网和外网之间的设备上安装，可以是硬件设备，也可以是软件设备，根据安全策略对通过的信息进行过滤和限制，以获得安全访问效果。

（二）防火墙的类型

1.网络层防火墙

网络层防火墙可视为一种IP封包过滤器，在底层的TCP/IP堆栈上运作。可以以枚举的方式，只允许符合特定规则的封包通过，其余的一律禁止穿越防火墙。这些规则通常由管理员定义或修改，不过某些防火墙设备可能只能套用内置的规则。也能以另一种较宽松的方式来制定防火墙规则，只要封包不符合任何一项“否定规则”就予以放行。现在的操作系统及网络设备大多已内置防火墙功能。

较新的防火墙既能利用封包的多样属性来进行过滤，如来源IP地址、来源端口号、目的IP地址或端口号、服务类型（如WWW或是FTP），也能经由通信协议、TTL值、来源的网域名称或网段等属性来进行过滤。

2.应用层防火墙

应用层防火墙是在TCP/IP堆栈的“应用层”上运作的，人们使用浏览器时所产生的数据流或是使用FTP时的数据流都属于这一层。应用层防火墙可以拦截进出某应用程序的所有封包，并且封锁其他的封包。理论上，这一类防火墙可以完全阻绝外部的数据流进入受保护的机器。

3.代理服务

代理服务设备（可能是一个专属的硬件，也可能只是普通机器上的一套软件）也能像应用程序一样回应输入封包（如连接请求），同时封锁其他的封包，取得类似于防火墙的效果。外在网络代理使篡改一个内部系统更加困难，并且一个内部系统误用不一定会产生可被防火墙外面利用的安全漏洞；相反，入侵者也许会劫持一个公开可及的系统并使用它作为入侵者的代理人为攻击目的服务，然后伪装成那个系统中的内部机器。当对内部地址空间的用途加强安全保护时，黑客也许仍然采用譬如IP欺骗的方法试图通过IP包过滤到达目标网络。

防火墙的适当配置对技巧和智能有较高要求。它要求管理员对网络协议和电脑安全有深入的了解，一点小差错就可能会使防火墙失去作用。

（三）防火墙常用配置方案

防火墙的常用配置方案很多，主要包括以下几种：

1.单一防火墙的简单配置

采用这种配置时，只在互联网和专用网之间设置单个防火墙系统，如图8-7所示。该系统可以是单个包过滤路由器，也可以是单个应用网关。这种系统安全性很低，但配置简单。

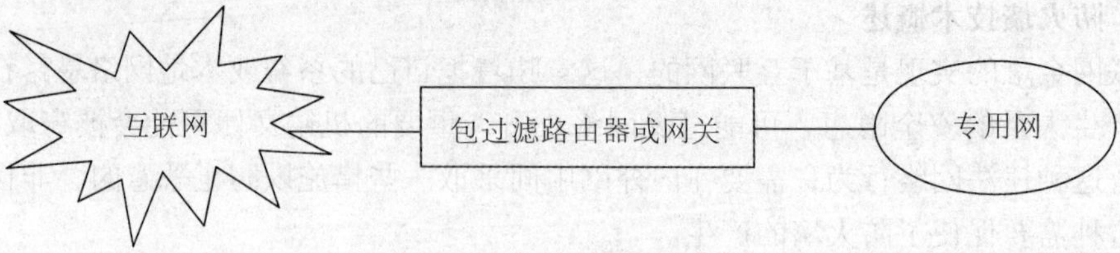

图8-7　单一防火墙配置

包过滤路由器，通常是在该路由器上采取策略，预先设定包通过的过滤规则，满足条件的包可以通过该路由器，不满足的包将被摧毁。

2.单宿主堡垒主机（屏蔽主机式防火墙）系统

这种配置方案的防火墙如图8-8所示，由一台包过滤路由器和一台堡垒主机两个系统构成。堡垒主机系统是个功能强大的系统，通常被配置为应用网关平台。堡垒主机也是个专门的系统，有专门的软硬件设备实现身份认证、代理服务、通信监听、防御攻击等。

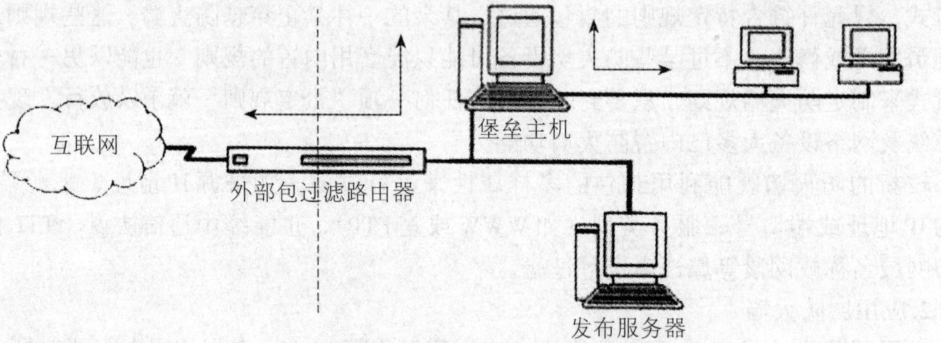

图8-8　单宿主堡垒主机防火墙系统

该配置比单一防火墙配置安全得多，因为它同时采用网络层包过滤技术和应用层包过滤技术。如果攻击者想成功地进入系统，他首先必须通过包过滤路由器和堡垒主机两个独立的系统。此外，这种配置有比较灵活的安全策略，如某项服务不需要应用层的过滤，可以直接修改路由器使其数据直接通过。

3.双宿主堡垒主机（屏蔽主机式防火墙）系统

在上述单宿主堡垒主机屏蔽方式下，如果路由器被完全破坏，那么所有的通信量都可以穿透路由器，直接访问内网的所有主机。为避免出现这种情况，可以采用双宿主堡垒主机的屏蔽方式，如图8-9所示，从物理上隔离线路，避免上述单宿主堡垒主机屏蔽方式的漏洞。

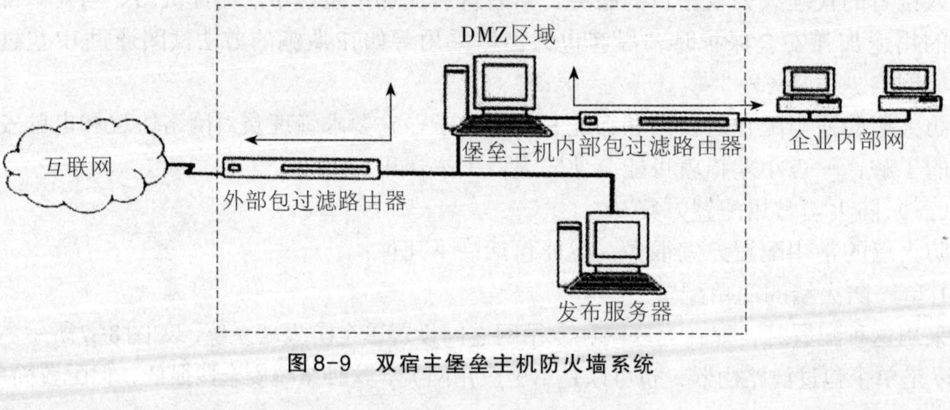

图8-9　双宿主堡垒主机防火墙系统

双宿主堡垒主机的屏蔽方式彻底地从物理层隔离内外网，充当内外网的转发器。内外网之间的通信完全由宿主主机上的应用代理程序来完成，从而对外屏蔽了内部网络的结构。

4.屏蔽子网防火墙系统

屏蔽子网式配置是相对比较安全的一种配置方案。这种方案有两个包过滤路由器：一个位于堡垒主机和互联网之间，另一个位于堡垒主机与内网之间，如图8-10所示。这种配置形成了独立的屏蔽子网，子网内至少包含一个堡垒主机，也可以有多个信息服务器，如Web服务器。从结构上看，屏蔽子网位于内外网络的中间，所以互联网和内部网络的通信必须通过屏蔽子网。

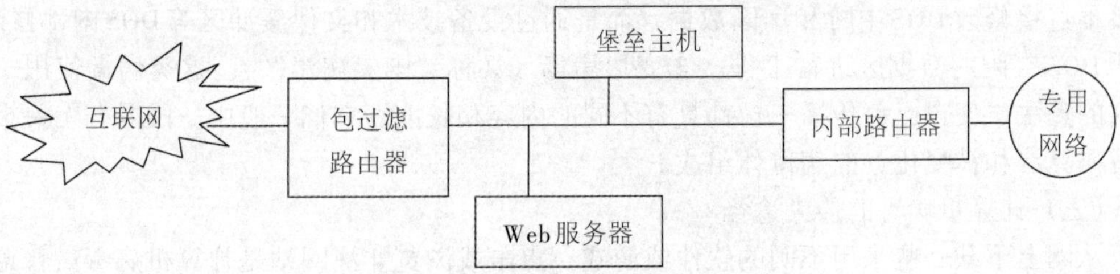

图8-10　屏蔽子网防火墙系统

5.扩展式防火墙系统结构

扩展式防火墙是一种新的防火墙体系结构，主要有状态检查防火墙和火鸡防火墙。状态检查防火墙是建立在多层状态检查SMLI技术基础上的，是一个高效的增强型包过滤器和应用网关混合的防火墙结构。它能对OSI模型中各个层的数据包的状态和应用数据进行检查。火鸡防火墙是将软件、硬件和防火墙技术组合在一起，一般将装有防火墙软件的计算机安放在网络上即可。这种防火墙结构简单，适合没有特殊安全需要的小公司。

在线阅读8-2

何谓黑客

五、防病毒技术概述

对网络安全构成威胁的除了黑客攻击外，还有计算机病毒。

（一）计算机病毒

计算机病毒是指编制或者在计算机程序中插入的破坏计算机功能或者数据、影响计算机使用并且能够自我复制的一组计算机指令或者程序代码。

计算机病毒寄生在其他程序之中，当执行这个程序时，病毒就起破坏作用，而在启动这个程序之前，它是不易被发觉的。计算机病毒不但本身具有破坏性，更重要的是具有传染性，一旦病毒被复制或产生变种，其传染速度之快令人难以预防，而且有些病毒像定时炸弹一样，它的发作时间是预先设计好的。计算机病毒还具有很强的隐蔽性，时隐时现，变化无常，这类病毒处理起来通常很困难。计算机中毒后，可能会导致正常的程序无法运行、计算机内的文件被删除或受到不同程度的损坏。

（二）常见的计算机病毒

1.伴随型病毒

这类病毒并不改变文件本身，它们根据算法产生EXE文件的伴随体，具有同样的名字和不同的扩展名（COM）。例如，XCOPY.EXE的伴随体是XCOPY.COM。病毒把自身写入COM文件并不改变EXE文件，当DOS加载文件时，伴随体优先被执行，再由伴随体加载执行原来的EXE文件。

2.“蠕虫”型病毒

它通过计算机网络传播，不改变文件和资料信息，利用网络从一台机器的内存传播到其他机器的内存，将自身的病毒通过网络发送。有时它们存在于系统中，除了内存不占用其他资源。

3.寄生型病毒

除了伴随型病毒和“蠕虫”型病毒，其他病毒均可称为寄生型病毒，它们依附在系统的引导扇区或文件中，通过系统的功能进行传播，按其算法不同可分为：①练习型病毒。病毒自身包含错误，不能进行很好的传播，如一些病毒在调试阶段。②诡秘型病毒。它们一般不直接修改DOS中断和扇区数据，而是通过设备技术和文件缓冲区等DOS内部修改，利用DOS空闲的数据区进行工作。③变形病毒（又称“幽灵病毒”）。这类病毒使用一个复杂的算法，使自己每传播一份都具有不同的内容和长度。它们一般由一段混有无关指令的解码算法和被变化过的病毒体组成。

（三）计算机病毒的传染途径

从网上下载一些来历不明的软件或游戏、点击或浏览非法网站是计算机病毒最普遍的传染途径。此外，使用带有病毒的U盘，会使机器感染病毒，并传染给未被感染的“干净”U盘。

硬盘传染也是主要的渠道，带有病毒的机器移到其他地方使用、维修等，会将干净的软盘传染并再扩散。

由于光盘容量大，存储了海量的可执行文件，大量的病毒可能藏身于光盘中。对于只读式光盘，不能进行写操作，因此光盘上的病毒不能清除。当前，盗版光盘的泛滥给病毒的传播带来了很大的便利。

随着互联网的普及，病毒的传播又增加了新的途径，这种传染性扩散极快，能在很短的时间内传遍网络上的机器。它的发展使病毒可能成为灾难，反病毒的任务更加艰巨。

（四）计算机病毒的处理

安装查杀病毒的软件（如360杀毒、瑞星杀毒软件、超级巡警免疫工具、SSM等）是最常见的病毒处理方法。这些软件通常具有实时检测系统功能，能够在操作系统运行期间检测到病毒的启动，甚至可以在操作系统启动前对磁盘和内存进行查杀，具有很强的病毒处理能力，但需要时常更新病毒库、升级杀毒软件。

（五）病毒的预防

1.经常更新杀毒软件，以快速检测可能入侵计算机的新病毒或者其变种。

2.使用安全监视软件（和杀毒软件不同，如360安全卫士、瑞星卡卡），防止浏览器被异常修改、插入钩子、安装不安全的恶意插件等。

3.使用防火墙。

4.关闭电脑自动播放功能，并对电脑和移动储存工具进行常见病毒免疫。

5.定时进行全盘病毒木马扫描。

6.注意网址的正确性，避免进入山寨网站。

7.在插入光盘、移动硬盘、U盘等外部存储设备时，先进行杀毒，然后再进行访问，防止病毒通过外部存储设备传播。

8.对浏览器进行适当的配置，防止浏览器中毒，或直接通过安全浏览器上网。

日常的病毒检测可以使用杀毒软件，如腾讯电脑管家、360安全卫士、金山毒霸、卡巴斯基等。有些杀毒软件配有防火墙，可以把防火墙软件一起安装到电脑上。

任务三　网络支付安全协议

一、安全协议的相关概念

在安全协议里有许多概念，涉及网络技术专业、电子商务专业还有金融专业等专业术语，现对主要的专业术语进行必要的解释。

TCP/IP协议：供已连接互联网的计算机进行通信的通信协议。

超文本传输协议：又称HTTP协议，是互联网上应用最为广泛的一种网络传输协议，所有的WWW文件都必须遵守这个标准。最初设计HTTP的目的是提供一种发布和接收HTML页面的方法。

开放式系统互联（Open System Interconnect，OSI）：ISO（国际标准化组织）在1985年研究的网络互联模型。该体系结构标准定义了网络互联的七层框架：①物理层；②数据链路层；③网络层；④传输层；⑤会话层；⑥表示层；⑦应用层。

电子钱包（Electronic Purse（EP），Electronic Wallet）：安全电子交易中的一环，是一个计算机软件，用来让消费者进行电子交易并储存交易记录。消费者在网络上进行安全电子交易前，必须先安装符合安全标准的电子钱包。

商家软件：包括商品供销、转让的信息发布平台和资源管理平台等。

支付网关（Payment Gateway）：银行金融网络系统和Internet网络之间的接口，是由银行操作的将Internet上传输的数据转换为金融机构内部数据的一组服务器设备，或由指派的第三方处理商家支付信息和顾客的支付指令。支付网关可确保交易（信息）在Internet用户和交易处理商之间安全、无缝地传递，并且无须对原有主机系统进行修改。它可以进行所有Internet支付协议的处理、Internet安全协议的处理、交易交换、信息及协议的转换以及本地授权和结算处理。另外，它还可以通过设置来满足特定交易处理系统的要求。离开了支付网关，网络银行的电子支付功能就无法实现。

电子认证：采用电子技术检验用户合法性的操作。其主要内容包括以下三个方面：①保证自报姓名的个人和法人的合法性确认。确认本人的简单方法一般有组合使用用户ID和密码、磁卡或IC卡和密码。需要进行慎重认证时，可利用指纹、虹膜类等可识别人体的生物统计学技术。②通过电子商务进行贵重物品的交易时，保证个人或企业间收发的信息在通信的途中和到达后不被改动。③数字签名。在数字信息内添加署名信息。

二、安全协议

到目前为止，国内外已经出现了多种电子支付安全协议，这些协议主要是在交易时通过加密等手段使信息安全传输。市场上常见的两种安全协议是：安全套接层SSL协议和安全电子交易SET协议。这两种协议在电子商务交易过程中被广泛应用。

（一）SSL协议

安全套接层是美国网景公司推出的建立在网络传输层（参见开放系统互联OSI模型）之上，基于RSA加密技术，通过密钥在浏览器和Web服务器之间安全传输的连接技术。它是最早应用于电子交易、能满足消费者和商家双方银行卡支付的安全协议。

SSL协议的主要功能有：①确认用户和服务器，保证数据在客户端和服务端正确发送；②加密被传输的数据，防止明文数据被直接窃取；③维护数据的正确性和完整性，保证数据在传输过程中不被篡改。

SSL协议的工作优势是它能保证使用TCP/IP的通信应用程序间的隐私与完整性。互联网的超文本传输协议（HTTP）使用SSL来实现安全的通信。

在客户端与服务器间传输的数据是通过使用对称算法进行加密的。公开密钥算法（通常为RSA）是用来获得加密密钥交换和数字签名的，此算法使用服务器SSL数字证书中的公用密钥。有了服务器的SSL数字证书，就可以在客户端验证服务器的身份。SSL协议的版本1.0和版本2.0只提供服务器认证，版本3.0添加了客户端认证，此认证同时需要客户端和服务器的数字证书。

SSL协议的运行过程如下：

（1）接通阶段：客户通过网络向服务端打招呼，服务端响应；

（2）密钥交换阶段：客户与服务端之间交换双方认可的密钥；

（3）协商密钥阶段：客户与服务端彼此协商，产生会话密钥；

（4）验证阶段：验证服务端取得的密钥；

（5）客户认证阶段：验证客户的可信度；

（6）结束阶段：客户端和服务端之间相互交换结束信息。

SSL协议的特点是：在SSL 2.0版本中只提供服务器对客户端信息的保密，而不提供客户对服务器信息的保密，信息只保证单方面的安全，不利于客户。这是由于在早期阶段，提供电子商务业务的主要是信用比较好、实力比较强的大公司，但随着电子商务的发展，小公司也开始参与电子商务交易，这就需要SSL3.0提供双方身份认证。但SSL3.0认证仍然只提供双方认证，不能提供多方认证，也就是说当前的SSL协议不能涉及多方电子交易。

拓展思考8-4

为什么国内银行的网上银行多采用SSL协议？

答：SSL协议是网络加密协议，而SET协议是电子支付协议，用途不同。相对于SSL协议，SET协议更复杂和低效率，国内银行的网上银行多采用SSL协议保护网络传输的加密和身份的认证，其中也包括对电子支付传输过程的加密。

（二）SET协议

SET（Secure Electronic Transaction）是美国Visa和MasterCard两大信用卡组织联合推出的用于电子商务的行业规范。其本质是一种应用于互联网、以信用卡为基础的电子支付系统规范。SET协议妥善解决了信用卡在电子商务交易过程中数据的保密、数据的完整以及身份验证等安全问题。

1.SET支付系统

SET支付系统包括：①持卡人；②商家；③发卡行；④收单行；⑤支付网关；⑥认证中心。此外，基于SET协议的电子卡交易系统还需要软件支持，包括电子钱包、商家软件、支付网关软件和电子认证等。

2.SET协议的工作过程

SET协议的工作过程是：①客户通过互联网购买商品，服务器为客户产生订单，包括购买时间、商品、数量等明细。②商家的服务器提示客户的购买信息。③客户选择付款方式（银行卡电子支付），确认订单，发出付款指令，此时SET服务开始启动。④客户在确认订单和发出付款指令时，需要进行数字签名，确保商家看不到客户的账户信息，并且交易是加密的、不可篡改的。⑤商家接受订单后，向消费者所使用电子卡的发卡行请求支付许可，信息通过支付网关到收单银行，再到发卡行确认。批准交易后，确认信息返回到商家。⑥商家发送交易成功的确认信息给客户，客户端的软件可记录交易日志。⑦商家提供商品或服务，并通知收单银行将钱划拨到商家账户。

在以上的电子卡交易过程中，从第三步开始都是基于SET协议的。SET协议确保了数据加密传输、身份认证等的安全性。

（三）两种协议的比较

1.身份认证

在SSL2.0中没有关于商家身份的认证机制，只是单方面地对客户身份进行认证；在SSL3.0中可以通过数字证书实现双方互相认证，但仍然不能实现多方认证，而SET协议可以实现多方认证。

2.安全性

SET协议涉及交易活动的整个过程，涉及数据交换过程的多方，但都对数据进行加密传输，并进行身份认证，最大程度地保证了交易的协调和安全。SSL协议只对客户和商家之间的交易传输过程提供保护，而没有包含整个商务流程，因此只能作为传输过程的技术规范。所以说，SET协议比SSL协议更高级、更安全。

3.在网络技术中的地位及含义

SSL协议是基于传输层的安全协议，而SET协议主要是建立在应用层的，所以SET协议具有广泛的应用性。

4.应用领域

SSL协议主要涉及Web的具体应用，而SET协议涉及电子卡交易的全过程。也就是说，只涉及Web服务端和客户端的电子交易仅需要SSL协议就可以了，而涉及多方交易时，则应采用SET协议，以提供完整的多方商务服务。

项目小结

安全是金融信息系统的生命，金融信息安全是根据金融系统的实际应用需求，将密码学、密钥管理、身份认证、访问控制、应用安全协议和事务处理等信息安全技术运用到金融信息系统安全工程中，并能在系统运行过程中发现、纠正系统暴露的安全问题，它关系到金融机构的生存和经营的成败。

互联网金融安全涉及的环节较多，包括技术方面、管理方面、社会意识方面、网络标准方面和法律方面等。互联网金融安全问题从技术层面讲，就是由于当前技术的缺陷导致互联网金融交易出现可以利用的漏洞，导致大量的安全隐患。

互联网金融安全防范主要包括以下内容：黑客防范、计算机病毒防治技术、密钥技术、身份认证与识别、网络防火墙、安全支付协等。

关键概念

金融安全 安全支付 黑客 加密解密技术 CA PKI 计算机病毒防火墙 SSL协议 SET协议

综合训练

一、不定项选择题

1.互联网金融安全性标准包括（ ）等方面的内容。

A.信息的保密性　　B.信息的准确性

C.信息的完整性　　D.信息的不可否认性

2.根据网络安全标准，网络支付需要解决（ ）等安全问题。

A.数据的安全性　　B.身份验证

C.数据的完整性和准确性　　D.信息的不可否认性

3.不法分子欺诈的通常手法有（ ）。

A.病毒传播假网站信息

B.冒充银行发送诈骗短信

C.钓鱼网站

D.冒充银行邮箱，发送虚假信息引诱客户登录假网站

4.防范假网站诈骗的方法有（ ）。

A.查看安全锁　　B.安装数字证书

C.预留信息验证　　D.输入正确的网址登录

E.核对网址

5.对称加密技术的优点是（ ）。

A.效率高，算法简单，系统开销小　　B.速度快，适合加密大量的数据

C.安全级别高，不易破解　　D.可分为私钥和公钥

6.公开密钥加密技术说法正确的是（ ）。

A.公开密钥加密技术要求密钥成对出现，即加密和解密分别由两个密钥来实现

B.每个用户都有一对选定的密钥：一个可以公开，即公钥，用于加密；另一个由用户安全拥有，即私钥，用于解密

C.公开密钥加密技术与对称密钥加密技术是不一样的，也就是解密的方法不能通过加密的方法导出

D.公开密钥加密技术没有对称加密技术安全

7.公开密钥加密技术常用的加密算法有（ ）。

A.PKI　　B.DES　　C.RSA

D.DSA　　E.CA

8.关于PKI加密技术，说法正确的有（ ）。

A.是一种非对称式加密算法

B.公开密钥基础设施（Public Key Infrastructure，PKI）从技术上解决网上身份认证、电子信息的完整性和不可抵赖性等安全问题，为网络应用提供可靠的安全服务

C.PKI从广义上讲，是提供公钥加密和数字签名服务的管理平台。PKI的主要目的是通过自动管理密钥和证书，为用户建立一个安全的网络运行环境

D.完整的PKI系统必须有权威认证机构（CA）、数字证书库、密钥备份及恢复系统、证书作废系统、应用接口（API）等基本构成部分，构建PKI也将围绕着这五大系统进行

9.常用的安全支付协议有（　　）。

A.HTTP　　B.TCP/IP　　C.SSL协议　　D.SET协议

10.防火墙的类型主要有（　　）。

A.链路防火墙　　B.网络层防火墙　　C.应用层防火墙　　D.代理服务

二、简答题

1.根据网络安全标准，简述网络安全支付的要求和互联网金融安全威胁的来源。

2.简述公开密钥加密技术的工作原理。

3.简述PKI的组成部分以及PKI的作用。

4.简述防火墙的功能和分类。

5.简述计算机病毒的特点。

6.简述网上支付SSL协议和SET协议的主要区别。

三、案例分析

CFCA SSL证书：构建等级保护2.0安全通信网络

为适应新技术的发展，满足云计算、物联网、移动互联和工控领域信息系统的等级保护工作的需要，近期由公安部牵头组织开展了信息技术新领域等级保护重点标准申报国家标准的工作，等级保护正式进入2.0时代。

与1.0相比，等级保护2.0标准内涵更加丰富，除进行1.0时代网络定级及备案审核、等级测评、安全建设整改、自查等规定动作外，还增加了测评活动安全管理、网络服务管理、产品服务采购使用管理、技术维护管理、监测预警和信息通报管理、数据和信息安全保护要求、应急处置要求等内容。

在最新的等保2.0要求中，从第一级安全要求到第四级安全要求，对于安全通信网络模块均提出不同程度的要求。等级保护2.0对安全通信网络模块中的通信传输、数据完整性、数据保密性方面提出严格要求，明确指出应采用校验技术或者密码技术保证重要数据在传输过程中的完成性和保密性，创建安全的通信传输通道，进而保护个人信息安全。

中国金融认证中心（CFCA）SSL证书是一款基于PKI体系的密码技术产品，作为目前中国内地唯一拥有自主入驻各大浏览器（微软、谷歌、苹果、火狐、Adobe）的CA机构，CFCA可颁发完全自主可控的国产化全球信任证书。

通过CFCA SSL证书，可实现网站身份认证，防止钓鱼。在客户端与服务端之间建立一条安全的加密通道，对传输的数据进行加密，保证数据在传输过程中的完整性和保密性，有效防止数据泄露及篡改，为落实等级保护2.0进程助力。

资料来源：毕鑫龙．CFCA SSL证书：构建等级保护2.0安全通信网络［EB/OL］．(2019-07-02)．https：//www.cebnet.com.cn/20190702/102583773.html.

问题：根据以上资料分析等级保护2.0需求的变化对数据中心云平台的安全提出新的挑战。

分析提示：虚拟系统的安全风险、资源高利用风险、数据完整性和保密性风险、病毒及恶意代码风险等。

四、实践训练

实训项目：认识数字证书。

实训目的：了解中国金融认证中心发放数字证书类型。

实训步骤：

1.访问中国金融认证中心CFCA网站，网址：http：//www.cfca.com.cn/。

2.了解中国金融认证中心发放的数字证书类型。

3.从中国金融认证中心的网站下载一份数字证书。

项目九　互联网金融的法律问题

项目任务

1. 了解互联网金融法的概念和特征。
2. 明确互联网金融法的调整对象。
3. 了解我国互联网金融法的渊源。
4. 掌握互联网金融交易和互联网金融监管所涉及的法律问题。

技能目标

1. 能够在日常的互联网金融活动中遵守相关法律。
2. 能够运用互联网金融相关法律维护自己的合法权益。

案例导入　**银行卡被异地盗刷，储户状告银行败诉，法官支招：三步固定证据维护权益**

明明人在家中，自己的银行卡却屡次发生千里之外“被取款”的情况，愤怒的马某将发卡银行告上法庭，以为能挽回损失。然而，上海市虹口区人民法院经审理后，依法驳回了马某的全部诉讼请求。法官提醒，日常生活中，一旦发生银行卡被盗刷，要及时采取措施固定证据，才能有效维护自身权益。

案情：银行卡两次被盗刷

2017年4月，正在工作的马某突然收到短信，上面显示自己的银行卡支出了9 000余元。马某急忙打电话对银行卡进行挂失，并且在3天后去银行打印了流水单，带到派出所报案。随后，马某便对银行卡解冻，并继续使用。

然而，仅隔20天，马某又收到银行卡被刷几千元的信息。马某这下可坐不住了，他认为某银行作为发卡机构，对这两次盗刷事件负有不可推卸的责任。

于是，马某到法院起诉，要求发卡银行赔偿自己被盗刷的全部金额。

判决：无法提供证据，诉请被驳回

庭审中，双方对银行是否应为两次盗刷事件负责争执不下。

银行代理人辩称，涉案银行卡凭密码支取，两次刷卡分别发生在中国香港和美国，马某没有及时报警，无法举证事发时该卡不在其身边。

此外，马某在第一次被盗刷之后，自行对银行卡进行了解挂，没有尽到合理谨慎义务，基于此，银行拒绝承担其损失。

针对银行的疑问，马某称，两次盗刷事件发生时，自己均在店里或家中，有自己的妻子作证。第一次盗刷事件发生时正处于清明节期间，因派出所需要银行流水单，所以其将报案推迟到节后，这才有了银行方面声称的没有及时报案的情况。而第二次盗刷事件发生时，因上次报案尚未得到处理，因此自己仅挂失了银行卡，并未报案。马某称，自己没有港澳通行证和护照，这些都可以证明自己不可能将银行卡带到事发地点进行取现。

法院经审理后认为，马某陈述自己两次银行卡被盗刷，但实践中可能存在人卡分离及储户授权他人使用银行卡的情况，因此，马某有责任提供证据证实其银行卡不在事发刷卡行为现场的证据。但是两次事件中，马某均没有及时报案，且提供的证人是利害关系人。同时，第一次事发后，马某随意解挂，之后也未再对该银行卡采取变更密码、停用等措施，主观上放任了第二次支取异常的情况发生。

法院认为，马某无法提供证据证明银行存在无法辨识伪卡或泄露信息的违约行为，对主张银行承担其账户资金减少和损失证据不足，因此驳回了马某的诉请。

释法：及时固定证据助维权

审理该案的法官提醒，日常生活中，一旦发生银行卡被盗刷的情况，当事人一定要及时采取下列措施：

首先，要第一时间联系发卡银行，并冻结银行卡，避免盗刷损失的进一步扩大。

其次，及时到就近的ATM或网点操作，并留下凭证，固定电子证据，证明银行卡与本人在一起。

最后，及时报警，说明情况及被盗刷的时间，证明银行卡仍由自己保管，盗刷消费非本人所为。

资料来源：胡蝶飞，郁玥．银行卡被异地盗刷 储户状告银行败诉 法官支招：三步固定证据维护权益[N]．云南法制报，2019-07-15.

这一案例表明：电子银行的普及对银行账户的安全性提出了更高的要求。电子银行交易与传统银行交易不同的是，在没有银行卡、存折、提款单的情况下，凭账号、密码、电子证书就可以完成交易。因此，客户不得向任何人泄露登录密码和交易密码，要妥善保管电子证书。那么如何防止电子银行账户被不法分子窃取？账户被窃后应向谁追究责任？银行是否应赔偿用户损失？这类法律问题正在引起公众的关注。

任务一　认识互联网金融法

一、互联网金融法的概念和特征

金融是现代经济的核心。网络信息技术运用于金融领域，给人们的生活带来了深远影响。法律作为上层建筑的一部分，势必要对互联网金融所涉及的社会关系和社会行为加以调整和规范。

（一）互联网金融法的概念

互联网金融法是调整互联网金融关系的各种法律规范的总称，是金融法应对金融电子化、网络化的产物。互联网金融法不是一个独立的部门法，而是仍属于金融法的范畴，它所规范的社会关系同时也被银行法、证券法、保险法、网络信息保护法、电子商务法等法律所约束。

（二）互联网金融法的特征

1.技术性

网络技术的运用给传统金融活动带来了高效率，也带来了高风险。要保证金融业安全稳健地运用，必须在立法中统一技术标准，所以越来越多的法律文件直接引用技术性规范。《证券公司网上证券信息系统技术指引》就引用了大量的技术性规范。

2.混合性

互联网金融法既有私法的自治性，又有公法的规范性。在互联网金融交易方面，它强调尊重交易主体的个人意志；在互联网金融监管方面，它提倡对涉及社会整体利益和金融安全的问题适度干预。

3.开放性

计算机技术的飞速发展使过于严格、精确的法律规范往往还没生效就已经跟不上技术变革的脚步，为了防止几经周折才确定实施的法律规范在现实生活中过早地退出历史舞台，互联网金融领域的立法中会大量使用开放性条款。

4.国际性。借助互联网的推动作用，电子货币使全球货币资金的流动更加迅速。为了应对各国在资金划拨手段上的巨大变化，联合国国际贸易委员会于1992年公布了《国际贷记划拨示范法》，互联网金融立法的国际化趋势不容忽视。

二、互联网金融法的调整对象

不同的社会关系由不同的法律加以规范，互联网金融法的调整对象是人们在互联网金融活动中所形成的各种社会关系，它包括两个方面：互联网金融交易关系和互联网金融监管关系，这是传统金融交易关系和金融监管关系在网络空间的体现。

（一）互联网金融交易关系

互联网金融交易关系是指各种社会主体借助网络完成诸如网络支付、银行结算、证券交易、保险产品买卖、网络资金借贷等相关金融交易所形成的社会关系。与传统金融交易关系相比，二者的共同之处是交易形成的法律关系都属于民商事法律关系，都适用当事人意思自治原则、契约自由原则、过错责任原则等民商法基本原则。二者的不同之处表现在主体方面和交易形式方面：互联网金融交易以数据信息作为识别当事人身份的唯一标准，区别于传统金融交易当事人身份的实际核实；此外，互联网金融交易的电子程序也比传统的交易方式更简捷。

（二）互联网金融监管关系

互联网金融监管关系是指政府主管部门对互联网金融活动进行监督管理所形成的法律关系。政府的干预主要体现在对金融机构进入市场的限定，对互联网金融业务的强制性规定，对互联网金融业务安全的监控，以及对违规行为的查处等方面。与互联网金融交易关系相比，互联网金融监管关系中双方当事人的法律地位并不平等，是一种监管与被监管的强制性关系。

三、互联网金融法的渊源

法的渊源有多种含义，通常是指法律规范的表现形式。互联网金融法的渊源，是指各种互联网金融法律规范表现和存在的形式。我国用于规范互联网金融关系的法律规则散见于各种相关的法律文件中。

(一) 法律

法律仅指全国人民代表大会及其常务委员会制定、颁布的规范性法律文件，主要包括：1997年生效的《中华人民共和国刑法》(分则中对破坏金融管理秩序罪做出专节规定)、1999年颁布的《中华人民共和国合同法》、2003年修订的《中华人民共和国中国人民银行法》、2014年修订的《中华人民共和国证券法》、2015年修订的《中华人民共和国商业银行法》、2015年修订的《中华人民共和国保险法》、2016年颁布的《中华人民共和国网络安全法》、2018年颁布的《中华人民共和国电子商务法》、2019年修订的《中华人民共和国电子签名法》等。

思政教育专题9-1 **知法守法　维护网络风清气正**

《中华人民共和国网络安全法》规定：网络产品、服务具有收集用户信息功能的，其提供者应向用户明示并取得同意；网络运营者不得泄露、篡改、毁损其收集的个人信息，未经被收集者同意，不得向他人提供个人信息；任何个人和组织不得窃取或者以其他非法方式获取个人信息，不得非法出售或者非法向他人提供个人信息；任何个人和组织应当对其使用网络的行为负责，不得设立用于实施诈骗，传授犯罪方法等。

该法同时规定，网络运营者为用户办理网络接入、域名注册服务，办理固定电话、移动电话等入网手续，或者为用户提供信息发布、即时通信等服务，在与用户签订协议或者确认提供服务时，应当要求用户提供真实身份信息。用户不提供真实身份信息的，网络运营者不得为其提供相关服务。

关于办理侵犯公民个人信息刑事案件司法解释，明确了“公民个人信息”的定义，除了姓名、身份证号码、联系方式、住址、账号密码、财产状况以外，行踪轨迹等也被纳入其中。该司法解释明确，向特定人提供公民个人信息，以及通过信息网络或者其他途径发布公民个人信息的，应当认定为刑法规定的“提供公民个人信息”。不仅买卖公民个人信息违法，房产中介之间交换公民个人信息也构成侵犯公民个人信息的行为。

案件：

近日，江苏省宜兴市人民法院公开宣判一起在网络上买卖公民个人信息的刑事案件，17名被告人因犯侵犯公民个人信息罪被判刑。17名被告人主要来自湖南，年龄最大的41岁，最小的23岁，大专以上学历的10人，其中2名是在读大学生。

2017年、2018年两年间，陈某、黄某、覃某及在实习期的陈某威、李某利用在金融公司、咨询公司等单位工作或实习的便利，将客户姓名、身份证号码、联系方式等信息出售给他人获取利益，覃某获利最多，违法所得达47万余元；其余邓某等12名被告人则通过网络等方式将从他人处获得的包含公民姓名、身份证号码、联系方式等内容的公民个人信息再次出售倒卖，先后获利5 000余元至34万余元不等。

宜兴法院经审理认为，陈某等17名被告人违反国家规定，将在履行职责过程中获得的或从他人处购得的公民信息出售给他人，其行为均已构成侵犯公民个人信息罪。其中陈某等11名被告人属情节严重，覃某等6名被告人属情节特别严重。最终，法院依法判处陈某等17名被告人拘役2个月至有期徒刑5年不等，并处罚金人民币1万元至60万元不等。

法官介绍，侵犯公民个人信息罪是指以窃取或者其他方法非法获取国家机关或者金融、电信、交通、教育、医疗等单位在履行职责或者提供服务过程中获得的公民个人信息，出售或者非法提供给他人的，情节严重的行为。刑法规定，犯此罪的，处三年以下有期徒刑或者拘役，并处或者单处罚金；情节特别严重的，处三年以上七年以下有期徒刑，并处罚金。

资料来源：沈高轩，万承源. 网上倒卖个人信息17人获刑［EB/OL］.［2019-04-03］. https：//baijiahao.baidu.com/s? id=1629781710637428709&wfr=spider&for=pc.

（二）行政法规及部门规章

行政法规及部门规章是指国务院及其所属机构制定的规范性文件。规范互联网金融关系的行政法规及部门规章主要有：

（1）在金融领域：中国人民银行2005年实施的《电子支付指引（第一号）》、2010年实施的《非金融机构支付服务管理办法》、2013年实施的《银行卡收单业务管理办法》、2016年实施的《非银行支付机构网络支付业务管理办法》、2018年实施的《条码支付业务规范（试行）》、《条码支付安全技术规范（试行）》和《条码支付受理终端技术规范（试行）》、2019年实施的《互联网金融从业机构反洗钱和反恐怖融资管理办法（试行）》；中国银监会2006年实施的《电子银行业务管理办法》、《电子银行安全评估指引》、2010年实施的《商业银行数据中心监管指引》、2016年实施的《网络借贷信息中介机构业务活动管理暂行办法》和《网络借贷信息中介机构备案登记管理指引》、2017年实施的《网络借贷资金存管业务指引》和《网络借贷信息中介机构业务活动信息披露指引》；中国证监会2009年公布的《证券公司网上证券信息系统技术指引》和《网上基金销售信息系统技术指引》；中国保监会2015年印发的《互联网保险业务监管暂行办法》、2018年银保监会发布的《关于继续加强互联网保险监管有关事项的通知》；人民银行等十部门2015年联合印发的《关于促进互联网金融健康发展的指导意见》、国务院办公厅2016年印发的《互联网金融风险专项整治工作实施方案》等法规文件。

（2）在计算机网络保护方面：国务院1997年修止的《中华人民共和国计算机信息网络国际联网管理暂行规定》；公安部与中国人民银行1998年联合公布的《金融机构计算机信息系统安全保护工作暂行规定》；国务院2000年公布的《互联网信息服务管理办法》、2001年公布的《计算机软件保护条例》；信息产业部2005年公布的《电子认证服务管理办法》；公安部等四部门2007年印发的《信息安全等级保护管理办法》；工业和信息化部2010年公布的《通信网络安全防护管理办法》、2017年公布的《互联网域名管理办法》；中共中央办公厅、国务院办公厅2017年印发的《关于促进移动互联网健康有序发展的意见》。

任务二　互联网金融交易中的法律问题

一、网络支付中的法律问题

近年来，我国支付体系的发展变化可用天翻地覆来形容，在确保安全性的同时，效率得到极大的提升。互联网和信息技术在支付领域的应用，使得网络支付迅速发展，网络支付已经深度融入人们生活的方方面面。对于非银行支付机构和新兴支付方式年近百万亿元的交易规模和十几亿消费者客户的体量而言，不能没有与之相匹配的法律，管理的制度性缺失和法律保障不足的问题日益凸显。

（一）消费者个人信息保护相关法律缺失

消费者是网络支付中的重要组成部分之一。如果消费者的各项权益没有相应的法律法规加以保护，就容易使网络支付消费者流失进而失去发展的可持续性。当前消费者保护相关法律缺失最为明显的表现就是在网络支付活动中，消费者的个人信息得不到有效的保障。以支付宝为例，如果想使用支付宝，必须要通过网络注册个人信息，包括个人身份信息和银行账户的信息等。如果遇到恶意的网络攻击或第三方支付机构不当使用个人信息或者支付机构内部人员故意泄露客户个人信息，将会导致客户隐私泄露，个人利益受到损害。由于网络个人信息泄露取证困难、维权流程烦琐，消费者往往问责无门。

知识链接9-1 支付宝被央行罚款18万元 涉及个人金融信息使用不当等“七宗罪”

央行官网的消息称，因支付宝涉及金融消费者知情权保障不充分、个人金融信息使用不当等7条违法行为，近日，中国人民银行杭州中心支行对支付宝开出18万元罚单。

2018年3月22日，中国人民银行杭州中心支行对支付宝（中国）网络技术有限公司开出罚单。公告显示，支付宝涉及7条违法行为：1.客户权益方面：（1）金融消费者知情权保障不充分；（2）消费者的自主选择权保障不充分。2.产品宣传方面：（1）在视频宣传中开展引人误解的宣传；（2）在支付宝官方微博中开展引人误解的宣传；（3）处理完毕的投诉占比计算不实，导致对外公布的数据与实际不符。3.个人信息保护方面：（1）个人金融信息收集不符合最少、必需原则；（2）个人金融信息使用不当。依据此7条违法行为，根据《非金融机构支付服务管理办法》，处罚款3万元；根据《中华人民共和国消费者权益保护法》，对产品宣传与个人信息保护两项违法行为，分别给予警告，并处罚款10万元、5万元。以上罚款合计18万元。

这并非支付宝首次被罚，2018年2月《中国外汇》杂志报道，支付宝因跨境外汇支付服务经营范围问题、跨境外汇支付服务国际收支统计申报问题，被处以罚款60万元人民币；财付通（微信支付）因未按照规定向有关部门报送异常风险报告等资料、为非居民办理跨境外汇支付业务未做备案，被处以罚款60万元人民币。

2017年5月10日，中国人民银行上海分行在官网做出行政处罚公示，支付宝因违反支付业务规定被央行要求限期改正，并处以罚款人民币3万元。同日，中国人民银行深圳分行也在官网公布对财付通的处罚信息。公示显示，财付通支付科技有限公司因未严格落实《非银行支付机构网络支付业务管理办法》相关规定，被央行处以3万元罚款。这是央行首次公开披露对财付通、支付宝的处罚行为。

资料来源：王蒙．支付宝被央行罚款18万元涉及个人金融信息使用不当等“七宗罪”［EB/OL］.（2018-04-08）.http：//dy.163.com/v2/article/detail/DESPQCR50519860S.html.

（二）支付机构市场退出机制规定不明确

我国目前基本确立了支付机构的市场准入制度。非金融机构开展支付业务必须办理《支付业务许可证》，且应当按照《支付业务许可证》核准的业务范围从事经营活动。为了优化支付产业结构和规范市场发展，中国人民银行近几年来停止了牌照发放。我国支付牌照有效期为5年，到期时持牌机构需要进行续展方可继续从事支付业务。如有业务变动、公司合并、续展不通过等原因，支付牌照将被注销，支付机构将面临退出的问题。但目前相关规定对如何退出没有明确的要求，也没有健全的市场退出机制，特别是被动退出机制。

二、电子银行交易中的法律问题

中国电子银行经过20多年的发展，步入了一个新的历史阶段，其普及率、使用率进一步提升，它能够在任何时间、任何地点为客户提供完善、便捷的金融服务，因而被广大客户迅速接受，电子银行成为人们生活中不可或缺的一部分，并改变着人们的生活。当用户通过网络享受便捷的金融服务时，若没有妥善的安全保护，就可能将某些薄弱环节暴露在网络上，给犯罪分子提供可乘之机。当前，电子银行交易的法律纠纷也日渐增多。

（一）客户身份信息泄露引起的法律纠纷

客户身份信息是指银行在网络交易中用于识别客户身份的信息，包括客户号（用户昵称、证件号码等）、密码、电子证书、网银盾、动态口令、签约设置的主叫电话号码、签约设置的手机SIM卡或UIM卡等。客户身份信息泄露的原因主要有两个：一是客户自己保管不善或在操作时不注意防范被他人获取；二是银行对客户信息没有尽到保密义务，使信息泄露。对于前者，因客户有意泄漏交易密码，或者未按照服务协议尽到应尽的安全防范与保密义务造成损失的，银行可以根据电子服务协议的约定免于承担相应责任，即所造成的损失应由客户自己承担。纵观各家网络银行的服务协议，虽然表述略有不同，但都要求客户妥善保管本人的信息。例如，"中国建设银行电子银行个人客户服务协议及风险提示"要求：客户身份认证要素是银行在提供电子银行服务过程中识别客户的依据，客户必须妥善保管，不得将身份认证要素提供给任何第三方（包括银行工作人员）或交于任何第三方（包括银行工作人员）使用。使用上述身份认证要素所完成的一切交易操作均视为客户本人所为，并对由此产生的后果负责。如客户的身份认证要素发生遗失、被盗、遗忘或怀疑已被他人知悉、盗用等可能导致账户安全性降低的情况，应立即对账户进行挂失或对相关电子银行渠道进行终止，在挂失或终止生效之前发生的损失均由客户本人承担。对于后者，我国《商业银行法》有明确规定：银行办理个人储蓄存款业务，应当遵循为存款人保密的原则；银行的工作人员不得泄露其在任职期间知悉的国家秘密和商业秘密。由此可知，银行及其工作人员对客户信息负有保密义务。在交易过程中，由于银行及其工作人员工作疏忽造成客户信息泄露，致使客户账户资金被盗的损失应由银行承担赔偿责任。

案例分析9-1

2013年5月，张某通过网上聊天认识了上海的李小姐。在两个人交往期间，张某发现李小姐喜欢刷卡消费，就悄悄记下了李小姐的信用卡密码。一天，张某见李小姐的银行卡随手放在桌子上，又偷偷地记下了李小姐的银行卡卡号。后来，张某发现李小姐不但喜欢刷卡消费，还喜欢通过网上银行办理转账、缴费等手续。2013年9月，张某与李小姐分手后，马上在与李小姐相同的银行开立了一个银行账户。10月23日，张某查看了李小姐的网上银行账户，发现账户内有近10万元的存款。10月23日至26日的4天内，张某分四次分别在上海、杭州、北京、天津的网吧内，通过网上银行将李小姐银行账户上的5万元转到自己的银行账户上，再通过银行ATM提款供自己挥霍。若不是李小姐在26日登录网上银行查账发现资金短缺，及时向银行挂失，账户内的钱款可能会悉数被张某盗走。不久后张某被警方逮捕。

资料来源：作者根据相关资料整理。

问题：在网上银行办理业务时应该注意些什么？

分析提示：本案中，李小姐在网上聊天交友本无可厚非，但其对银行账户和密码等秘密信息疏于保护。由于网上银行以密码为识别客户身份的标志，因此对于张某利用网银转账盗取资金的行为，银行没有责任。此外，从司法审判实践来看，绝大多数受害人对纸质的银行票据，如存款单、存折有比较强的安全防范意识，而对网上银行账户和密码则缺乏必要的安全意识，这也给了不法分子可乘之机。

（二）银行系统漏洞导致客户账户被盗

银行系统自身存在的漏洞主要有两种：一是由于网络银行的硬件出现问题，导致交易错误或不能交易；二是由于网络银行软件或具体操作程序出现问题，导致服务迟延、服务不当或不能服务。对于前者，银行有保障自身计算机硬件设施正常运行的义务，当硬件设施事故导致客户利益受损时，银行要承担赔偿责任。如果硬件设备本身质量不合格，银行在对客户承担法律责任后，可向设备销售者、生产者追究法律责任。对于后者，银行对客户安全服务的承诺中包括对技术安全的承诺。金融机构在提供电子银行服务时，因电子银行系统存在安全隐患、金融机构内部违规操作和其他非客户原因等造成损失的，金融机构应当承担相应的责任。因此，银行软件或具体操作程序出现问题给客户带来经济损失的，银行应向客户赔偿损失。

（三）黑客攻击网络导致客户账户被盗

由于攻击银行系统难度高、代价大，更多的不法分子将目光转向终端用户。黑客常用的手段有：其一，发送电子邮件，以虚假信息引诱客户中圈套；其二，利用钓鱼网站进行诈骗，即申请一个与真实银行网站相似的域名，此域名将链接到黑客伪造的网络银行页面，不明真相的客户访问该假网站时，按其要求填入个人重要资料就会泄露自己的秘密信息；其三，利用木马技术窃取客户信息后实施盗窃活动，通过记录键盘操作来盗取账号和密码是典型的作案方式；其四，利用公共无线网络设置陷阱，通过公共无线网络分享好吃的、好玩的、好看的内容的同时，也有可能将自己的个人信息“分享”出去，有黑客宣称通过公共无线网络15分钟便可以盗取账号和密码。针对上述不法侵害行为，客户有权追究黑客的法律责任。非法侵入银行计算机信息系统盗取数据的行为严重危害了国家金融安全和经济稳定，我国刑法对下列行为做出了严厉的处罚规定：①违反国家规定侵入计算机信息系统或采用其他技术手段获取该计算机信息系统中存储、处理、传输的数据以及对该计算机信息系统实施非法控制的行为；②提供专门用于侵入、非法控制计算机信息系统的程序、工具，或明知他人实施侵入、非法控制计算机信息系统的违法犯罪行为而为其提供程序、工具的行为；③违反国家规定对计算机信息系统的功能进行删除、修改、增加、干扰，造成计算机信息系统不能正常运行的行为；④故意制作、传播计算机病毒等破坏性程序的行为以及利用计算机实施金融诈骗的行为。

知识链接9-2 使用电子银行的安全小贴士

一、保管好数字证书和手机

使用移动证书登录网上银行、手机银行时，需将证书下载到U-Key中妥善保管，不能随意交给他人使用，仅在需要使用时才将U-Key插入电脑或手机中，完成交易后要及时拔出。使用浏览器证书时，务必启用动态密码保护，并设置一个较小的动态密码启用金额（如100元）。

开通网上银行或手机银行时预留的接收动态密码的手机号码需由本人使用，所收到的动态密码不可转发或告知他人，并在使用后及时删除；同时谨防手机病毒，不要随意访问手机网站、点击链接或接收文件。

二、保护好密码

查询密码、交易密码在任何时候都不要泄露给他人（包括自称银行工作人员的任何人）。不要使用相同数字、连续数字、生日、电话号码等作为密码，查询密码和各卡/折的交易密码均应设置为不同数值，并定期更改。

三、谨防欺诈

1.提防假网站

严防他人通过钓鱼网站或虚假交易骗取动态密码；输入动态密码前要检查短信中的收款账号、交易金额等信息，尤其应注意防范他人骗取动态密码，修改网银通知手机号码。

2.认清银行短信通知号码

在进行转账、支付等关键交易时，要留意交易过程中收到的动态密码短信，检查短信中的收款账号、交易金额等提示信息是否与实际操作相符。

3.防范欺诈邮件

不要轻易打开来历不明的电子邮件，陌生人通过聊天工具发送的文件、照片等。

四、关注计算机的安全性

定期下载、安装最新的操作系统和浏览器安全程序或补丁；安装个人防火墙，以防止黑客入侵计算机；安装并及时更新杀毒软件。

五、培养安全习惯

不在网吧、商场等公用网络上使用网上银行或手机银行，防止他人安装木马程序窃取卡号和密码。每次使用网上银行或手机银行后，应点击“安全退出”按钮，及时退出。在其他渠道（如ATM取款、自助终端登录）进行交易时，注意密码输入的保护措施，防止他人通过录像等方式窃取卡号和密码。

资料来源：作者根据相关资料整理。

（四）电子银行外包服务商失职造成客户损失

电子银行的重要性毋庸置疑，受资金和技术等因素的限制，有些中小银行无法独立完成电子银行业务，所以选择将其外包给有实力的IT服务商。电子银行业务外包，就是金融机构将电子银行部分系统的开发与建设、电子银行业务的部分服务与技术支持、电子银行系统的维护等专业化程度较高的业务委托给外部专业机构的行为。

金融业的特殊性决定了银行对外包服务商的选择有严格的要求，同时银行应对外包业务进行风险管理和安全管理，禁止外包服务商转包并严格控制分包。如果银行没有尽到管理责任，没有建立完整的业务外包风险评估与监测程序，没有审慎管理业务外包产生的风险，没有制订针对电子银行业务外包风险的应急计划，在发生意外的情况下不能够实现外包服务供应商顺利变更，给客户财产带来损失的，银行要承担相应的法律责任；反之，如果银行已经按照有关法律、法规和行政规章的要求，尽到了电子银行风险管理和安全管理的相应职责，但因其他金融机构或者其他金融机构的外包服务商失职等原因，造成客户损失的，则由外包服务商承担相应责任，银行除协助客户处理有关事宜外并不承担责任。

三、互联网证券交易中的法律问题

网络信息技术的发展，使证券公司可以通过数据专线将证券交易所的股市行情和信息资料实时发送，也使投资者可以通过互联网向其开户的证券公司下达证券交易指令、进行资金划拨、获取成交结果，但便捷高效的网络服务也使互联网证券交易的风险明显高于传统证券交易，其法律问题也明显比传统证券交易复杂。

网络课堂9-1

网络证券交易中的法律问题

（一）互联网证券委托当事人的权利和义务

互联网证券委托是证券公司通过互联网，向在本机构开户的投资者提供有关下达证券交易指令、获取成交结果的一种服务方式。互联网证券委托法律关系的主体是证券公司和投资者，双方在互联网证券委托协议或合同中约定各自的权利和义务。

1.证券公司的义务

证券公司至少要履行三方面的义务：第一，在业务方面，证券公司应向投资者提供证实证券公司身份、资格的证明材料；制定专门的业务工作程序规范网上委托，与客户本人签订专门的书面协议明确双方的法律责任，并以风险揭示书的形式向投资者解释相关风险；证券公司不得开展网上证券转托管业务。第二，在技术方面，证券公司必须自主决策网上委托系统的建设、管理、维护；有关投资者资金账户、股票账户、身份识别等数据的程序或系统不得托管在证券公司的合法经营场所之外；网上委托系统应有完善的系统安全、数据备份和故障恢复功能；应安排本公司专业人员负责管理、监督网上委托系统的运行，并建立完善的技术管理制度和内部监控制度。第三，在信息披露方面，证券公司应提供一个固定的互联网站点，并在入口网站和客户终端软件上进行风险揭示。揭示的风险至少包括：因在互联网上传输，交易指令可能会出现中断、停顿、延迟、数据错误等情况；机构或投资者的身份可能会被仿冒；行情信息及其他证券信息有可能会出现错误或误导；其他证券监管部门认为需要披露的风险。

2.投资者的权利

投资者的权利主要有：了解网上交易操作规则及有关风险的权利；要求证券公司按照电子指令完成交易业务的权利；查证交易指令的操作结果，若有异议向证券公司提出并要求处理的权利；因证券公司过错造成交易损失，向证券公司索赔的权利。

（二）互联网证券委托交易风险的承担

证券公司接受投资人的委托进行证券交易时，如果交易指令无法执行，势必引发双方的法律纠纷。面对网络给证券委托交易带来的各种风险，如何划分当事人的法律责任，需要具体问题具体分析。

1.因证券公司网络交易系统硬件或软件存在缺陷，导致交易指令无法执行，给投资者造成的损失，应由证券公司承担。根据我国《网上证券委托暂行管理办法》的规定，证券公司有保障交易系统正常工作的义务，交易系统硬件或软件存在缺陷，理应由证券公司承担责任。事后，证券公司可向系统硬件或软件提供商追究有关责任。

2.因投资者的电脑系统出现故障、感染病毒或电脑系统与网上交易系统不匹配，导致无法下达委托指令或委托失败的，应由投资者自己承担责任。如果电脑硬件或软件本身有质量问题而引起故障，投资者可以依据《消费者权益保护法》要求产品销售者、制造者承担责任。

3.因通信线路繁忙、服务器负载过重，投资者不能及时进入行情系统的，则需要进一步分析。通常，引起通信线路繁忙、服务器负载过重的原因有两个：一是投资者的网络带宽有限；二是证券公司的系统容量有限。前者的风险应由投资者自己承担；后者的风险则应由证券公司承担。但如果证券公司能及时提供足够的替代方法，如电话委托等形式，则证券公司的责任应当得到部分免除。

4.因地震、台风、水灾、火灾、战争等不可抗力，或因停电等无法控制、无法预测的突发事故，给投资人造成的损失，证券公司不承担赔偿责任。

知识链接9-3　**网上招股说明书的法律效力**

招股说明书，是股份有限公司发行股票时，就发行中的有关事项向公众作出披露，并向非特定投资人提出购买或销售其股票的要约邀请性文件。招股说明书经政府有关部门批准后，即具有法律效力。公司发行股份或发起人、社会公众认购股份的一切行为，除应遵守国家有关规定外，也要遵守招股说明书中的有关规定，否则要承担相应的法律责任。为保护投资者的合法权益、提高证券市场效率、促进证券市场的健康发展，发行人及其主承销商应按照拟上市交易所的有关规定在其指定网站上披露招股说明书供公众查阅。网上披露的招股说明书应当与中国证券监督管理委员会核准的招股说明书版本一致，因主承销商工作失误给投资者造成损失的，主承销商应承担全部责任，并及时采取措施补救。

资料来源：根据相关资料整理。

四、互联网保险交易中的法律问题

对保险人而言，互联网保险可以降低经营成本、延长业务时间、提高工作效率；对投保人而言，互联网保险的保险信息丰富，透明度较高，利于比较、筛选。互联网保险的蓬勃发展给保险法领域带来了新的研究课题。

（一）电子保单的法律效力

保险单又称保单，是保险合同的正式书面形式。投保人应按照保单向保险人支付保险费，保险人应按照保单在约定的保险事故发生或约定的保险期限届满时，履行赔偿或给付保险金的义务。运用互联网进行保险交易，保单是以电子数据的形式存在的，这种电子保单具有法律效力吗？根据我国《合同法》和《电子签名法》的规定，书面形式不仅指合同书或信件，也包括数据电文。其中，数据电文是指以电子、光学、磁或者类似手段生成、发送、接收或者储存的信息，如电报、电传、传真、电子邮件等。由此可知，电子保单与纸质保单具有同等法律效力。数据电文进入发件人控制之外的某个信息系统的时间，视为该数据电文的发送时间。当收件人指定特定系统接收数据电文时，数据电文进入该特定系统的时间，视为该数据电文的接收时间；未指定特定系统的，数据电文进入收件人任何系统的首次时间，视为该数据电文的接收时间。法律、行政法规规定或者当事人约定数据电文需要确认收讫的，发件人在收到收件人的收讫确认时，数据电文视为已经收到。发件人的主营业地为数据电文的发送地点，收件人的主营业地为数据电文的接收地点。没有主营业地的，其经常居住地为发送或者接收地点。当事人对数据电文的发送地点、接收地点另有约定的，从其约定。

（二）电子保单的解释规则

电子保单可以作为互联网保险当事人行使权利、履行义务的法律依据，但前提是当事人对保单的内容有统一、准确的理解，并能将自己的真实意思用正确的语言表达出来。在现实生活中，由于投保人和保险人没有办法面对面地进行交流，加之双方对文字的理解能力不同、对保险法律知识和保险业务的熟悉程度也不同，很容易产生分歧和争议，所以对电子保单的内容进行合理解释有助于双方当事人全面、适当地履行保险合同。

根据《合同法》的相关规定，如果保险人与投保人、被保险人或者受益人对电子保单的条款产生争议，按照下列规则进行解释：首先，按照通常的理解予以解释，即无须提供证明、说明或者其他资料就能理解的问题。其次，对合同条款有两种以上解释的，由人民法院或者仲裁机构做出有利于被保险人和受益人的解释，即做出不利于保险人的解释。由于电子保单是保险人预先拟订的，已经充分表达了其真实意思，而接受方的意思却不一定全部表达清楚，所以在对争议条款进行解释时，倾向于投保人、被保险人和受益人。

（三）互联网保险中电子签名的法律效力

《中华人民共和国电子签名法》中规定的电子签名，是指数据电文中以电子形式所含、所附用于识别签名人身份并表明签名人认可其中内容的数据。如果将电子签名技术运用于保险领域，通过它来证明当事人的身份、证明当事人对文件内容的认可，可以实现网上投保、在线支付、网上智能核保和发送电子保单等全电子化流程。可靠的电子签名与手写签名或者盖章具有同等的法律效力。所谓可靠的电子签名，要同时符合下列四个条件：第一，电子签名制作数据用于电子签名时，属于电子签名人专有；第二，签署时电子签名制作数据仅由电子签名人控制；第三，签署后对电子签名的任何改动能够被发现；第四，签署后对数据电文内容和形式的任何改动都能够被发现。

此外，电子签名人具有保管电子签名制作数据的义务。当电子签名人知悉电子签名制作数据已经失密或者可能已经失密时，应当及时告知有关各方，并终止使用该电子签名制作数据。如果电子签名人在知悉电子签名制作数据已经失密或者可能已经失密后，没有及时告知有关各方，没有终止使用电子签名制作数据，没有向电子认证服务提供者提供真实、完整和准确的信息，或者有其他过错的，由此给电子签名依赖方、电子认证服务提供者造成损失的，承担赔偿责任。

五、网络借贷中的法律问题

截至2016年6月底，全国正常运营的网贷平台共有2 045家，根据2016年8月银监会等四部委出台的《关于网络借贷信息中介机构业务活动管理暂行办法》，各省市对辖区内网络借贷行业进行了摸底排查及专项整治，全国正常运营P2P网络平台数量呈下降趋势，截至2019年6月底，全国正常运营的平台仅剩844家。目前清理整顿还在进行中，可以明确的是，网络借贷行业朝着规范化的道路向前发展已势不可挡。当然，即使是在规范、合规的环境下，投资网贷平台也都具有一定风险，投资者必须在投资中保持谨慎和理性，把握一定的原则，理性投资。

体验探究9-1

五分钟带你搞懂校园不良网络借贷

（一）网络借贷信息中介机构义务

1.依据法律法规及合同约定为出借人与借款人提供直接借贷信息的采集整理、甄别筛选、网上发布，以及资信评估、借贷撮合、融资咨询、在线争议解决等相关服务。

2.对出借人与借款人的资格条件、信息的真实性、融资项目的真实性、合法性进行必要审核。

3.采取措施防范欺诈行为，发现欺诈行为或其他损害出借人利益的情形，及时公告并终止相关网络借贷活动。

4.持续开展网络借贷知识普及和风险教育活动，加强信息披露工作，引导出借人以小额分散的方式参与网络借贷，确保出借人充分知悉借贷风险。

5.按照法律法规和网络借贷有关监管规定要求报送相关信息，其中网络借贷有关债权债务信息要及时向有关数据统计部门报送并登记。

6.妥善保管出借人与借款人的资料和交易信息，不得删除、篡改，不得非法买卖、泄露出借人与借款人的基本信息和交易信息。

7.依法履行客户身份识别、可疑交易报告、客户身份资料和交易记录保存等反洗钱和反恐怖融资义务。

8.配合相关部门做好防范查处金融违法犯罪相关工作。

9.按照相关要求做好互联网信息内容管理、网络与信息安全相关工作。

10.国务院银行业监督管理机构、工商登记注册地省级人民政府规定的其他义务。

（二）网络借贷借款人义务

1.提供真实、准确、完整的用户信息及融资信息。

2.提供在所有网络借贷信息中介机构未偿还借款信息。

3.保证融资项目真实、合法，并按照约定用途使用借贷资金，不得用于出借等其他目的。

4.按照约定向出借人如实报告影响或可能影响出借人权益的重大信息。

5.确保自身具有与借款金额相匹配的还款能力并按照合同约定还款。

6.借贷合同及有关协议约定的其他义务。

（三）网络借贷出借人义务

1.向网络借贷信息中介机构提供真实、准确、完整的身份等信息。

2.保证出借资金为来源合法的自有资金。

3.了解融资项目信贷风险，确认具有相应的风险认知和承受能力。

4.自行承担借贷产生的本息损失。

5.借贷合同及有关协议约定的其他义务。

（四）出借人与借款人保护

1.未经出借人授权，网络借贷信息中介机构不得以任何形式代出借人行使决策。

2.网络借贷信息中介机构应当向出借人以醒目方式提示网络借贷风险和禁止性行为，并经出借人确认。网络借贷信息中介机构应当对出借人的年龄、财务状况、投资经验、风险偏好、风险承受能力等进行尽职评估，不得向未进行风险评估的出借人提供交易服务。网络借贷信息中介机构应当根据风险评估结果对出借人实行分级管理，设置可动态调整的出借限额和出借标的限制。

3.网络借贷信息中介机构应当加强出借人与借款人信息管理，确保出借人与借款人信息采集、处理及使用的合法性和安全性。网络借贷信息中介机构及其资金存管机构、其他各类外包服务机构等应当为业务开展过程中收集的出借人与借款人信息保密，未经出借人与借款人同意，不得将出借人与借款人提供的信息用于所提供服务之外的目的。在中国境内收集的出借人与借款人信息的储存、处理和分析应当在中国境内进行。除法律法规另有规定外，网络借贷信息中介机构不得向境外提供境内出借人和借款人信息。

4.网络借贷信息中介机构应当实行自身资金与出借人和借款人资金的隔离管理，并选择符合条件的银行业金融机构作为出借人与借款人的资金存管机构。

拓展思考9-1 **如何选择安全的网络借贷信息中介机构？**

答：对出借人来说，不要盲目投资，先做好观望准备工作。选择安全的中介平台应该注意以下问题：一是平台的风险控制能力，让客户的资金和平台完全隔离，加强了对客户资金的安全保障，让电子合同在具有法律效应的同时具有不可篡改及不可伪造性。二是平台的安全运营能力，采用多种网络安全技术保护平台用户的信息安全和个人隐私。三是平台的稳定经营能力，超高年化收益率的平台是不可取的，因为收益和风险是成正比的，高收益代表高风险，不要被高额投资回报率所诱惑。四是平台的商业信誉，有知名度、社会影响力的平台会维护品牌的形象，努力遵守法规、配合监管，在技术、风险控制方面也会排在行业前列。

任务三　互联网金融监管中的法律问题

金融机构的交易活动是金融业运行的核心，关系到整个社会经济的稳定，世界各国都将金融机构作为金融监管的主要内容之一。为确保金融行业的正常运作，维护公民的合法利益，从整个金融体系的安全出发，我国对金融机构的市场准入、业务范围、信息安全等级等有严格的法律规定。

一、对网络支付的法律监管

支付市场的创新使得支付工具更加多样，支付管理的难度也在不断增加，中国人民银行以及其他相关金融监管部门制定了一系列规范性管理文件，对新形势下的支付行业进行监管。依法取得“支付业务许可证”，获准办理互联网支付、移动电话支付、固定电话支付、数字电视支付等网络支付业务的非银行支付机构（以下简称支付机构）从事网络支付业务应当遵循《中华人民共和国中国人民银行法》《非金融机构支付服务管理办法》《非银行支付机构网络支付业务管理办法》等法律法规，支付机构基于银行卡为客户提供网络支付服务的，应当执行银行卡业务相关监管规定和银行卡行业规范。

（一）“支付业务许可证”的申请制度

根据《非金融机构支付服务管理办法》的规定，“支付业务许可证”的申请人应当具备下列条件：①在中华人民共和国境内依法设立的有限责任公司或股份有限公司，且为非金融机构法人；②有符合本办法规定的注册资本最低限额；③有符合本办法规定的出资人；④有5名以上熟悉支付业务的高级管理人员；⑤有符合要求的反洗钱措施；⑥有符合要求的支付业务设施；⑦有健全的组织机构、内部控制制度和风险管理措施；⑧有符合要求的营业场所和安全保障措施；⑨申请人及其高级管理人员最近3年内未因利用支付业务实施违法犯罪活动或为违法犯罪活动办理支付业务等受过处罚。

（二）对个人支付账户进行分类管理

根据《非银行支付机构网络支付业务管理办法》的规定，支付机构应根据客户身份对同一客户在本机构开立的所有支付账户进行关联管理，并按照下列要求对个人支付账户进行分类管理：①对于以非面对面方式通过至少1个合法安全的外部渠道进行身份基本信息验证，且为首次在本机构开立支付账户的个人客户，支付机构可以为其开立Ⅰ类支付账户，账户余额仅可用于消费和转账，余额付款交易自账户开立起累计不超过1 000元（包括支付账户向客户本人同名银行账户转账）；②对于支付机构自主或委托合作机构以面对面方式核实身份的个人客户，或以非面对面方式通过至少3个合法安全的外部渠道进行身份基本信息多重交叉验证的个人客户，支付机构可以为其开立Ⅱ类支付账户，账户余额仅可用于消费和转账，其所有支付账户的余额付款交易年累计不超过10万元（不包括支付账户向客户本人同名银行账户转账）；③对于支付机构自主或委托合作机构以面对面方式核实身份的个人客户，或以非面对面方式通过至少5个合法安全的外部渠道进行身份基本信息多重交叉验证的个人客户，支付机构可以为其开立Ⅲ类支付账户，账户余额可以用于消费、转账以及购买投资理财等金融类产品，其所有支付账户的余额付款交易年累计不超过20万元（不包括支付账户向客户本人同名银行账户转账）。

客户身份基本信息外部验证渠道包括但不限于政府部门数据库、商业银行信息系统、商业化数据库等。其中，通过商业银行验证个人客户身份基本信息的，应为Ⅰ类银行账户或信用卡。

（三）风险管理与客户权益保护

支付机构应当综合客户类型、身份核实方式、交易行为特征、资信状况等因素，建立客户风险评级管理制度和机制，并动态调整客户风险评级及相关风险控制措施。支付机构应当根据客户风险评级、交易验证方式、交易渠道、交易终端或接口类型、交易类型、交易金额、交易时间、商户类别等因素，建立交易风险管理制度和交易监测系统，对疑似欺诈、套现、洗钱、非法融资、恐怖融资等交易，及时采取调查核实、延迟结算、终止服务等措施。

支付机构应当向客户充分提示网络支付业务的潜在风险，及时揭示不法分子新型作案手段，对客户进行必要的安全教育，并对高风险业务在操作前、操作中进行风险警示。支付机构为客户购买合作机构的金融类产品提供网络支付服务的，应当确保合作机构为取得相应经营资质并依法开展业务的机构，并在首次购买时向客户展示合作机构信息和产品信息，充分提示相关责任、权利、义务及潜在风险，协助客户与合作机构完成协议签订。

支付机构应根据交易验证方式的安全级别，按照下列要求对个人客户使用支付账户余额付款的交易进行限额管理：①支付机构采用包括数字证书或电子签名在内的两类（含）以上有效要素进行验证的交易，单日累计限额由支付机构与客户通过协议自主约定；②支付机构采用不包括数字证书、电子签名在内的两类（含）以上有效要素进行验证的交易，单个客户所有支付账户单日累计金额应不超过5 000元（不包括支付账户向客户本人同名银行账户转账）；③支付机构采用不足两类有效要素进行验证的交易，单个客户所有支付账户单日累计金额应不超过1 000元（不包括支付账户向客户本人同名银行账户转账），且支付机构应当承诺无条件全额承担此类交易的风险损失赔付责任。

二、对电子银行的法律监管

电子银行除了存在传统银行运营中的各种风险外，还面临基于网络信息技术的系统风险和基于虚拟金融服务的业务风险。要保证网络银行安全、平稳运行，除了参照传统银行的监管标准外，还应重点考虑以下几方面的问题。

（一）电子银行的市场准入制度

网络课堂9-2

对电子银行的法律监管

经中国银保监会批准，金融机构可以在中华人民共和国境内开办电子银行业务，向中华人民共和国境内企业、居民等客户提供电子银行服务，也可以开展跨境电子银行服务。金融机构开办电子银行业务，应当具备以下条件：①金融机构的经营活动正常，建立了较为完善的风险管理体系和内部控制制度，在申请开办电子银行业务的前一年内，金融机构的主要信息管理系统和业务处理系统没有发生过重大事故；②制定了电子银行业务的总体发展战略、发展规划和电子银行业务安全策略，建立了电子银行业务风险管理的组织体系和制度体系；③按照电子银行业务发展规划和安全策略，建立了电子银行业务运营的基础设施和系统，并对相关设施和系统进行了必要的安全检测和业务测试；④对电子银行业务风险管理情况和业务运营设施与系统等，进行了符合监管要求的安全评估；⑤建立了明确的电子银行业务管理部门，配备了合格的管理人员和技术人员；⑥中国银保监会要求的其他条件。

如果金融机构开办以互联网为媒介的网上银行业务、手机银行业务等电子银行业务，其还应具备以下条件：①电子银行基础设施设备能够保障电子银行的正常运行。②电子银行系统具备必要的业务处理能力，能够满足客户适时业务处理的需要。③建立了有效的外部攻击侦测机制。④中资银行业金融机构的电子银行业务运营系统和业务处理服务器设置在中华人民共和国境内；外资金融机构的电子银行业务运营系统和业务处理服务器可以设置在中华人民共和国境内或境外。设置在境外时，应在中华人民共和国境内设置可以记录和保存业务交易数据的设施设备，能够满足金融监管部门现场检查的要求，在出现法律纠纷时，能够满足中国司法机构调查取证的要求。

（二）电子银行业务的审批制度

金融机构在开办各种电子银行业务时，应根据电子银行业务的类型，向中国银保监会提出申请或报告。其中，利用互联网等开放性网络或无线网络开办的电子银行业务，包括网上银行、手机银行和利用掌上电脑等个人数据辅助设备开办的电子银行业务，必须批准后才能开展。申请开办电子银行业务，应提交相关文件和资料。中国银保监会或其派出机构在收到完整申请资料3个月内，作出批准或者不批准的书面决定；决定不批准的，应当说明理由。

（三）电子银行安全评估制度

在我国，电子银行安全评估是金融机构开办或持续经营电子银行业务的必要条件，也是金融机构电子银行业务风险管理与监管的重要手段。承担金融机构电子银行安全评估工作的机构，可以是金融机构外部的社会专业化机构，也可以是金融机构内部具备相应条件的相对独立部门。电子银行安全评估的主要内容包括：安全策略、内控制度建设、风险管理状况、系统安全性、电子银行业务运行连续性计划、电子银行业务运行应急计划、电子银行风险预警体系以及其他重要安全环节和机制的管理。

金融机构应按照中国银保监会的有关规定，定期对电子银行系统进行安全评估，并将其作为电子银行风险管理的重要组成部分。但是金融机构开办电子银行业务后，出现下列情况时，应立即组织安全评估：①由于安全漏洞导致系统被攻击瘫痪，修复后运行的；②电子银行系统进行重大更新或升级后，出现系统意外停机12小时以上的；③电子银行关键设备与设施更换后出现重大事故，修复后仍不能保持连续不间断运行的；④基于电子银行安全管理需要应立即评估的。

三、对互联网证券的法律监管

（一）互联网证券委托的市场准入制度

互联网证券委托是投资者进行网上交易的必经程序，为了保证网上交易的安全性，只有达到法定条件、获得中国证监会颁发的“经营证券业务许可证”的证券公司，才可以向中国证监会申请开展网上委托业务。证券公司申请开展网上委托业务需具备四个条件：①建立了规范的内部业务与信息系统管理制度；②具有一定的公司级技术风险控制能力；③建立了一支稳定的、高素质的技术管理队伍；④在过去两年内未发生重大技术事故。

证券公司申请开展网上委托业务的程序分为四步：第一步，申请受理。证券公司准备申请文件一式三份，分别报送中国证监会机构监管部和信息中心，并送当地派出机构备案。中国证监会收到申请文件后，在5个工作日内做出是否受理申请的决定。第二步，初审。中国证监会受理申请文件后，对申请文件的合规性进行初审，并在30日内将初审意见函告证券公司，经修改完善后进一步审核，形成初审报告。第三步，专家审核。证监会聘请专家组成审核委员会，对申请文件中的有关事宜和技术应用方案进行审核，并提出审核意见。第四步，核准决定。依据公司基本情况和专家审核意见，中国证监会对申请做出是否核准的决定。予以核准的，出具同意开展网上委托业务的文件；不予核准的，出具书面意见说明理由。中国证监会从受理申请文件到做出决定的期限为3个月。

（二）互联网证券投资咨询服务的法律规制

互联网证券投资咨询是取得监管部门颁发的相关资格的机构及其咨询人员，通过电话、传真、网络等电信设备系统为投资者提供证券投资的相关信息或建议，并收取服务费用的活动。合法的互联网证券投资咨询应具备三个条件：①从事证券投资咨询业务必须取得中国证监会的业务许可。②从事证券投资咨询业务的人员，必须取得证券投资咨询从业资格并加入一家有从业资格的证券、期货投资咨询机构后，方可从事证券、期货投资咨询业务。未取得从业资格或者取得从业资格后未在证券投资咨询机构工作的人员，不得从事证券、期货投资咨询业务。③从事证券投资咨询业务的机构接受投资人委托，提供咨询服务时，应当与投资人或者客户签订投资咨询服务合同。投资咨询服务合同的订立应当遵循自愿、平等和诚实信用的原则，不得违反国家的法律、法规和中国证监会的有关规定。

（三）互联网证券信息系统安全管理制度

在线阅读9-1

揭秘微信炒股骗局

为保证互联网证券业务顺利开展，证券公司应制定安全管理制度，内容包括：安全管理目标、安全管理组织、安全人员配备、安全策略、安全措施、安全培训、安全检查、系统建设、运行管理、应急措施、风险控制、安全审计等。

证券公司的互联网证券信息系统应自主运营、自主管理。如涉及第三方，应与其签订保密协议和服务级别协议，明确双方的责任，并采取措施防止通过第三方泄露用户信息。外包定制的互联网证券信息系统，应与软件开发商签署服务协议和保密协议，明确客户端、服务端以及数据传输过程均无后门，明确软件开发商应用软件中使用的插件具备合法版权，以确保客户数据、交易资料不被泄漏。

证券公司应通过多种方式揭示使用网上交易方式可能面临的风险和客户应采取的风险防范措施，提醒投资者加强账号、口令的保护工作，建议投资者定期修改口令，增强口令强度，防止口令泄露，防止用于网上交易的计算机或手机终端感染木马、病毒等，并根据投资者的需要开启或关闭网上交易方式。证券公司应尽可能使用统一的网上证券服务电话、域名、短信号码等，在与投资者签订的协议或合同中明确告知客户使用网上证券信息系统的合法途径、意外事件的处理办法以及证券公司的联系方式等。

四、对互联网保险的法律监管

当前，互联网已成为保险公司销售保险的新渠道，互联网保险业务的风险隐患也在逐步积累。针对互联网保险的监管，目前仍适用《保险法》以及原中国保监会公布的《保险专业代理机构监管规定》《保险经纪机构监管规定》《保险公估机构监管规定》《互联网保险业务监管暂行办法》以及中国银保监会发布的《关于继续加强互联网保险监管有关事项的通知》等法律法规和中国银保监会的其他有关规定。

（一）互联网保险的市场准入制度

根据《互联网保险业务监管暂行办法》的规定，互联网保险业务应由保险机构总公司建立统一集中的业务平台和处理流程，实行集中运营、统一管理。除规定的保险公司和保险专业中介机构外，其他机构或个人不得经营互联网保险业务。保险机构的从业人员不得以个人名义开展互联网保险业务。

保险机构开展互联网保险业务的自营网络平台，应具备下列条件：①具有支持互联网保险业务运营的信息管理系统，实现与保险机构核心业务系统的无缝实时对接，并确保与保险机构内部其他应用系统的有效隔离，避免信息安全风险在保险机构内外部传递与蔓延；②具有完善的防火墙、入侵检测、数据加密以及灾难恢复等互联网信息安全管理体系；③具有互联网行业主管部门颁发的许可证或者在互联网行业主管部门完成网站备案，且网站接入地在中华人民共和国境内；④具有专门的互联网保险业务管理部门，并配备相应的专业人员；⑤具有健全的互联网保险业务管理制度和操作规程；⑥互联网保险业务销售人员应符合中国银保监会有关规定；⑦中国银保监会规定的其他条件。

保险机构通过第三方网络平台开展互联网保险业务的，第三方网络平台应具备下列条件：①具有互联网行业主管部门颁发的许可证或者在互联网行业主管部门完成网站备案，且网站接入地在中华人民共和国境内；②具有安全可靠的互联网运营系统和信息安全管理体系，实现与保险机构应用系统的有效隔离，避免信息安全风险在保险机构内外部传递与蔓延；③能够完整、准确、及时向保险机构提供开展保险业务所需的投保人、被保险人、受益人的个人身份信息、联系信息、账户信息以及投保操作轨迹等信息；④最近两年未受到互联网行业主管部门、工商行政管理部门（现市场监督管理部门）等政府部门的重大行政处罚，未被中国保监会列入保险行业禁止合作清单；⑤中国保监会规定的其他条件。不符合上述条件的第三方网络平台，保险机构不得与其合作开展互联网保险业务。

（二）互联网保险经营区域制度

保险公司在具有相应内控管理能力且能满足客户服务需求的情况下，可将下列险种的互联网保险业务经营区域扩展至未设立分公司的省、自治区、直辖市：①人身意外伤害保险、定期寿险和普通型终身寿险；②投保人或被保险人为个人的家庭财产保险、责任保险、信用保险和保证保险；③能够独立、完整地通过互联网实现销售、承保和理赔全流程服务的财产保险业务；④中国保监会规定的其他险种。

中国保监会可以根据实际情况，调整并公布上述可在未设立分公司的省、自治区、直辖市经营的险种范围。对投保人、被保险人、受益人或保险标的所在的省、自治区、直辖市，保险公司没有设立分公司的，保险机构应在销售时就其可能存在的服务不到位、时效差等问题做出明确提示，要求投保人确认，并留存确认记录。保险专业中介机构开展互联网保险业务的业务范围和经营区域，应与提供相应承保服务的保险公司保持一致。

（三）互联网保险的信息披露制度

保险机构开展互联网保险业务，不得进行不实陈述、片面或夸大宣传过往业绩、违规承诺收益或者承担损失等误导性描述。保险机构应在开展互联网保险业务的相关网络平台的显著位置，以清晰易懂的语言列明保险产品及服务等信息，需列明的信息包括下列内容：①保险产品的承保公司、销售主体及承保公司设有分公司的省、自治区、直辖市清单；②保险合同订立的形式，采用电子保险单的，应予以明确说明；③保险费的支付方式，以及保险单证、保险费发票等凭证的配送方式、收费标准；④投保咨询方式、保单查询方式及客户投诉渠道；⑤投保、承保、理赔、保全、退保的办理流程及保险赔款、退保金、保险金的支付方式；⑥针对投保人（被保险人或者受益人）的个人信息、投保交易信息和交易安全的保障措施；⑦中国银保监会规定的其他内容。

其中，互联网保险产品的销售页面上应包含下列内容：①保险产品名称（条款名称和宣传名称）及批复文号、备案编号或报备文件编号；②保险条款、费率（或保险条款、费率的链接），其中应突出提示和说明免除保险公司责任的条款，并以适当的方式突出提示理赔要求、保险合同中的犹豫期、费用扣除、退保损失、保险单现金价值等重点内容；③销售人身保险新型产品的，应按照《人身保险新型产品信息披露管理办法》的有关要求进行信息披露和利益演示，严禁片面使用“预期收益率”等描述产品利益的宣传语句；④保险产品为分红险、投连险、万能险等新型产品的，须以不小于产品名称字号的黑体字标注收益不确定性；⑤投保人的如实告知义务，以及违反义务的后果；⑥保险产品销售区域范围；⑦其他直接影响消费者利益和购买决策的事项。网络平台上公布的保险产品相关信息，应由保险公司统一制作和授权发布，并确保信息内容合法、真实、准确、完整。

（四）互联网保险的监督管理制度

开展互联网保险业务的保险机构具有以下情形之一的，中国银保监会可以责令整改；情节严重的，依法予以行政处罚：①擅自授权分支机构开办互联网保险业务的；②与不符合本办法规定的第三方网络平台合作的；③发生交易数据丢失或客户信息泄露，造成不良后果的；④未按照本办法规定披露信息或做出提示，进行误导宣传的；⑤违反本办法关于经营区域、费用支付等有关规定的；⑥不具备本办法规定的开展互联网保险业务条件的；⑦违反中国保监会规定的其他行为。

开展互联网保险业务的第三方网络平台具有以下情形之一的，中国银保监会可以要求其改正；拒不改正的，中国银保监会可以责令有关保险机构立即终止与其合作，将其列入行业禁止合作清单，并在全行业通报：①擅自与不符合本办法规定的机构或个人合作开展互联网保险业务；②未经保险公司同意擅自开展宣传，造成不良后果的；③违反本办法关于信息披露、费用支付等规定的；④未按照本办法规定向保险机构提供或协助保险机构依法取得承保所需信息资料的；⑤不具备本办法规定的开展互联网保险业务条件的；⑥不配合保险监管部门开展监督检查工作的；⑦违反中国保监会规定的其他行为。

五、对网络借贷的法律监管

《网络借贷信息中介机构业务活动管理暂行办法》和《网络借贷信息中介机构备案登记管理指引》、《网络借贷资金存管业务指引》、《网络借贷信息中介机构业务活动信息披露指引》共同组成网贷行业“1+3”（一个办法三个指引）制度体系。

在线视频9-1

央视评论揭秘网络借贷平台骗局

（一）网络借贷的备案登记制度

备案登记，是指拟开展网络借贷信息中介服务的网络借贷信息中介机构及其分支机构，应当在领取营业执照后，于10个工作日内携带有关材料向工商登记注册地地方金融监管部门备案登记。

地方金融监管部门负责为网络借贷信息中介机构办理备案登记。地方金融监管部门应当在网络借贷信息中介机构提交的备案登记材料齐备时予以受理，并在各省（区、市）规定的时限内完成备案登记手续。备案登记不构成对网络借贷信息中介机构经营能力、合规程度、资信状况的认可和评价。

地方金融监管部门有权根据相关监管规则对备案登记后的网络借贷信息中介机构进行评估分类，并及时将备案登记信息及分类结果在官方网站上公示。

网络借贷信息中介机构完成地方金融监管部门备案登记后，应当按照通信主管部门的相关规定申请相应的电信业务经营许可；未按规定申请电信业务经营许可的，不得开展网络借贷信息中介业务。

（二）网络借贷的资金存管制度

资金存管制度，是指借款人、出借人、网络借贷信息中介机构、资金存管机构、担保人等应当签订资金存管协议，明确各自权利义务和违约责任。

资金存管机构对出借人与借款人开立和使用资金账户进行管理和监督，并根据合同约定，对出借人与借款人的资金进行存管、划付、核算和监督。资金存管机构承担实名开户和履行合同约定及借贷交易指令表面一致性的形式审核责任，但不承担融资项目及借贷交易信息真实性的实质审核责任。资金存管机构应当按照网络借贷有关监管规定报送数据信息并依法接受相关监督管理。

（三）网络借贷的信息披露制度

信息披露，是指网络借贷信息中介机构及其分支机构通过其官方网站及其他互联网渠道向社会公众公示网络借贷信息中介机构的基本信息、运营信息、项目信息、重大风险信息、消费者咨询投诉渠道信息等相关信息的行为。

网络借贷信息中介机构应当在其官方网站及提供网络借贷信息中介服务的网络渠道显著位置设置信息披露专栏，展示信息披露内容。披露用语应当准确、精练、严谨、通俗易懂。其他互联网渠道包括网络借贷信息中介机构手机应用软件、微信公众号、微博等社交媒体渠道及网络借贷信息中介机构授权开展信息披露的其他互联网平台，各渠道间披露信息内容应当保持一致。信息披露应当遵循“真实、准确、完整、及时”原则，不得有虚假记载、误导性陈述、重大遗漏或拖延披露。信息披露内容应当符合法律法规关于国家秘密、商业机密、个人隐私的有关规定。

网络借贷信息中介机构应当建立健全信息披露制度，指定专人负责信息披露事务，确保信息披露专栏内容可供社会公众随时查阅。网络借贷信息中介机构应当对信息披露内容进行书面留存，并应自披露之日起保存五年以上。网络借贷信息中介机构应当按要求将信息披露公告文稿和相关备查文件报送其工商登记注册地地方金融监管部门、国务院银行业监督管理机构派出机构，并置备于网络借贷信息中介机构住所供社会公众查阅。网络借贷信息中介机构的董事、监事、高级管理人员应当忠实、勤勉、尽职，保证披露的信息真实、准确、完整、及时。网络借贷信息中介机构信息披露专栏内容均应当有网络借贷信息中介机构法定代表人的签字确认。

项目小结

互联网金融法是调整互联网金融关系的各种法律规范的总称，是金融法应对金融电子化、网络化的产物。网络金融法不是独立的部门法，仍属于金融法的范畴，但它具有区别于其他法律制度的四大特性：技术性、混合性、开放性、国际性。互联网金融法的调整对象是人们在互联网金融活动中所形成的各种社会关系，包括互联网金融交易关系和互联网金融监管关系。互联网金融法的渊源主要是指规范互联网金融活动的相关法律和行政法规及部门规章。

在网络支付中的存在消费者个人信息保护相关法律缺失、支付机构市场退出机制规定不明确等问题。在电子银行交易中常见的法律纠纷有：客户身份信息泄露引起的法律纠纷、银行系统漏洞导致客户账户被盗、黑客攻击网络导致客户账户被盗、网络银行外包服务商失职造成客户损失。在互联网证券交易中要明确证券委托当事人的权利和义务、证券委托交易风险的承担。在互联网保险交易中要掌握电子保单的法律效力及其解释规则、明确电子签名的法律效力。在网络借贷中要明确：网络借贷信息中介机构义务、网络借贷借款人义务、网络借贷出借人义务。在对互联网金融机构的监管方面要完善网络支付、电子银行、互联网证券、互联网保险、网络借贷机构的市场准入制度，规范网络支付、电子银行、互联网证券、互联网保险、网络借贷机构的业务管理制度，加强对网络支付、电子银行银行、互联网证券、互联网保险、网络借贷机构的监管。

关键概念

互联网金融法　互联网金融法的调整对象　互联网金融交易关系　互联网金融监管关系

综合训练

一、简答题

1. 简述互联网金融法的调整对象。
2. 简述网络借贷中网络借贷信息中介机构、借款人、出借人的义务。
3. 简述互联网证券委托中双方当事人的权利。
4. 简述电子保单的法律效力。
5. 简述电子银行的安全评估制度。
6. 简述支付机构对个人支付账户进行分类管理的规定。

二、案例分析

银行职员假冒客户开通网上银行冒领款项

为方便支取现金，张先生在杭州甲银行的一家营业厅申办了一张借记卡。2013年9月，张先生发现借记卡被取现10万元，由于自己并未取款，遂向当地警方报案。经调查，2012年11月22日，甲银行职员王某在办理业务时知晓了张先生的个人信息，并假冒张先生在该银行的杭州分行开通了网上银行业务，获取了网上银行用户证书和密码。注册成功后，犯罪嫌疑人王某在2013年9月2日通过网上银行将张先生借记卡内的资金分两次划转至他人账户。由于被冒领的款项无法追回，张先生将甲银行杭州分行告上法庭。经法院调查发现，甲银行开办网上银行业务并未经过中国银监会的审批。

资料来源：根据相关资料整理。

问题：张先生能否胜诉？甲银行存在哪些过错？如果甲银行开办网上银行业务，其应符合哪些条件？

分析提示：上述案件在司法实践中屡有发生，其核心问题就是客户信息泄露是双方当事人中哪一方存在过失。若银行没有较好地履行保障资金安全的义务，则要承担赔偿储户损失的责任。本案中，甲银行工作人员王某利用职务之便盗取客户资料，因此甲银行应向张先生赔偿损失。同时，我国银行开办网上银行业务必须经过中国银监会的批准，并符合银监会规定的条件。

三、实践训练

实践项目：制定一份互联网证券咨询协议。

实训目的：结合实践理解互联网证券咨询中双方当事人的权利和义务。

实训步骤：

1. 讨论开展互联网证券咨询业务的证券公司的权利和义务。
2. 讨论开展互联网证券咨询业务的投资人的权利和义务。
3. 参考相关法律、法规，划分当事人各方的法律责任。
4. 制定出互联网证券咨询协议的文本。

主要参考文献

［1］中国互联网金融协会. 中国互联网金融年报（2018）［M］. 北京：中国金融出版社，2018.

［2］陈勇. 中国互联网金融研究报告（2015）［M］. 北京：中国经济出版社，2015.

［3］陆强华，杨志宁. 深度支付［M］. 北京：中国金融出版社，2019.

［4］李耀东，李钧. 互联网金融——框架与实践［M］. 北京：电子工业出版社，2014.

［5］刘洋. 互联网消费金融［M］. 北京：北京大学出版社，2016.

［6］谢平，邹传伟，刘海二. 互联网金融手册［M］. 北京：中国人民大学出版社，2014.

［7］崔玉萍. 浅析互联网金融面临的机遇与挑战［J］. 时代经贸，2013（18）.

［8］万建华. 互联网金融的七个基本特征［J］. 清华金融评论，2015（12）.

［9］罗明雄. 互联网金融门户初探究［EB/OL］.［2014-08-05］. http：//stock.sohu.com/20140805/n403143414.shtml.

［10］王龙华. 网络金融［M］. 北京：中国金融出版社，2009.

［11］纳拉亚南，贝努，等. 区块链技术驱动金融：数字货币与智能合约技术［M］. 北京：中信出版社，2016.

［12］邓建鹏，黄震. 互联网金融法律与风险控制［M］. 2版. 北京：机械工业出版社，2017.

［13］李保旭，韩继炀，冯智. 互联网金融创新与风险管理［M］. 北京：机械工业出版社，2019.

［14］廖理. 全球互联网金融商业模式：格局与发展［M］. 北京：机械工业出版社，2017.

［15］宋华. 互联网供应链金融［M］. 北京：中国人民大学出版社，2017.

［16］何平平，车云月. 大数据金融与征信［M］. 北京：清华大学出版社，2017.

［17］中国保险行业协会. 互联网保险行业发展报告［M］. 北京：中国金融出版社，2015.

［18］杨才勇，严寒，李耀东，等. 互联网消费金融：模式与实践［M］. 北京：电子工业出版社，2016.

［19］邱勋. P2P与股权众筹［M］. 北京：中国金融出版社，2016.

［20］何平平，邓旭霞，车云月. 互联网金融法规［M］. 北京：清华大学出版社，2017.